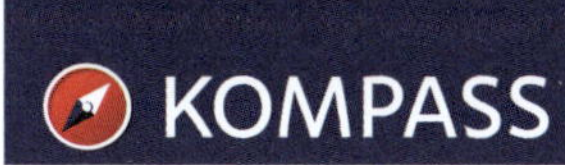

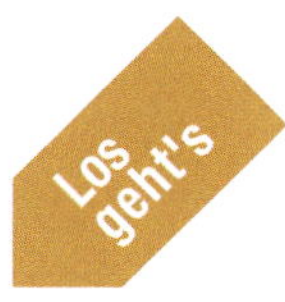

Endlich Wildnis

SLOWENIEN

44 NATURNAHE TOUREN

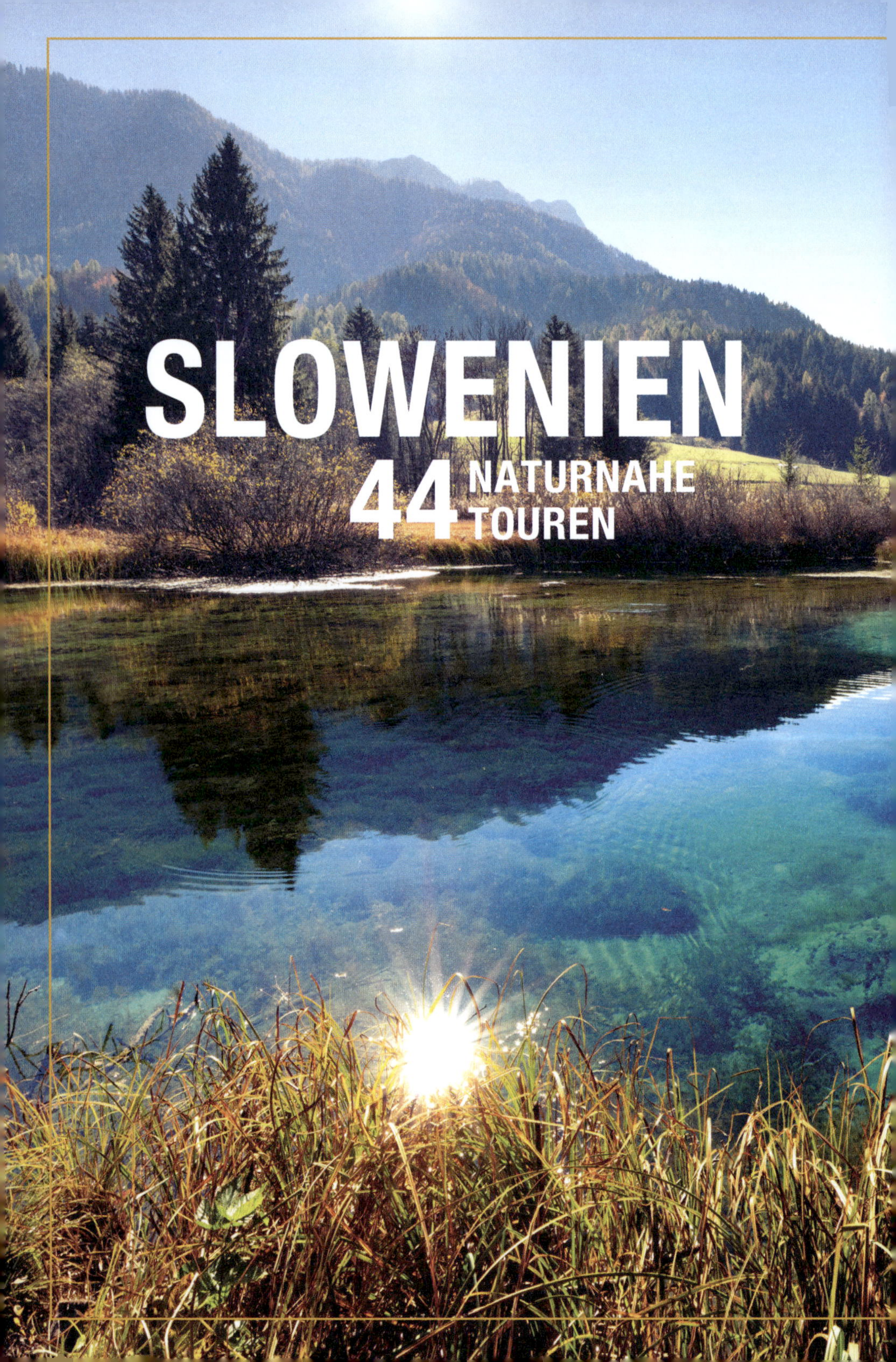
SLOWENIEN
44 NATURNAHE
TOUREN

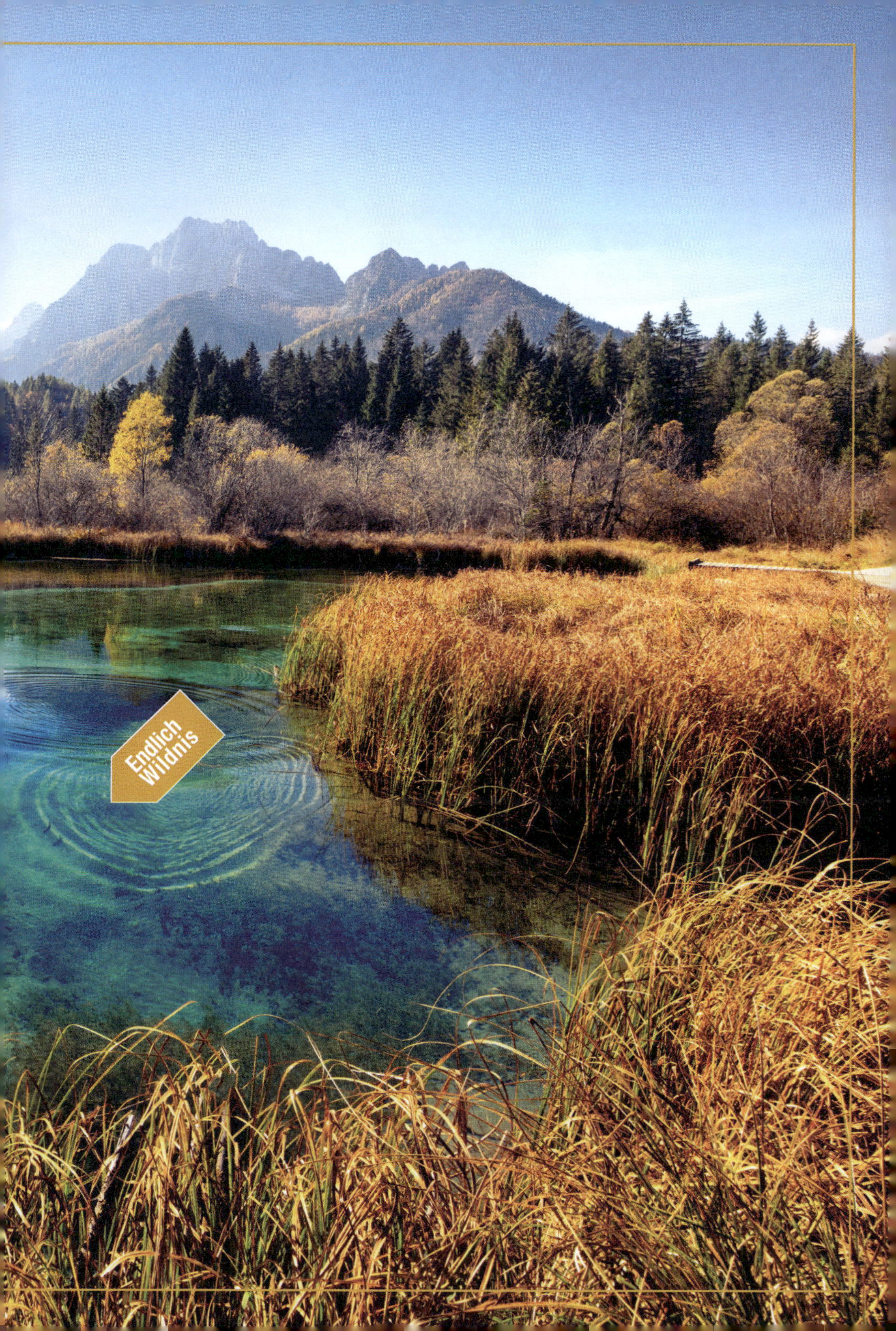
Endlich
Wildnis

Inhalt

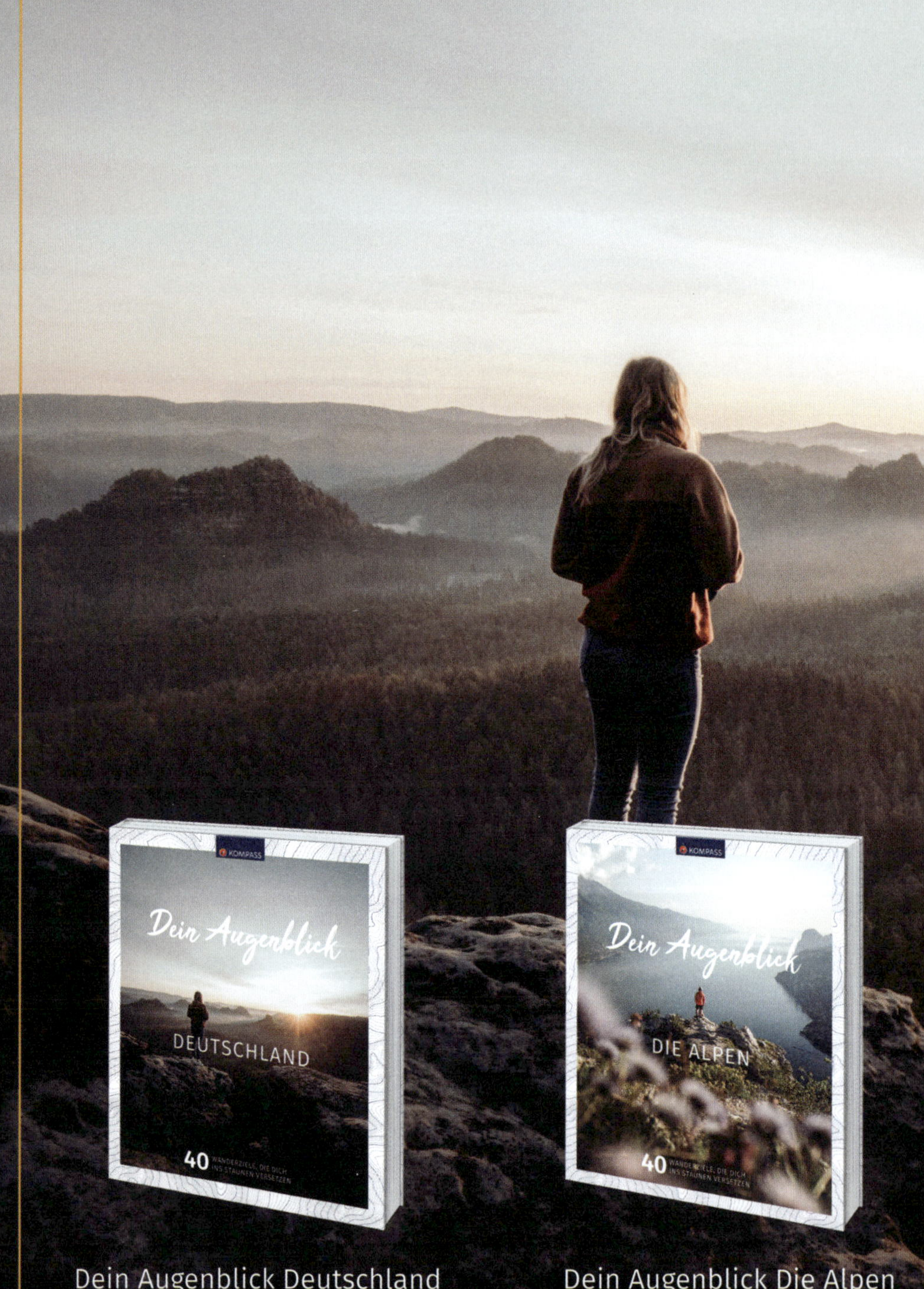
KOMPASS
Dein Augenblick
DEUTSCHLAND
40 WANDERZIELE, DIE DICH INS STAUNEN VERSETZEN
KOMPASS
Dein Augenblick
DIE ALPEN
40 WANDERZIELE, DIE DICH INS STAUNEN VERSETZEN
Dein Augenblick Deutschland
Dein Augenblick Die Alpen

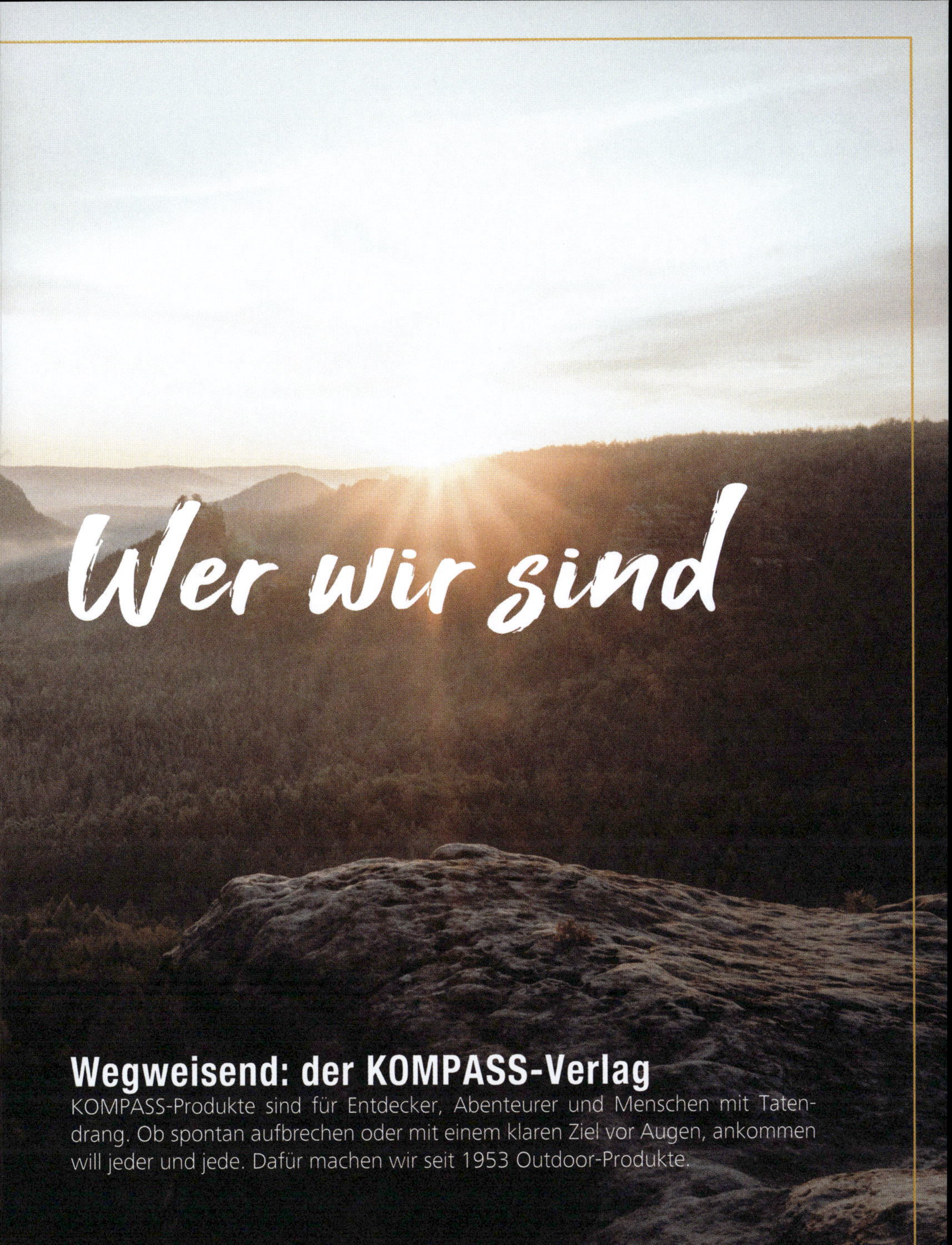

Wer wir sind

Wegweisend: der KOMPASS-Verlag

KOMPASS-Produkte sind für Entdecker, Abenteurer und Menschen mit Tatendrang. Ob spontan aufbrechen oder mit einem klaren Ziel vor Augen, ankommen will jeder und jede. Dafür machen wir seit 1953 Outdoor-Produkte.

Tourenübersicht

TOUREN 1–11

TOUREN 12–22

Tourenübersicht

TOUREN 23–33

TOUREN 34–44

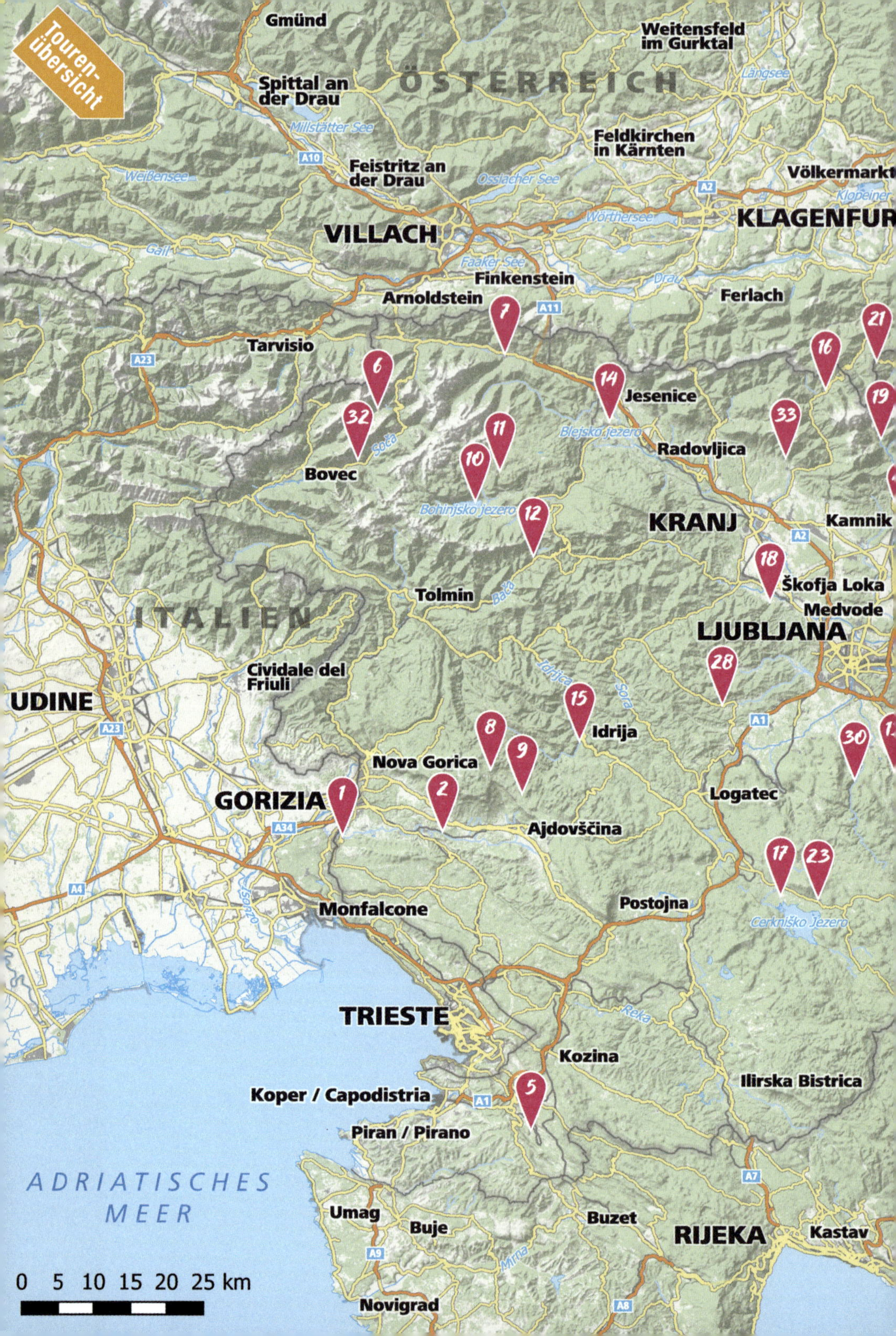
Touren-
übersicht
Gmünd
Weitensfeld im Gurktal
ÖSTERREICH
Spittal an der Drau
Längsee
Millstätter See
Feldkirchen in Kärnten
Weißensee
Feistritz an der Drau
Ossiacher See
Völkermarkt
Klopeiner
VILLACH
Wörthersee
KLAGENFUR
Gail
Faaker See
Finkenstein
Drau
Arnoldstein
Ferlach
Tarvisio
Jesenice
Blejsko jezero
Radovljica
Soča
Bovec
Bohinjsko jezero
KRANJ
Kamnik
Škofja Loka
Tolmin
Bača
Medvode
ITALIEN
LJUBLJANA
Idrijca
Sora
Cividale del Friuli
UDINE
Idrija
Nova Gorica
GORIZIA
Logatec
Ajdovščina
Monfalcone
Isonzo
Postojna
Cerkniško Jezero
Reka
TRIESTE
Kozina
Ilirska Bistrica
Koper / Capodistria
Piran / Pirano
ADRIATISCHES MEER
Umag
Buje
Buzet
RIJEKA
Kastav
Mirna
Novigrad
0 5 10 15 20 25 km
A10
A2
A11
A23
A34
A4
A1
A7
A9
A8
1
2
5
6
7
8
9
10
11
12
14
15
16
17
18
19
21
23
28
30
32
33

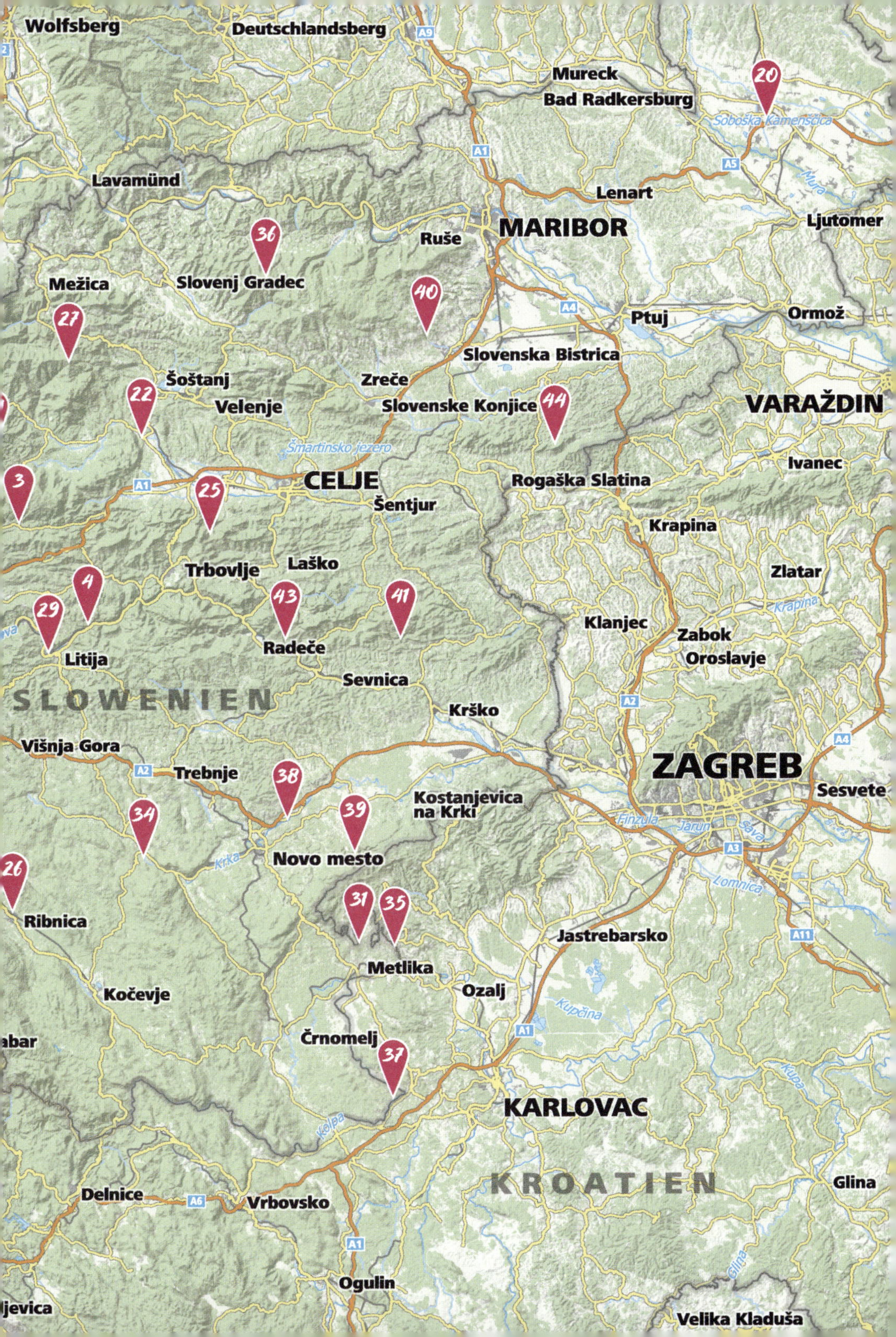
Wolfsberg
Deutschlandsberg
A9
Mureck
Bad Radkersburg
20
Soboška Kamenščica
A1
A5
Mura
Lavamünd
Lenart
MARIBOR
Ljutomer
36
Ruše
Mežica
Slovenj Gradec
40
A4
Ptuj
Ormož
27
Slovenska Bistrica
Šoštanj
Zreče
22
Velenje
Slovenske Konjice
44
VARAŽDIN
Šmartinsko jezero
Ivanec
3
A1
25
CELJE
Rogaška Slatina
Šentjur
Krapina
Trbovlje
Laško
Zlatar
4
43
41
Krapina
29
Klanjec
Zabok
Litija
Radeče
Oroslavje
Sevnica
SLOWENIEN
Krško
A2
Višnja Gora
A4
A2
Trebnje
38
ZAGREB
Sesvete
34
39
Kostanjevica na Krki
Finzula
Jarun
Sava
Krka
Novo mesto
A3
26
Lomnica
31
35
Ribnica
Jastrebarsko
A11
Metlika
Ozalj
Kočevje
Kupčina
A1
Črnomelj
37
Kupa
KARLOVAC
Kolpa
KROATIEN
Glina
Delnice
A6
Vrbovsko
A1
Glina
Ogulin
Velika Kladuša

Endlich …

geht es los!

44 ABENTEUER FÜR DICH

„Divjina" ist slowenisch und bedeutet „Wildnis". Nicht weniger darfst du von den Touren in diesem Buch erwarten.

Du suchst Erlebnisse abseits vom Massentourismus? Dann haben wir da was für dich... Slowenien ist ein Paradies für Abenteurerinnen und Entdecker. Umgeben von unberührter Natur erheben sich atemberaubende Gebirgsketten wie die berühmten Julischen Alpen oder die Steiner Alpen. Idyllische Täler führen reißende Flüsse und bringen atemberaubende Wasserfälle hervor. Slowenien entpuppt sich als eine grüne Oase im Herzen Europas, die darauf wartet entdeckt zu werden! Besuche wahre Naturschätze, lass dich von uns über außergewöhnliche Pfade führen und genieße das abwechslungsreiche Angebot Sloweniens.

Wir haben für dich in diesem Buch eine vielseitige Auswahl an kleinen Abenteuern und spannenden Wanderungen zusammengetragen: Lass die Seele baumeln und genieße eine entspannte Tour durch ein romantisches Bachtal zu den Wasserfällen Zapotoški slapovi oder hol dir einen Adrenalinkick bei einer abenteuerlichen Kanufahrt über die Vipava! Du bist lieber auf zwei Rädern unterwegs? Dann schnapp dir deinen Drahtesel und erlebe die Sehenswürdigkeiten des Klrma-Tals.

Ganz egal ob zu Land oder auf dem Wasser, ob mit dem Mountainbike oder E-Bike – Mit „Endlich Wildnis Slowenien" kommst du in jedem Fall auf deine Kosten. Wir entführen dich raus aus dem Alltag, rein in das Naturerlebnis! Entdecke die wildesten Ecken Sloweniens und erlebe Wildnis, wo die Kräfte der Natur wirken. Pack deine sieben Sachen und deine Liebsten ein und dann heißt es ab nach draußen!

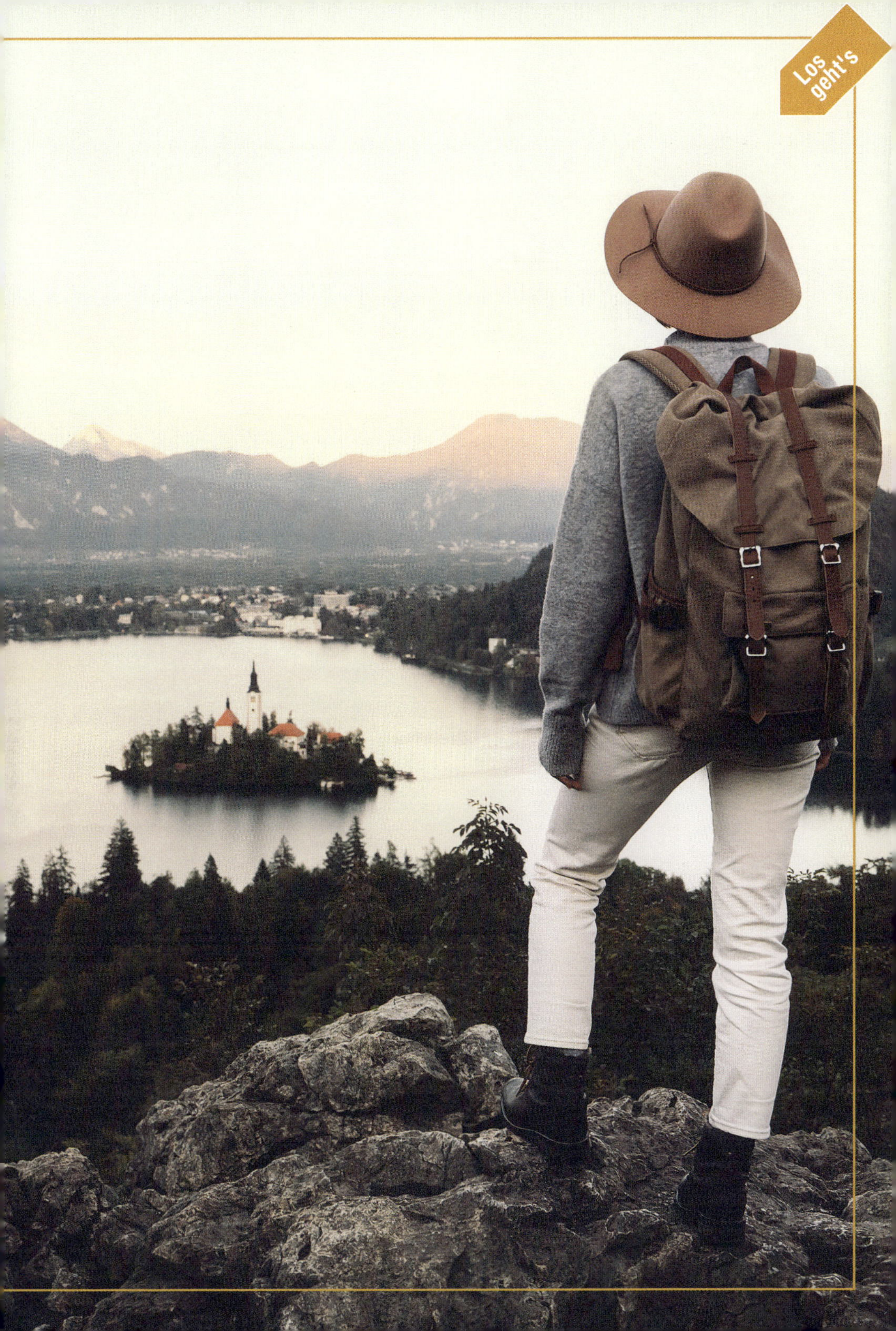

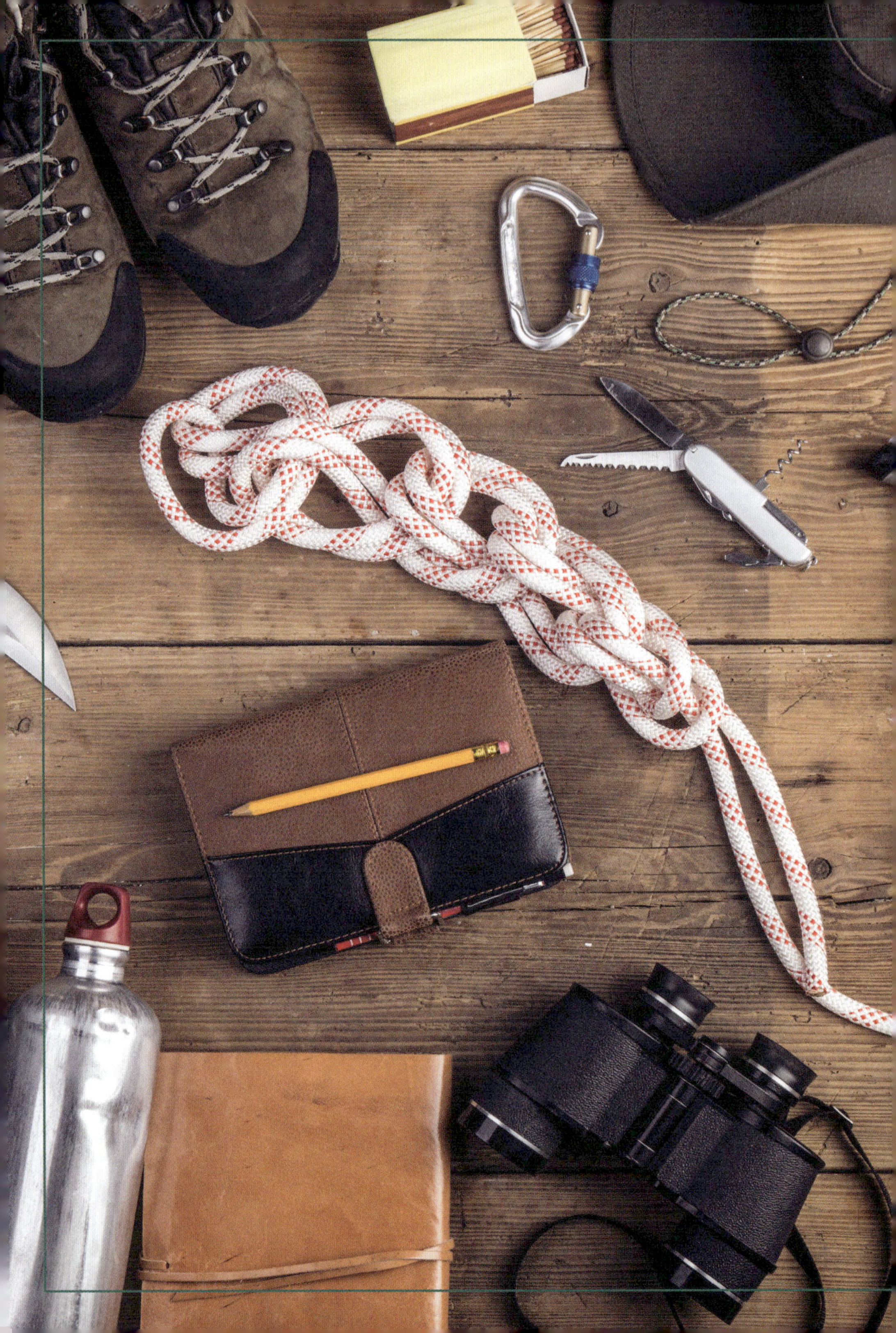

Endlich alle 7 Sachen zusammen

Pack-tipps

Deine Packliste

MATERIALCHECK

Die beschriebenen Touren sind allesamt sehr unterschiedlich – du findest einfache Wanderungen, anspruchsvolle Gipfeltouren, Kanutouren und Radausflüge. Hier haben wir ein paar Dinge zusammengetragen, die du in jedem Fall dabei haben solltest:

- ○ entsprechendes Schuhwerk
- ○ Funtkionskleidung
- ○ Wasser (mind. 1,5 Liter!)
- ○ Erste-Hilfe-Set
- ○ Handy (für den Notruf)
- ○ Sonnen- & Regenschutz
- ○ Proviant
- ○ Karte

Für längere Ausflüge und anspruchsvolle Touren sind außerdem folgende Dinge wichtig:

- ○ Wechselkleidung
- ○ verstellbare Wanderstöcke
- ○ Schwimmweste (Kanu)
- ○ Wasserfeste Tasche (Kanu)
- ○ Stirnlampe
- ○ Navigationshilfe
- ○ Helm (Fahrrad & Kanu)
- ○ Pumpe & Multitool (Fahrrad)

Endlich gern gesehen

Nachhaltigkeit

DRAUSSEN

Sport und Betätigung in der Natur liegen voll im Trend! Immer mehr Menschen lassen sich von der Faszination unterschiedlicher Naturlandschaften in den Bann ziehen, kehren dem Städtealltag den Rücken zu und suchen fernab von Stress und Hektik mehr Ruhe, Ausgleich und Bewegung in der Natur. Doch je mehr wir draußen in der Natur unterwegs sind, desto mehr Schaden trägt sie davon – außer, wir gehen sanft mit der sensiblen Umgebung um und versuchen, möglichst viele Aspekte rund um eine Tour nachhaltig zu gestalten. Zum Glück ist umweltfreundliches Sporteln mit Respekt vor der Natur und vor der Tier- und Pflanzenwelt nicht allzu schwer. Um im Einklang mit der Umgebung unterwegs zu sein, haben wir wichtige Tipps und einfache Grundregeln zusammengefasst. „Take nothing but pictures, leave nothing but footprints" – beherzige dieses Motto, dann steht deinem umweltschonenden Naturerlebnis nichts mehr im Weg!

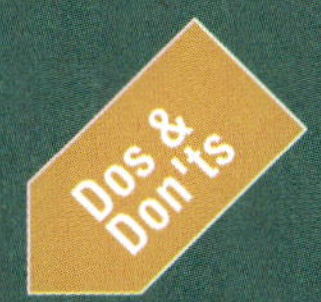

Und das kannst du machen ...

01 Befolge Bestimmungen: Informiere dich über Regelungen in Schutzgebieten und halte dich an die Hinweise auf Informationstafeln.

02 Bewege dich auf sichtbaren Spuren: Durchquere keine Gebiete auf eigene Faust, sondern bleibe auf den festgelegten Routen. Respektiere Privatgrund!

03 Achte auf „Dos and Don'ts" rund um das Baden in Gewässern: Respektiere Badeverbote und -empfehlungen.

04 Vermeide unnötigen Lärm: Achte auf Ruhezonen und bewege dich möglichst leise in der freien Natur.

05 Respektiere den Lebensraum der Tiere: Weiche Tieren unaufgeregt aus und halte Distanz bei Begegnungen.

06 Halte die Umwelt sauber: Hinterlasse keinen Abfall. Versuche dich bei Notdurft von Gewässern fernzuhalten und nimm Klopapier wieder mit ins Tal.

07 Pflücke und sammle keine Pflanzen: Achte darauf, Pflanzen möglichst unberührt zu lassen.

08 Mache kein offenes Feuer und campiere richtig: Nutze nur ausgewiesene Feuerstellen und beachte die aktuelle Waldbrandgefahr. Wenn du im Freien übernachtest, tu das nur an Plätzen, wo dies erlaubt ist.

Grundwissen

Wandern & Co.

SICHERHEIT & BASICS

Die Bewegung in der Natur ist ein ideales Mittel, um einfach mal auszuspannen und den Alltag hinter sich zu lassen. Sich auf seine eigenen Schritte und den eigenen Rhythmus konzentrieren. Die Natur und ihre Schönheit genießen. Trotzdem gilt es einiges zu beachten, damit durch unvorhergesehene Ereignisse der Spaß nicht auf der Strecke bleibt.

Der richtige Einstieg: Voller Enthusiasmus aber ohne jegliche Erfahrungen gleich ins Hochgebirge zu starten sind ungünstige Voraussetzungen. Wenn der Körper die Anstrengung nicht gewöhnt ist, werden lange und anstrengende Distanzen schnell zur Qual und verderben jeglichen Spaß. So ist es ratsam, sich erst einmal kleinere Ziele in der näheren Umgebung zu suchen. Zwei bis drei Stunden reine Gehzeit oder 8 bis 12 Kilometer sind dabei vollkommen ausreichend.

Wettercheck: Stabiles Wetter ist sehr wichtig. Sich bereits zwei bis drei Tage vorher zu informieren und am Abend vor der Tour oder bei Unsicherheit sogar morgens noch mal das Wetter abzuklären, kann oft böse Überraschungen vermeiden. Am besten informierst du dich beim regionalen Wetterdienst. Bei unsicheren Verhältnissen lieber die Tour absagen und auf einen anderen Tag verschieben.

Notruf bei Unfällen: Im Falle eines Unfalls haben Ruhe bewahren und überlegtes Handeln oberste Priorität. Erst einen Überblick über die Situation verschaffen, dann wird mit der europaweit gültigen Notrufnummer 112 ein Notruf abgesetzt. Funklöcher oder kein Handy erfordern das alpine Notsignal mittels Rufen, Pfiffen oder Licht: Alle zehn Sekunden eine Minute lang ein Signal, dann eine Minute Pause, dann wieder alle zehn Sekunden eine Minute lang ein Signal geben. Zudem sollten Erste-Hilfe-Maßnahmen durchgeführt werden, falls möglich.

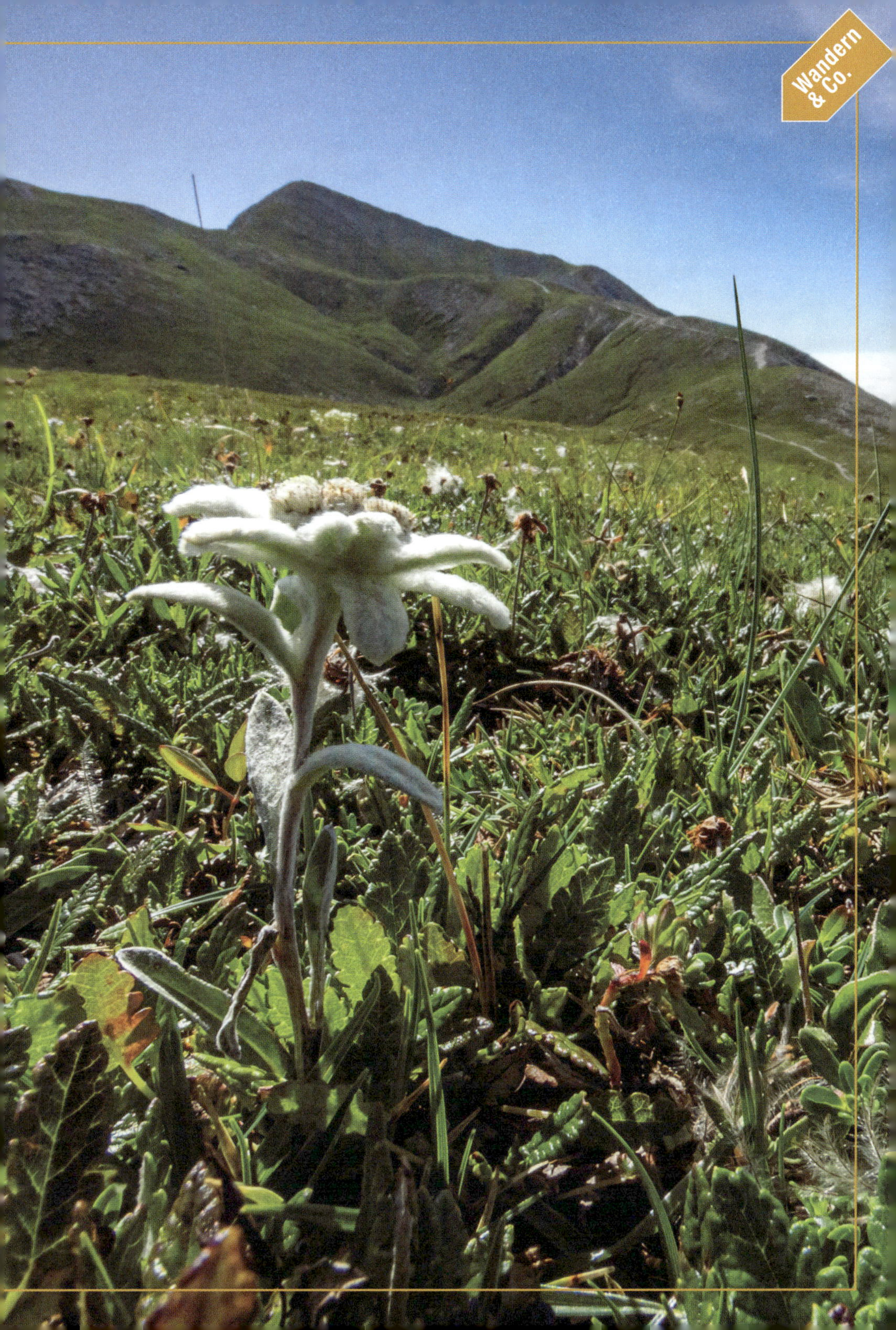
Wandern
& Co.

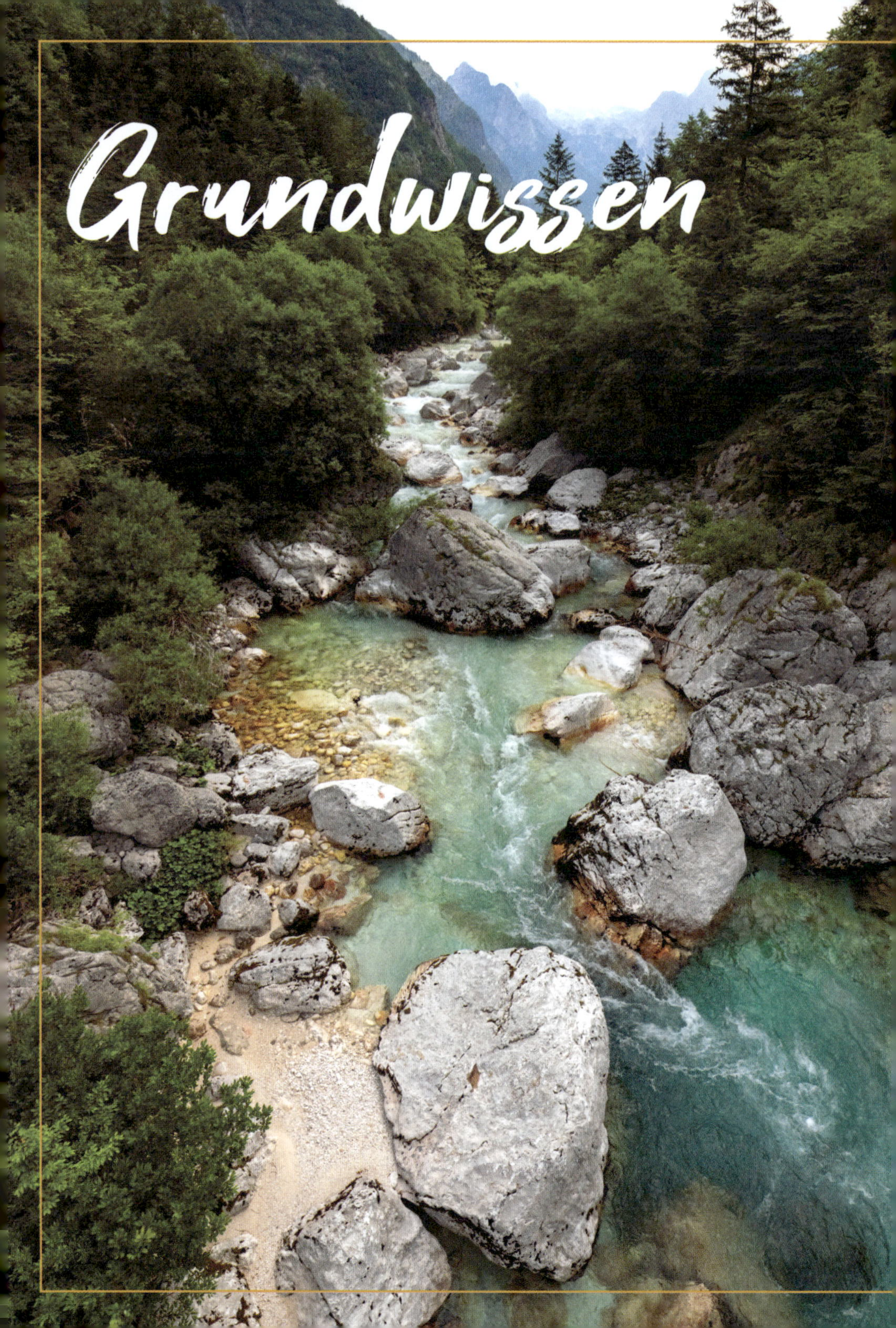
Grundwissen

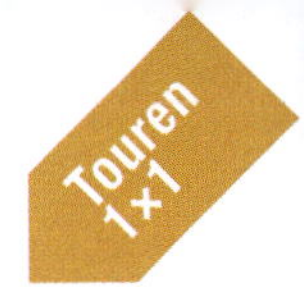

Wandern & Co

TOUREN-1×1 & LEXIKON

Die Klassifizierung der Touren ist als Richtwert zu verstehen. Schätze dein Können und deine Kräfte realistisch ein und richte deine Tourenauswahl danach aus.

LEICHT: Meist gut markierte, breite Wanderwege ohne Gefahrenstellen, die stellenweise auch etwas steilere, wurzelige und felsige Passagen aufweisen können. Für Fahrradtouren bedeutet diese Klassifizierung, dass keine extreme Steigung zu erwarten ist. Für Fahrrad sowie Kanu gilt, dass diese Touren nicht besonders lang und keine nennenswerten Hindernisse zu erwarten sind.

MITTEL: Anspruchsvollere Wege und Pfade mit teils unwegsamem Untergrund (steinig, wurzelig, verwachsen, rutschig), die meist gut markiert sind und phasenweise leicht ausgesetzte Abschnitte beinhalten können. Die Routen sind überwiegend länger und setzen auch bei Fahrradtouren und Kanutouren bereits Erfahrung voraus.

SCHWER: Herausfordernde Touren, die meist auf schmalen und steilen Steigen in alpinem Gelände verlaufen. Stellenweise können kurze (durch Drahtseile versicherte) Kletter- und Kraxelpassagen vorkommen, bei denen die Hände zu Hilfe genommen werden müssen. Es ist mit längeren An- und Abstiegen zu rechnen. Langjährige Bergerfahrung, Trittsicherheit und Schwindelfreiheit sowie ausgezeichnete Kondition sind Grundvoraussetzung. Für Kanutouren und Fahrradtouren sind Vorerfahrung unbedingt notwendig. Auch eine etsprechende Ausdauer muss unbedingt gegeben sein.

Zeiten: Die angeführten Zeitangaben verstehen sich als Richtwerte für die reine Gehzeit/Fahrzeit ohne Pausen. Sie können je nach Kondition varrieren. Bei Fahrradtouren bezieht sich die Fahrzeit auf Räder ohne elektrischem Antrieb

Saison: Grundsätzlich lässt es sich ganzjährig wandern und radeln. Während man in niedereren Regionen schon im Mai schöne Touren unternehmen kann, hält sich der Schnee in höher gelegenen Gegenden oft bis in den Hochsommer hinein. Informiere dich am besten in der Region über die aktuelle Begehbarkeit der Wege und die Öffnungszeiten der Zufahrtsstraßen und Schutzhütten. Kanutouren solltest du ausschließlich in den Sommermonaten unternehmen, da es sonst sehr kalt werden kann. Der Januar ist in Slowenien der kälteste Monat mit einer Durchschnittstemperatur von –2 °C, der Juli ist mit 19 bis 23 °C am wärmsten.

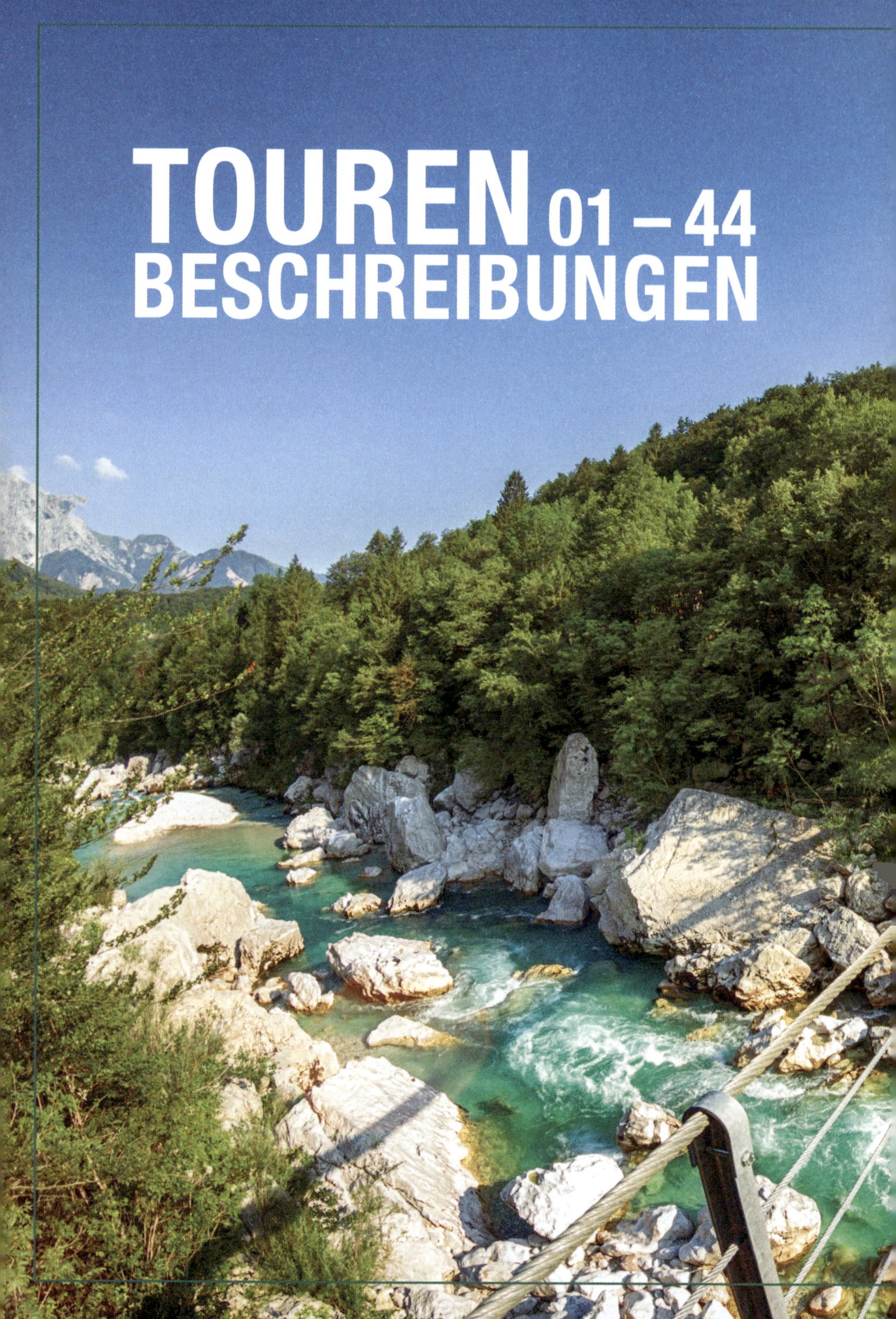

TOUREN 01 – 44 BESCHREIBUNGEN

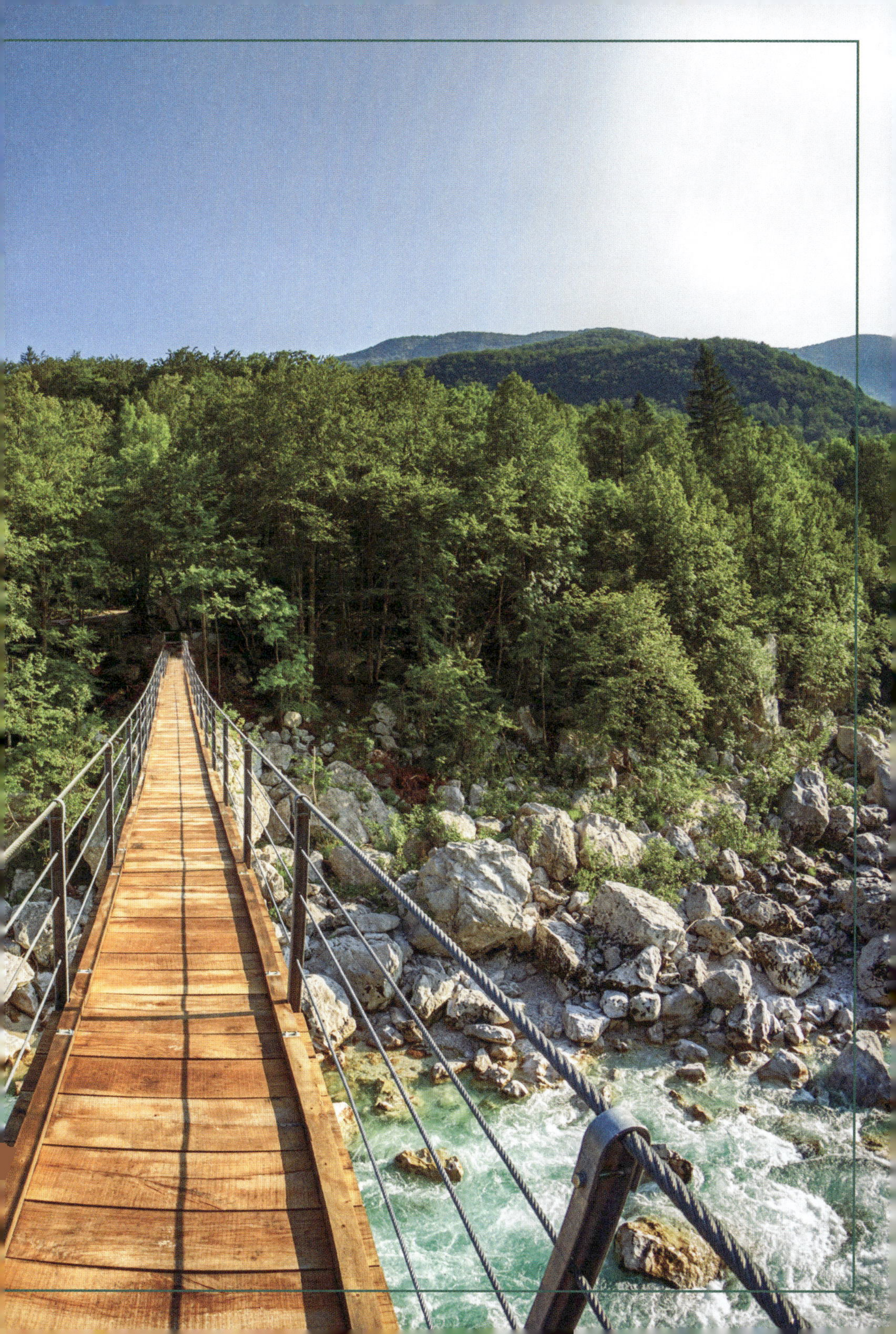

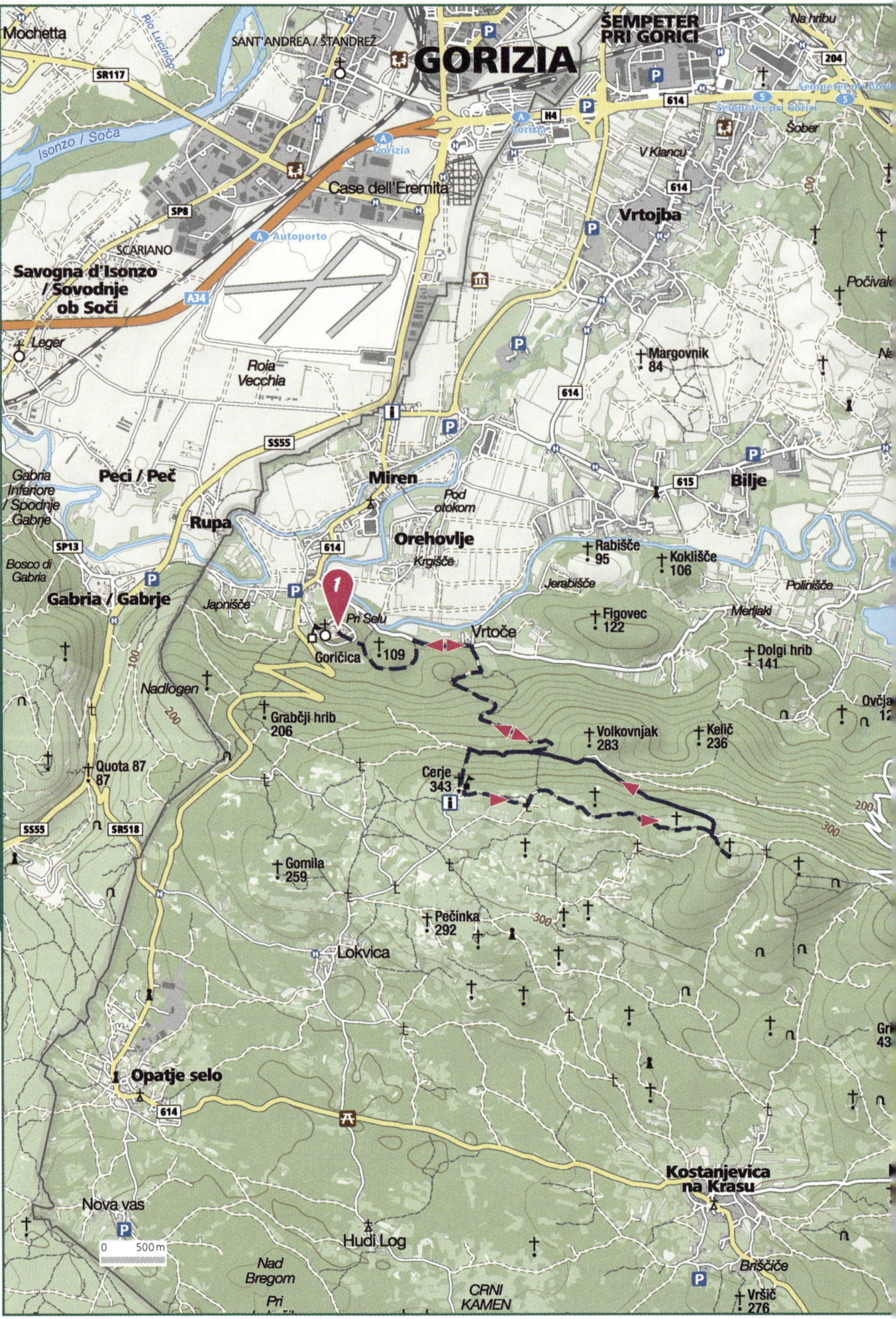

01

GORIZIA
ŠEMPETER PRI GORICI
Mochetta
SANT'ANDREA / ŠTANDREŽ
Na hribu
Rio Lucinico
SR117
Isonzo / Soča
Gorizia
Šempeter pri Gorici
Šober
V Klancu
Case dell'Eremita
SP8
SCARIANO
Autoporto
Vrtojba
Savogna d'Isonzo / Sovodnje ob Soči
A34
Počivalo
Leger
Roja Vecchia
Margovnik 84
614
SS55
Gabria Inferiore / Spodnje Gabrje
Peci / Peč
Miren
Pod otokom
615
Bilje
Rupa
SP13
614
Orehovlje
Krgišče
Rabišče 95
Koklišče 106
Bosco di Gabria
Jerabišče
Polinište
Gabria / Gabrje
Japnišče
Pri Selu
Figovec 122
Merljaki
Goričica
109
Vrtoče
Dolgi hrib 141
Nadlogen
100
200
Grabčji hrib 206
Volkovnjak 283
Kelič 236
Ovčja
Quota 87 87
Cerje 343
SS55
SR518
200
300
Gomila 259
Pečinka 292
300
Lokvica
Opatje selo
614
Kostanjevica na Krasu
Nova vas
0 500 m
Hudi Log
Nad Bregom
Briščiče
CRNI KAMEN
Vršič 276
Pri

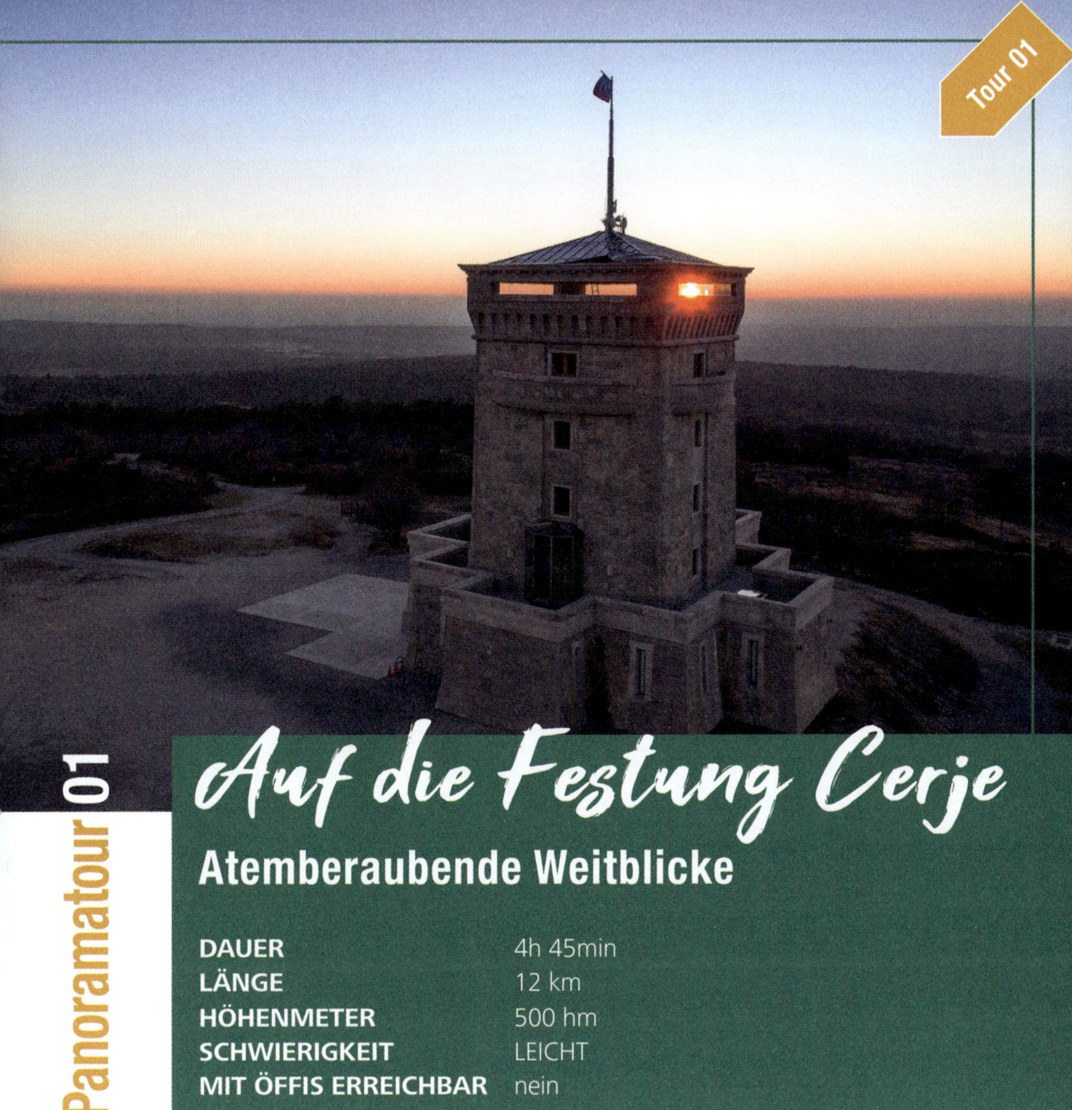

Auf die Festung Cerje

Atemberaubende Weitblicke

DAUER	4h 45min
LÄNGE	12 km
HÖHENMETER	500 hm
SCHWIERIGKEIT	LEICHT
MIT ÖFFIS ERREICHBAR	nein

Das erwartet dich ...

Eine angenehme und leichte Wanderung zur modernen Festung Cerje, die als ein Museum errichtet wurde. Oben angekommen hat man einen wunderschönen Ausblick von der Adria im Süden bis zu den Julischen Alpen, den Karnischen Alpen und den Dolomiten im Norden und im Westen. Anschließend geht es noch zum Fajti hrib, ein im Ersten Weltkrieg sehr stark umkämpfter Hügel.

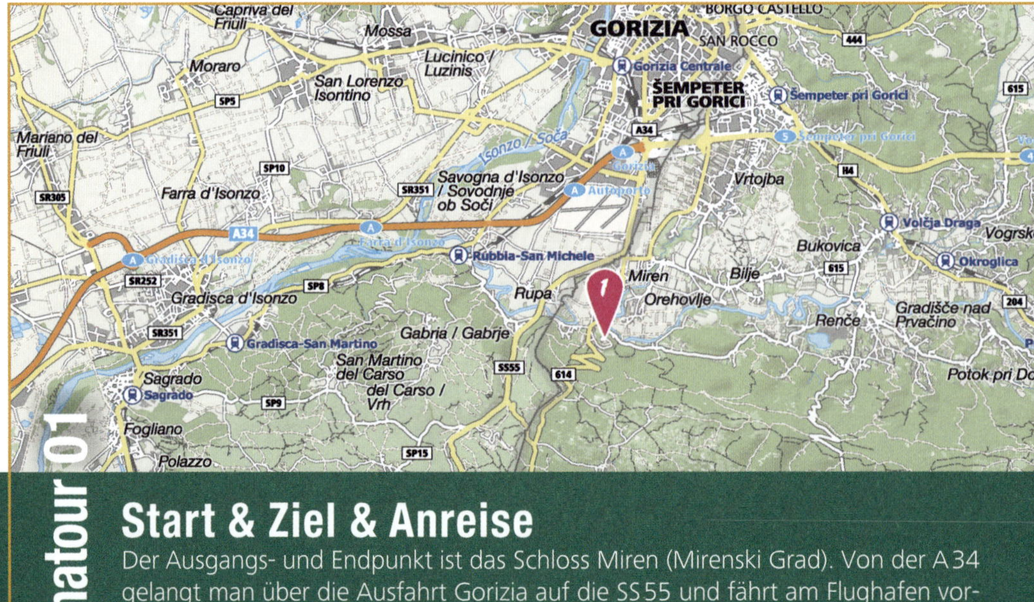

Start & Ziel & Anreise

Der Ausgangs- und Endpunkt ist das Schloss Miren (Mirenski Grad). Von der A34 gelangt man über die Ausfahrt Gorizia auf die SS55 und fährt am Flughafen vorbei. Kurz danach biegt man auf die Straße 614 und folgt dieser durch Miren hindurch. Nach dem Ortsende biegt man dann links auf die Straße Richtung Mirenski Grad. Alternativ fährt man mit dem Bus 35824 von Nova Gorica Ap bis Miren Štanta und geht ca. 20 Minuten bis zum Startpunkt.

Tourenbeschreibung

Das Auto können wir beim Schloss Miren stehen lassen, wenn wir noch den Schlosshügel erforschen möchten. Hier leben Mönche (Lazaristen) und barmherzige Klosterschwestern, die diesem heiligen Ort Lebensfreude verleihen. Dieser Schlossberg wurde im Ersten Weltkrieg völlig zerstört, mittlerweile wurden alle Gebäude wieder rekonstruiert und neue wurden gebaut. Hier kann man auch zu einem günstigen Preis übernachten (auch mit Vollpension).

Von dort wandern wir auf einem Weg Richtung Nordosten an einer sehr mächtigen Kiefer bergab. Wir überqueren die Zufahrtsstraße und wandern ins Tal zum Fluss Vipava. Dort biegen wir rechts Richtung Siedlung Vrtoče ab. Am Beginn der Ortschaft müssen wir auf eine kleine und leider nicht sehr auffällige Holztafel achten, die Richtung Cerje zeigt und folgen dieser. Wir überqueren noch zwei Forststraßen und nach einer Stunde von Vrhovlje aus erreichen wir die mächtige

Festung Cerje. Der Blick reicht von der Adria im Süden bis zu den Julischen Alpen, den Karnischen Alpen und den Dolomiten im Norden und im Westen.

Die Trdnjava (= Festung) Cerje wurde im Jahre 2018 eröffnet. Von dieser siebenstöckigen Festung aus führen mehrere Wege, die den gleichen Verlauf wie die Militärwege im Ersten Weltkrieg haben. Diese Gegend wurde von 1915 bis 1917 stark umkämpft. In diesen Jahren fielen an der sogenannten Isonzofront auf beiden Seiten über eine Millionen Soldaten. Die Länge der Front betrug nicht einmal 100 Kilometer (von der Adria bis zu den westlichen Gipfeln der Julischen Alpen: Wischberg und Montasch). Für die Besichtigung der Festung ist eine Gebühr zu bezahlen. Oben gibt es eine Terrasse, von der die Aussicht noch besser ist.

Unterhalb der Festung gibt es eine Bar. Die Festung und die Bar sind am Wochenende geöffnet, in den Sommermonaten auch täglich.

Unser nächstes Ziel ist Fajti hrib. Wir wandern mit nur mäßigen Anstiegen Richtung Osten. Der Wald ist nicht besonders dicht, deswegen bietet er nur mäßigen Schutz vor der Sonne. Nach einer Stunde erreichen wir einen im Ersten Weltkrieg sehr stark umkämpften Hügel.

Für den Rückweg nehmen wir die Feuerwehr-Zufahrtsstraße, die nach Nordwesten bergab führt. Nach ca. 3 Kilometern biegen wir bei einer Holztafel nach Vrtoče ab. Wenige Minuten später erreichen wir den Wegabschnitt, den wir schon beim Aufstieg gegangen sind. So erreichen wir mit anschließender Steigung wieder Mirenski Grad.

Vrtojba
Počivalo
Margovnik 84
Martinjak 98
Na Hribu
Volčja Draga
Volčja Draga
Boršt
615
Vogrsko
Primož 136
Vogršček
Vogršček
Praprot 124
Na Jugovci
Bukovica
Brje
204
Okroglica
Frata
615
Bilje
Dombrava
Pri Smreki
2
Renče
204
Prvačina
Koklišče 106
Turn 131
Polinišče
Merljaki
Gradišče nad Prvačino
Vipava
Dolgi hrib 141
Burnik 161
Ovčjak 126
Cinkovec 144
Oševljek
Kelič 236
Pušča 122
Dolgo brdo 171
Visoko 165
Mačkovec 136
200
Pusto brdo 176
Dolgo brdo 201
Kaplani 191
Veliki hrib 202
Debeli hrib 251
Gobno 350
Bašovec 408
0 500 m

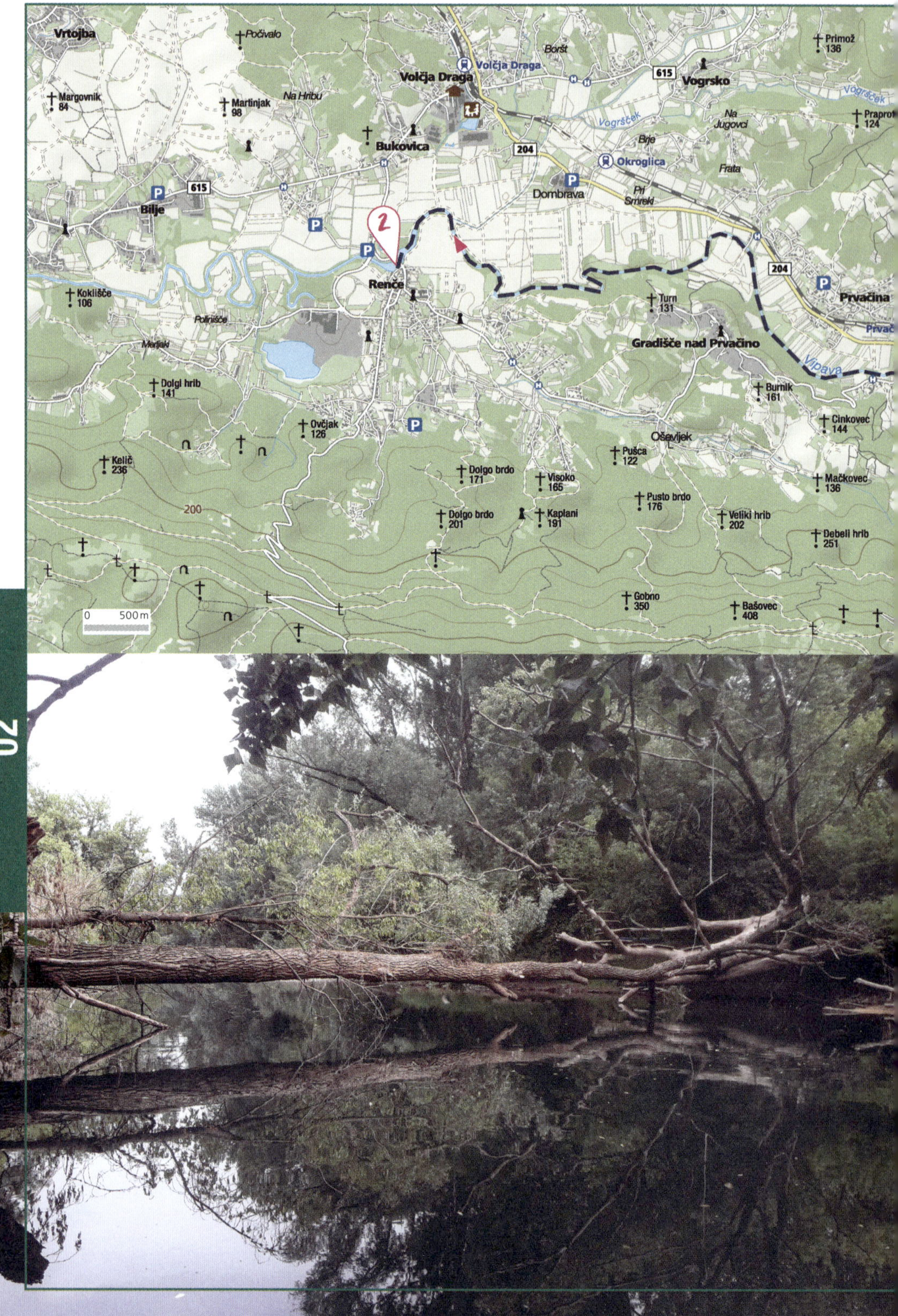

02

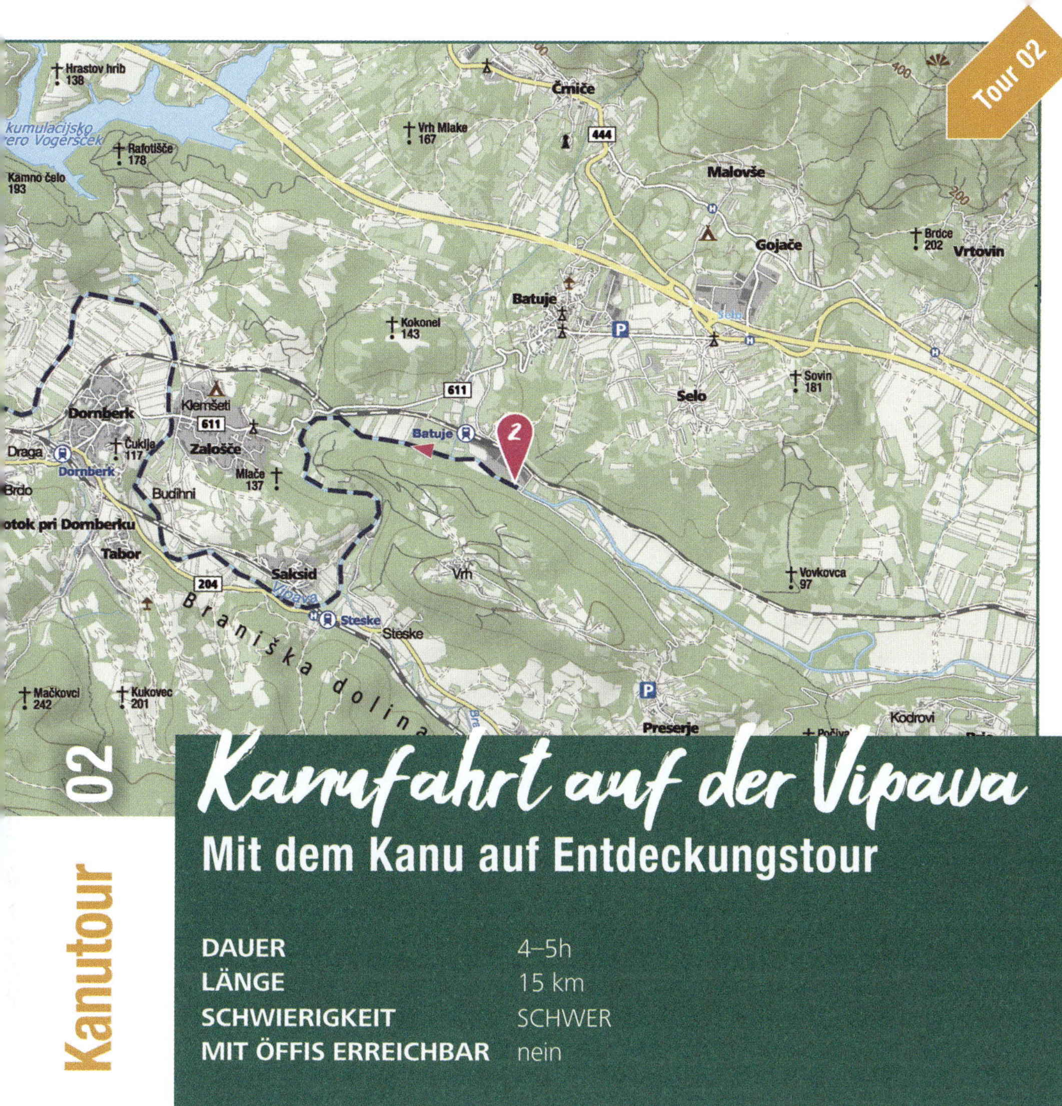

02 Kanutour

Kanufahrt auf der Vipava

Mit dem Kanu auf Entdeckungstour

DAUER	4–5h
LÄNGE	15 km
SCHWIERIGKEIT	SCHWER
MIT ÖFFIS ERREICHBAR	nein

Das erwartet dich ...

Eine anstrengende und anspruchsvolle Kanufahrt entlang des Flusses Vipava abseits des Massentourismus. Entlang des Weges überwinden wir mehr als 15 Schwellen, Dämme und Wasserkraftwerke. Bei den meisten Hindernissen muss man das Boot tragen oder es mit Hilfe des Taus über das Hindernis hinter sich herziehen. Die Schwierigkeit hängt sehr vom Wasserstand ab. Wir raten davon ab die Tour bei hohem Wasserstand zu unternehmen, da es unter Umständen sehr schnell und somit gefährlich werden kann.

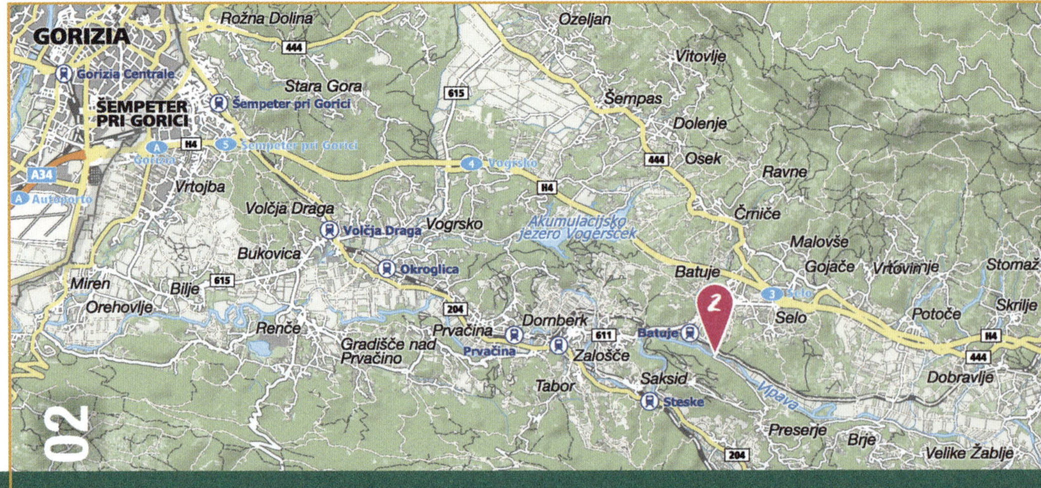

Start & Ziel & Anreise

Wir starten an der Brücke Dolenje in Jaute. Diese erreichen wir über die Schnellstraße H 4 (Ausfahrt 3 - Selo). Dort fahren wir kurz auf der 444 Richtung Ajdovščina und biegen gleich danach auf die 611 nach Batuje ab. Wir folgen der Straße durch den Ort bis zu eine Stromtrasse; hier biegen wir links ab und fahren über die Gleisanlage bis zur Brücke über die Vipava. Unser Ziel ist der Strand in Renče.

Tourenbeschreibung

Nach Überqueren der Brücke bei Batuje kann man in einer kleinen Parkbucht neben der Straße gut parken und zum Fluss gelangen. Nach dem Einstieg in das Boot beginnt das Abenteuer. Es wechseln schattige und offene Flussabschnitte, dazwischen kommen immer wieder Stromschnellen, diese sind nur bedingt befahrbar. Dreimal quert die Eisenbahn den Fluss. Nach ca. 2 Stunden treffen wir immer öfter auf kleine Strände links und rechts. Manchmal kann dir ein ins Wasser gefallener Stamm ordentlich zu schaffen machen. Aber mit etwas Geschick findest du sicher eine Schwachstelle, an der du flussabwärts kommst. Die meisten Zuflüsse kommen von Norden (Trnovski gozd), vom Kras (Karst) kommen nur wenige Bäche (Branica). Mit jedem gefahrenen Kilometer hilft dir die Strömung weniger und du musst mehr und mehr mit den Rudern nachhelfen.

Die Ankunft am Strand von Renče ist ein Ereignis für sich. Zuerst erahnen wir einen Kirchturm im Wald vor uns, danach erblicken wir die hellgrüne Stahlbrücke und dann legen wir auf der linken Seite des Ufers am Ortsstrand an. Vor uns ist ein sehr hoher Damm (fast 3 Meter) und wir befinden uns in einem Stausee, der im Sommer zum Baden einlädt.

Die vielfältige Natur mit zahlreichen Fischen und Vögel wird uns nicht ungerührt lassen. Dazu kommen noch die Blicke nach Norden; hier kann man die über 1000 Meter hohe grüne Wand namens Trnovski gozd sehen.

Auch die Vipava-Quellen mitten in der Stadt Vipava werden dich beeindrucken. Eine Besichtigung dauert etwa 30 Minuten und wir sehen viele kleine Quellen, die den Fluss Vipava bilden, der dann nach Süden in Richtung Autobahn Postojna – Nova Gorica fließt.

Über den Fluss zu rudern erfordert Erfahrung und Geschick

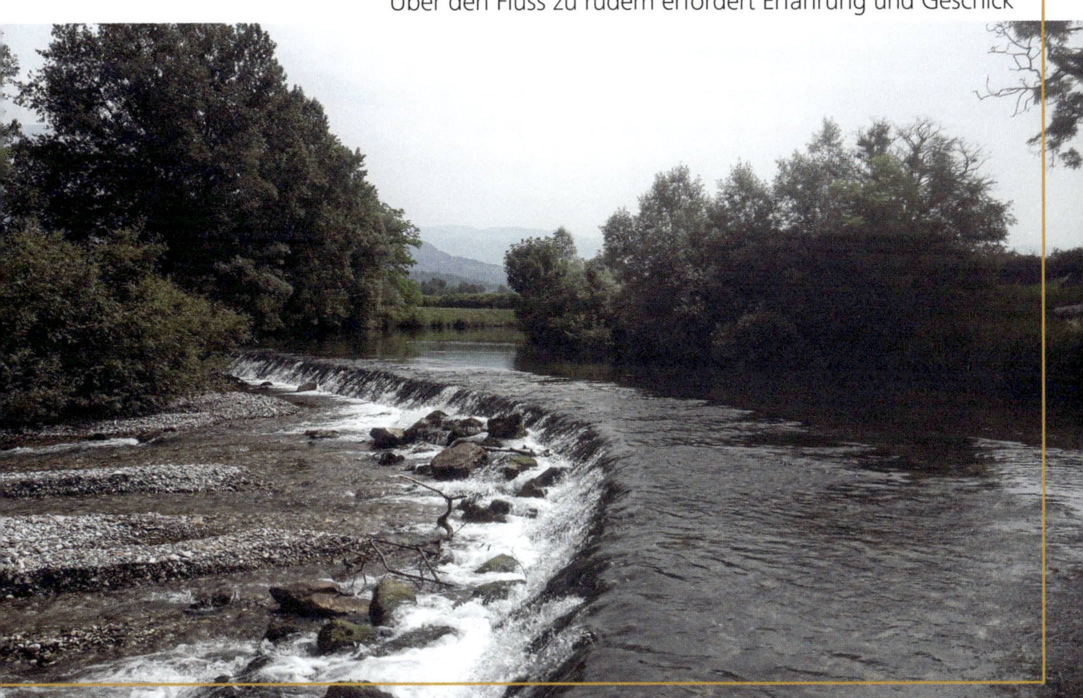

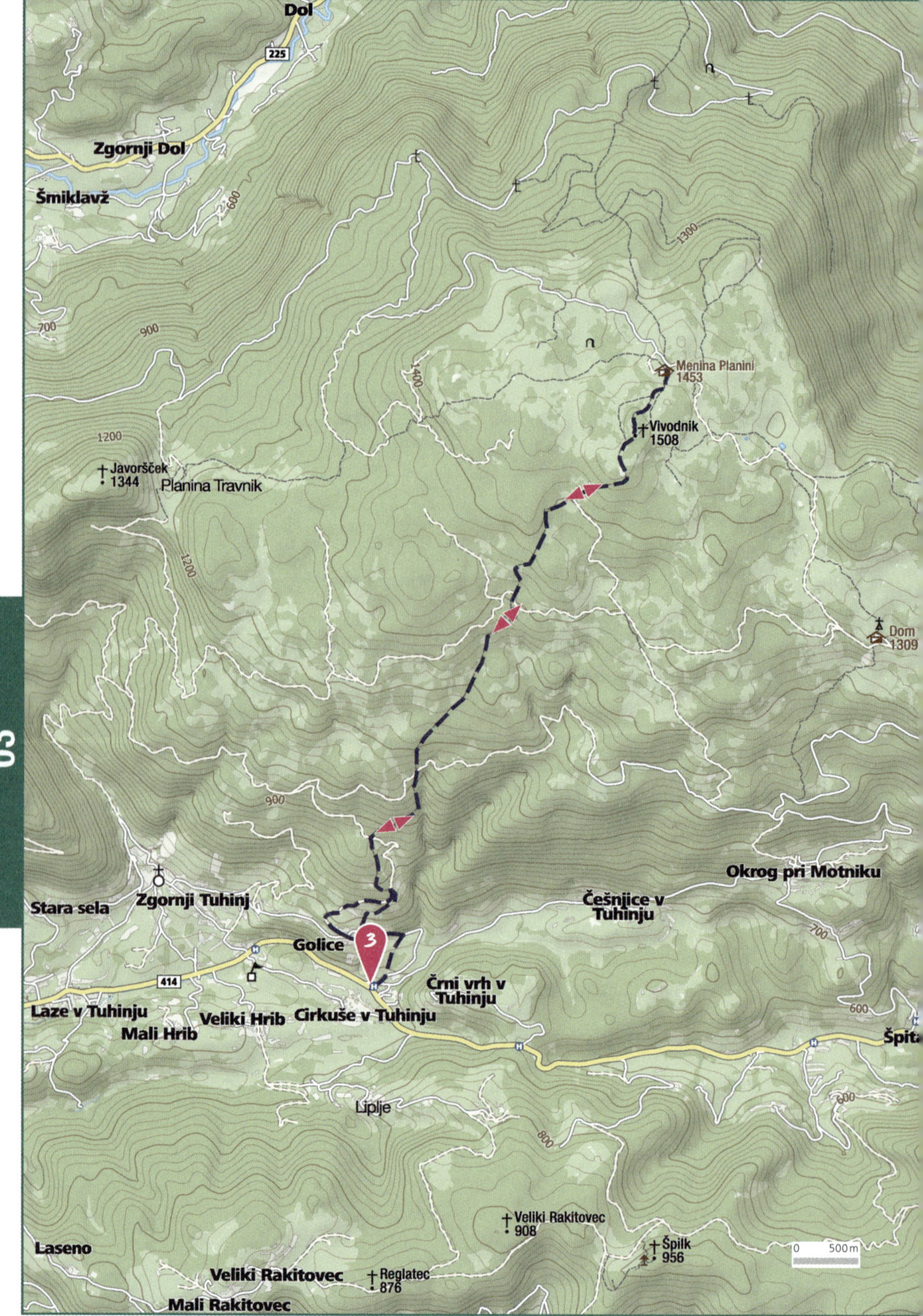

Dol
225
Zgornji Dol
Šmiklavž
600
1300
700
900
1400
Menina Planini
1453
Vivodnik
1508
1200
Javoršček
1344
Planina Travnik
1200
Dom
1309
900
Okrog pri Motniku
Češnjice v Tuhinju
Stara sela
Zgornji Tuhinj
3
Golice
700
414
Črni vrh v Tuhinju
Laze v Tuhinju
Veliki Hrib
Cirkuše v Tuhinju
600
Mali Hrib
Špita
Liplje
600
800
Veliki Rakitovec
908
Špilk
956
0
500 m
Laseno
Veliki Rakitovec
Reglatec
876
Mali Rakitovec

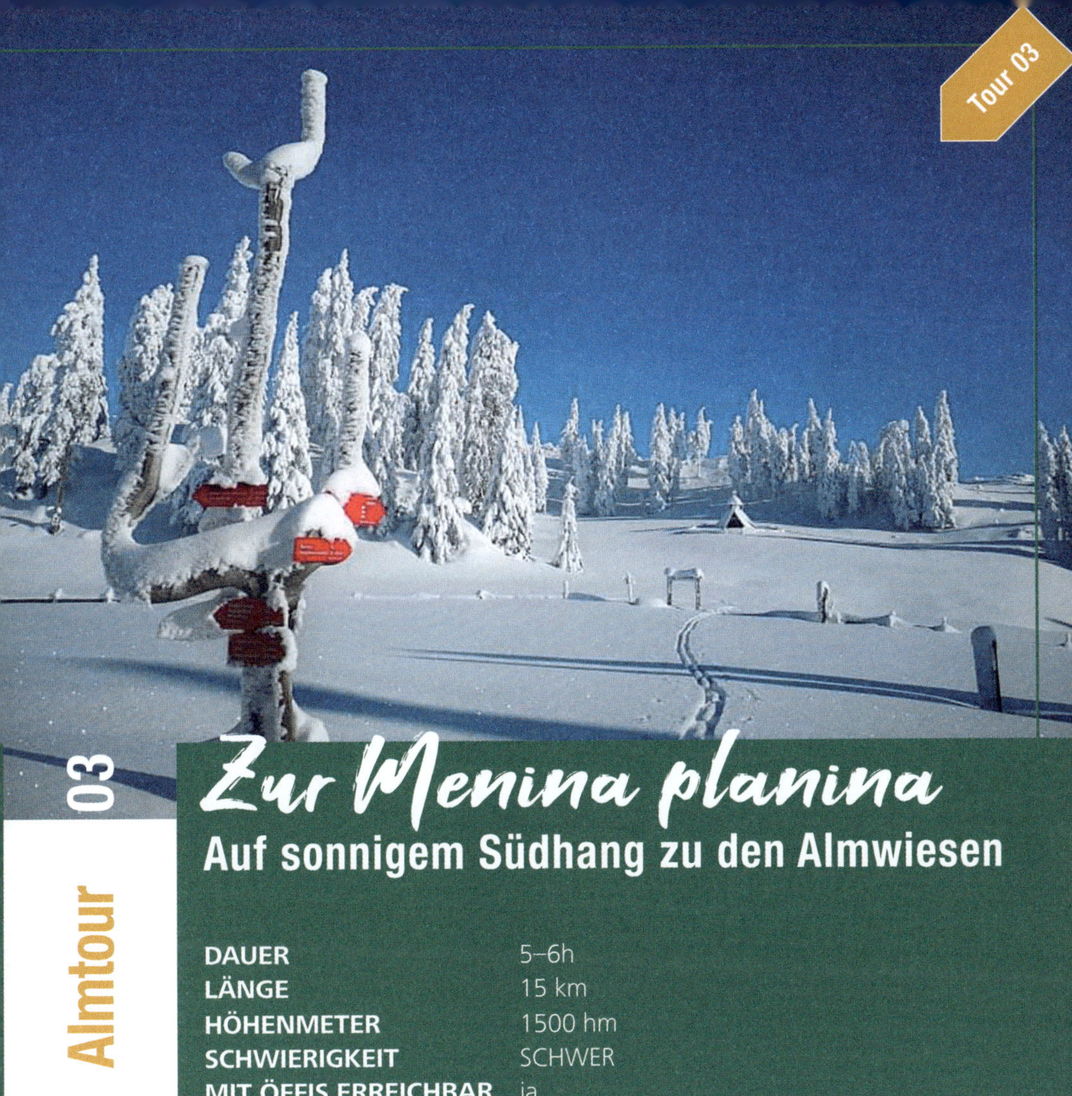

Zur Menina planina

Auf sonnigem Südhang zu den Almwiesen

DAUER	5–6h
LÄNGE	15 km
HÖHENMETER	1500 hm
SCHWIERIGKEIT	SCHWER
MIT ÖFFIS ERREICHBAR	ja

Das erwartet dich ...

Ein mittelschwerer Aufstieg zu einer Alm, die noch zu den Steiner Alpen gehört. Die Menina planina ist weit weniger touristisch erschlossen als die benachbarte Velika planina. Keine Liftanlagen, keine Seilbahn, nur einige Schotterstraßen, zwei Hütten und ein markanter Gipfel. Das verspricht Ruhe und Einsamkeit auf dem beschriebenen Weg.

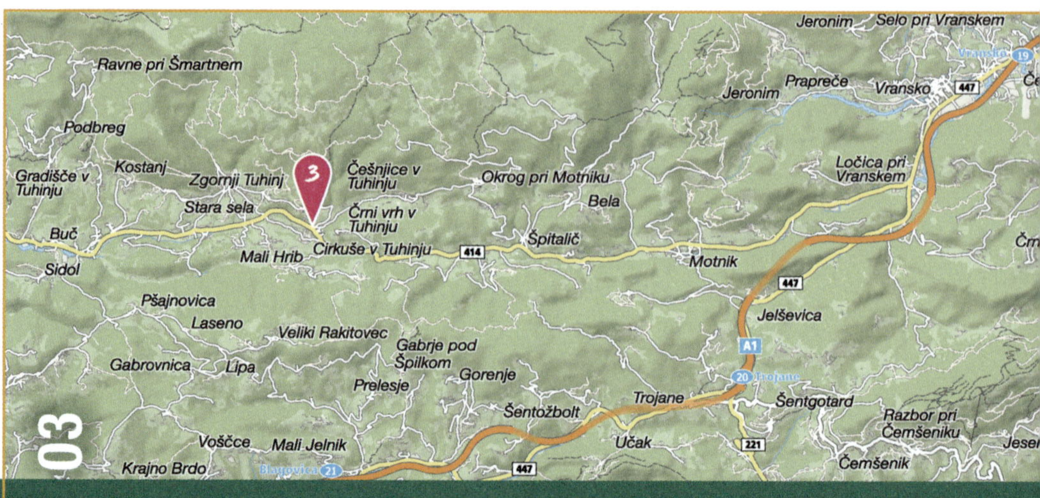

Start & Ziel & Anreise

Wir starten und beenden die Tour bei der Tankstelle Petrol bei Laze. Von der Autobahn A1 nehmen wir die Abfahrt 19 Vransko und fahren weiter auf der Bundesstraße 447 an Vransko vorbei. Als nächstes biegen wir nach rechts auf die Bundesstraße 414 und folgen dieser ca. 13 Kilometer, bis rechts die Tankstelle Petrol erscheint. Hier ist der Startpunkt unserer Tour. Alternativ kann der Standort mit dem Bus 35054 angefahren werden; der Ausstieg befindet sich an der Haltestelle Golice.

Tourenbeschreibung

Oberhalb von Zgornji Tuhinj befindet sich eine kleine Tankstelle und in der Nähe sind auch Parkplätze. Hier folgen wir den Wegweisern und wandern direkt auf das Dorf zu. Die Straße macht einen großen Bogen nach Osten. Hinter dem zweiten Haus biegen wir links bergauf und überqueren einige Wiesen, bis wir eine Schotterstraße erreichen. Dort steht eine Bank, die zum Rasten einlädt. Anschließend folgen wir dem mehr oder weniger steilen Fahrweg. Noch einige Male überqueren wir mehrere Forststraßen.

Auf 1100 Meter Höhe gelangen wir zu einer Alm mit einer Quelle. Unser Weg biegt hier nach links entlang des Weidezauns. Weiter steigen wir im Wald auf, wobei die Laubbäume immer weniger werden. Bei der nächsten Wiese merken wir, dass wir schon einige Höhenmeter geschafft haben. Hier stehen einige Tannen und Fichten, dazwischen Kiefern und weiches Gras. Unser Ziel, der Aussichtsturm, bleibt bis zuletzt verborgen. Nach einer Waldpassage kommen wir auf den höchsten Gipfel der Menina planina, den Vivodnik. Von hier erstreckt sich der Blick in alle Richtungen. Wegen der Randlage der Menina planina ist der Blick auf die Steiner Alpen grandios. Auch nach Osten sind die Uršlja gora (Ursulaberg), der Bachern und einige kleinere Erhebungen zu sehen.

Die Hütte (Dom na Menini) erreichen wir in 10 Minuten. Nach einer Verschnaufpause wandern wir wieder am Aussichtsturm vorbei und kehren auf demselben Weg zurück zum Ausgangspunkt.

Im Winter lockt das Gebiet der Menina planina mit Schneesicherheit und bietet Wintersportlerinnen und -sportler genug Möglichkeiten sich auszutoben. Ob mit Schneeschuhen oder Skitourenski, hier ist für jede und jeden etwas dabei.

Autoren Tipp

Um die weiten Wiesen der Menina planina zu erleben können wir von der Hütte auf der Menina planina zur Alm Biba planina wandern (45 Minuten) und dann auf der Straße Richtung Zgornji Tuhinj gehen. Nach 4 Kilometern treffen wir auf den Weg des Aufstiegs; hier steigen wir zum Ausgangspunkt zurück.

447
Reber
801
Kolovrat
Borje pri Mlinšah
Orehovica
Zabr
Veliki hrib
763
Vrhija
648
600
500
400
221
Medija
Podlipovica
Izlake
Tlačnica
Vrh
668
Hmeljno
Medija
Lumbark
494
Lipovški hrib
536
600
600
Rigel
498
Briše
Zgornje Koseze
Žvarulje
Peče
Vrh pri Mlinšah
Mlinše
415
Razpotje
Pretrž
Dolgo Brdo pri Mlinšah
500
400
Križate
Smučidol
Šemnik
Drnovec
400
Kandrše
Vidrga
Breznik
Ravne pri Mlinšah
Korun
415
Dobrlevo
Kostrevnica
Pleše
866
Trata
P
Medvednik
662
Vrsnik
815
Pleše
Selišе
Špičasti hrib
696
Ostri hrib
744
Kuklja
788
700
Mali vrh
695
Strmca
Planinski dom na Zasavski Sveti gori
846
Roviškovec
930
Cvetež
Bršje
653
Slivec
721
Gradišče
731
P
Vače
Spodnja Slivna
Klenik
Golče
P
600
Rovišče
500
Laze pri Vačah
Potok pri Vačah
Podbukovje pri Vačah
600
Široka Set
Šentlamb
400
Jar
Selce
Zavšenik
Tirna
Jesenje
Kolk
Bitiče
Leše
4
400
921
Zgornji Hotič
Mošenik
Spodnji Hotič
Sava
Konj
Sava
Pogonik
Spodnji Log
108
108
Mesarjevec
462
400
Ponoviče
Zgornji Log
400
400
Potok graben
Podšentjur
Pečice
451
Breg pri Litiji
Tenetiše
300
500
600
Mamolj
LITIJA
Litija
Zagorica
Čebelnik
500
Gradišče pri Litiji
Dolg
794
Izerca
801
Reka
Prelesje
Sitarjevec
448
Gradiške Laze
Jablaniški Potok
416
400
300
Dolgo Brdo
Zavrstnik
645
Bukovica pri Litiji
P
Spodnja Jablanica
Zgornja Jablanica
Jablaniške Laze
0 750 m
Reka
Šmartno pri Litiji
Lesar
Veliki Mre
604
300
417
04

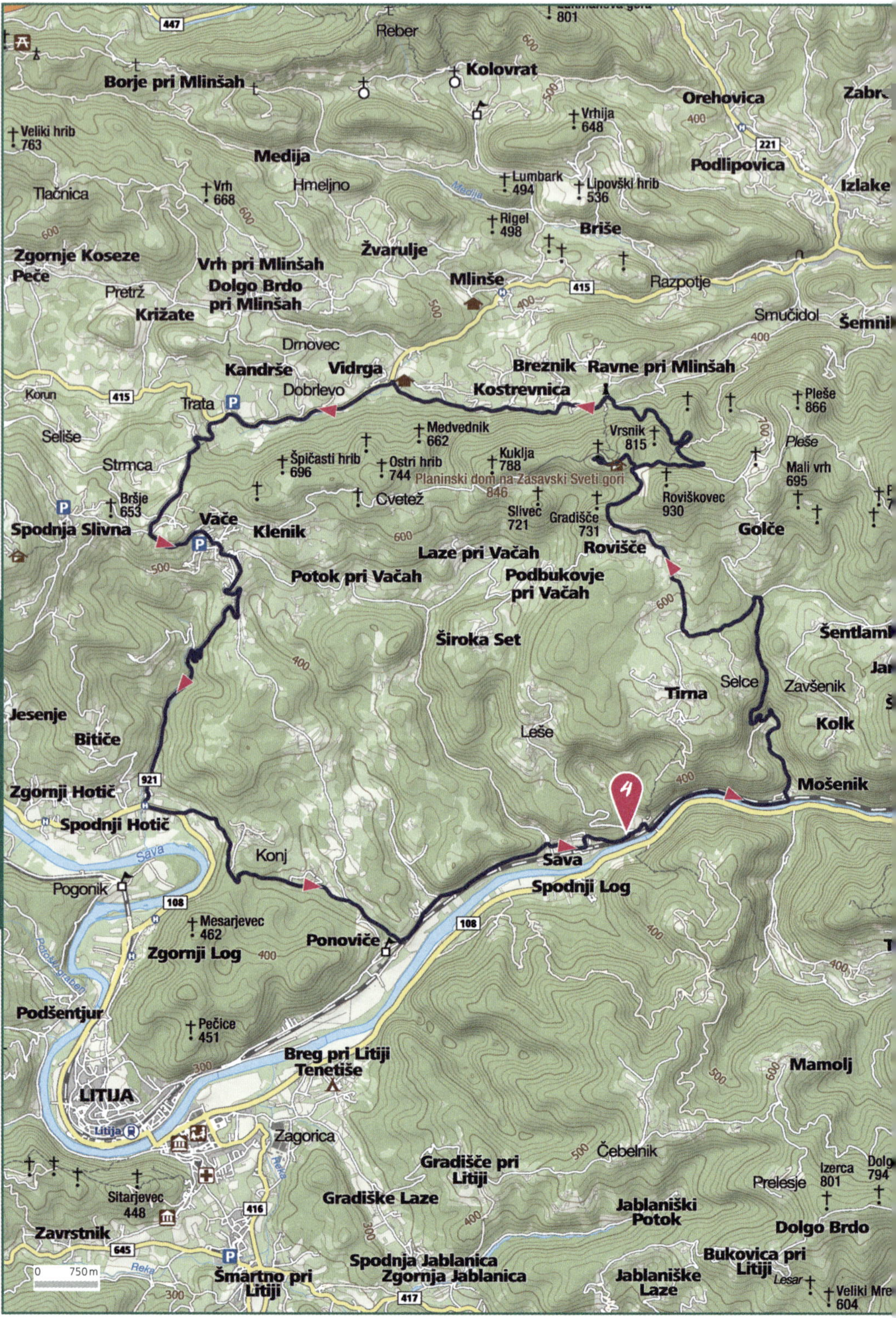

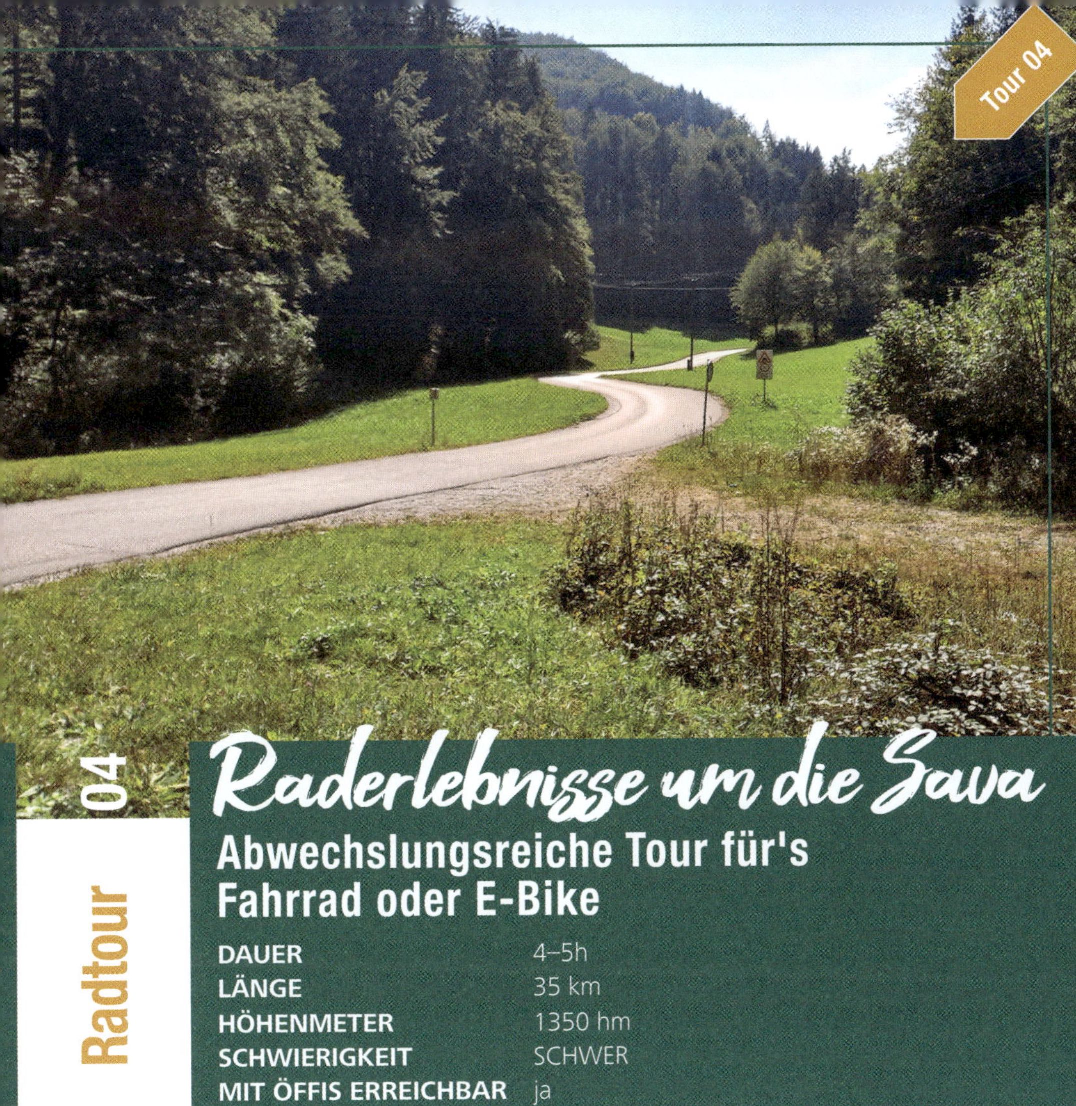

Radtour 04

Raderlebnisse um die Sava

Abwechslungsreiche Tour für's Fahrrad oder E-Bike

DAUER	4–5h
LÄNGE	35 km
HÖHENMETER	1350 hm
SCHWIERIGKEIT	SCHWER
MIT ÖFFIS ERREICHBAR	ja

Das erwartet dich ...

Eine schwierige Radtour im Bereich des geografischen Mittelpunktes von Slowenien. Die Route liegt weit abgelegen von den bekannten Sehenswürdigkeiten. Unterwegs gibt es drei Orte mit Verpflegung: Eine Berghütte auf der Zasavska sveta gora, den Gasthof Vidergar im Tal und den Gasthof Mrva im Ort Vače.

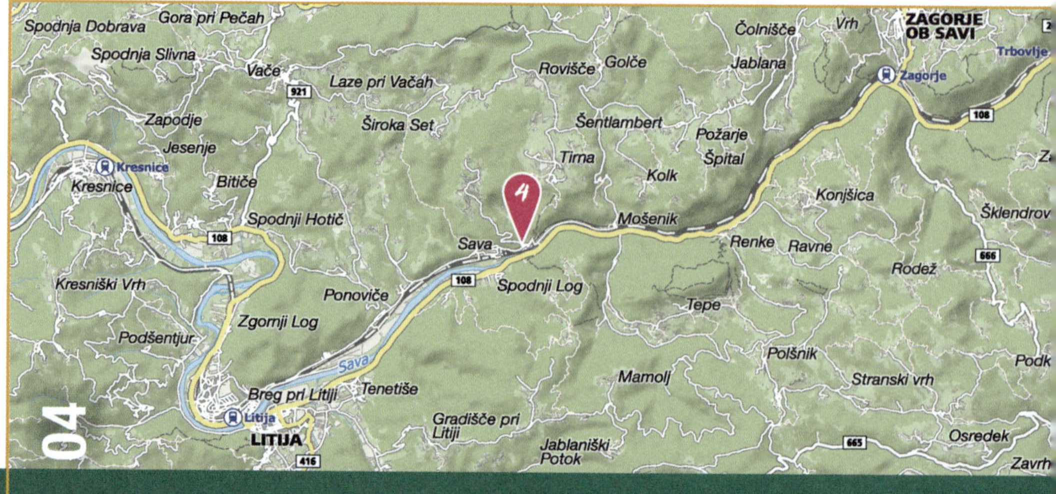

Radtour 04

Start & Ziel & Anreise

Wir starten und beenden die Tour am Bahnhof in Sava, 44 Kilometer östlich von Ljubljana, 7 Kilometer östlich von Litija. Mit dem Zug kann man beispielsweise von Litija direkt nach Sava anreisen. Alternativ erreicht man Sava mit dem Auto über die Bundesstraße 108; um zum Bahnhof und in die Ortschaft zu gelangen, überquert man den Fluss Sava über eine Brücke.

Tourenbeschreibung

Vom Bahnhof in Sava fahren wir nach Osten (flussabwärts) und nach 2 Kilometern unter der Eisenbahn hindurch. Hier endet die angenehme Radfahrt. Gleich hinter der Unterführung geht es mit über 10 % Steigung bergauf und die flachen Abschnitte sind bis zur Wallfahrtskirche auf der Zasavska sveta gora nur noch sehr selten zu finden. Das „Zuckerl" ist ein 300 Meter langer Abschnitt mit über 15 % Steigung kurz vor dem Ziel. Nach 1 Kilometer stehen wir vor der Festungsmauer der Kirche. Geschichte und schöner Ausblick halten sich hier die Waage. Etwa 500 Meter weiter steht die Berghütte.

Unser Weg führt nun nach Norden bergab. Nach sehr schnellen 7 Kilometer erreichen wir die Bundesstraße Izlake–Moravče. Hier liegt der Gasthof Vidergar. Danach geht es 3 Kilometer bergauf Richtung Moravče. Vom Sattel Kandrše führt uns der Wegweiser links nach Vače. Von hier geht es noch einmal 2 Kilometer bergauf. Oben auf der Kreuzung angelangt bietet sich mit dem GEOSS – dem Mittelpunkt Sloweniens – eine Sehenswürdigkeit, die etwas abseits der eigentlichen Trasse liegt.

Die Abfahrt ist ein reiner Genuss. Durch den Ort Vače – hier steht der Gasthof Mrva – gelangen wir in einer angenehmen Fahrt wieder zum Ufer der Sava. In Hotič biegen wir erneut nach Osten (Richtung Litija) ab und erreichen nach wenigen 100 Meter eine Abzweigung nach links. Wir folgen dem Weg ca. 2 Kilometer; vor allem nachmittags, wenn die Sonne auf den Hang scheint, kann dies ganz schön anstrengend werden. Einmal im Wald angekommen sind die letzen 100 Meter ein Kinderspiel. Danach geht es nur mehr bergab zur Sava. Nach 3 Kilometern biegen wir nach Osten (links) ab, fahren entlang der Eisenbahn und schon erreichen wir den Bahnhof in Sava.

Keine Wolke trübt den atemberaubenden Weitblick

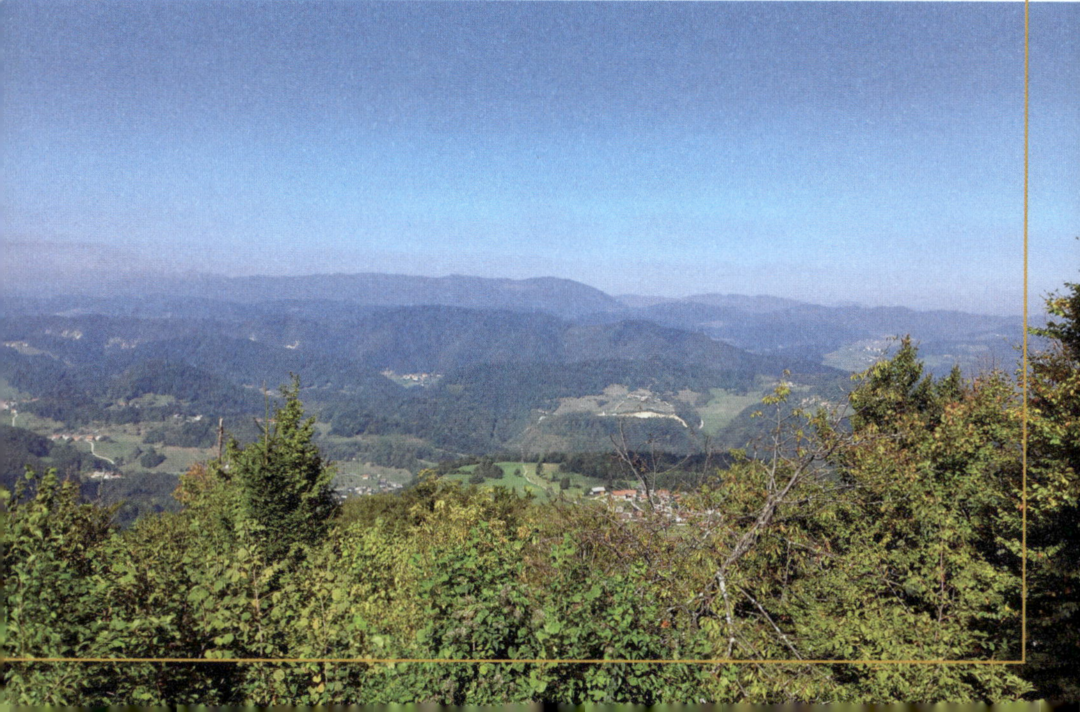

Črni Kal
Mozar 402
Črnotiče
Stepani
Stranice 212
Marčev hrib 426
Klavžnik 426
Lipnik 508
Bombelj 471
Krnica
Krog 450
Debeli hrib 505
Razbojnik
Rižana
Predloka
Kortine
Brdo 173
Gradišče 467
Stena
Ivačevec 226
Loško brdo 168
Loka
Mostičje
Žgani
Ojo 159
Rižanski labirint
Bezovica
Brgode 436
Praproče
Podgorje
Velike gor 528
Griža 262
Krasca 272
Brdo 247
Varda 391
Kubed
Zjat 449
Vrh Stene 456
Podpeč
Škrbina 543
Kobel 262
Rovance 338
Zanigrad
Čela 343
Vrh 296
Hrastovlje
Kovk 350
Brežec pri Podgorju
Jampršnik 649
Lačna 451
Zjat 483
Gračišče
Hrib 416
Jerebine 440
Zazid
Hrastovlje
Dol pri Hrastovljah
Beli Kamen
Popetre
Poletiči
Galantiči
Vrh križa 411
Brgot 323
Štivje 436
Krog 418
Smokvica
Stražica 510
Veliki Gradež 507
Tremun 390
Butari / Buttari
Velika Griža 417
Movraž
Trebeše / Trebesse
Stranica
Tuljaki / Tuliachi
Goričica 197
Maja 364
Gradec 413
Sočerga
Dolgo brdo 407
Sokoliči
0 500 m

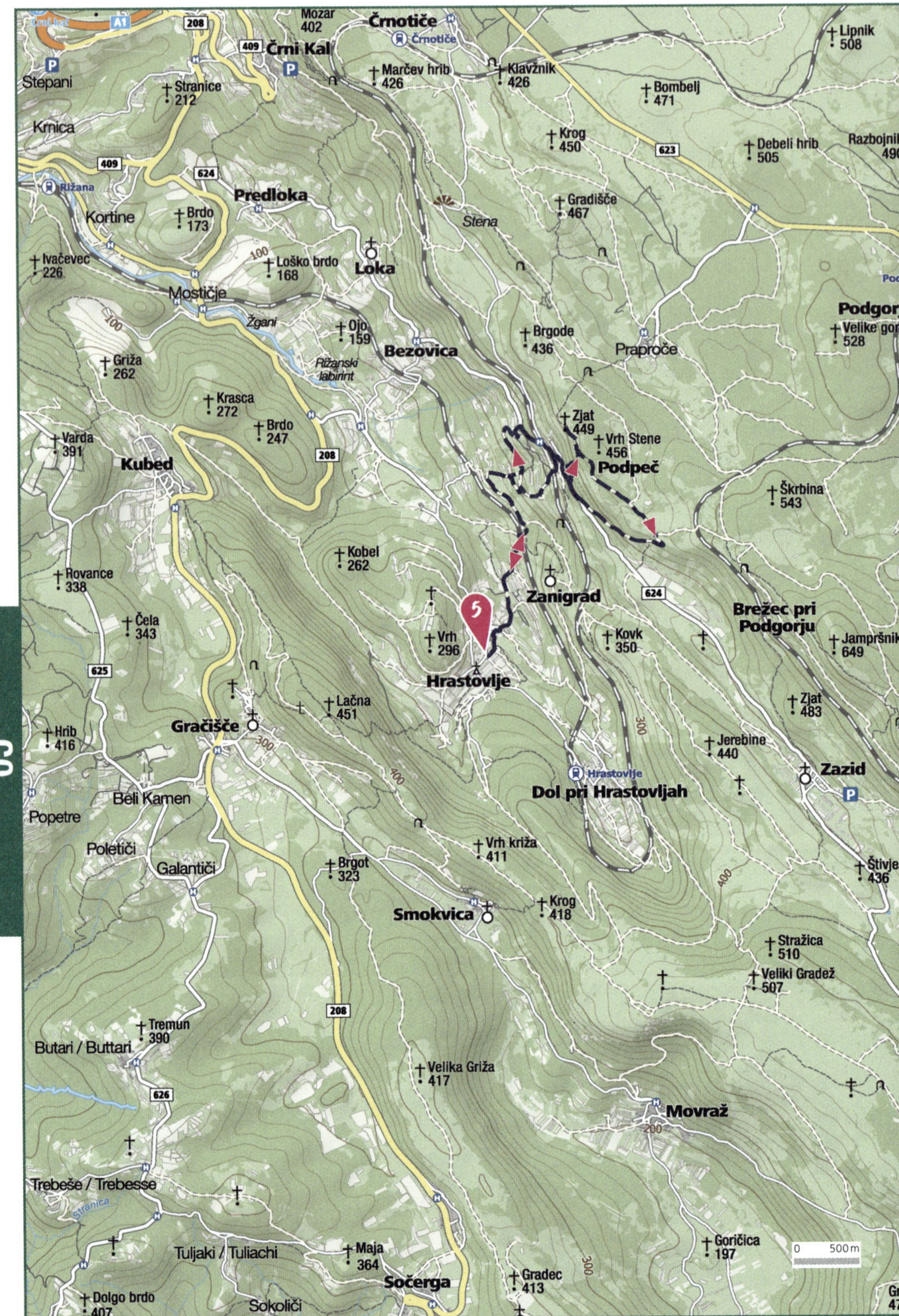

05

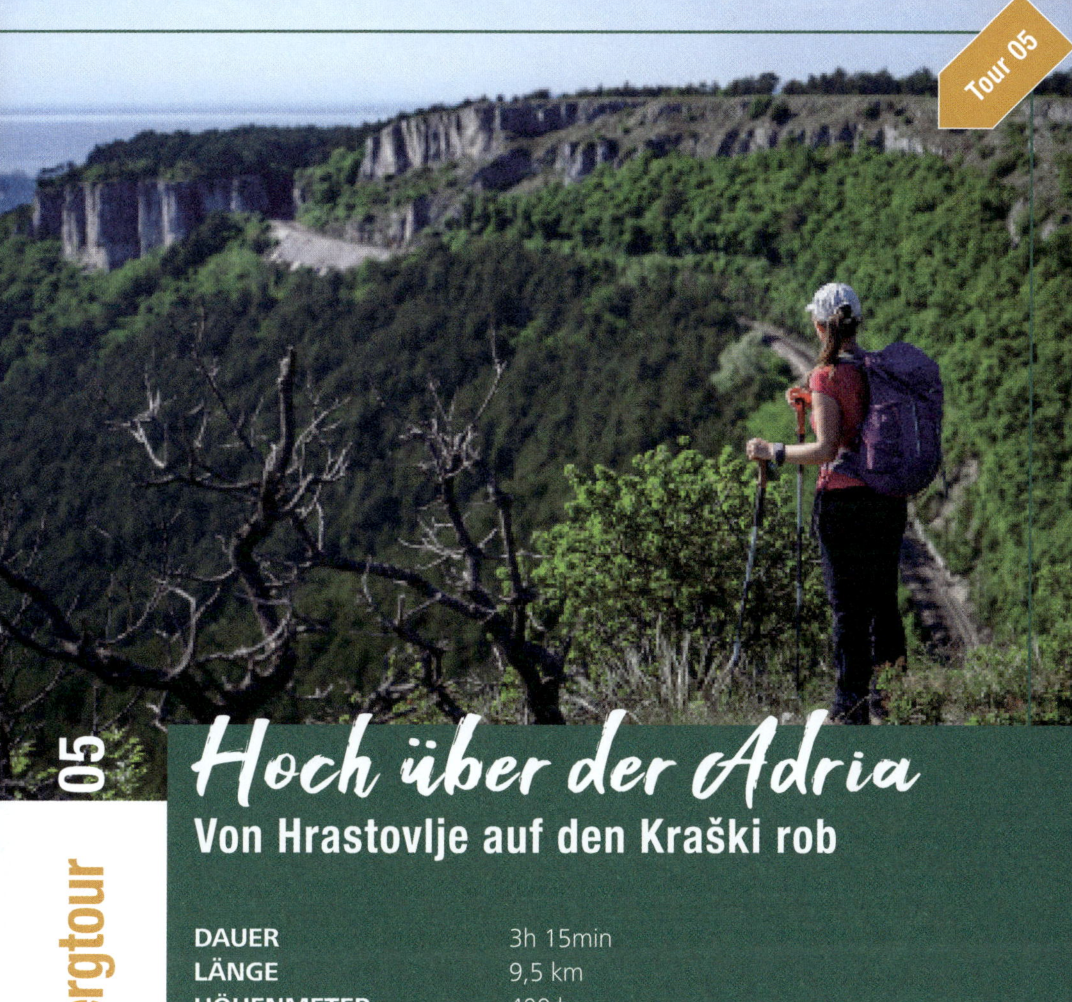

05 Bergtour

Hoch über der Adria

Von Hrastovlje auf den Kraški rob

DAUER	3h 15min
LÄNGE	9,5 km
HÖHENMETER	400 hm
SCHWIERIGKEIT	MITTEL
MIT ÖFFIS ERREICHBAR	ja

Das erwartet dich ...

Eine Rundwanderung mit interessanten Aussichten, wir queren zweimal die Eisenbahn, bewundern die über 1000 Meter lange Autobahnbrücke und die Felswand oberhalb des Dorfes Podpeč, umwandern einen Wehrturm aus dem 11. Jahrhundert und erreichen schließlich den Abbruch des Kraški rob. Sehenswert sind die beiden Orte Hrastovlje (Kirche mit dem Totentanz-Fresko) und Podpeč („Dorf unter den Felsen"). Der Zjat ist kein Gipfel im eigentlichen Sinn, sondern eine kleine Erhebung im Kraški rob. Eine prachtvolle Aussicht zum Meer und auf die Häfen ist garantiert.

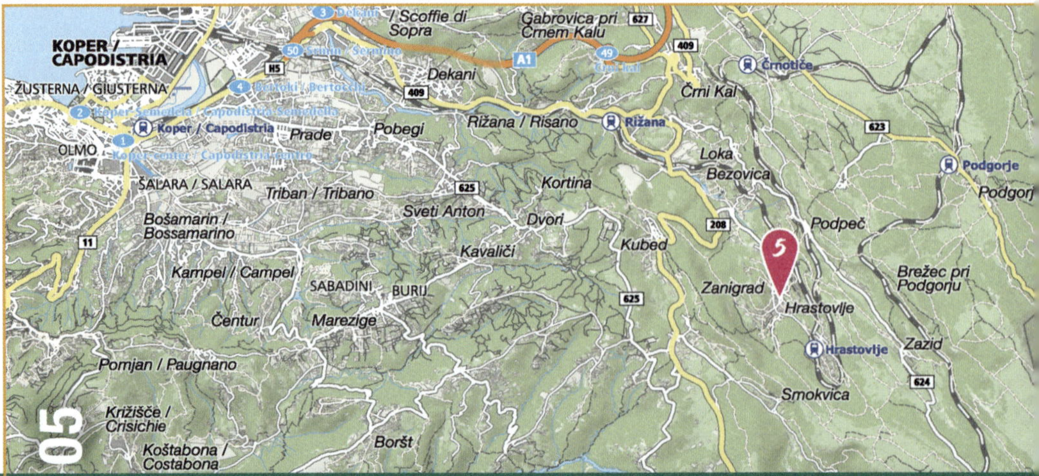

Start & Ziel & Anreise

Wir starten in Hrastovlje. Die Anreise mit dem Auto kann beispielsweise über die A1 erfolgen. Wir nehmen die Ausfahrt 49 (Črni kal) und folgen der Bundesstraße 208 nach rechts. Ein kurzes Stück nach der Überquerung des Flusses Rižana biegen wir links in eine kleine Seitenstraße ein in Richtung Hrastovlje. Nach einer Weile biegen wir links in den Ort Hrastovlje ein und folgen der Straße bis zur Kirche Sveta Trojica; unterhalb befindet sich ein Parkplatz. Alternativ kann die Anreise mit Bussen (Linien 34075, 34079 und 34085) erfolgen, welche in Hrastovlje halten.

Tourenbeschreibung

Vom Parkplatz aus folgen wir zuerst den roten Markierungen an der Kirche vorbei. Diese kleine Kirche ist berühmt wegen ihrer Malereien; am bekanntesten ist der Totentanz. Dann folgen wir dem Weg bergab und überqueren im Tal ein meist trockenes Bachbett. Dies ist der tiefste Punkt unserer Wanderung. Nun bringt uns der Weg mäßig steil bergauf. Bei diesem Aufstieg folgen wir den Markierungen, die ab und zu nicht ganz eindeutig sind. Wir queren zum ersten Mal die Eisenbahnstrecke, dann steigen wir weiter auf zum Dorf Podpeč. Im Dorf folgen wir weiter der Straße bergauf. Bei der Ortsausfahrt leitet uns ein Wegweiser links steil hinauf. Dieser Abschnitt ist mäßig schwierig zu bewältigen, wir müssen ab und zu auch die Hände zu Hilfe nehmen. Beim Wehrturm sind diese Schwierigkeiten vorbei. Meistens ist der Turm geschlossen, aber von der kleinen Terrasse aus haben wir zum ersten Mal einen schönen Ausblick in die Umgebung. Von diesem Wehrturm brauchen wir nur noch etwas mehr als 20 Minuten zum Kraški rob. Oben angekommen erstreckt sich der Blick auch nach Norden und Osten. Der Gipfel des Slavnik ist mit seinem Sender leicht zu erkennen. In der anderen Richtung sehen wir das Meer. Die Erhebung Zjat, 449 Meter, liegt ca. 5 Minuten Richtung Norden.

Für den Rückweg nehmen wir den markierten Weg nach Südosten. Hier wandern wir eine Weile ganz nah am Karstrand und bewundern das Küstengebiet. Danach wandern wir ca. 20 Minuten durch den Wald, bis wir eine Schotterstraße erreichen. Wir folgen dieser Schotterstraße bergab und verlassen dabei den markierten Weg, der weiter dem Karst-Rand folgt. Nach 1,5 Kilometer kommen wir wiederum nach Podpeč. Wir können denselben Weg nach Hrastovlje wählen oder oberhalb der Eisenbahn nach links zum Friedhof abbiegen. Die malerische Kirche ist wegen der Eisenbahn nun vom Dorf getrennt und steht nun alleine da. Vom Friedhof nehmen wir den steilen Fahrweg ins Tal und achten auf die seltenen Markierungen. Diese bringen uns in 30 Minuten auf den Weg des Aufstiegs (noch vor der letzten Querung der Eisenbahn). Den letzten Abschnitt gehen wir auf dem Weg des Aufstiegs zuerst ins Tal, dann über den Bach und schließlich bergauf zur Kirche und zum Parkplatz in Hrastovlje.

Tropfsteine abseits des markierten Wegs

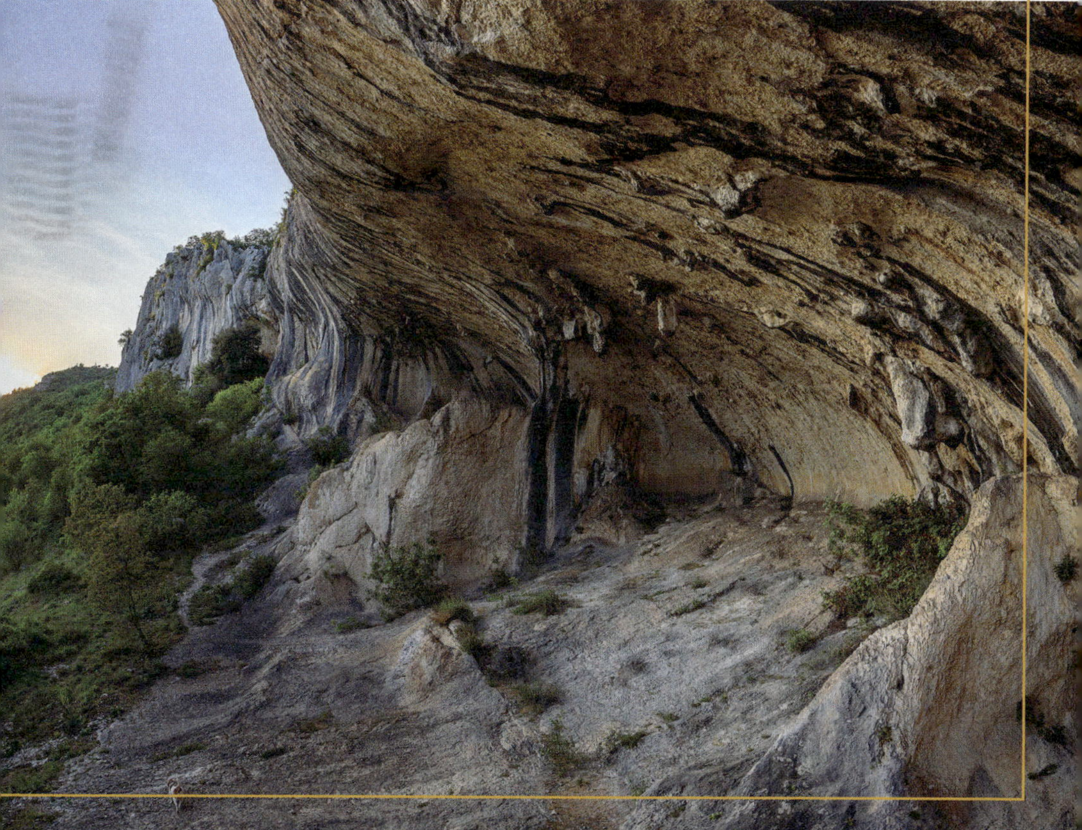

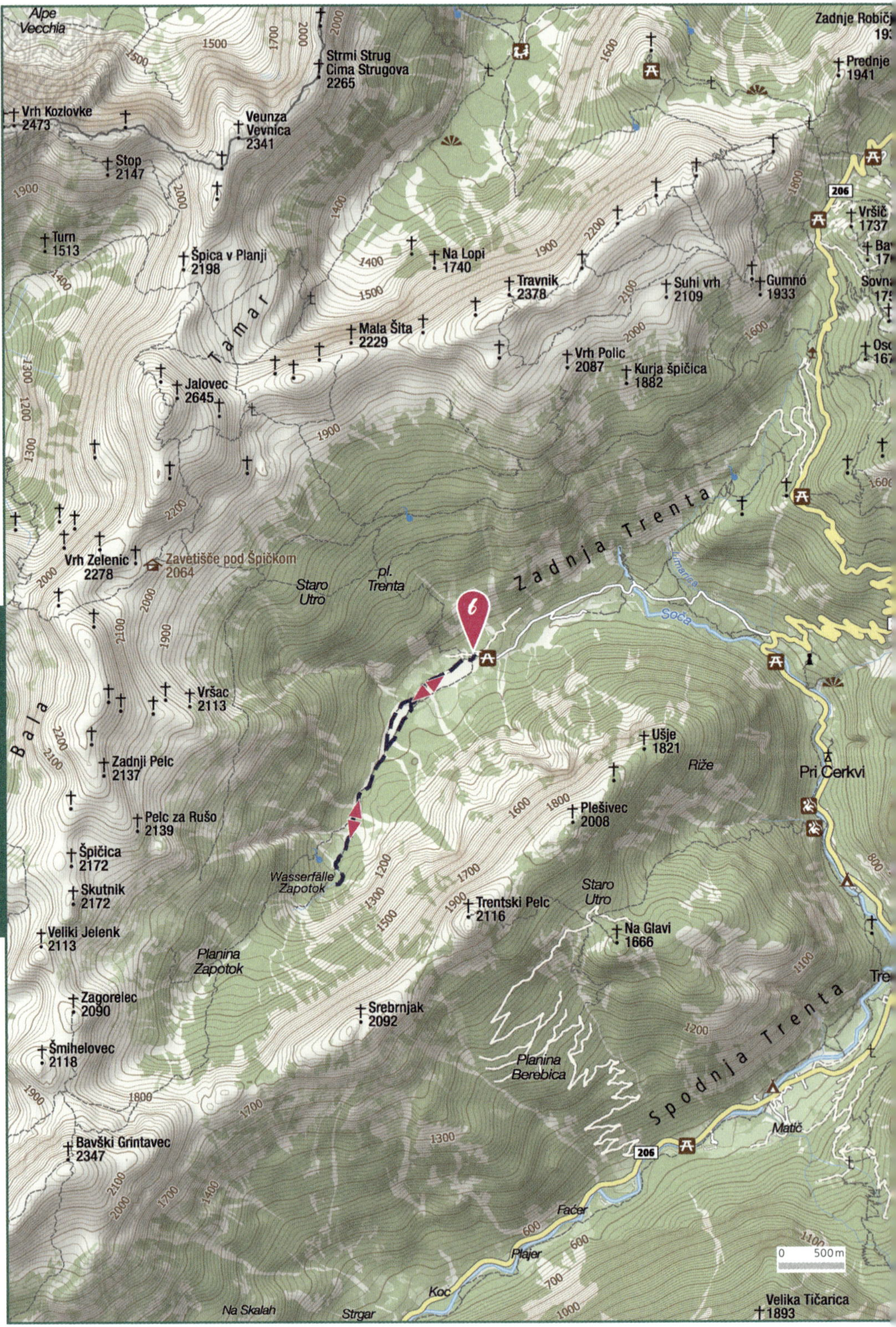

Alpe Vecchia
Strmi Strug Cima Strugova 2265
Zadnje Robičje
Prednje 1941
Vrh Kozlovke 2473
Veunza Vevnica 2341
Stop 2147
Vršič 1737
Turn 1513
Špica v Planji 2198
Na Lopi 1740
Travnik 2378
Suhi vrh 2109
Gumnó 1933
Tamar
Mala Šita 2229
Vrh Polic 2087
Kurja špičica 1882
Jalovec 2645
Zadnja Trenta
Vrh Zelenic 2278
Zavetišče pod Špičkom 2064
Staro Utro
pl. Trenta
Soča
Limarica
Vršac 2113
Bala
Ušje 1821
Riže
Zadnji Pelc 2137
Pri Cerkvi
Pelc za Rušo 2139
Plešivec 2008
Špičica 2172
Wasserfälle Zapotok
Skutnik 2172
Trentski Pelc 2116
Staro Utro
Na Glavi 1666
Veliki Jelenk 2113
Planina Zapotok
Zagorelec 2090
Srebrnjak 2092
Šmihelovec 2118
Spodnja Trenta
Planina Berebica
Matič
Bavški Grintavec 2347
206
Fačer
Plajer
Koc
Na Skalah
Strgar
Velika Tičarica 1893
0 500 m

Tour 06

Wasserfalltour 06

Wasserfälle Zapotoški slapovi

Im romantischen Bachtal

DAUER	4h
LÄNGE	9 km
HÖHENMETER	750 hm
SCHWIERIGKEIT	MITTEL
MIT ÖFFIS ERREICHBAR	nein

Das erwartet dich ...

Ein mittelschwerer Aufstieg zu einer versteckten Perle der Natur. Die meisten Bergsteiger begeben sich zum Bavški Grintovec oder zum Jalovec. Am Ende des Tales genießt man eine Ruhe, die nur vom Rauschen des Wassers begleitet wird.

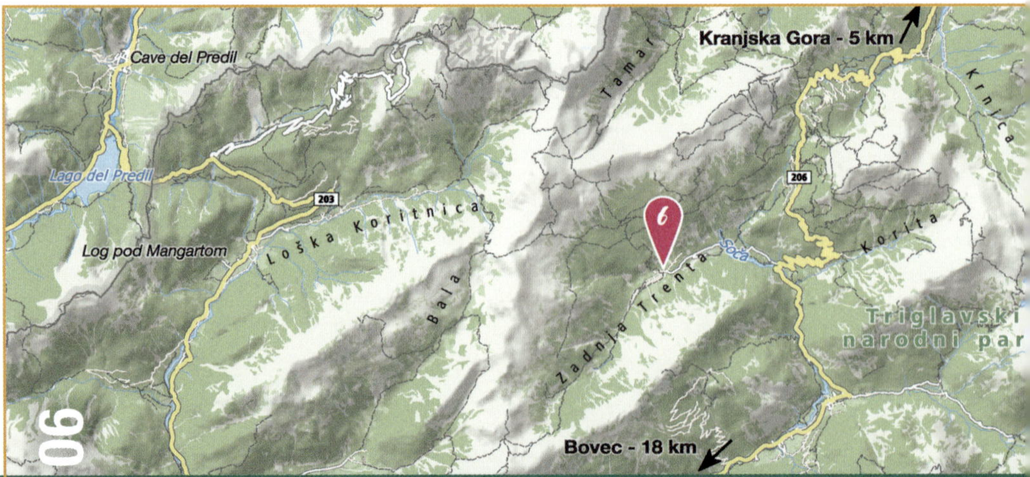

Start & Ziel & Anreise

Wir starten am Parkplatz in der Zadnja Trenta. Die Anfahrt erfolgt über die Straße 206, ausgehend von Bovec oder Kranjska Gora. Von Bovec aus verläuft die Straße konsequent an der Soča (Fluss) entlang. Aus beiden Richtungen dauert es einige Zeit, bis man die Abzweigung zur Soča-Quelle erreicht. Hier biegen wir auf eine Schotterstraße ab, fahren vorbei an der Koča pri izviru Soče bis zum Ende der Straße, wo wir parken.

Tourenbeschreibung

Vom Parkplatz aus folgen wir dem breiten Bachbett. Kurz nach der Abzweigung zum Špiček und zum Jalovec überqueren wir ein meist trockenes Bachbett und steigen auf der linken Seite weiter. Bis zur Abzweigung zum Bavški Grintovec gibt es die üblichen runden Markierungen.

Nach der Abzweigung gehen wir entlang des Baches weiter. In diesem Abschnitt beginnt das Wasser wieder zu fließen. Hilfreich sind uns dann die Wegweiser zu den Zapotoški Slapovi. Die ersten 30 Minuten sind einfach, dann rücken die beiden Hänge zusammen und wir finden kaum Platz, um entlang des Wassers zu gehen. Wenn wir das Rauschen des Wasserfalls schon ganz deutlich hören, beginnen die Schwierigkeiten. Wir können entweder von Stein zu Stein springen, oder wir müssen barfuß im Wasser weitergehen. Um eine Kehre des Wassers zu umgehen, können wir über die Scharte auf den Gegenhang klettern. Von dort sind es nur noch 100 Meter, bis wir den etwas versteckten Wasserfall entdecken. Uns erwartet ein bis zu 73 Meter hoher Wasserfall, der uns ins Staunen versetzt. Da dieser eher schwer zugänglich ist, können auch die anderen, von der Natur geschaffenen Wasserfälle, besucht werden. So bietet der der 18 Meter hohe Wasserfall am Bach Suhi potok auch einen sehr schönen Anblick.

Magisch schimmernde Soča-Quelle

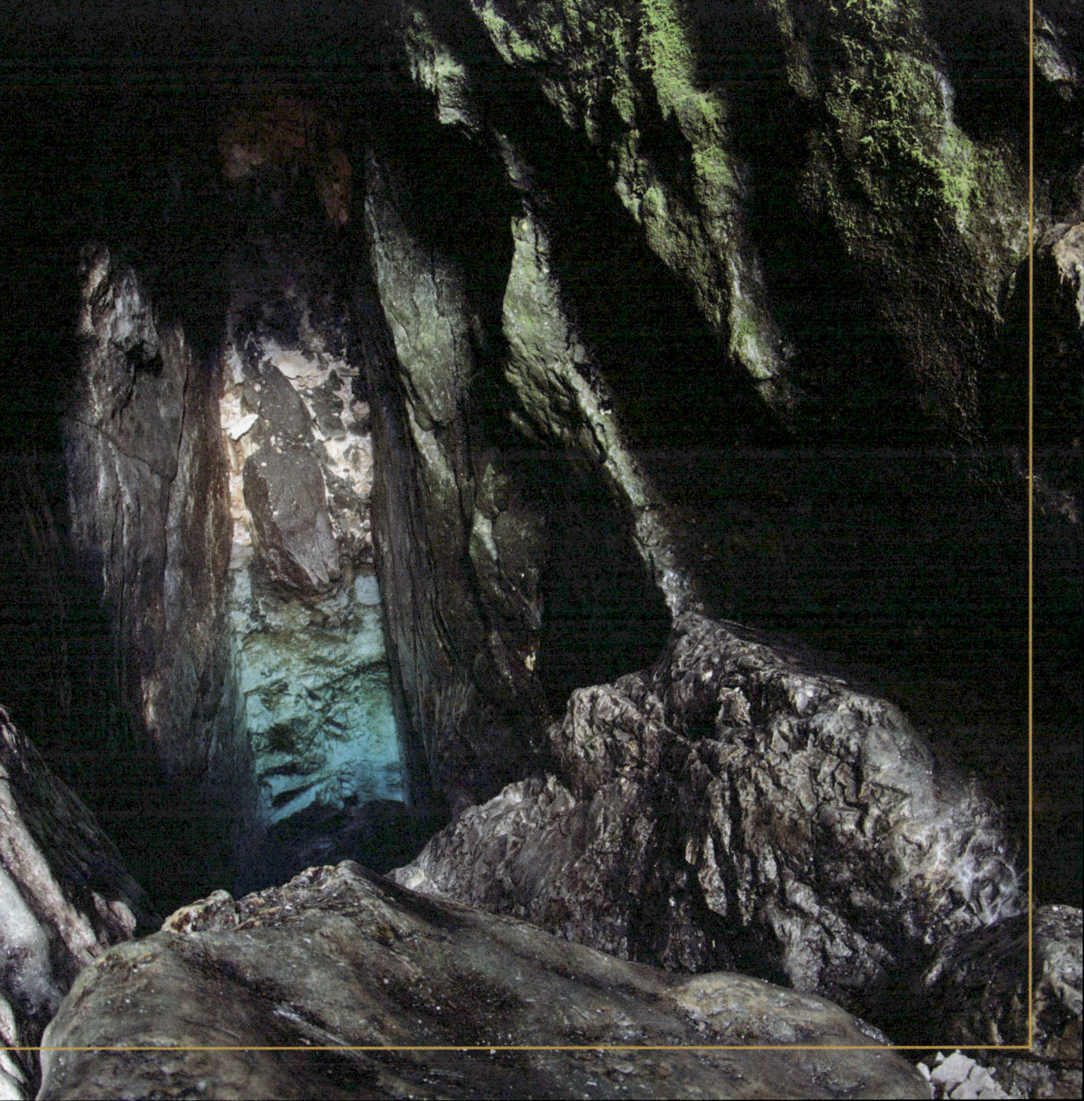

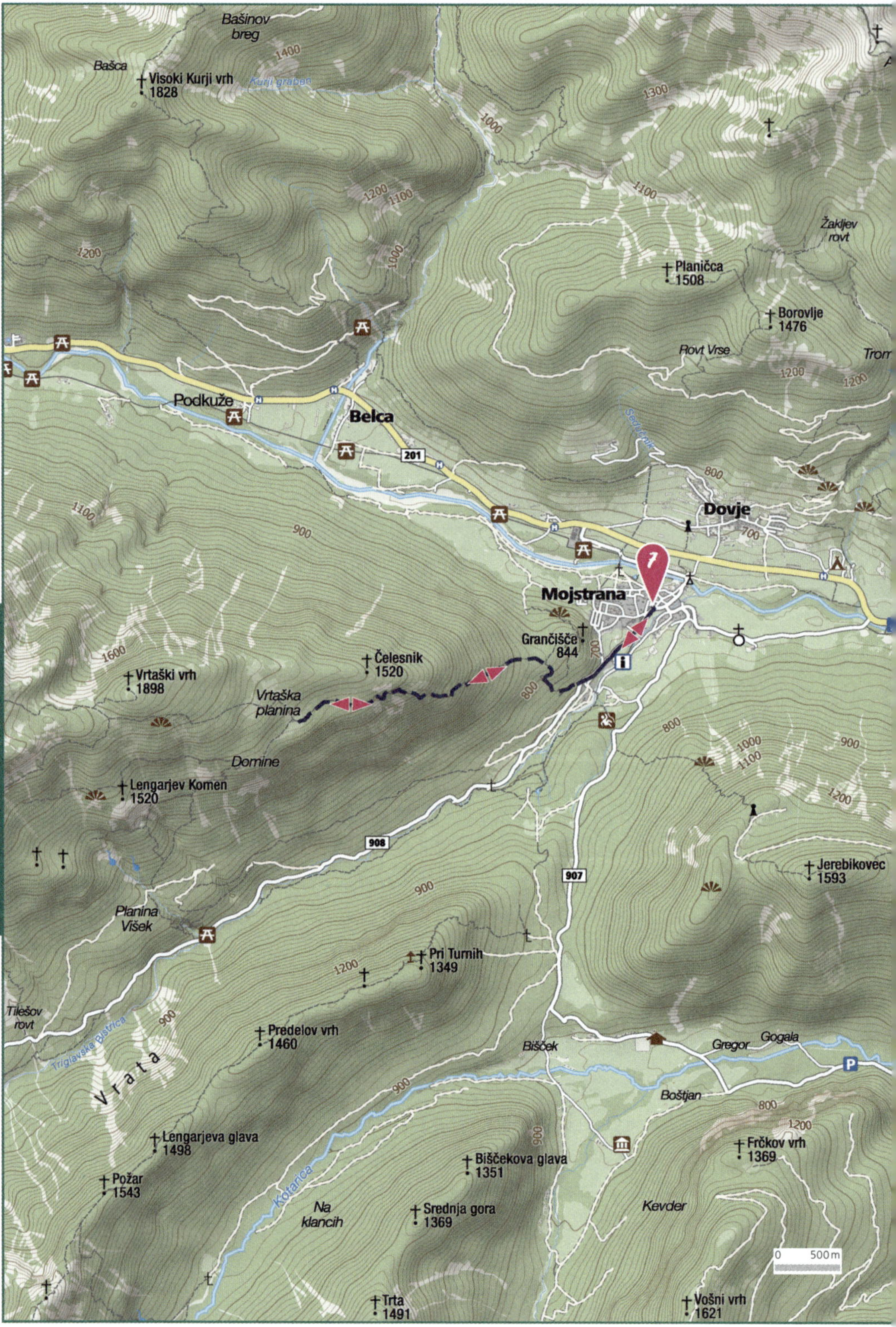

Bašinov breg
Bašca
Visoki Kurji vrh 1828
Kurji graben
Planičca 1508
Žakljev rovt
Borovlje 1476
Rovt Vrse
Podkuže
Belca
201
Dovje
Mojstrana
Grančišče 844
Čelesnik 1520
Vrtaški vrh 1898
Vrtaška planina
Domine
Lengarjev Komen 1520
908
907
Jerebikovec 1593
Planina Višek
Pri Turnih 1349
Tilešov rovt
Predelov vrh 1460
Trigiavska Bistrica
Vrata
Bišček
Gregor
Gogala
Boštjan
Lengarjeva glava 1498
Požar 1543
Kotarica
Biščekova glava 1351
Frčkov vrh 1369
Na klancih
Srednja gora 1369
Kevder
Trta 1491
Vošni vrh 1621
0 500 m

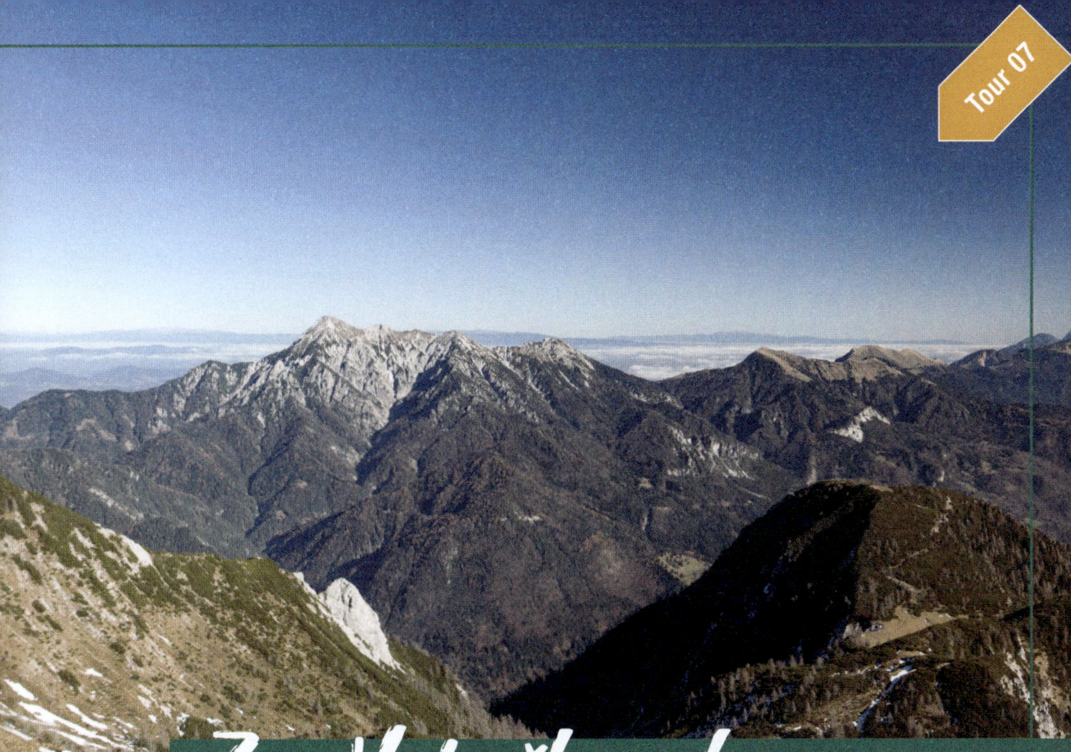

Tour 07

Gipfeltour 07

Zur Vrtaška planina

Hoch über dem Sava-Tal und dem Vrata Tal

DAUER	5h
LÄNGE	10 km
HÖHENMETER	850 hm
SCHWIERIGKEIT	LEICHT
MIT ÖFFIS ERREICHBAR	ja

Das erwartet dich ...

Eine leichte Wanderung bis zu einer Alm, bei der wir die Wildnis der uns umgebenden Bergwelt genießen können. In der Umgebung gibt es keine markierten Wege, nur der Vorgipfel Sleme auf 2076 Meter ist ohne anspruchsvolleres Klettern erreichbar.

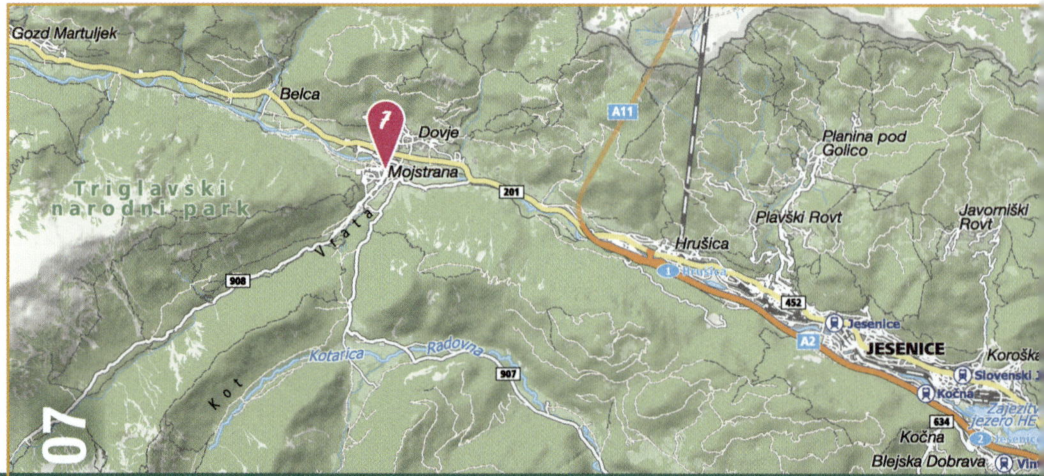

Gipfeltour 07

Start & Ziel & Anreise

Die Tour startet in Mojstrana. Die Anreise erfolgt am einfachsten über die A2; wir nehmen die Ausfahrt 1 (Hrušica) und biegen auf der Bundesstraße 201 nach links ab. Nun folgen wir der Straße am Rande der Sava Dolinka, bis wir eine Brücke links von uns sehen. Hier biegen wir ab und überqueren den Fluss. Die Straße (908) führt uns nach Mojstrana. Am Ende vom Ort erreichen wir den Startpunkt der Tour. Alternativ erreicht man Mojstrana mit den Buslinien 36730, 37294 und 35112 – vom Busbahnhof läuft man noch ca. 10 Minuten bis zum eigentlichen Tourbeginn.

Tourenbeschreibung

Auf der Straße ins Vrata-Tal verlassen wir den Ort Mojstrana. Bei dem ersten Straßenanstieg zeigt ein Abzweig nach rechts nach Sleme und Vrtaška planina. Unser Weg ist gut markiert und führt uns zuerst auf den Felsen Grančiše (Fels, der aus Mojstrana gut erkennbar ist). Dann biegt der Weg nach links (Richtung Süden). In steilen Kehren gewinnen wir schnell an Höhe und kommen oft aus dem Wald; hier können wir zahlreiche Ausblicke genießen. Auf dem Hang, den wir queren, bekommen wir immer mehr Felsenschwellen zu sehen. Da der Weg für Vieh gebaut wurde, gibt es hier keine Probleme.

Erneut taucht unser Weg in den Wald ein und nach 2 ½ Stunden erreichen wir die Alm Vrtaška planina. Der Ausblick reicht von den Karawanken bis zu den steilen Nordwänden der Gebirgsgruppe vom Triglav. Auf der Alm gibt es eine Wasserquelle. Für die Rückkehr nach Mojstrana brauchen wir ca. 1 ½ Stunden.

Wenn wir über die nötige Kondition und Zeit verfügen, dann können wir in 2 Stunden auch den Gipfel vom Sleme (2076 Meter) erklimmen. Das ist der einzige markierte Weg in diesem Gebiet. Alle anderen Gipfel der Martuljek-Gruppe sind nur auf nicht markierten Wegen und sicher nur unter Überwindung einiger Kletterstellen zu erreichen.

Die Tour zur Alm Vrtaška planina wird auch unter den Tourenskifahrern sehr geschätzt.

Mächtige Gipfel dominieren das Landschaftsbild

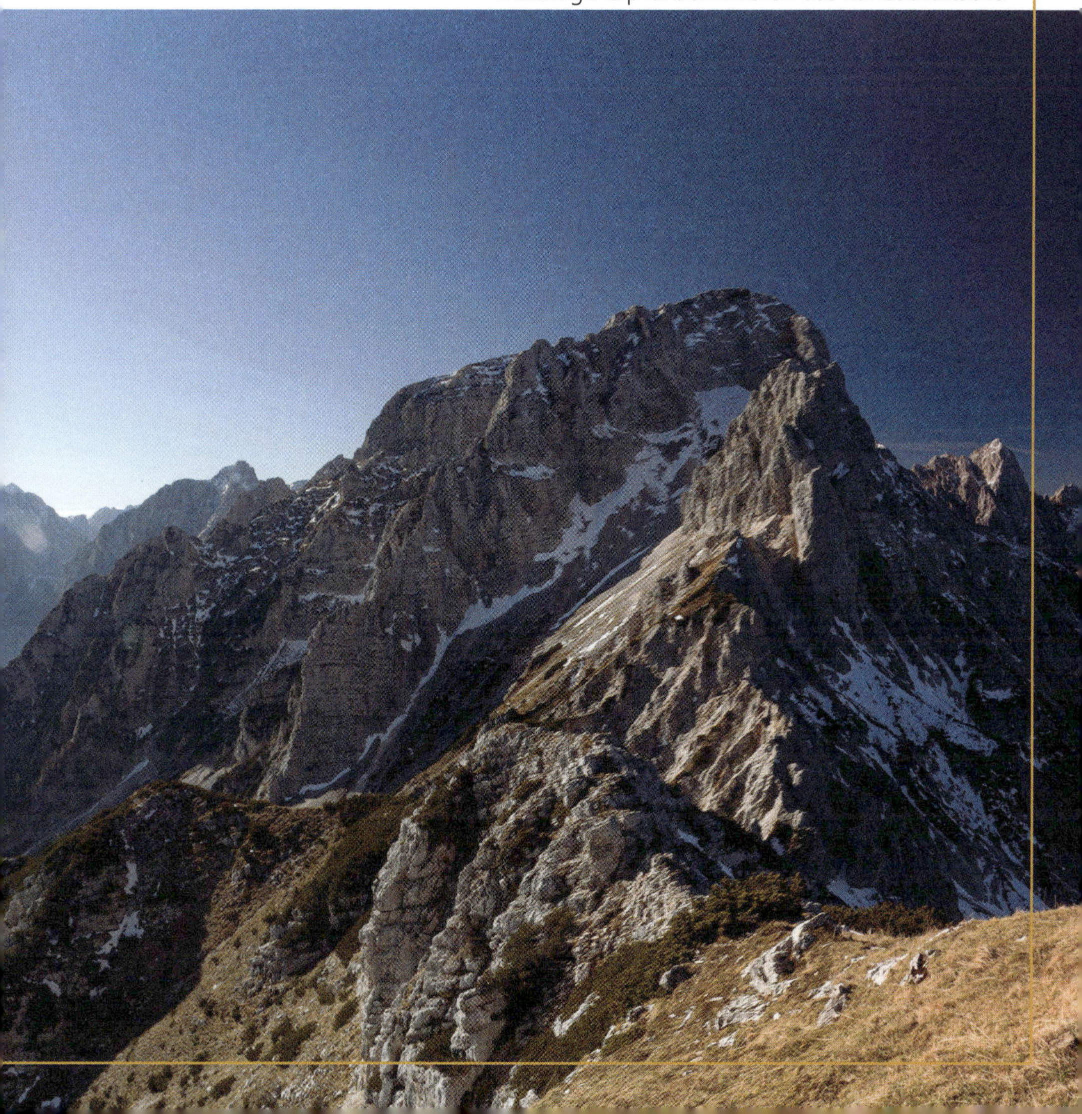

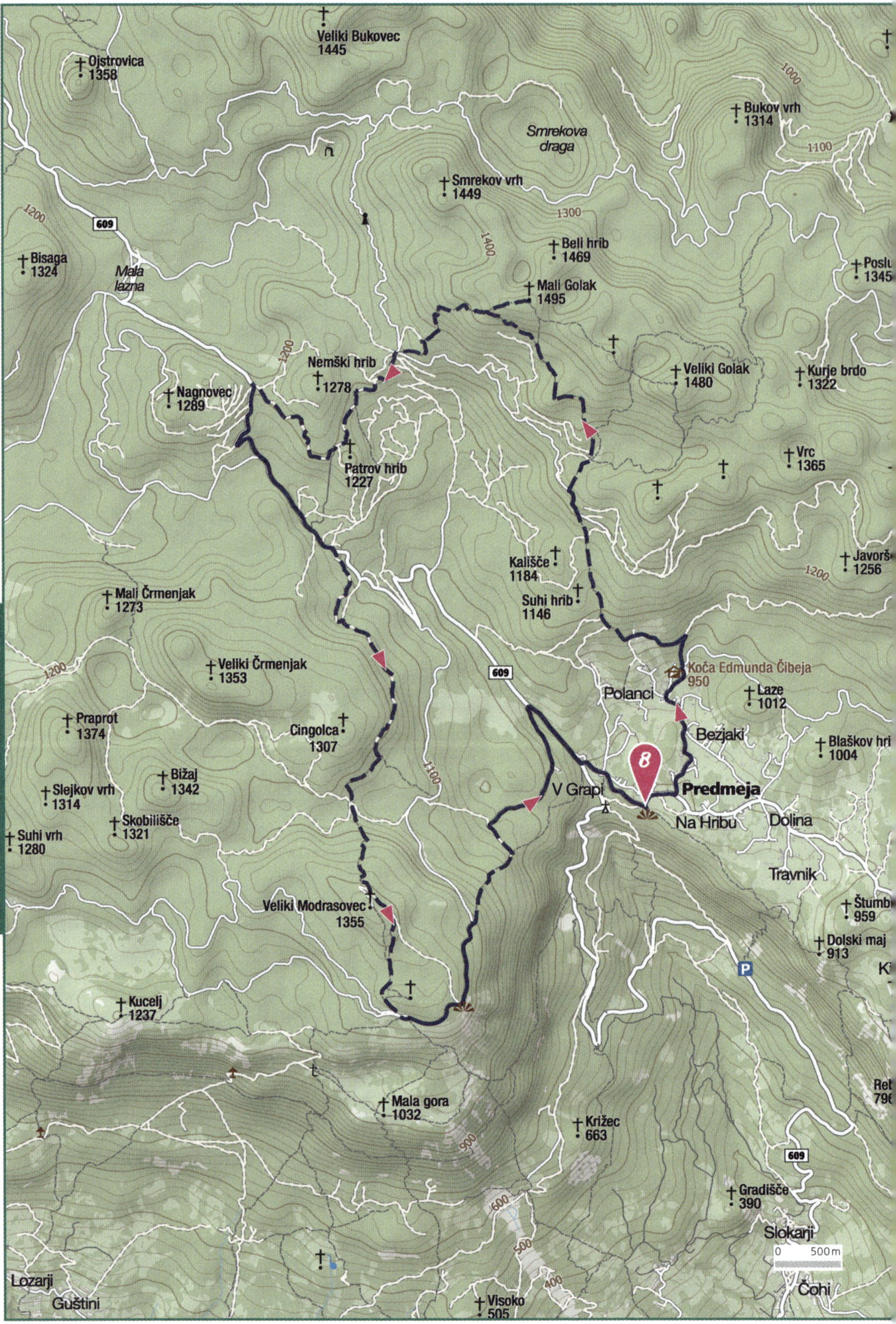

Veliki Bukovec
1445

Ojstrovica
1358

Bukov vrh
1314

Smrekova
draga

Smrekov vrh
1449

609

Bisaga
1324

Mala
lazna

Beli hrib
1469

Mali Golak
1495

Posl
1345

Nemški hrib
1278

Nagnovec
1289

Veliki Golak
1480

Kurje brdo
1322

Patrov hrib
1227

Vrc
1365

Kališče
1184

Suhi hrib
1146

Javorš
1256

Mali Črmenjak
1273

Veliki Črmenjak
1353

609

Koča Edmunda Čibeja
950

Polanci

Laze
1012

Praprot
1374

Cingolca
1307

Bezjaki

Blaškov hri
1004

Slejkov vrh
1314

Božaj
1342

V Grapi

8

Predmeja

Skobilišče
1321

Suhi vrh
1280

Na Hribu

Dolina

Travnik

Veliki Modrasovec
1355

Štumb
959

Dolski maj
913

Kucelj
1237

Mala gora
1032

Reb
79

Križec
663

609

Gradišče
390

Slokarji

0 500 m

Lozarji

Guštini

Visoko
505

Čohi

1000
1100
1200
1300
1400
900
600
500
400

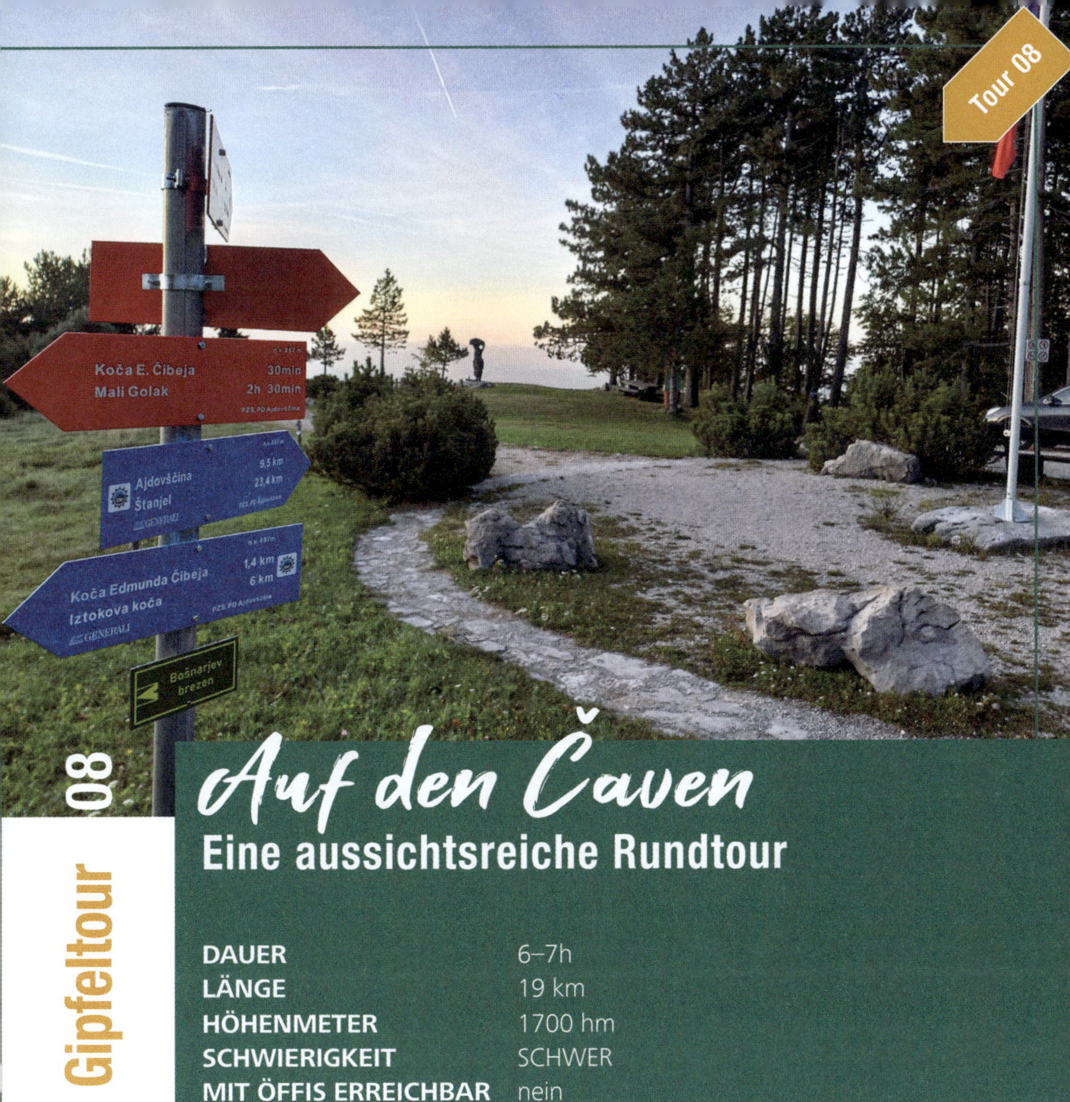

Auf den Čaven

Eine aussichtsreiche Rundtour

DAUER	6–7h
LÄNGE	19 km
HÖHENMETER	1700 hm
SCHWIERIGKEIT	SCHWER
MIT ÖFFIS ERREICHBAR	nein

Das erwartet dich ...

Eine mittel-schwere Wanderung auf zwei benachbarte Gipfel in den Voralpen. Der Gipfel Mali Golak gilt als ein hervorragender Aussichtpunkt: Das Panorama reicht sowohl bis zur Adria im Süden als auch nach Norden zu den Julischen Alpen. Bei extremen Winterverhältnissen ist der Aufstieg wegen Schneeverwehungen nicht möglich. Der Berg Čaven birgt Geheimnisse aus dem 20 Jahrhundert: Hier stand über viele Jahrzehnte ein sehr modernes Militärradar.

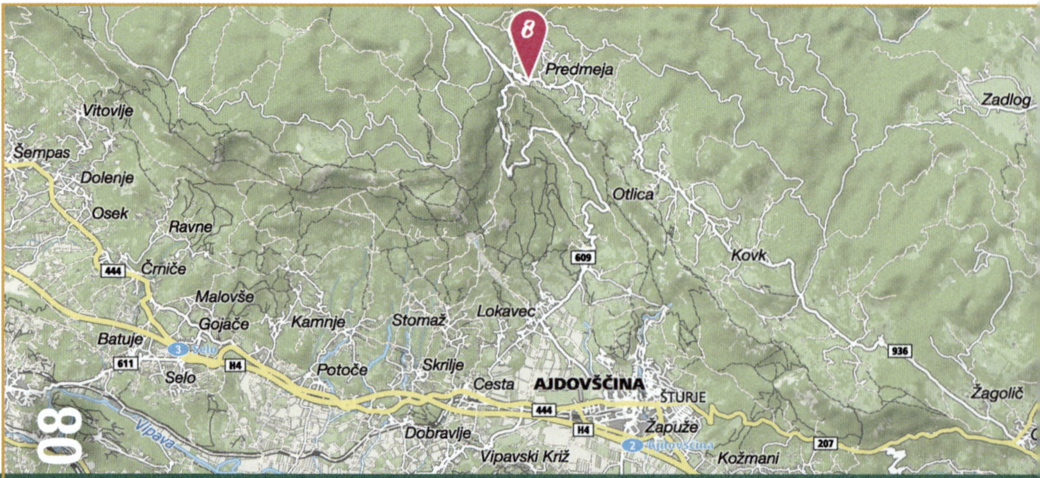

Gipfeltour 08

Start & Ziel & Anreise

Wir staretn in Predmeja oberhalb von Ajdovščina. Die Anreise erfolgt über Ajdovščina; wir verlassen die H4 an der Ausfahrt 2 und fahren nach rechts Richtung Stadtzentrum. Am Kreisverkehr nehmen wir die erste Ausfahrt und folgen der B207 kurzzeitig bis zu einer Rechtskurve. Hier biegen wir links auf die Straße 207 ab nach Col. In Col biegen wir direkt nach der Kirche Sv. Lenart nach links auf die 936 und folgen der Straße einige Zeit bis Predmeja. Hier finden wir auf der linken Seite einen Parkplatz bei einer Aussichtsplattform.

Tourenbeschreibung

Wir starten am Parkplatz bei der Aussichtsplattform in Predmeja. Von dort können wir schon auf das Vipava-Tal blicken. Zuerst gehen wir auf der Straße etwa 500 Meter bergauf. Dann erblicken wir den Wegweiser nach links zur Koča Edmunda Čibeja in der Tiha dolina (950 m). Von dort wandern wir an den Resten einer Sprungschanze aus den 1930er Jahren vorbei. Danach gehen wir am letzten Bauernhof vorbei und wandern dann noch fast 2 Stunden durch den Wald. Das Gelände wird immer felsiger und wir sehen immer mehr Karstformen. Nur der Gipfel des Mali Golak ist kahl oder mit niedrigen Kiefern bewachsen, weshalb sich in alle Richtungen eine fantastische Aussicht ergibt. Vor allem sticht der südliche Nachbar Čaven, unser nächster Ziel, ins Auge. Der Weg dorthin führt zuerst zur Iztokova koča (30 Min.). Von dort können wir die beiden Varianten (Eisgrotte und Doline) erreichen.

Die Wegweiser zum Čaven sieht man häufig. Normalerweise braucht man mindestens 2 Stunden bis dorthin. Trotz vieler Markierungen und Wegweiser können wir uns leicht verlaufen. Es gibt viele Forststraßen, Holzabfuhrwege und Ähnliches.

Der wahre Gipfel des Čaven heißt Veliki Modrasovec (1375 m). Den konditionsstarken Wanderern kann ich diesen 30-Minuten-Abstecher nur empfehlen; es ist eine einfache Wanderung, jedoch verlängert das unsere Tour noch um fast eine zusätzliche Stunde.

Der Berg Čaven hat eine interessante Geschichte. Nachdem die Grenze zu Italien im Jahre 1954 festgelegt und Italien ein NAT- Mitglied wurde, gewann dieser Berg an Bedeutung. Die Sowjetunion lieferte dem blockfreien Jugoslawien das damals modernste Militärradar. Und die jugoslawische Armee baute es auf dem Gipfel vom Čaven. Von dort konnte man jede Bewegung im NATO-Stützpunkt Aviano (nördlich von Venedig) beobachten. Und so lief die Beobachtung des NATO-Stützpunktes über Jahrzehnte. Der Gipfel war ein militärisches Sperrgebiet. Die letzten 3 Kilometer der Straße wurden asphaltiert. Sonst gab es dort weit und breit keinen Asphalt. Im Jahre 1991 baute die Armee das Radar wieder ab und lieferte es an die Russen zurück. Heute ist dieser Berg frei zugänglich.

Von der Hütte am Čaven bis Predmeja (zu unserem Parkplatz) brauchen wir noch über eine Stunde.

Diese Gipfeltour ist unbedingt nur für ausdauernde Wanderer gedacht. Varianten: Die Rundtour kann man auch in umgekehrter Richtung wandern. Falls wir daraus eine Zweitagestour machen, können wir auch zwei Ausflüge von der Iztokova koča machen: Zur Eishöhle Ledenica, aus der 40 kg schwere Eisbrocken nach Triest transportiert wurden, manchmal sogar nach Ägypten. Unweit von dieser Höhle befindet sich die sogenannte Smrekova draga. Das ist eine Doline, in der die klimatischen Stufen umgekehrt verlaufen. Unten wachsen keine Bäume, an den Hängen kommen zuerst Kiefern, dann Fichten und dann erst Laubbäume. Diese Doline liegt unweit östlich der Grotte Ledenica.

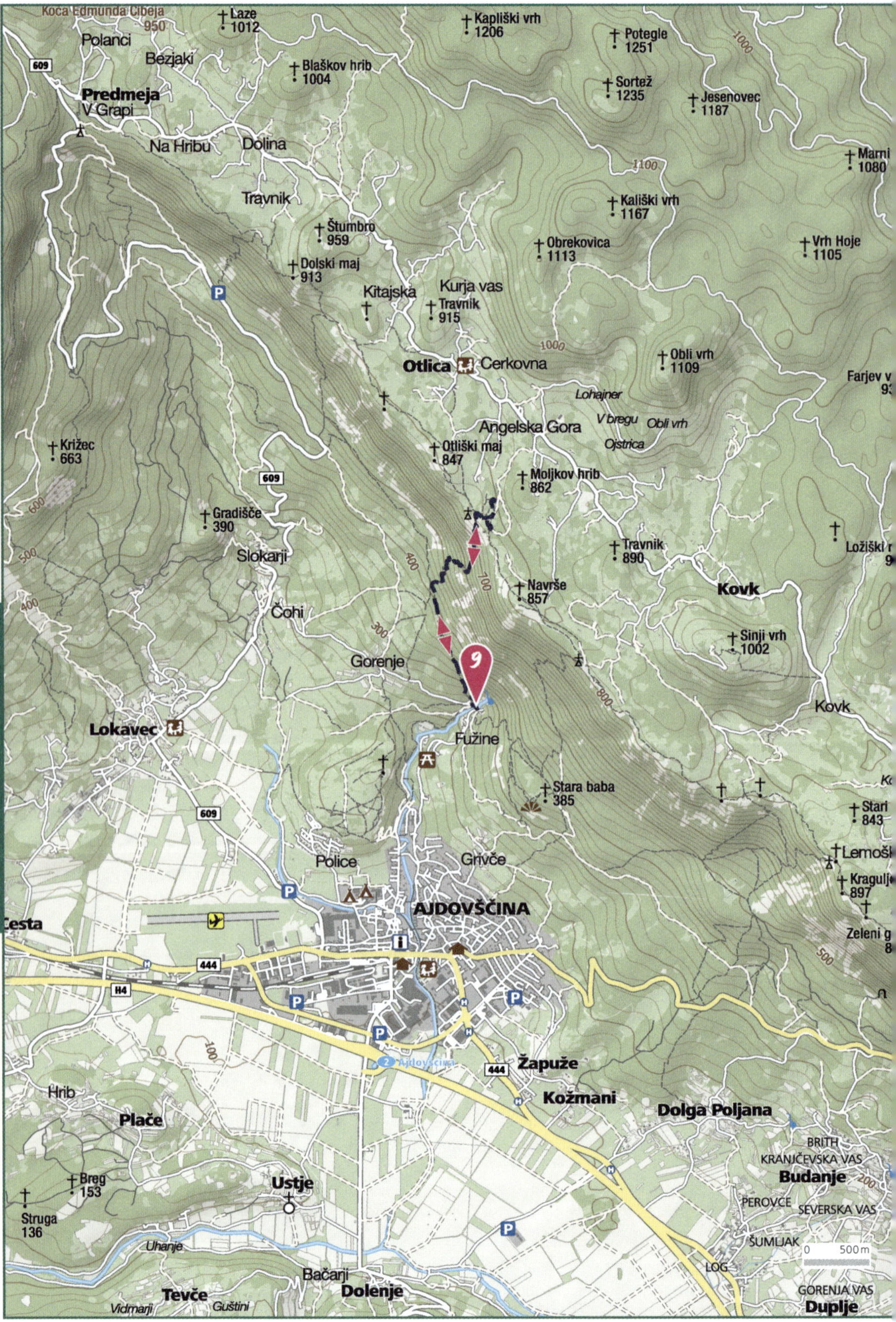

Koča Edmunda Čibeja
950
Laze 1012
Kapliški vrh 1206
Potegle 1251
Polanci
Bezjaki
Blaškov hrib 1004
Sortež 1235
Jesenovec 1187
609
Predmeja
V Grapi
Na Hribu
Dolina
Marni 1080
1100
Travnik
Kališki vrh 1167
Štumbro 959
Obrekovica 1113
Vrh Hoje 1105
Dolski maj 913
Kitajska
Kurja vas
Travnik 915
1000
Otlica
Cerkovna
Obli vrh 1109
Farjev v 93
Lohajner
V bregu
Obli vrh
Angelska Gora
Ojstrica
Križec 663
Otliški maj 847
609
Moljkov hrib 862
600
Gradišče 390
Travnik 890
Ložiški r 9
500
Slokarji
400
700
Navrše 857
400
Kovk
Čohi
300
Sinji vrh 1002
Gorenje
9
800
Kovk
Lokavec
Fužine
Stara baba 385
Stari 843
609
Lemoš
Police
Grivče
Kragulj 897
AJDOVŠČINA
Cesta
Zeleni g 8
444
500
H4
100
Ajdovščina
444
Žapuže
Kožmani
Hrib
Dolga Poljana
Plače
BRITH
KRANJČEVSKA VAS
Budanje
200
Breg 153
Ustje
Struga 136
PEROVCE
SEVERSKA VAS
Uhanje
ŠUMLJAK
0 500 m
LOG
Bačarji
Tevče
Dolenje
GORENJA VAS
Vidmarji
Guštini
Duplje

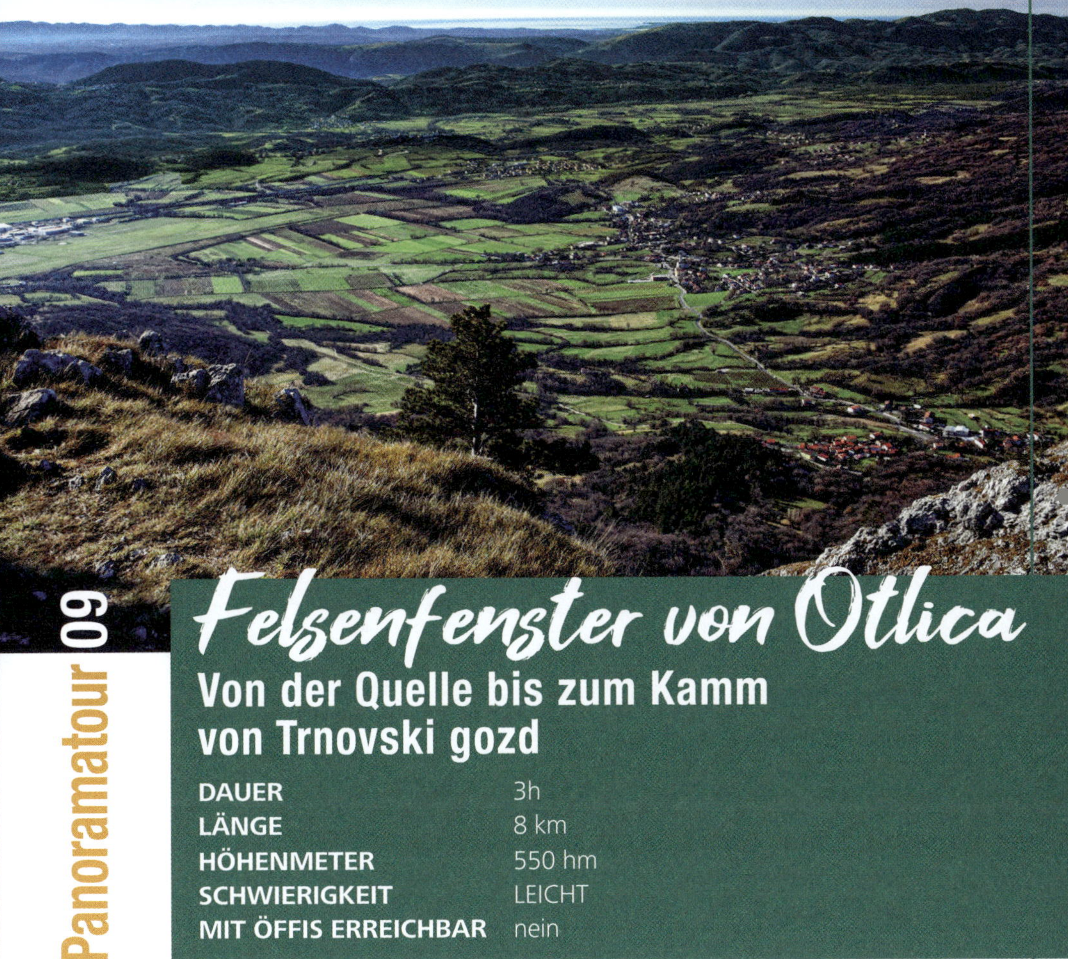

Felsenfenster von Otlica

Von der Quelle bis zum Kamm von Trnovski gozd

DAUER	3h
LÄNGE	8 km
HÖHENMETER	550 hm
SCHWIERIGKEIT	LEICHT
MIT ÖFFIS ERREICHBAR	nein

Das erwartet dich ...

Ein angenehmer Aufstieg zu einem Naturwunder und zu einer in der Nähe gelegenen Steinspirale. Ein aussichtsreicher Weg führt uns zum großen Felsenfenster von Otlica, welches sehr beeindruckend ist. Die Tour kann auch als Rundtour unternommen werdenn und führt zeitweise durch Wald und an einigen Felsen vorbei, bis man den Kamm erreicht.

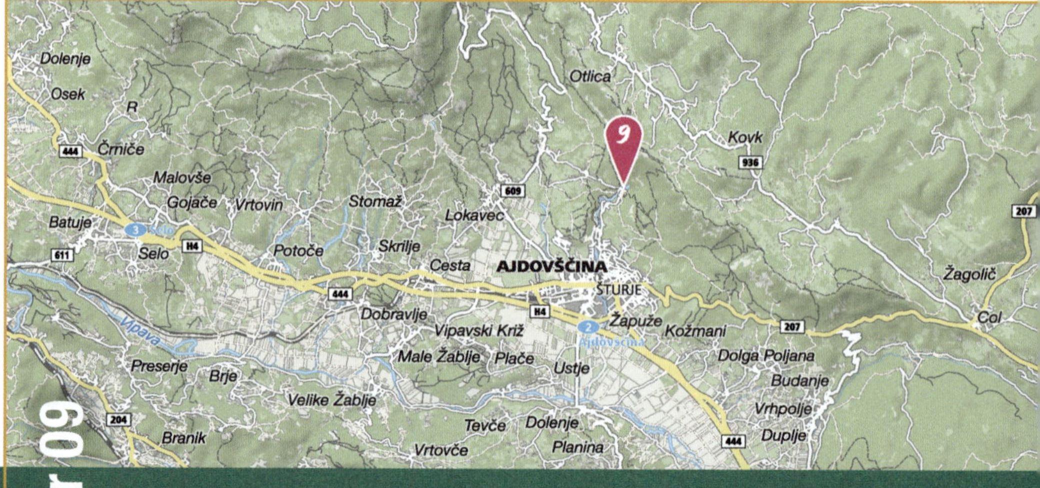

Start & Ziel & Anreise

Wir starten an der Hubellj Quelle. Über die Schnellstraße 444 kommend die Ausfahrt 2 nehmen in Richtung Zentrum. Im Kreisverkehr dann die erste Ausfahrt. und der Goriška cesta bis zu einer Rechtskurve folgen; hier biegen wir links ab auf die Straße 207 und gleich danach wieder nach links. Nach der Einbahnstraße biegen wir links, dann wieder rechts ab auf die Cesta IV. Prekomorske. Wir folgen der Straße entlang des Hubelji aus dem Ort hinaus. In einer steilen Linkskurve, bei Überquerung des Flusses Hubelj, befindet sich der Parkplatz an der Quelle.

Tourenbeschreibung

Von der Ortschaft Ajdovščina folgen wir dem Wegweiser zum Izvir Hublja (Hubelj-Quelle). Nach ca. 2,5 Kilometer gelangen wir zur Quelle. Dort ist auch ein Parkplatz; nach der Brücke beginnen die Markierungen zum Otliško okno (1½ Std.). Zuerst gehen wir nur mäßig steil im Wald bergauf. Nach einer guten Stunde beginnt der Weg steiler zu werden und verläuft im Zickzack. Auf einem Felsen ist ein Teufel abgebildet samt einer kurzen Beschreibung der Legende über die Entstehung des Felsenfensters von Otlica. Immer öfter bekommen wir die Gelegenheit, durch immer rarer werdende Bäume ins Vipava-Tal zu schauen. Nachdem wir den Wald hinter uns gelassen haben, gibt es einen Wegweiser zum kleinen Felsenfenster von Otlica. Dort legen wir eine Pause ein und bewundern das hoch über uns gelegene große Felsenfenster von Otlica. Ohne zu klettern ist dieses auf direktem Weg nicht zu erreichen, dafür können wir aber ganz nahe an das kleine Fenster kommen.

Nach verdienter Pause erreichen wir in ca. 20 Minuten eine Wegkreuzung am Bergkamm, wo wir dann zu einer kleinen Kapelle mit einer Glocke und Sitzbänken kommen. Von dort ist es bis zum großen Felsenfenster nicht mehr weit. Bevor wir aber dort ankommen, überqueren wir noch einen kahlen Hügel, von dem aus man eine ausgezeichnete Sicht nach Süden hat – ein beliebtes Fotomotiv. Anschließend kommen wir wieder in den Wald und wir stehen vor dem großen Felsenfenster von Otlica. Auf einer Tafel ist auch die Legende über die Entstehung dessen niedergeschrieben:

„Vor geraumer Zeit wanderten Jesus und Moises (Moses) durch diese Gegend. Sie unterhielten sich über den versteckten Schatz im Berg Čaven – ca.1300 Meter hoch. Dieser Berg liegt westlich von uns. Der Teufel war aber den beiden immer auf den Fersen und hörte das Gespräch. Er entschloss sich, in der Nacht den Berg samt dem Schatz abzutragen. Beim Tragen stolperte er und fiel mit seinem Kopf auf den Bergkamm. Dabei prallte sein Horn mit solcher Wucht auf den Boden, dass der Felsen durchbohrt wurde und so entstand das große Felsenfenster von Otlica. Der Berg Čaven blieb zurück und er steht seither etwas aus der Reihe verschoben. Er verdeckt noch heute den Anrainern den Blick aufs Meer."

Der Weg zur Steinspirale ist nicht markiert; diese liegt nur 300 Meter nördlich vom Felsenfenster von Otlica. Wir wandern entlang des Waldrandes nach Norden und finden gleich die Abzweigung zu einer Alm, auf der sich eine Pyramide und die Steinspirale befinden.

Von hier sind es nur noch 20 Gehminuten bis zur Ortschaft Otlica. Sollte uns hier jemand mit dem Auto abholen, dann können wir dort unsere Tour beenden, ansonsten kehren wir auf dem Weg des Aufstiegs zur Quelle von Hubelj zurück.

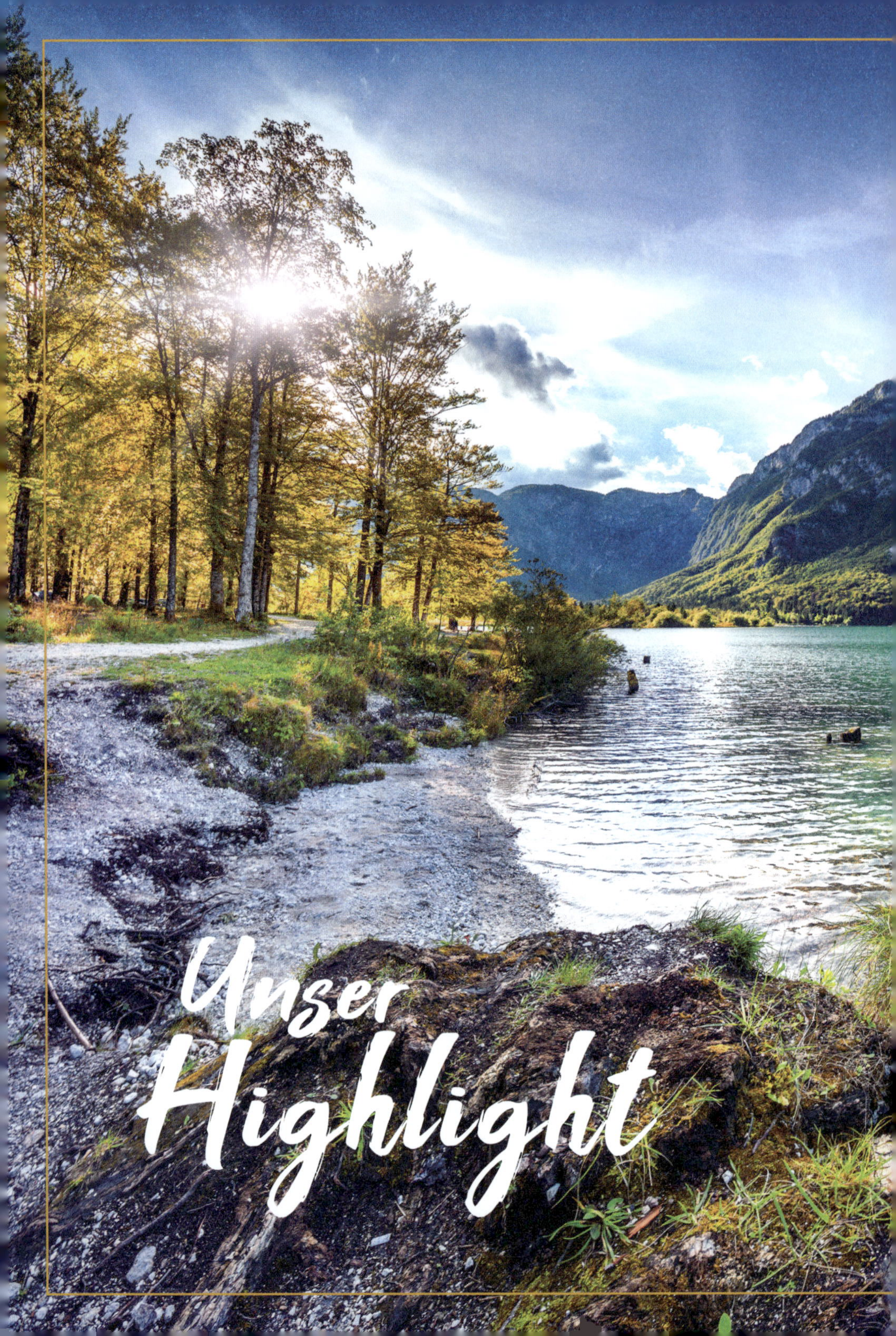
Unser
Highlight

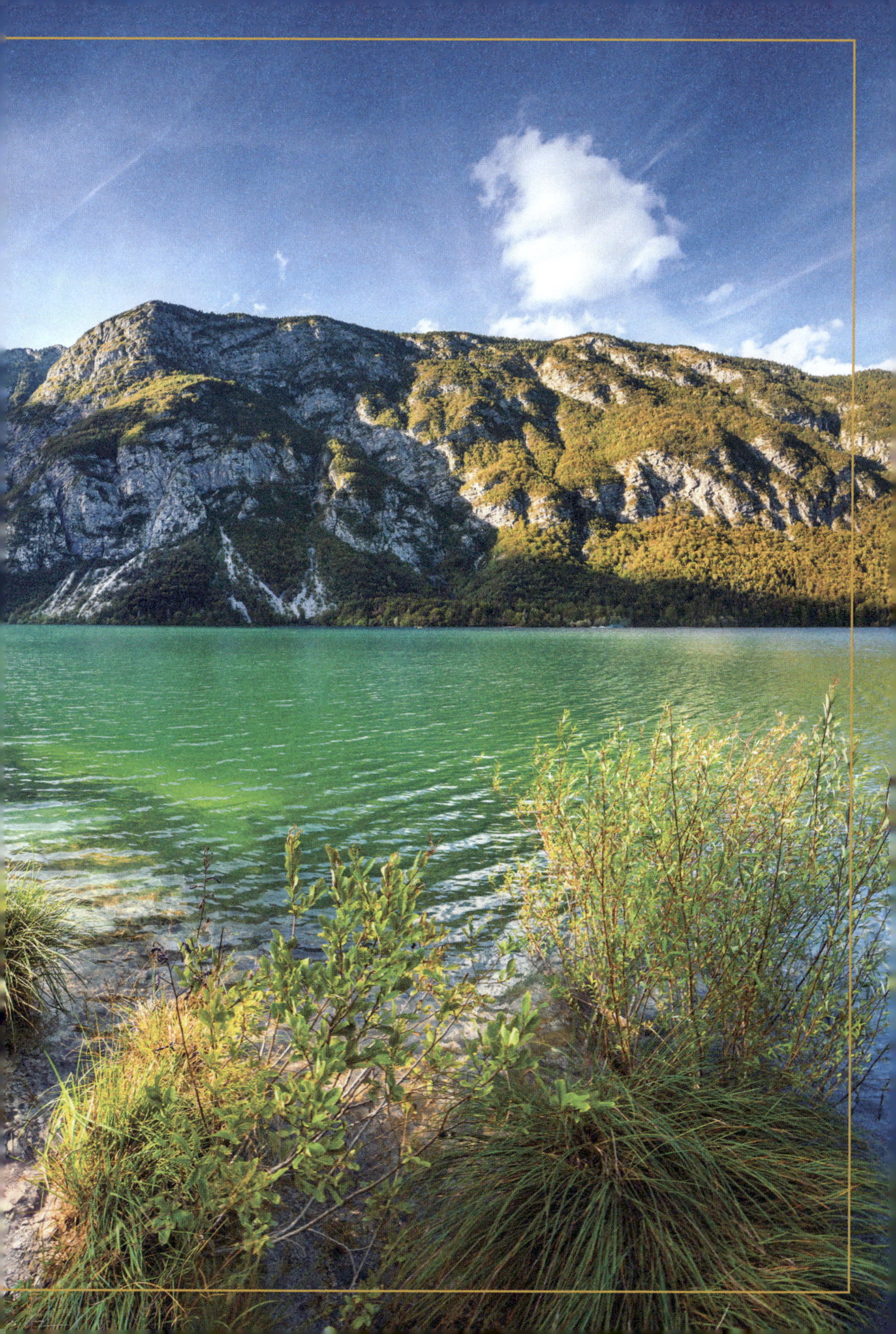

Unser Highlight

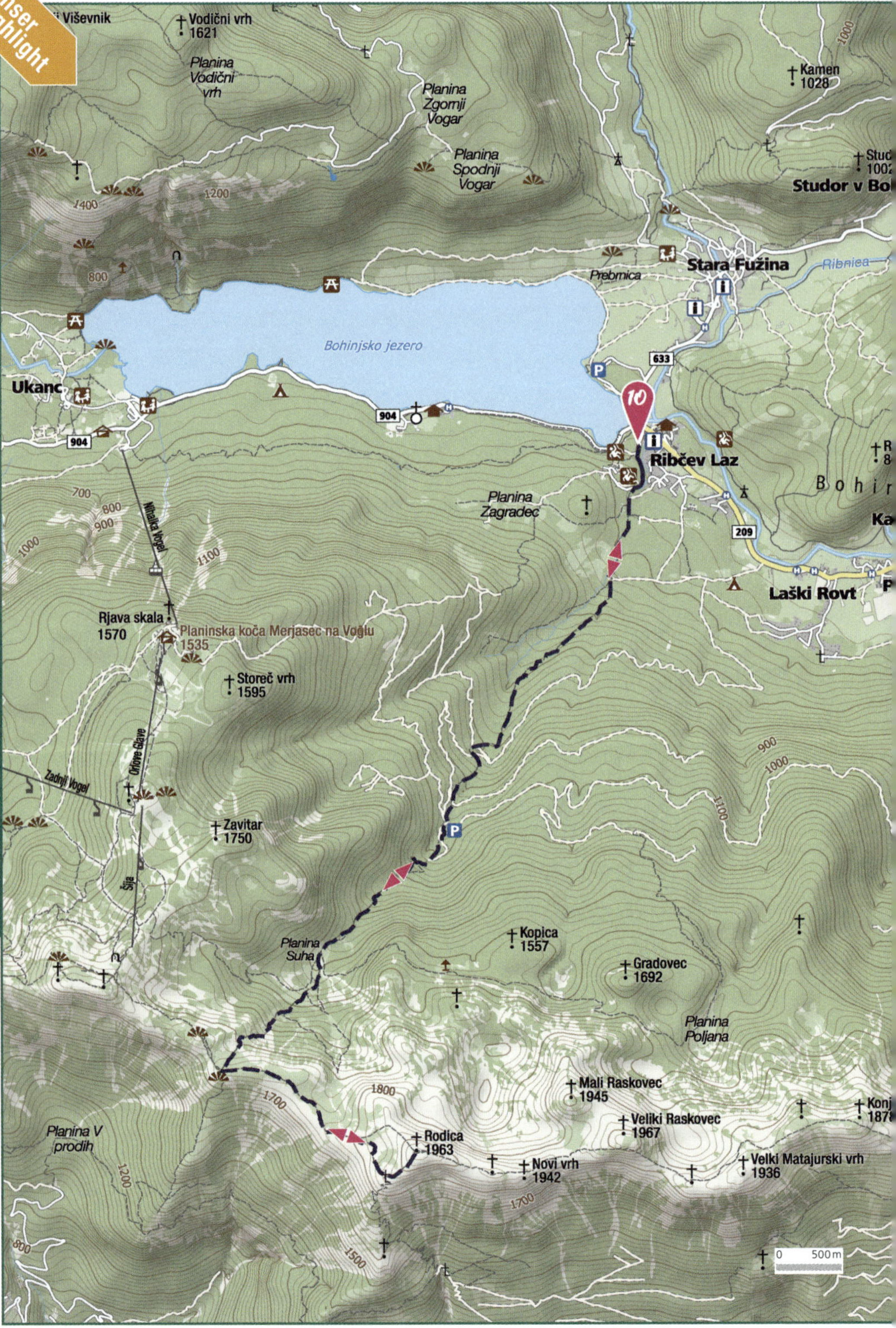

Viševnik
Vodični vrh 1621
Planina Vodični vrh
Planina Zgornji Vogar
Kamen 1028
Planina Spodnji Vogar
Studor v Bo
1400
1200
Stara Fužina
Ribnica
Prebrnica
Bohinjsko jezero
633
Ukanc
904
10
Ribčev Laz
Planina Zagradec
209
Laški Rovt
Nihalka Vogel
Rjava skala 1570
Planinska koča Merjasec na Voglu 1535
Storeč vrh 1595
Orlove Glave
Zadnji Vogel
Zavitar 1750
Šija
Planina Suha
Kopica 1557
Gradovec 1692
Planina Poljana
Mali Raskovec 1945
Veliki Raskovec 1967
Planina V prodih
Rodica 1963
Novi vrh 1942
Velki Matajurski vrh 1936
0 500 m

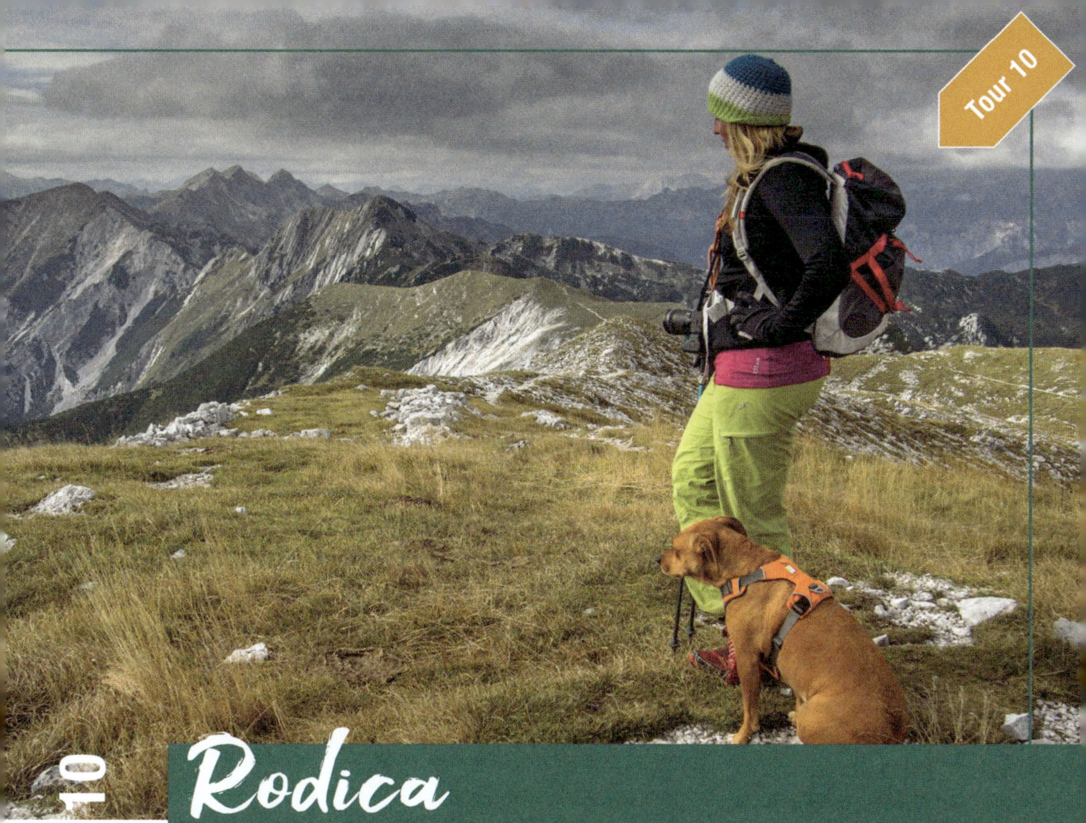

Tour 10

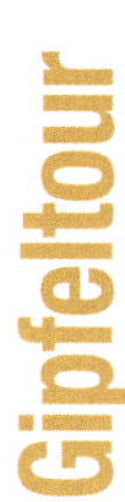

Rodica

Vom See zum markanten Gipfel

DAUER	7h
LÄNGE	12 km
HÖHENMETER	1400 hm
SCHWIERIGKEIT	MITTEL
MIT ÖFFIS ERREICHBAR	ja

Das erwartet dich ...

Eine sehr lange, aber unschwierige Wanderung auf einen Gipfel, die viel Ausdauer erfordert. Dabei bieten sich immer wieder schöne Ausblicke über den Bohinjsee, der auch Wocheiner See genannt wird. Am Ende der Tour wartet das glasklare Wasser mit Erfrischung auf uns! Nicht nur im Sommer ist das Gebiet ein beliebtes Ausflugsziel, auch im Winter bietet es sich zum Skitourengehe an.

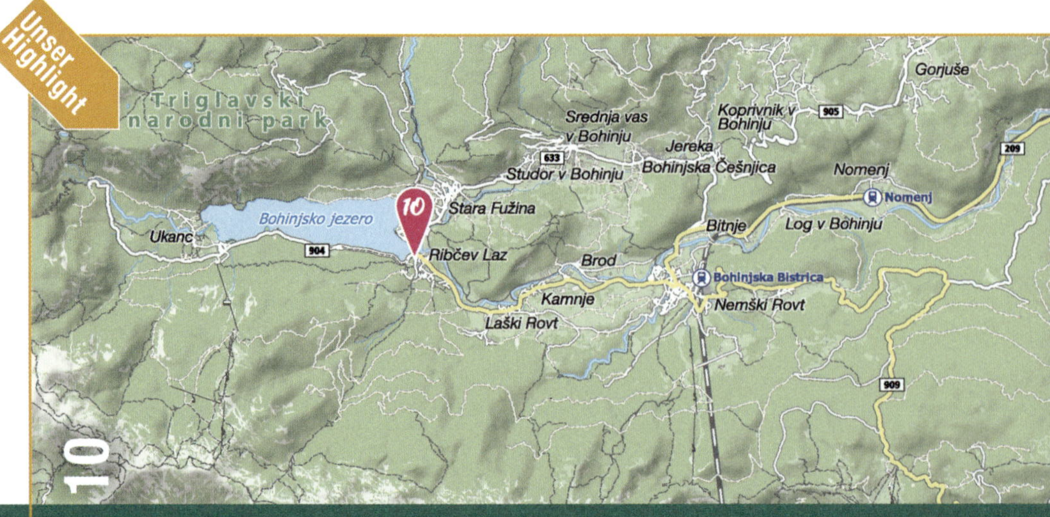

Gipfeltour 10

Start & Ziel & Anreise

Der Startpunkt ist beim Hotel Jezero. Wir erreichen Ribčev Laz über die Straße 209 von Osten ausgehend von der A2 (Ausfahrt Lesce - 3) über Bled. Wir folgen der Straße bis zum Ende und zum See Bohinjsko Jezero; In der Nähe vom Hotel Jezero gibt es ausreichend Parkplätze. Der Startpunkt ist zudem mit dem Bus erreichbar (Haltestelle Bohinj jezero).

Tourenbeschreibung

Der Ausgangspunkt ist nicht schwer zu finden. Das Hotel Jezero liegt an der Hauptstraße zum See. Probleme gibt es mit Parkmöglichkeiten in der Nähe. Deswegen rate ich die Forststraße zu nehmen und dort zu parken. Ein Kilometer östlich nach Bohinjska Bistrica gibt es eine Rechtsabzweigung und da fängt die Forststraße an. Wenn man sich rechts hält, dann kommt man nach einem Kilometer zum Wanderweg nach Rodica und die Straße endet dort.

Ein Wegweiser führt uns nach links in das Suha-Tal. Diesem folgen wir bis zur Waldgrenze (Suhaalm 1385 m). Man überquert auf dem Weg hierher einige Forststraßen. Auf der Suhaalm (2 Stunden von Ribčev Laz und 1 Stunde von der letzten Überquerung der Forststraße) auf ca. 1050 Meter können wir rasten, meist gibt es aber keine Bewirtung, es sei denn ein Hirte ist gut bei Laune und bietet etwas an. Nun gelangen wir zu einer Strecke mit besserer Aussicht. Zuerst geht es steil bergauf, bis wir das Becken Zadnja Suha erreichen. Danach geht es etwas flacher zum Hauptkamm. Diesen erreichen wir auf dem Sattel Čez Suho (1773 m). Nun biegt unser Weg auf dem Hauptkamm nach Osten (links) ab und circa in einer halben Stunde erreichen wir den Gipfel Rodica (1966 m).

Da der Gipfel nur 70 Kilometer Luftlinie entfernt von der Adria liegt kann man bei einigermaßen schönem Wetter das Meer sehen. Meistens ist die Werft Monfalcone zu sehen (man kann dort die riesigen Schiffe beobachten), Grado und sogar Venedig.

Wir kehren zurück auf demselben Weg über den Sattel Čez Suho (1773 m), die Suhaalm (1385 m) und über einige Forststraßen nach Ribčev Laz zurück.

Man kann die Tour als Rundgang machen, indem man vom Gipfel nach Osten (Wegweiser für Črna Prst) bis zur Zorko Jelinčič Hütte (1840 m) geht (ca. 3 Stunden), dort übernachtet und am nächsten Tag hinunter nach Bohinjska Bistrica wandert und mit dem Bus nach Ribčev Laz zurückkehrt. Eine gute Wanderkarte ist Voraussetzung für diese Rundtour.

Als Tagesausflug ist auch ein Rundgang über das Vogel Ski Resort möglich. Wir steigen auf dem Weg des Aufstiegs ab. Vom Sattel Čez Suho (1773 m) folgen wir den Schildern Berg Vogel und in 1½ Stunden erreichen wir die Skilifte. Auf den Pisten wandern wir (wenn wir Glück haben, können wir auch mit dem Sessellift fahren) bis zur oberen Station der Kabinenbahn Vogel. Von der Talstation sind es nur noch 4 Kilometer bis zum Ausgangsort.

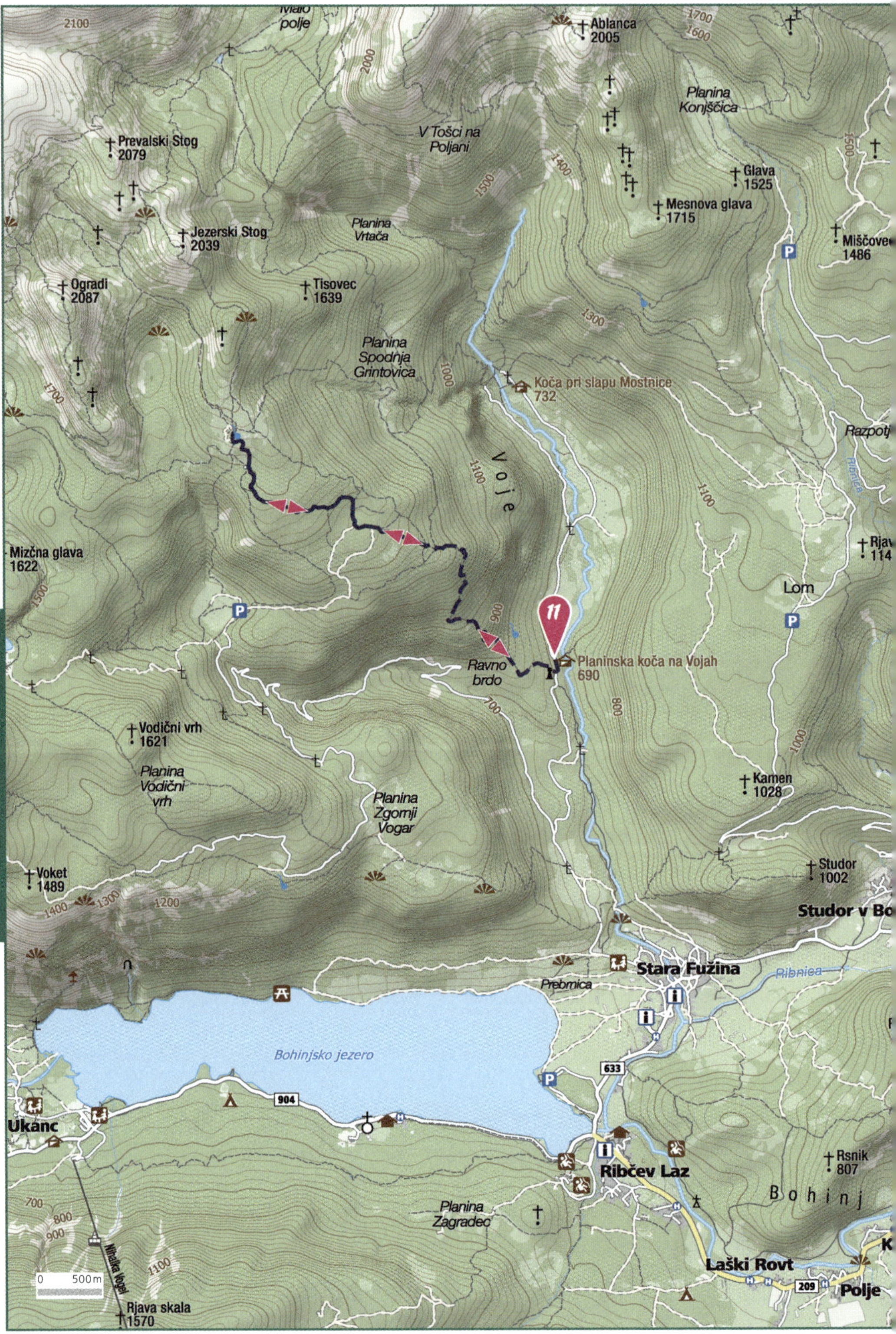

Malo polje
Ablanca 2005
Planina Konjščica
V Tošci na Poljani
Prevalski Stog 2079
Glava 1525
Mesnova glava 1715
Jezerski Stog 2039
Planina Vrtača
Miščovec 1486
Ogradi 2087
Tisovec 1639
Planina Spodnja Grintovica
Koča pri slapu Mostnice 732
Razpotje
Ribnica
Voje
Mizčna glava 1622
Rjav 114
Lom
11
Ravno brdo
Planinska koča na Vojah 690
Vodični vrh 1621
Planina Vodični vrh
Kamen 1028
Planina Zgornji Vogar
Voket 1489
Studor 1002
Studor v Bo
Stara Fužina
Prebrnica
Ribnica
Bohinjsko jezero
633
904
Ukanc
Ribčev Laz
Rsnik 807
Bohinj
Planina Zagradec
Laški Rovt
209
Polje
Nihalka Vogel
0 500 m
Rjava skala 1570

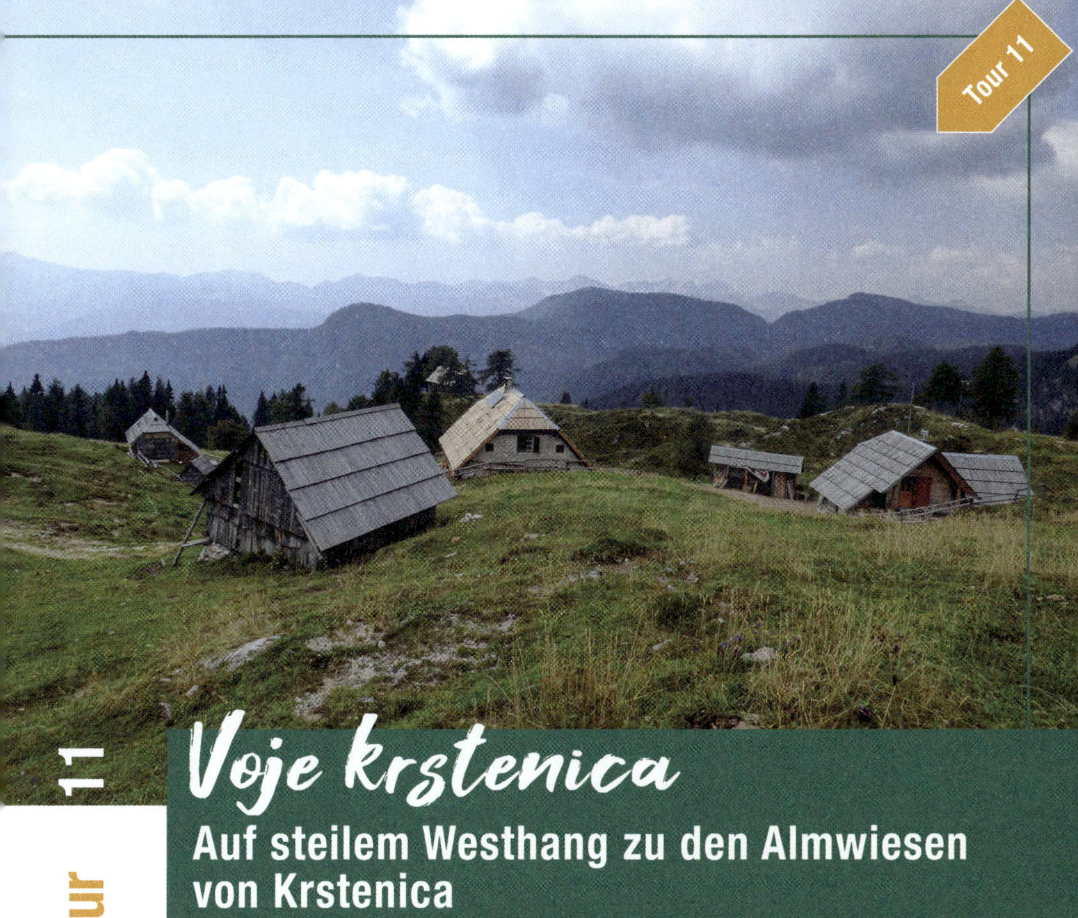

11 Almtour

Voje krstenica

Auf steilem Westhang zu den Almwiesen von Krstenica

DAUER	4h 30min
LÄNGE	8 km
HÖHENMETER	1000 hm
SCHWIERIGKEIT	MITTEL
MIT ÖFFIS ERREICHBAR	nein

Das erwartet dich ...

Eine Wanderung durch unberührte Natur vom Voje-Tal zur Alm mit rund 1000 Metern Höhenunterschied. Der Weg verläuft bis auf die letzten fünf Minuten im Wald und bietet einige Highlights wie beispielsweise die „Teufelsbrücke" oder der „Elefant" (eine Schöpfung des Wassers und des Gesteins). Die Tour kann durch zwei Varianten erweitert werden.

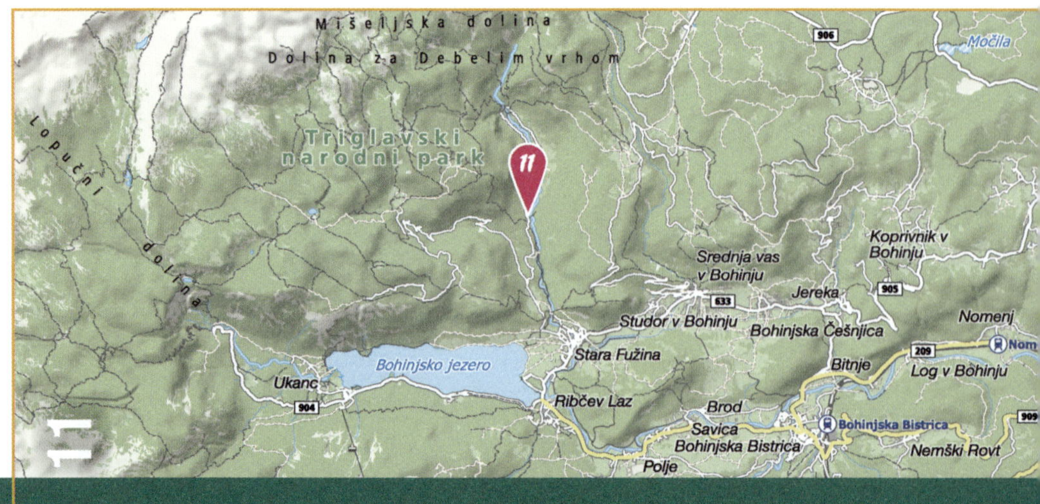

Almtour 11

Start & Ziel & Anreise

Wir starten bei der Voje-Hütte. Anfahrt aus Lesce Bled über Bohinjska Bistrica nach Stara Fužina. Hier kann man das Auto parken und bereits zur Hütte wandern (ca. 1 Stunde) oder man bezahlt eine kleine Mautgebühr und fährt direkt bis zur Hütte.

Tourenbeschreibung

Wenn wir das Auto in Stara Fužina parken, verlängert sich die Tour um 45 Minuten, aber es lohnt sich. Die Wunder der Natur in der Schlucht Mostnica sind atemberaubend. Zuerst die „Teufelsbrücke", dann die sogenannten „Korita" (Tröge) und als Highlight der „Elefant" (eine Schöpfung des Wassers und des Gesteins). Kurz vor der Dom na Vojah-Hütte achten wir auf ein Wegschild, das uns nach Westen weist (Alm Krstenica, 2½ Std.). Wir folgen einem Weg, welcher bergauf durch den Wald führt. Dieser ist gut beschildert und wir kommen bis zur einer Einebnung auf ca. 1300 Meter Höhe. Dort gibt es viele umgestürzte Bäume, außerdem überquert unser markierter Weg einen nicht markierten. Wir wandern weiterhin nach wie vor Richtung Westen/Nordwesten. Umso näher wir an die Alm kommen, desto flacher wird das Gelände. Zum Schluss treten wir aus dem Wald hinaus und müssen noch ein paar Meter absteigen, damit wir die bewirtete Hütte erreichen. Wir befinden uns auf weichen Wiesen, die grauen Felsen sind nur von

Weitem zu sehen. In der bewirteten Almhütte bekommen wir gutes Essen und Getränke. Variante 1: Der Weg zur Alm Blato (Übersetzung: Schlamm) führt direkt nach Süden und ist markiert. Von der Alm Blato nach Vogar ist es am besten, die Straße zu benutzen. Die Suche nach dem etwas höher gelegen Wanderweg kann viel Zeit in Anspruch nehmen.

Variante 2: Wir steigen steil ab in Richtung Norden und erreichen die Alm Zgornja Grintovica, etwas später mündet unser Weg in die sogenannte „Triglav Autobahn" – in einem viel begangenen Weg vom Bohinjsko jezero (Wochainer See) zum Triglav. Rechts abwärts geht es bis zum Wasserfall Mostnica und danach entlang der Straße zur Hütte Dom v Vojah.

Die „grüne Oase" Slowenien macht ihrem Namen alle Ehre

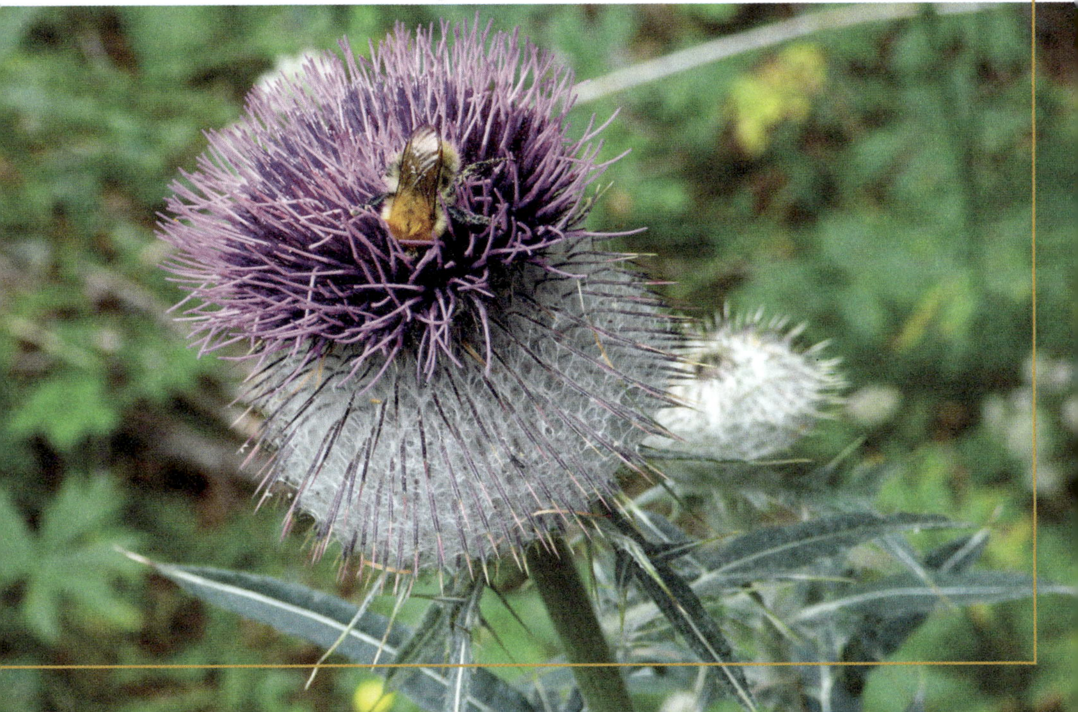

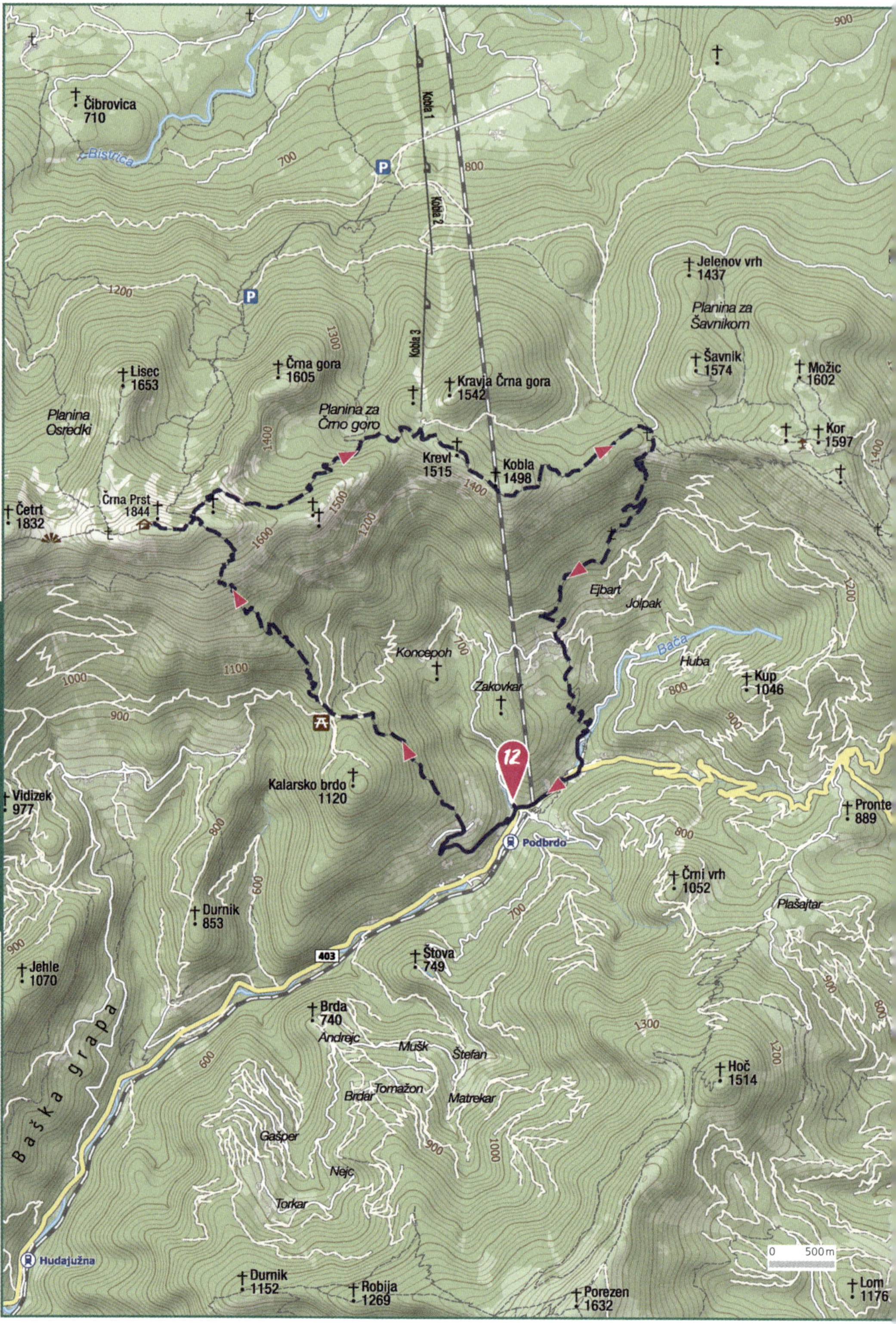

12

Čibrovica
710

Bistrica

Kobla 1

Kobla 2

Kobla 3

P

P

700

800

900

1200

1300

1400

1500

1600

Jelenov vrh
1437

Planina za
Šavnikom

Šavnik
1574

Možic
1602

Kor
1597

Lisec
1653

Črna gora
1605

Kravja Črna gora
1542

Planina
Osredki

Planina za
Črno goro

Krevl
1515

Kobla
1498

Četrt
1832

Črna Prst
1844

Ejbart

Jolpak

Bača

Huba

Kup
1046

Koncepoh

Zakovkar

1000

1100

Kalarsko brdo
1120

12

Vidizek
977

Podbrdo

Pronte
889

Črni vrh
1052

Plašajtar

Durnik
853

403

Štova
749

Jehle
1070

Brda
740

Andrejc

Mušk

Štefan

Brdar

Tomažon

Matrekar

Gašper

Nejc

Torkar

Baška grapa

Hoč
1514

Hudajužna

0 500 m

Durnik
1152

Robija
1269

Porezen
1632

Lom
1176

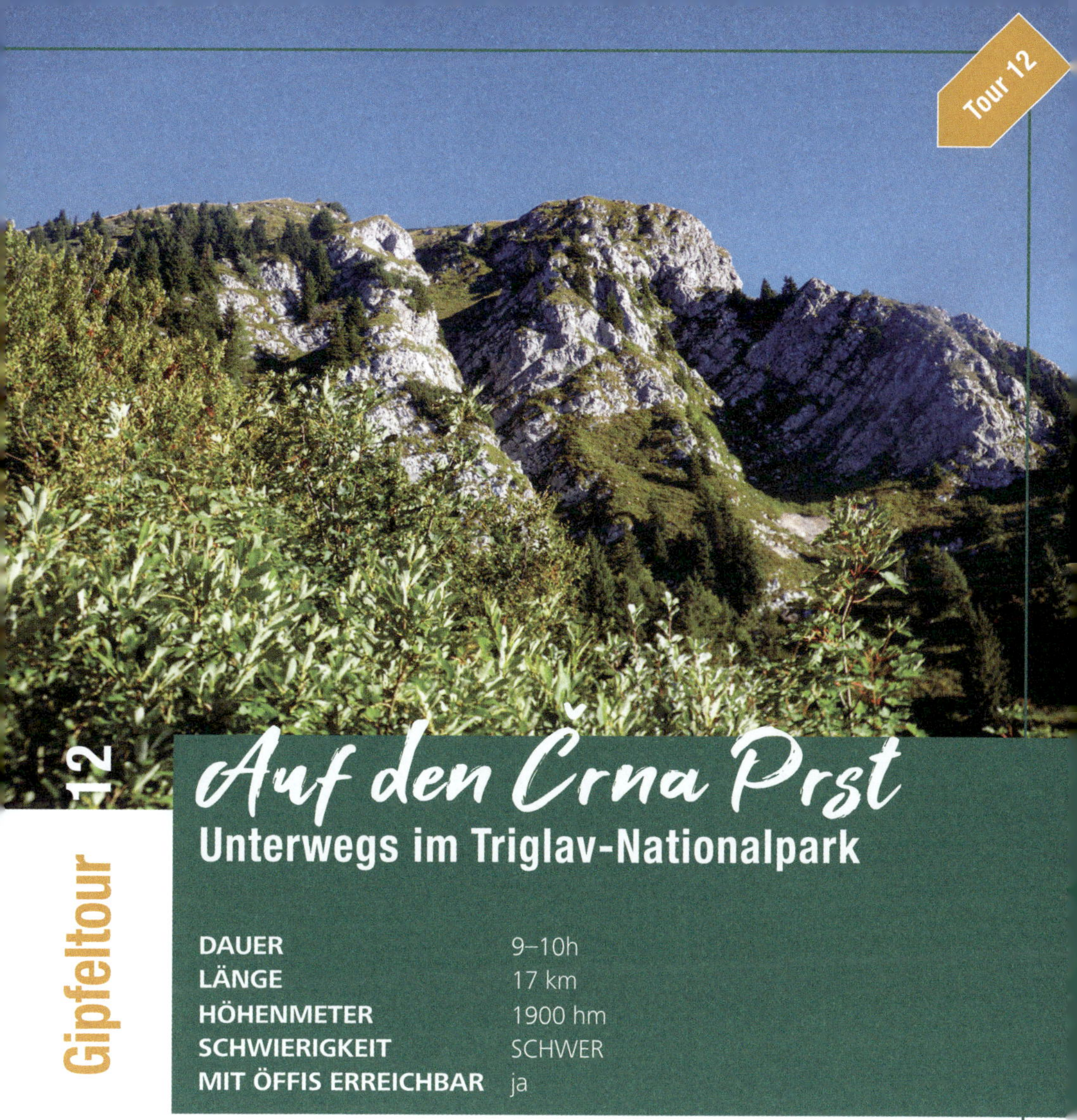

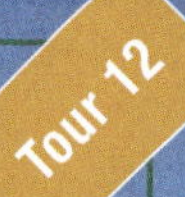

Gipfeltour 12

Auf den Črna Prst

Unterwegs im Triglav-Nationalpark

DAUER	9–10h
LÄNGE	17 km
HÖHENMETER	1900 hm
SCHWIERIGKEIT	SCHWER
MIT ÖFFIS ERREICHBAR	ja

Das erwartet dich ...

Der Črna Prst gilt als ein botanischer Garten in den Julischen Alpen. Die meisten Aufstiege führen von Norden auf den Gipfel (Bohinjska Bistrica); die Tour von Süden ist viel weniger begangen und somit finden wir beim Aufstieg über diese Südhänge Ruhe und Entspannung. Auf dem Kammweg bis Vrh Bače treffen wir normalerweise wieder mehrere Wanderer; der Abstieg zum Podbrdo ist wieder einsam.

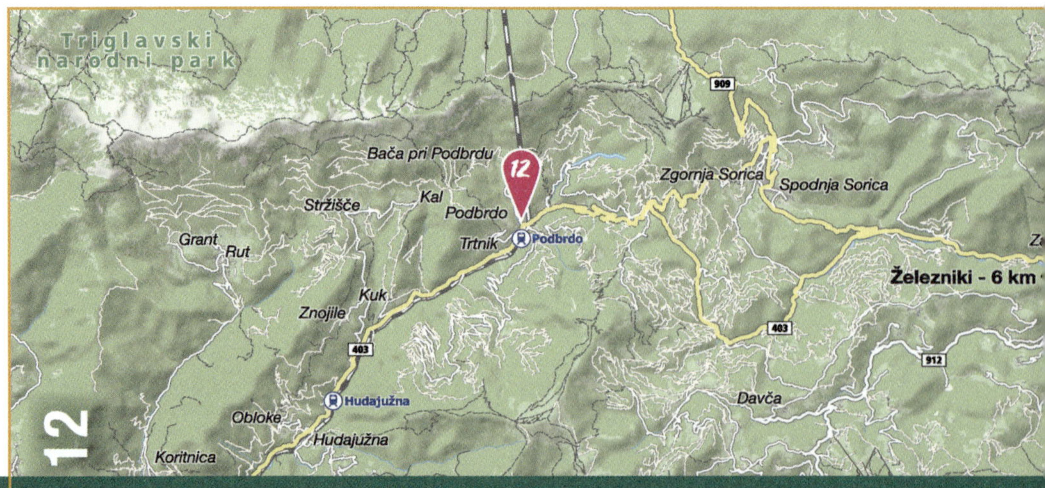

Gipfeltour 12

Start & Ziel & Anreise

Wir starten aus dem Ort Podbrdo. Die Anreise kann mit dem Zug erfolgen; in Podbrdo gibt es in der Nähe vom Startpunkt der Tour einen Bahnhof. Alternativ erfolgt die Anreise mit dem Auto – dann erreicht man Podbrdo über die Straße 403. Von Zelezniki aus sind es ca. 22 Kilometer (½ Std. Fahrzeit). Gleich am Bahnhof von Podbrdo, bei einer Brücke, startet man auf der Straße Richtung Trtnik.

Tourenbeschreibung

Wir folgen der Straße nach Trtnik, wo der weitere Weg auf den Črna Prst gut ausgeschildert ist. Es gibt jedoch einen gewaltigen Höhenunterschied – über 1300 Meter. Im oberen Teil wird der Wald immer lichter und der Ausblick wird immer weiter. Ab ca. 1400 Meter steigen wir auf kahlem Hang bergauf. Zuerst kommen wir in den Sattel, wo auch die Wege aus Bohinjska Bistrica einmünden. Von dort sind es noch 10 bis 15 Gehminuten. In diesem Abschnitt sehen wir einen schwarzen Felsen unterhalb der Hütte, wovon der Name Črna Prst (Schwarze Erde) stammt. Von der Hütte bis zum Gipfel ist es dann nicht mehr weit.

Wir starten dann gut ausgeruht unsere anstrengende Tour Richtung Porezen. Dieser Abschnitt ist mit 1 beschildert, dies ist das Zeichen für den Slowenischen Bergweg. Wir folgen diesem Weg nun 6 Kilometer bis zum Sattel Vrh Bače

(1273 m). Wegen der vielen kleine Anstiege und Abstiege benötigen wir hierfür ca. 2 bis 3 Stunden. Wir kommen an einer Alm (Planina za Črno goro) vorbei. Der markante Berg in diesem Abschnitt heißt Kobla (1499 m).

Danach geht es kontinuierlich bergab; bei einem Jagdhaus verlassen wir den Kamm und steigen nach Podbrdo ab. Die ersten 15 Minuten sind sehr anstrengend; danach treffen wir auf einen alten italienischen Militärweg („Mulattiera") und dann geht es auf einem angenehmen Weg hinunter. Beim Weg durch die Siedlung Bača pri Podbrdu müssen wir etwas auf die Markierungen achten. Nachdem wir an der Kirche vorbei sind, folgen wir im Wald einem Rechtsabzweig ins Tal. Gegen Ende der Wanderung nähern wir uns wieder immer mehr der Zivilisation. Am Ausgangspunkt im Ort Podbrdo gibt es Gaststätten, Lebensmittelläden, eine Post und den Bahnhof. Alles vorhanden für müde Bergsteiger – außer einem Hotel.

Steinmännchen helfen bei der Orientierung

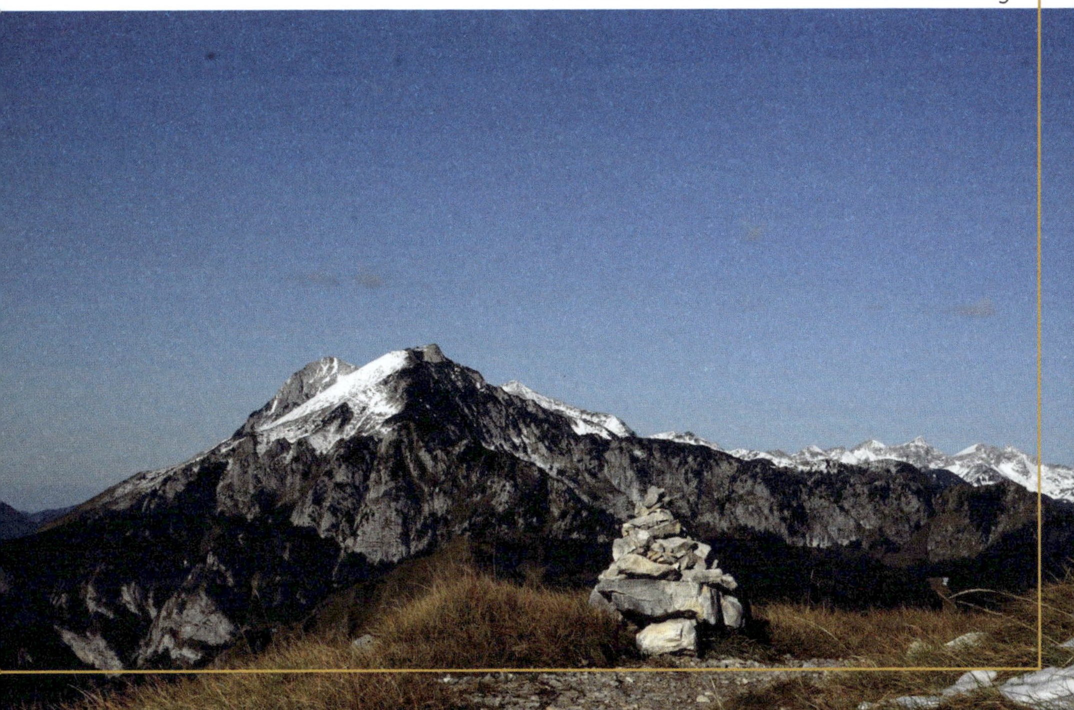

13

642
728
Zanarti
Ig
Rastovka
Dovge
Dremavščica
Pijavška gmajna
Brezova noga
Bregovi
Kremenica
Breznice
Želimeljščica
Vrbovci
Draščica
Draga
Rakovnik
Špilgut
Mali ribnik
Veliki ribnik
Srednji ribnik
Rezani ribnik
Sv. Rupert 410
Dobravica
Brdo 507
Sarsko
Podgozd
Nad Bočnikom 458
Dačnik 460
Zadačnica
Krajček
Prevratje
Ibel 500
Strmec 481
Vrhič 657
Klada
Škrilje
Ledine
Tišler
Suša
Gorenje Golo
Gora
Golo
Dolenje Golo
Strmec 493
Starigrad 555
Hrastje
Selnik
Rogatec nad Želimljami
Grič 578
Mokrec 1058
Špica 1017
Kamen 977
Kureščèk 830
Lomnik 1005
Božičev štand 990
Gorica 759
Mravljični hrib 945
Visoko
Zapotok
Gumnišče
Stražni vrh 405
Mijačev hrib 375
Blace
Gorenje Blato
Huda Polica
Rogoče
Dragel
Trstivka
Podblato
Na hribu 426
Pijava Gorica
106
Drenik
Brezje
Vino
Smrjene
Gradišče nad Pijavo Gorico
Brzek 568
Udje
13
Podreber
Želimlje
Benšetov graben
Vrbičje
Gornji Rogatec
Moravče
Vrh nad Želimljami
Veliki Ločnik
Želimeljščica
Gora 748
Mali Ločnik
Ščurki
Turjak
Turjak 560
0 500 m

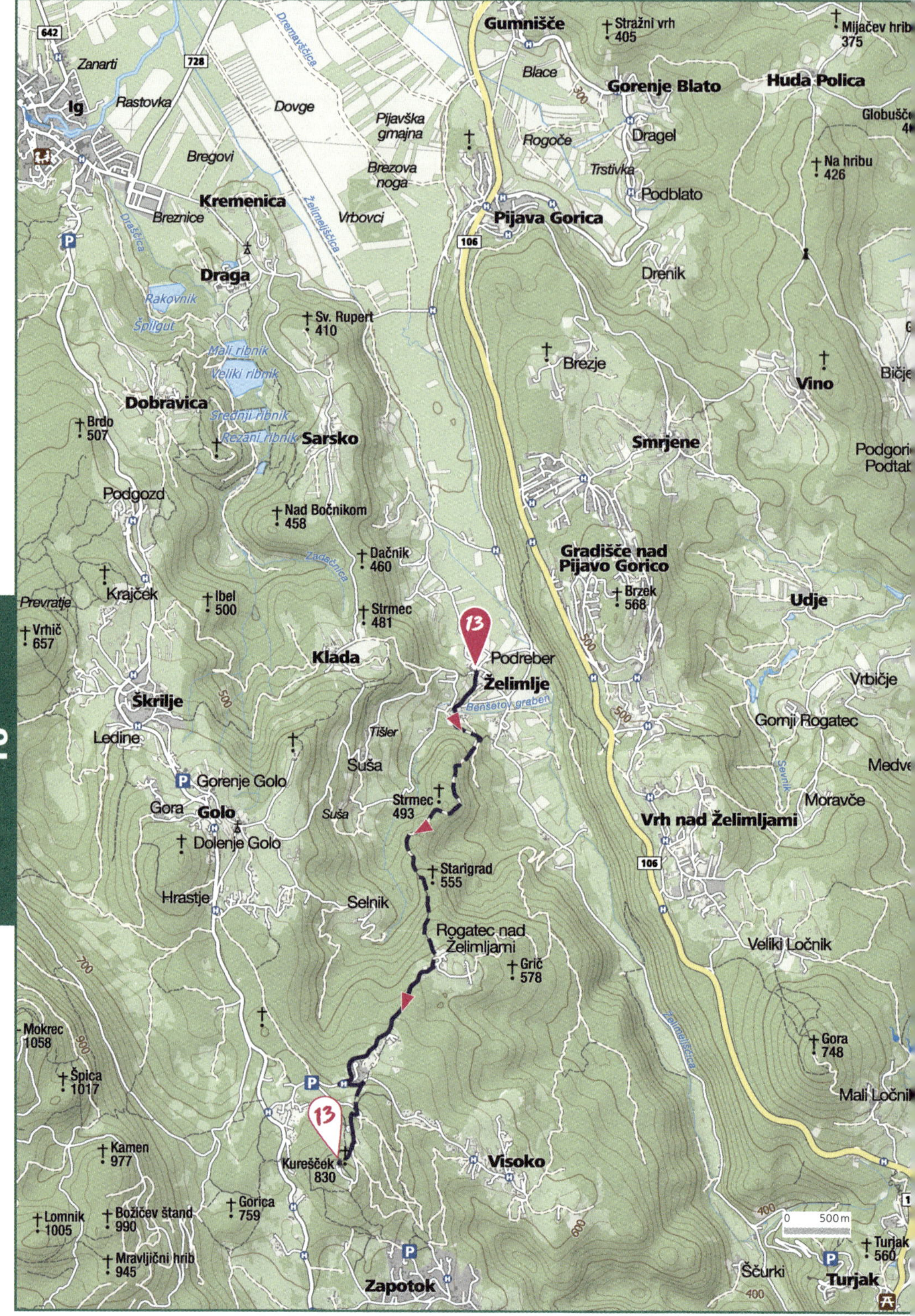

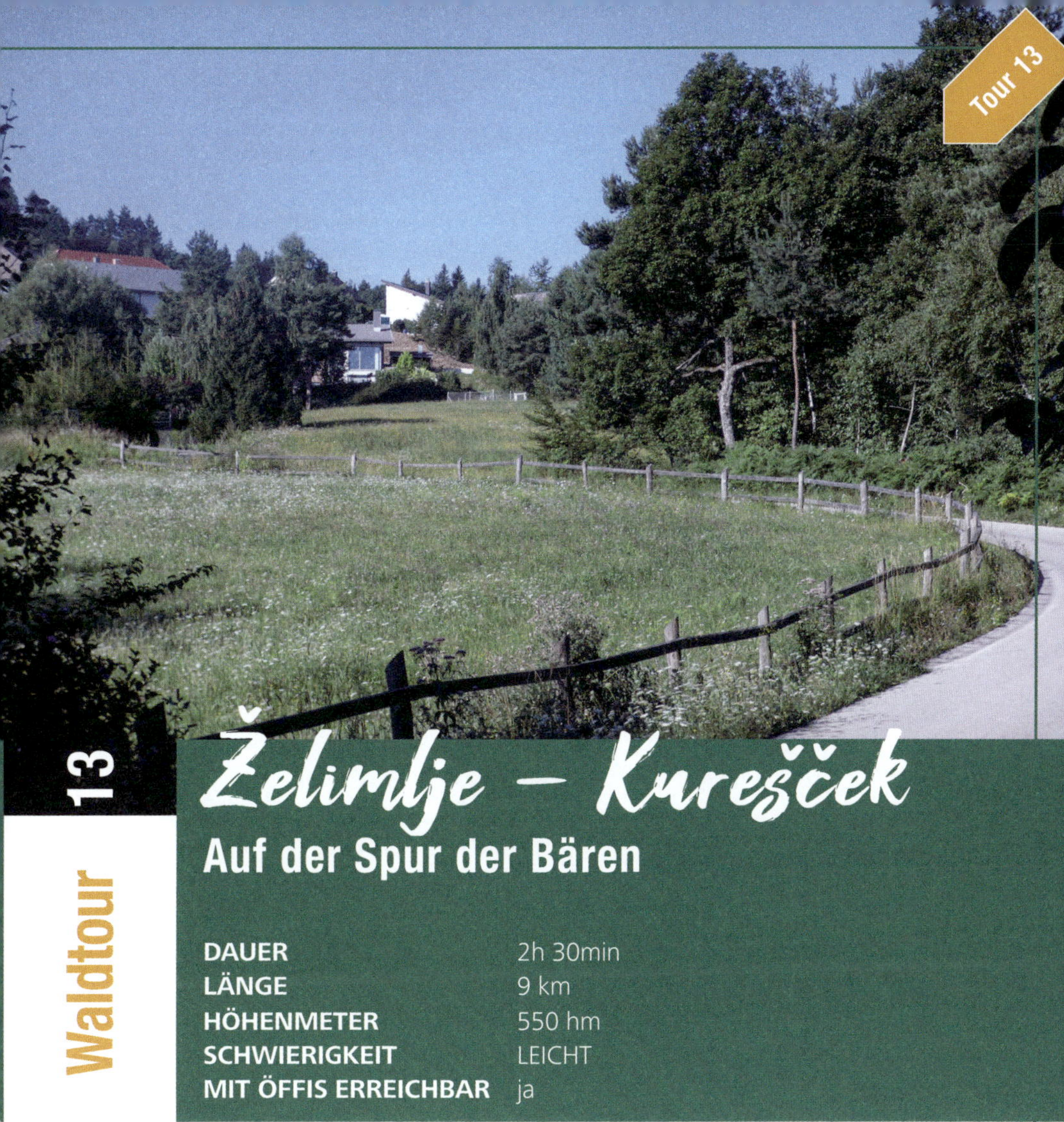

13

Waldtour

Želimlje – Kureščck

Auf der Spur der Bären

DAUER	2h 30min
LÄNGE	9 km
HÖHENMETER	550 hm
SCHWIERIGKEIT	LEICHT
MIT ÖFFIS ERREICHBAR	ja

Das erwartet dich ...

Es handelt sich um eine leichte Wanderung zur Wallfahrtskirche Kureščck, welche vorwiegend durch den Wald verläuft. Der Kirche liegt eine bewegende Geschichte zugrunde. Zahlreiche Schilder weisen darauf hin, dass man auf dieser Wanderung ein Bärengebiet durchquert. Man sollte sich also dementsprechend ruhig verhalten; außerdem ist es untertags noch nie zu Zwischenfälle gekommen.

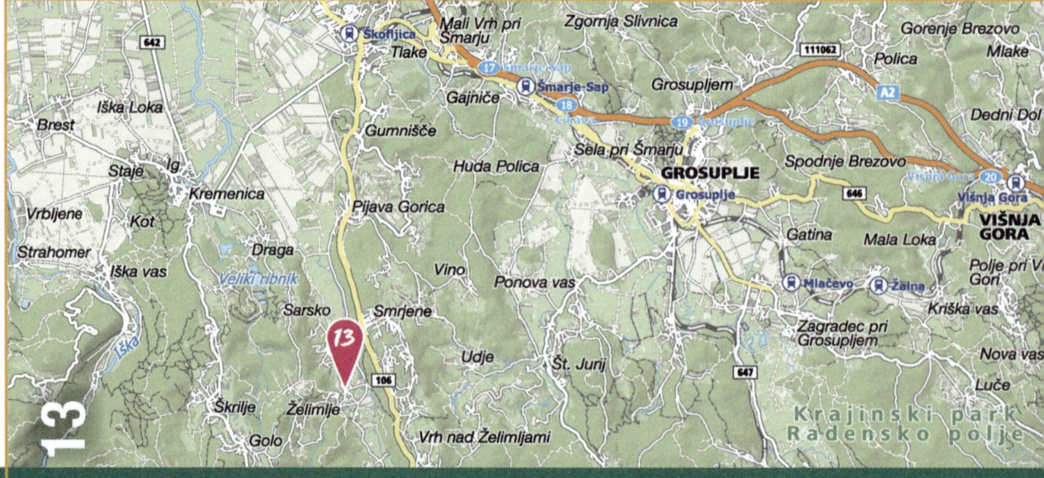

Waldtour 13

Start & Ziel & Anreise

Start: Parkplatz bei der Kirche in Želimlje; Ziel: Kureščček (833 m)
Die meisten Besucher dieses Wallfahrtsortes kommen mit dem Auto. Busse müssen ca. 10 Minuten davor parken. Mit dem Auto nimmt man auf der A2 die Ausfahrt 17 (Smarje-Sap) und fährt anschließend auf der Straße 106 im Richtung Ribnica. In der Ortschaft Pijava Gorica biegt man direkt nach der Kirche rechts auf die Želimeljska cesta ab und folgt dieser bis nach Želimlje. Hier kann man bei der Kirche Cerkev sv. Vida parken.

Tourenbeschreibung

Wir parken bei der Kirche in Želimlje. Von dort wandern wir Richtung Berge auf einer asphaltierten Straße, die etwas später zu einem Pfad wird. Im dichten Wald beginnt der steile Aufstieg. Nach ca. 15 Minuten sehen wir Markierungen und folgen diesen bis zur Ortschaft Rogatec; das Dorf liegt ca. 600 Meter Höhe. Dort biegen wir rechts auf die asphaltierte Straße ab. Dieser folgen wir bis zur Kreuzung im nächsten Dorf. Der folgende Wanderweg ist mit Tafeln „Achtung Bären" beschildert. Ich habe keinen getroffen, auch mein Hund verhielt sich ruhig. Bei dieser Kreuzung halten wir uns links (auch ein kleiner Abstecher ist möglich).

Wir gehen weiter auf der Straße und hinter einem Weidezaun biegen wir rechts in den Wald ab. Nach einigen Minuten erreichen wir die Straße, auf der wir die letzten 2 Kilometer zur Wallfahrtskirche Kurešček wandern. Die Kirche hat eine bewegende Geschichte. Vor dem Zweiten Weltkrieg war dies ein wenig besuchter Wallfahrtsort. Nach dem Zweiten Weltkrieg verhinderte die kommunistische Regierung das Sanieren der Kirche. Doch nicht nur das: Bei einem Freudenfeuer zum Anlass des 1. Mai griff das Feuer auf die schon beschädigte Kirche über und sie brannte komplett aus. Nach der Wende 1990 wurde die Kirche schließlich abgerissen und in gleicher Bauweise wie früher wieder errichtet. Die Pilger kamen jetzt wieder in zunehmender Anzahl.

Von Želimlje führt jedoch nach wie vor ein ziemlich einsamer und wenig begangener Weg zu dieser Wallfahrtskirche. Der Gipfel lässt sich auch von der Schlucht Iški Vintgar erreichen, allerdings brauchen wir dafür ca. 6 Stunden.

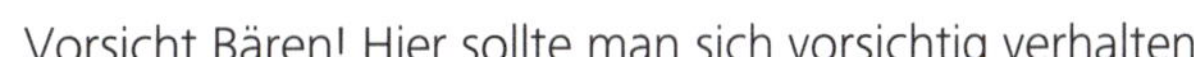

Vorsicht Bären! Hier sollte man sich vorsichtig verhalten

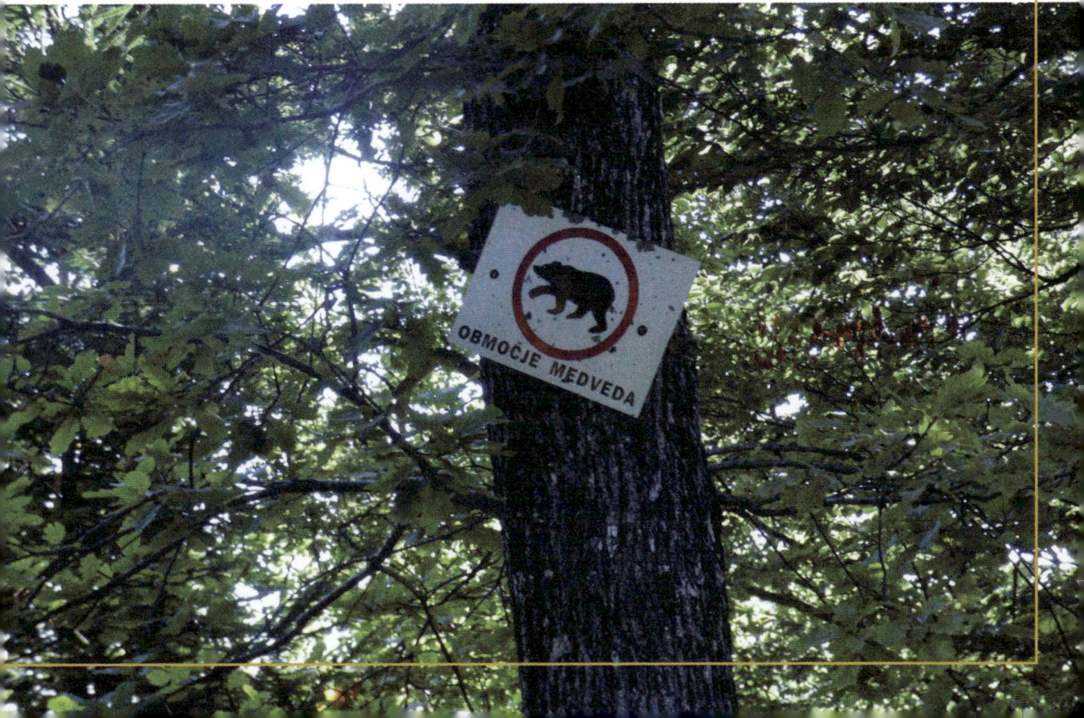

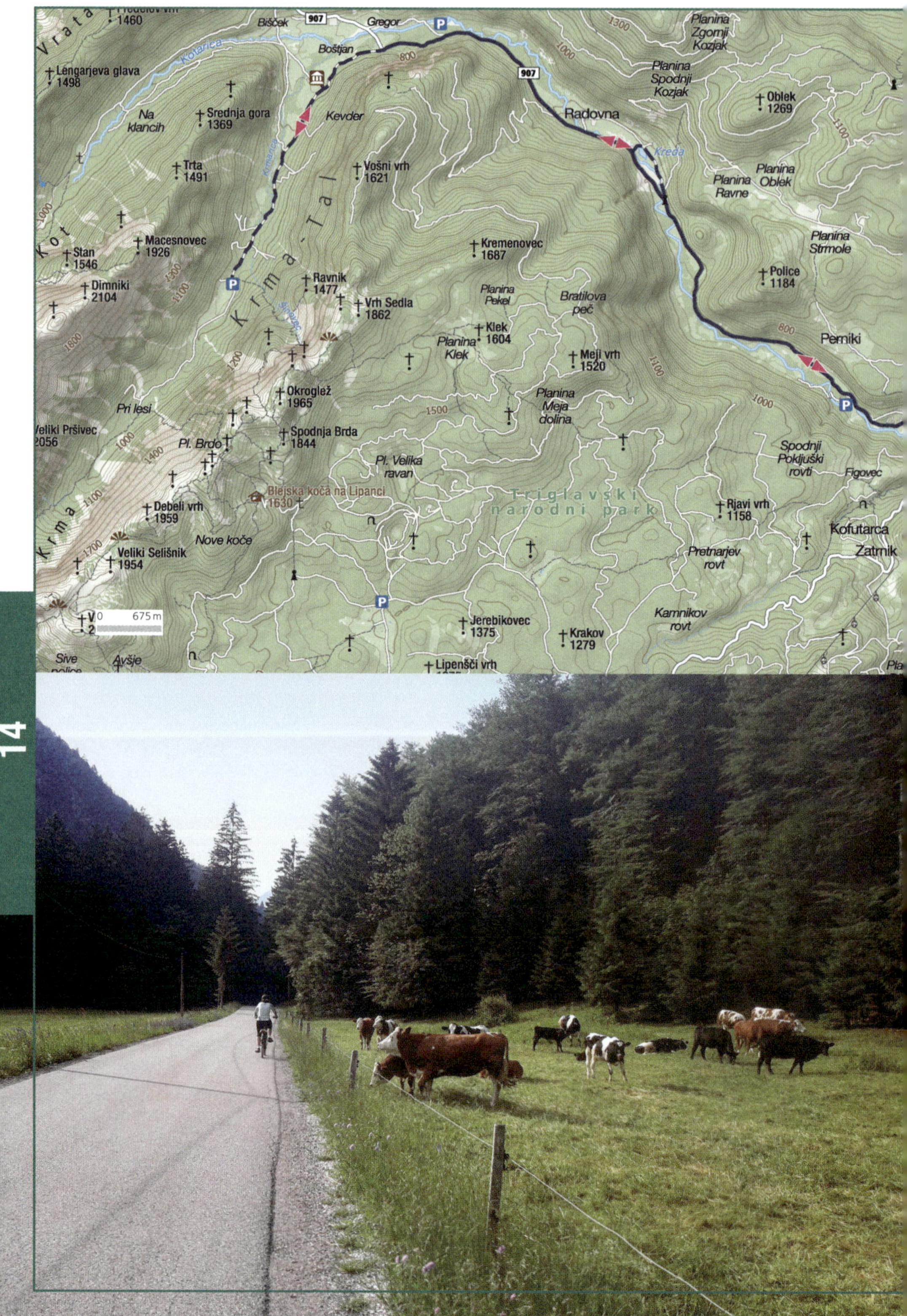

Vrata
1460
Bišček
907
Gregor
Boštjan
Lengarjeva glava 1498
Na klancih
Srednja gora 1369
Kevder
Radovna
Planina Zgornji Kozjak
Planina Spodnji Kozjak
Oblek 1269
Kreda
Planina Ravne
Planina Oblek
Trta 1491
Vošni vrh 1621
Kot
Stan 1546
Macesnovec 1926
Krma Tal
Kremenovec 1687
Planina Strmole
Police 1184
Dimniki 2104
Ravnik 1477
Vrh Sedla 1862
Planina Pekel
Bratilova peč
Klek 1604
Planina Klek
Meji vrh 1520
Perniki
Okroglež 1965
Pri lesi
Planina Meja dolina
Veliki Pršivec 2056
Spodnja Brda 1844
Pl. Brdo
Pl. Velika ravan
Spodnji Pokljuški rovti
Figovec
Blejska koča na Lipanci 1630
Triglavski narodni park
Rjavi vrh 1158
Krma
Debeli vrh 1959
Nove koče
Kofutarca
Zatrnik
Veliki Selišnik 1954
Pretnarjev rovt
Kamnikov rovt
0 675 m
Jerebikovec 1375
Krakov 1279
Sive police
Avšje
Lipenšči vrh
14

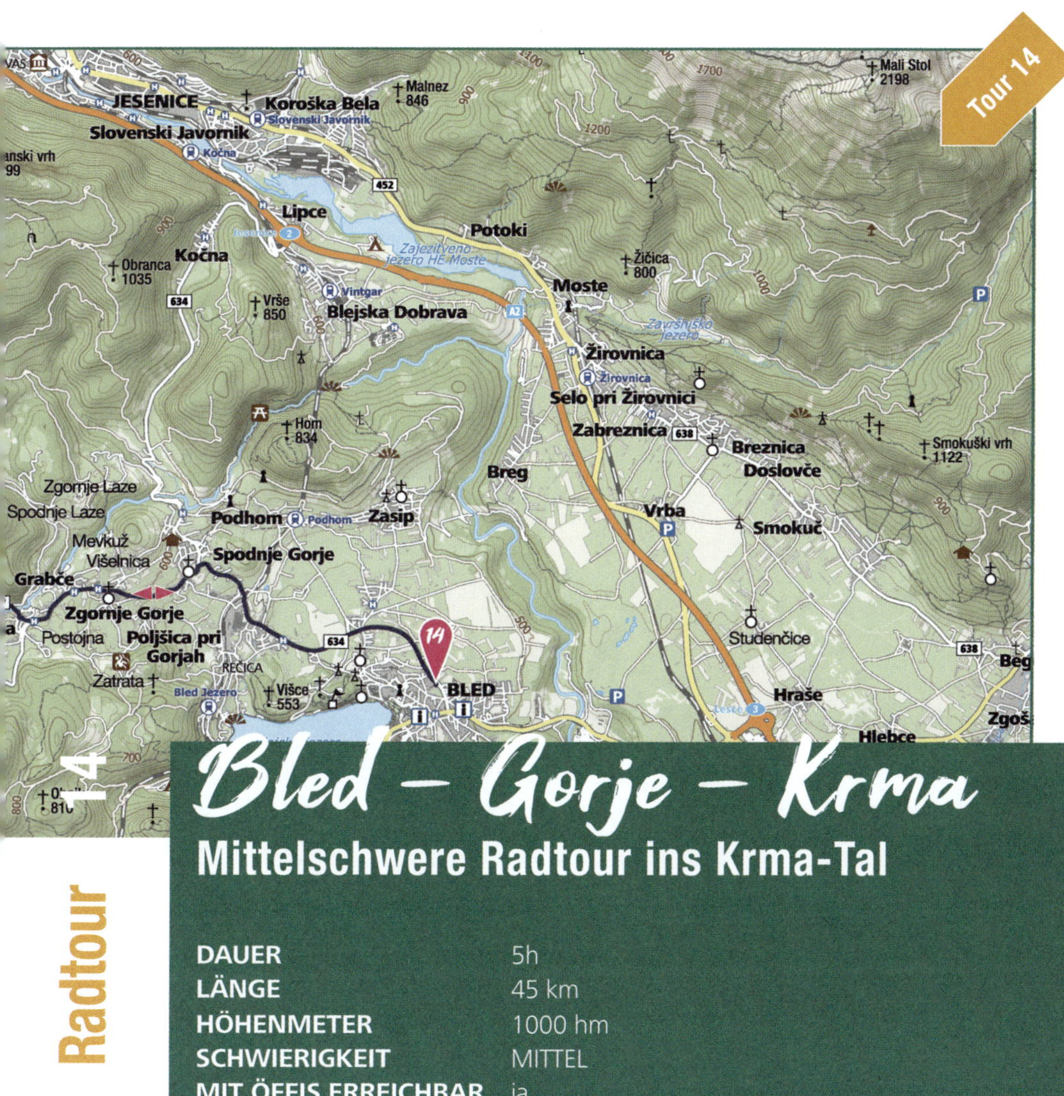

14

Radtour

Bled – Gorje – Krma

Mittelschwere Radtour ins Krma-Tal

DAUER	5h
LÄNGE	45 km
HÖHENMETER	1000 hm
SCHWIERIGKEIT	MITTEL
MIT ÖFFIS ERREICHBAR	ja

Das erwartet dich ...

Bled ist eine Perle auf der Tourismuslandkarte. Die Motive des Sees mit der Insel und der Kirche sind zumindest in Europa sehr bekannt. Diese Radtour führt euch jedoch weg vom See; nach der Ortschaft Gorje (5 km) beginnt abseits des Tourismus die sogenannte Wildnis, soweit das auf Straßen möglich ist.

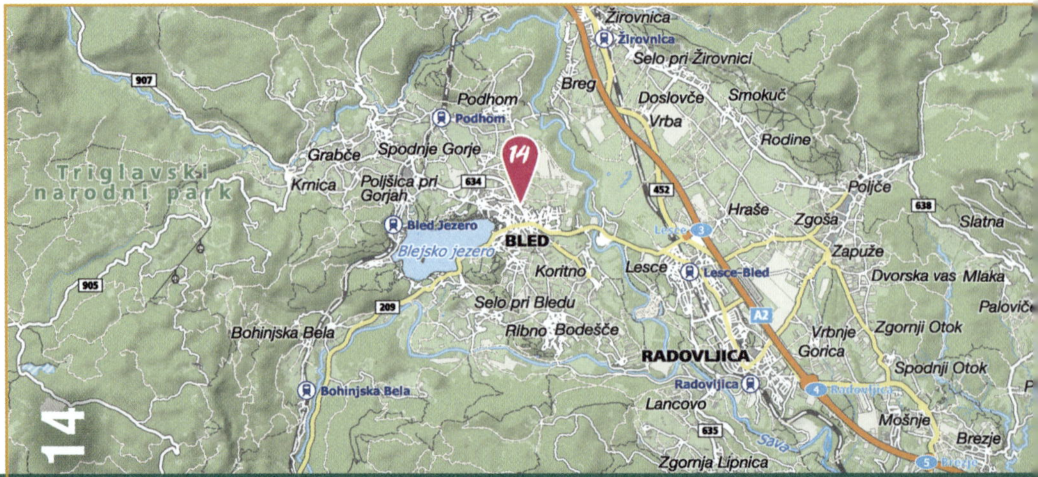

Start & Ziel & Anreise

Wir starten in Bled. Die Anreise kann per Bus oder Auto erfolgen. Nahe des Startpunktes gibt es die Bushaltestelle Bled Union, hier halten zahlreiche Buslinien. Der Bahnhof Bled Jezero liegt außerhalb auf der anderen Seite des Sees und ist nur mit einem längeren Umweg zu erreichen. Mit dem Auto nimmt man die Ausfahrt 3 (Lesce) auf der A2 und fährt auf der 209 Richtung Bled-Zentrum. Am Kreisverkehr nimmt man die erste Ausfahrt und fährt auf die Umgehungsstraße 634; nach der Tankstelle findet man einige Parkplätze.

Tourenbeschreibung

Auf der Umfahrungsstraße gibt es einen parallel zur Straße verlaufenden Radweg. Wir folgen diesem Radweg Richtung Gorje und Pokljuka. An der Ortausfahrt von Bled mündet dieser Radweg in die Straße und nach der Eisenbahn-Unterführung beginnt der Anstieg zu den Orten Spodnje und Zgornje Gorje. Etwa 500 Meter nach dem Lebensmittelhandel in Zg. Gorje erreichen wir auf der rechten Seite die Abzweigung nach Krnica. Hier verlassen wir die zur Pokljuka führende Straße und unsere einsame Radtour kann beginnen.

Zuerst fahren wir etwa 500 Meter abwärts zum Bach Radovna, dann immer weiter bachaufwärts. Mit wenigen Anstiegen ist dieser Abschnitt ein reiner Genuss. Wenn wir nach ca. 9 Kilometer die Brücke erreichen, biegen wir leicht rechts auf die Schotterstraße ab. An dieser Kreuzung steht ein verbranntes Haus als Mahnmal des Zweiten Weltkrieges. Nach wenigen 100 Meter erreichen wir einen künstlichen See namens Kreda. Hier wurde vor Jahrhunderten Kreide abgebaut. In den heißen Sommermonaten ist dieser See zum Baden geeignet. Am Nordufer liegt eine Fischzuchtanstalt. Am Haus vorbei und über eine schmale Brücke gelangen wir zurück zur Asphaltstraße. Bei der letzten Abzweigung nach Zgornja Radovna (mit interessantem Freilichtmuseum) endet der Asphaltbelag und auf uns warten ca. 4 Kilometer mühsamer Anstieg auf einer Schotterstraße. Nachdem die Steigung etwas nachlässt kommen wir aus dem Wald hinaus und erreichen die Alm Krma. Zur Berghütte Kovinarskakoča v Krmi ist es noch etwas mehr als 1 Kilometer, wo wir dann unsere verdiente Rast einlegen.

Die Rückfahrt verläuft auf demselben Weg.

Autoren Tipp

Entlang dieser Radtour kommt man immer wieder an einigen Sehenswürdigkeiten vorbei. Zum Beispiel ein seit dem Mittelalter erhaltenes Bauernhaus Pocarjeva domačija; an der Mühle und Sägewerk Psakova žaga in Zgornja Radovna; im mittleren Teil der Strecke gibt es zwei Quellen – (Zmrzlek und Lipnik), die jedoch auf der anderen Seite des Baches liegen. In der Nähe der Ortschaft Krnica steht ein sogenannter Napoleon-Stein. 2 Kilometer nördlich von Spodnje Gorje liegt der berühmte Vintgar (eine für Besucher erschlossene Schlucht, die mit einem Wasserfall endet); die ist aber keine Wildnis mehr, sondern eine sehr bekannte Sehenswürdigkeit in der Nähe von Bled.

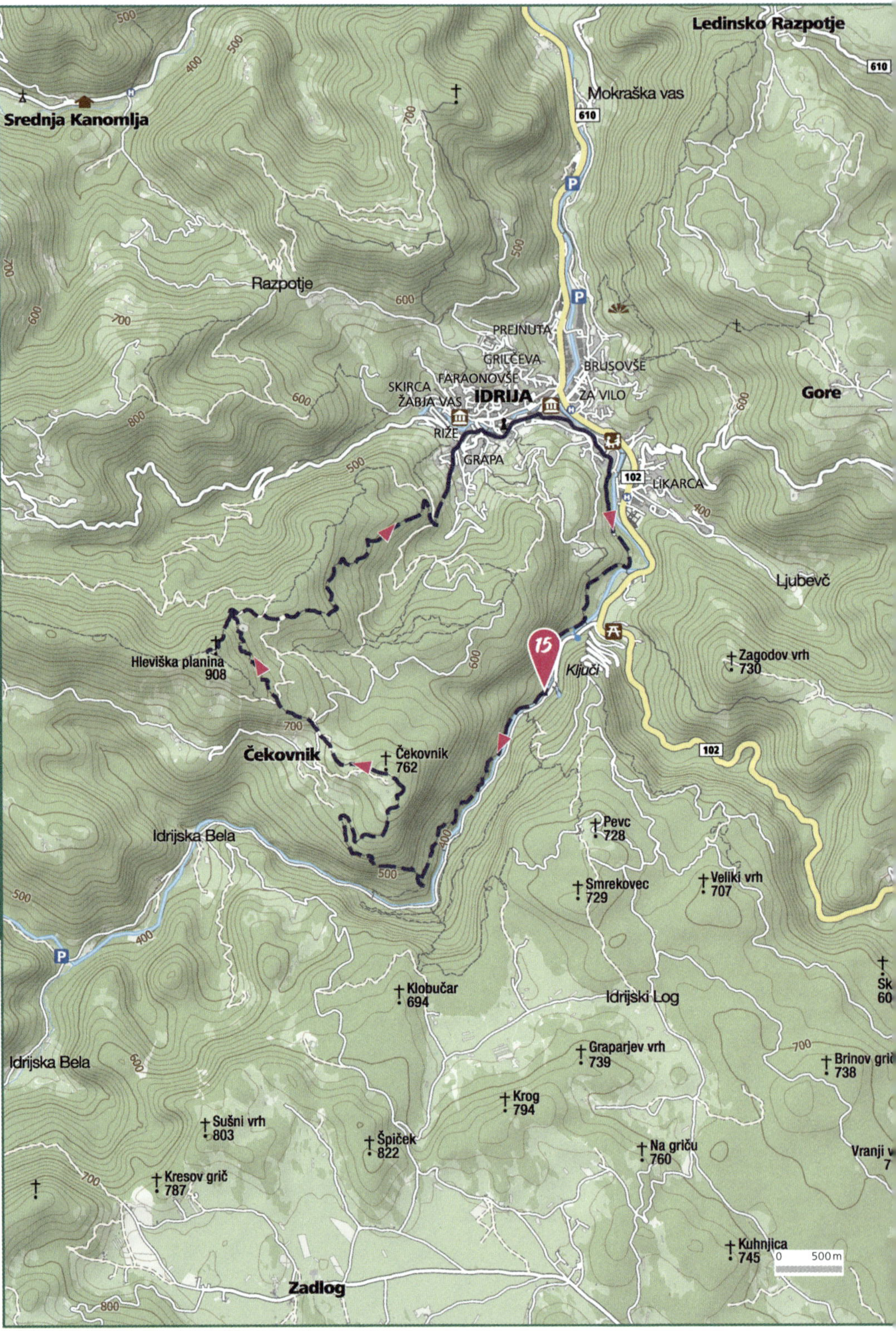

Ledinsko Razpotje
610
Srednja Kanomlja
Mokraška vas
610
Razpotje
PREJNUTA
GRILČEVA
BRUSOVŠE
FARAONOVŠE
SKIRCA
ŽABJA VAS
IDRIJA
ZA VILO
Gore
RIŽE
GRAPA
102
LIKARCA
Ljubevč
15
Zagodov vrh
730
Ključi
Hleviška planina
908
Čekovnik
Čekovnik
762
102
Pevc
728
Idrijska Bela
Smrekovec
729
Veliki vrh
707
Klobučar
694
Idrijski Log
Idrijska Bela
Graparjev vrh
739
Brinov grič
738
Krog
794
Sušni vrh
803
Špiček
822
Na griču
760
Kresov grič
787
Kuhnjica
745
0 500 m
Zadlog

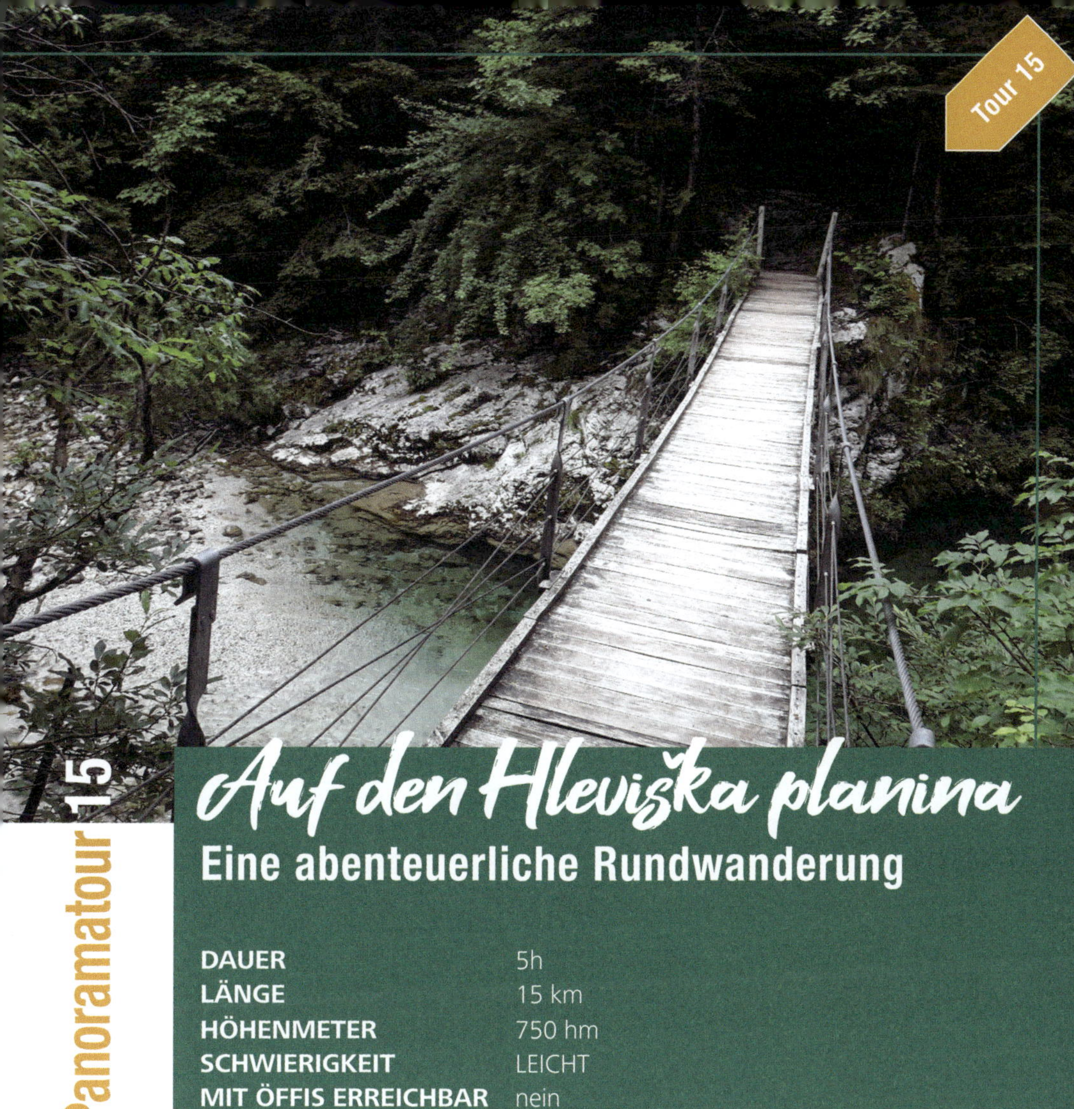

Auf den Hleviška planina

Eine abenteuerliche Rundwanderung

DAUER	5h
LÄNGE	15 km
HÖHENMETER	750 hm
SCHWIERIGKEIT	LEICHT
MIT ÖFFIS ERREICHBAR	nein

Das erwartet dich ...

Eine zum Teil abenteurliche Wanderung in einem Gebiet, in dem das Dinarische Gebirge endet und die Alpen beginnen. Die Tour verläuft zunächst an einem historisch bedeutenden Wasserkraftwerk vorbei und führt uns über den Vorgipfel Zagrebenc bis zur Hleviški planini-Alm. Anschließend kann noch der Gipfel (908 hm) bestiegen werden.

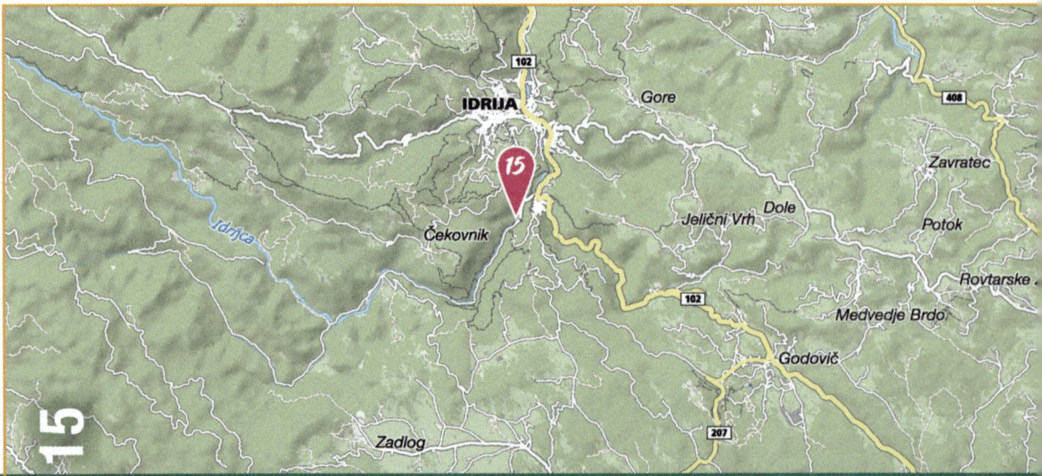

Panoramatour 15

Start & Ziel & Anreise

Wir erreichen den Startpunkt, Divje jezero, mit dem Auto über die Straße 102. Von Süden her kann man über die A1 anreisen und nimmt die Ausfahrt 40 (Unec). Hier fährt man zunächst auf der 754 Richtung Planina, anschließend nach rechts auf der 409 Richtung Idrija (die Straße wird zur 102). Kurz vor Idrija, in einer S-Kurve in der der Fluss Idrijca die Straße erreicht, biegen wir links auf eine kleine Straße Richtung Divje jezero ab. Beim See Divje jezero können wir parken.

Tourenbeschreibung

Das Auto parken wir gleich beim Schild „Divje jezero". Zum See sind es nur wenige Minuten. Meist ist das nur ein kleiner See mit sehr steilen Ufern und trübem Wasser. Nach reichlichen Regenfällen wird die Wasseroberfläche unruhig, da der Zufluss direkt aus dem Boden erfolgt.

Unser Weg verläuft wenige Meter entlang der Straße talaufwärts. Anschließend überqueren wir den Bach Idrjica auf einer Hängebrücke. Diese Querung kann recht abenteuerlich werden, sollten wir die Brücke beim Gehen durch Resonanz zum Schwingen bringen. Dann werden wir ordentlich durchgeschaukelt.

Auf der anderen Seite des Baches Idrijca biegen wir nach links ab. Einige 100 Meter gehen wir entlang des Wasserkanals, der das Kraftwerk des einstigen Bergbaus von Idrija betrieben hat. Heute ist es ein kleines Wasserkraftwerk für die

Stadt Idrija. Wir halten uns an den Wegweiser zur Hleviška planina (abgekürzt Hl.Pl.). Ca. 30 Minuten ab dem Divje jezero steigt unser Weg nach rechts bergauf. Der Anstieg endet nach 1 Stunde bei der Prižnica (Kanzel), danach wird der Weg angenehmer – mit etwas Auf und Ab. Wir erreichen die ersten einzeln stehenden Häuser. Auf dem Vorgipfel (Zagrebenc) erreichen wir schon die Höhe von 763 Meter. Dann geht es wieder hinunter, wir überqueren die Asphaltstraße und steigen zum letzten Mal bergauf. Nach 30 Minuten ab dem Zagrebenc erreichen wir die Koča na Hleviški planini (insgesamt für den Aufstieg 2 ½ Std.). Sie ist während der drei Sommermonate durchgängig geöffnet, sonst nur an Wochenenden. Von dieser Hütte erreichen wir in 15 Minuten den Gipfel der Alm Hleviška planina auf 908 Meter. Hier gibt es ein Gipfelbuch und einen sogenannten „Schnapsomat". In einem Baumstamm ist Platz für einen Kasten ausgehöhlt worden. Hier stehen eine Schnapsflasche und zwei Gläser. Die Münzen kann man in einen Sparkasten einwerfen – von Wanderern wird Redlichkeit erwartet.

Für den Abstieg wählen wir nun den kürzesten Weg nach Idrija und erreichen so die Stadt in ungefähr 1 ¼ Stunden.

Durch die Stadt Idrija durch gibt es verschiedene Wege. Wir können die Ortsmitte besichtigen oder das Stollenmuseum besuchen. In jedem Fall müssen wir am Ortsausgang nach dem Kraftwerk fragen bzw. die Wegweiser zum Divje jezero finden. Beim Kraftwerk beginnt der Wanderweg entlang des 3 Kilometer langen Wasserkanals, der uns wieder zu der abenteuerlichen Hängebrücke bringt. Von der Hängebrücke ist der Ausgangspunkt (Parkplatz) nur noch 5 Minuten entfernt, von Idrija sind es 45 Minuten. Varianten: Die Wanderung entlang des Wasserkanals dauert 2 Stunden. Von Idrija können wir auch direkt zur Hleviška planina steigen (Hin und zurück ca. 3 Std.).

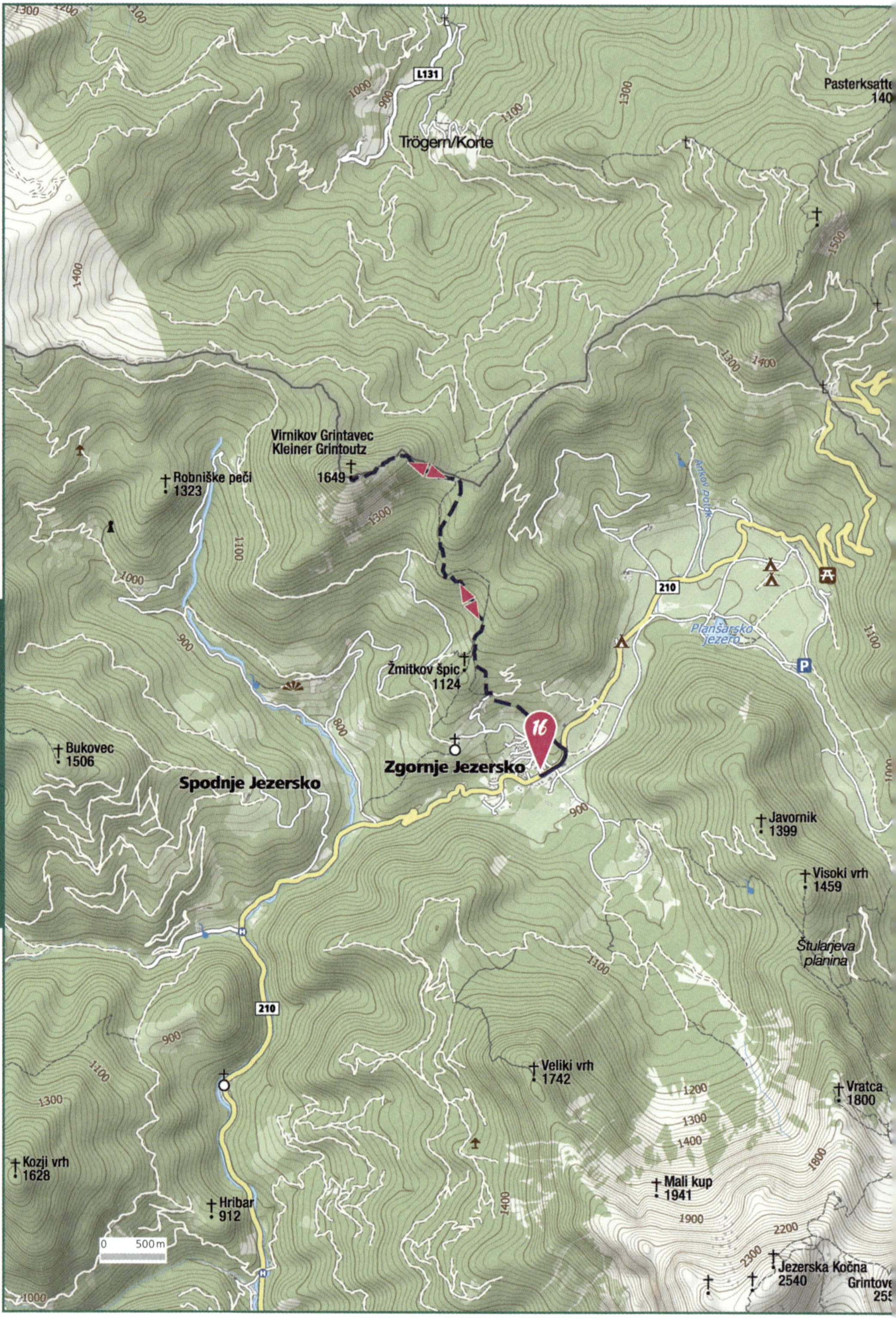

16

L131

Trögern/Korte

Pasterksatte
140

Virnikov Grintavec
Kleiner Grintoutz
1649

Robniške peči
1323

Arikov potok

210

Planšarsko jezero

P

Žmitkov špic
1124

16

Bukovec
1506

Spodnje Jezersko

Zgornje Jezersko

Javornik
1399

Visoki vrh
1459

Štularjeva planina

210

Veliki vrh
1742

Vratca
1800

Kozji vrh
1628

Mali kup
1941

Hribar
912

0 500 m

Jezerska Kočna
2540

Grintove
255

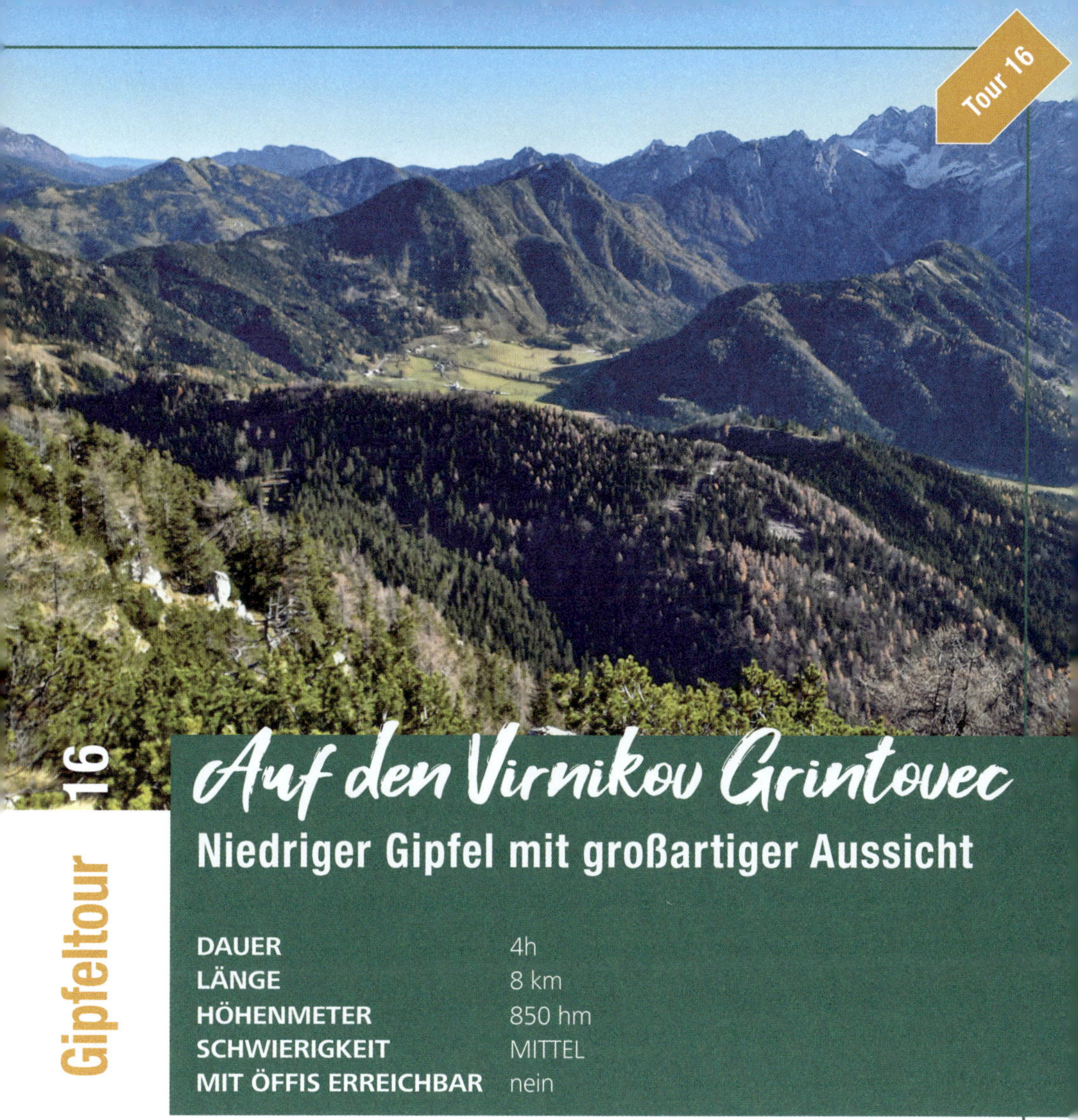

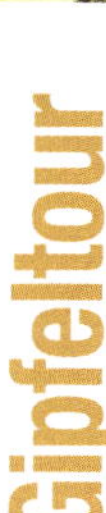

Auf den Virnikov Grintovec

Niedriger Gipfel mit großartiger Aussicht

DAUER	4h
LÄNGE	8 km
HÖHENMETER	850 hm
SCHWIERIGKEIT	MITTEL
MIT ÖFFIS ERREICHBAR	nein

Das erwartet dich ...

Eine mäßig schwierige Tour entlang der Staatsgrenze, bei der wir im oberen Abschnitt auch die Hände zu Hilfe nehmen müssen. Ein nicht oft bestiegener Gipfel mit sagenhafter Aussicht nach Kärnten und in die Steiner Alpen; bei klarem Wetter reicht der Blick sogar bis zu den Julischen Alpen. Die Tour verläuft zunächst im Wald – am Grat angekommen wandert man bei traumhafter Aussicht durch Buschvegetation.

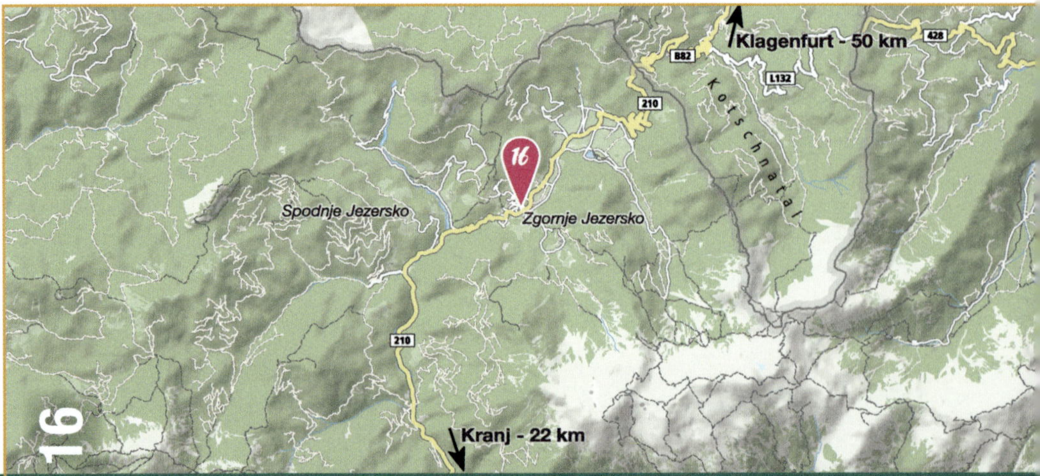

Start & Ziel & Anreise

Ausgangspunkt ist der Parkplatz bei der Kirche, dem Friedhof oder an der Tankstelle Petrol – direkt an der Hauptstraße 210 in Zgornje Jezersko. Diese erreicht man von österreichischer Seite aus über die B82; die Ortschaft befindet sich nicht weit hinter der Grenze. Die Anreise in Slowenien kann über die A2 erfolgen – bei Kranj nimmt man die Ausfahrt 9 (Kranj – vzhod) und biegt nach links auf die 104 ab. An einer Kreuzung beim Mercator Supermarkt biegen wir rechts auf die 210, welcher wir Richtung Staatsgrenze folgen.

Tourenbeschreibung

Das Auto parken wir entweder neben der Tankstelle, etwas höher bei der Kirche Sv. Ožbolt oder beim Friedhof. Wir gehen ca. 300 Meter, bis die Straße bei einem Gebäude endet. Dort finden wir an einem Baum das Schild Virnikov Grintovec. Nun folgen wir dem einfachen Weg entlang der Wiese. Danach führt uns der Weg durch den Wald und in 15 Minuten erreichen wir einen Bauernhof (Žmitek). Dort überqueren wir eine Schotterstraße und suchen in der Böschung einen schmal ausgetretenen Pfad hinauf in den Wald. Nun beginnt es steil zu werden. Nach 15 Minuten wird der Weg wieder flach und von links mündet ein Fahrweg ein. Es geht einige 100 Meter entlang dieses Fahrwegs und dann müssen wir genau schauen, um den rechten Abzweig unseres Weges nicht zu verfehlen. Anschließend geht es wieder steil hinauf. Nach ca. 20 Minuten kommen wir zu einer neuen Forststraße. Der Aufstieg der Straße entlang ist ganz schön anstrengend. Dann müssen wir vom ausgetretenen Pfad ca. 20 Meter nach rechts gehen, um zur neuen Forststraße zu kommen. Nun folgen wir einer steilen Straße über 2 Kehren. Dann endet die Straße und unser Weg wird flach und in wenigen Minuten erreichen wir die Staatsgrenze im Sattel Žingerc auf 1345 Meter Höhe. Dort sehen wir dann die gelben zweisprachigen Wegweiser. Nun geht es entlang der Grenze zum Gipfel. Ein zunächst flacher Weg wird extrem steil, sodass wir oft die Hände zu Hilfe nehmen müssen. Wenn die Steigung nach 30 Minuten nachlässt wird der Kamm zum Grat und wir müssen oft den scharfen Gratfelsen auf der slowenischen Südseite ausweichen. Die Bäume werden rar und Buschvegetation nimmt zu. Die Aussicht wird immer imposanter. Nach Norden schweift der Blick weit nach Kärnten. Nach Süden sehen wir die Nordwände der Steiner Alpen vor unseren Augen. Die letzten Meter sind ein wahrer Genuss. Wir sind nach ca. einer Stunde vom Sattel Žingerc auf dem Gipfel angelangt. Bei klarem Wetter reicht der Blick bis zu den Julischen Alpen. Der Triglav ist deutlich zu erkennen, der Obir liegt vor uns und auch die Koschuta zeigt sich von der milden Südseite. Gegenüber ziehen die Steiner Alpen mit ihren schattigen Nordwänden die Blicke auf sich.

Beim Rückweg ist bis zum Sattel wegen des steilen Kammweges Vorsicht geboten. Bei Schnee wird der Aufstieg und Abstieg deutlich erschwert. Dann sollte man zur Sicherheit Steigeisen und Eispickel mithaben.

Nachdem wir wieder den Sattel Žingerc erreicht haben gibt es keine technischen Schwierigkeiten mehr, jedoch ist dann wegen der neuen Forststraßen die Orientierung erschwert. Vor allem kann uns der grüne Fahrweg, welcher nach Westen und abwärts führt, in die Irre leiten. Die Markierungen sind an der kritischen Stelle ganz schwach zu erkennen oder gar nicht sichtbar. Wir müssen den Fahrweg auf dem etwas ausgetretenen Pfad verlassen und dem flachen Pfad nach links folgen (der Fahrweg führt nach Spodnje Jezersko). Später treffen wir wieder auf gut sichtbare Markierungen. Diese bringen uns bequem zum Friedhof, zur Kirche oder zur Tankstelle zurück.

17

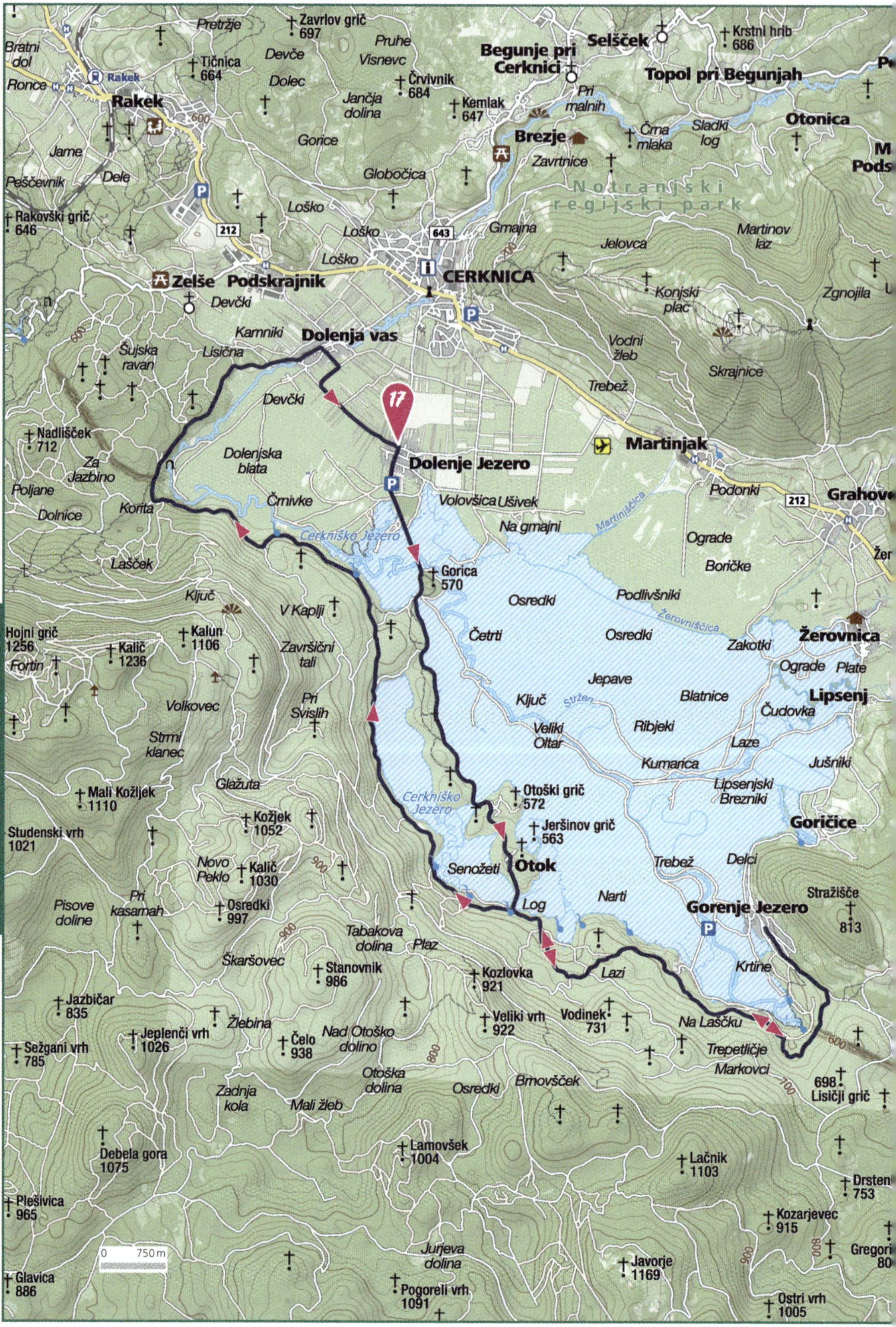

Pretržje
Zavrlov grič 697
Bratni dol
Tičnica 664
Devče
Pruhe
Visnevc
Begunje pri Cerknici
Selšček
Krstni hrib 686
Ronce
Rakek
Dolec
Črvivnik 684
Topol pri Begunjah
Rakek
Jančja dolina
Kemlak 647
Pri malnih
Otonica
Gorice
Brezje
Črna mlaka
Sladki log
Jame
Globočica
Zavrtnice
Peščevnik
Dele
Notranjski regijski park
Rakovški grič 646
Loško
Loško
Gmajna
Martinov laz
212
643
Jelovca
Loško
Zelše
Podskrajnik
CERKNICA
Devčki
Konjski plac
Zgnojila
Kamniki
Dolenja vas
Vodni žleb
Šujska ravan
Lisična
Skrajnice
Trebež
Devčki
17
Nadlišček 712
Martinjak
Dolenjska blata
Za Jazbino
Dolenje Jezero
Poljane
Volovšica
Ušivek
Podonki
212
Dolnice
Korita
Črnivke
Na gmajni
Martinjščica
Cerkniško Jezero
Ograde
Lašček
Gorica 570
Boričke
Ključ
Podlivšniki
V Kaplji
Osredki
Hojni grič 1256
Kalun 1106
Žerovniščica
Kalič 1236
Četrti
Osredki
Zakotki
Žerovnica
Fortin
Završični tali
Ograde
Plate
Jepave
Lipsenj
Volkovec
Pri Svislih
Ključ
Stržen
Blatnice
Čudovka
Veliki Oltar
Ribjeki
Strmi klanec
Laze
Kumarica
Jušniki
Glažuta
Lipsenjski Brezniki
Mali Kožljek 1110
Otoški grič 572
Cerkniško Jezero
Kožjek 1052
Jeršinov grič 563
Goričice
Studenski vrh 1021
Novo Peklo
Kalič 1030
Senožeti
Otok
Trebež
Delci
Stražišče 813
Pisove doline
Pri kasamah
Osredki 997
Log
Narti
Gorenje Jezero
Tabakova dolina
Plaz
Škaršovec
Stanovnik 986
Kozlovka 921
Lazi
Krtine
Jazbičar 835
Žlebina
Veliki vrh 922
Vodinek 731
Na Laščku
Sežgani vrh 785
Jeplenči vrh 1026
Čelo 938
Nad Otoško dolino
Trepetličje
Markovci
Otoška dolina
Osredki
Brnovšček
698 Lisičji grič
Zadnja kola
Mali žleb
Debela gora 1075
Lamovšek 1004
Lačnik 1103
Drsten 753
Plešivica 965
Kozarjevec 915
0 750 m
Jurjeva dolina
Javorje 1169
Glavica 886
Pogoreli vrh 1091
Ostri vrh 1005

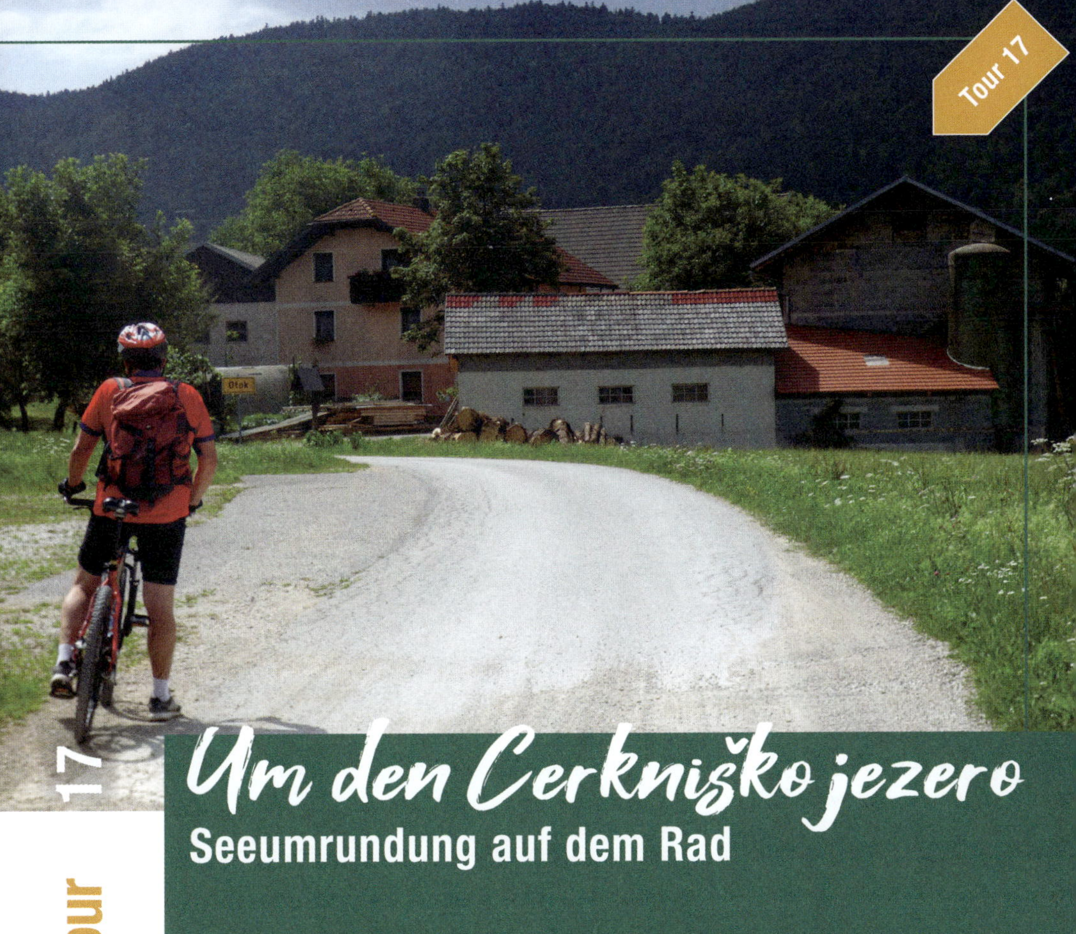

17 Radtour

Um den Cerkniško jezero

Seeumrundung auf dem Rad

DAUER	5h
LÄNGE	35 km
HÖHENMETER	1000 hm
SCHWIERIGKEIT	MITTEL
MIT ÖFFIS ERREICHBAR	nein

Das erwartet dich …

Mittelschwere Radtour um den See. Bei Hochwasser ist die Tour mit dem Fahrrad nicht möglich, jedoch kann man dann eine Kanufahrt unternehmen. Der periodische See von Cerknica ist eine Schatztruhe für Biologen. So viele Lebewesen wie hier auf diesen wenigen Quadratkilometern findet man in Europa kaum noch. In der Umgebung gibt es viele Schotterstraßen mit wenig Verkehr. Es finden sich auch einige Warnhinweise, dass in den Wäldern von Javorniki Braunbären unterwegs sind.

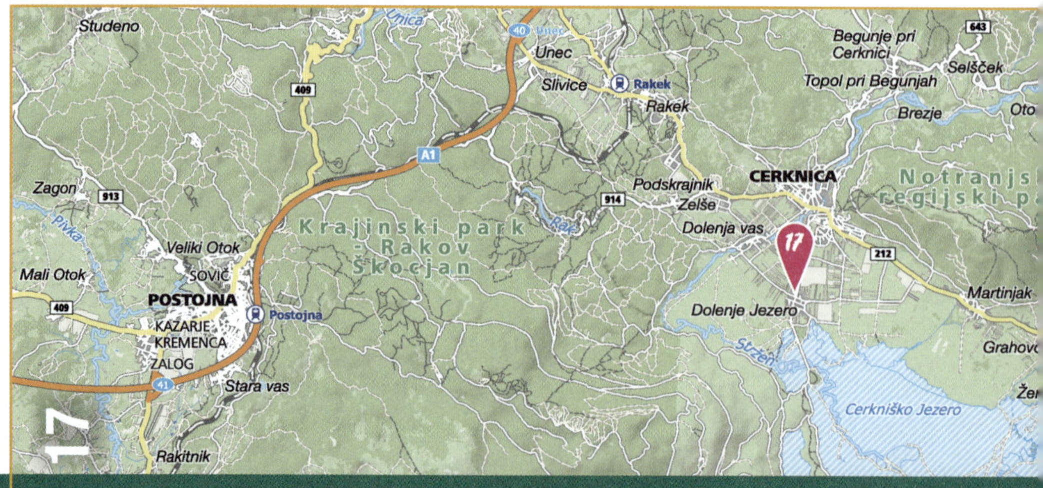

Start & Ziel & Anreise

Wir erreichen den Startpunkt in Dolenje Jezero am besten über die A1 – hier nehmen wir die Ausfahrt 40 (Unec) und fahren auf der Landstraße 212 über Rakek nach Cerknica. Hier biegen wir direkt nach der Überquerung des Flusses Cerkniscica nach rechts ab und folgen der Straße vorbei an der Kirche Sv. Janez bis nach Dolenje Jezero. Beim Café/Bar Jezerski Hram gibt es einige Parkplätze. Die eigentliche Tour startet jedoch im Ort beim Museum des periodischen Sees.

Tourenbeschreibung

Wir starten im Dorf Dolenje Jezero oder beim Museum und fahren mit dem Rad zum Dorf Otok (= Insel). Der Cerkniško jezero (auf deutsch „Zirknitzer See") begleitet uns auf unserem Weg und gilt als einer der größten Karstseen der Erde. Der See liegt auf einem Karstbecken, wodurch das Wasser immer wieder versickert und zählt damit zu den periodischen Seen. Seine maximale Fläche beträgt 38 km², wenn das Karstbecken geflutet ist.

Hier folgen wir dem Wegweiser der Jezerko Radtour. Bei einer Kreuzung heißt es dann achtgeben dass man nicht die Abzweigung nach Laze nimmt, sondern geradeaus nach Gorenje Jezero fährt. Dort stoßen wir auf Asphalt und fahren abwärts zur Ortsmitte. Hier können wir in einer Gaststätte einkehren.

Dann fahren wir demselben Weg zurück (auch hier ist ein Braunbärengebiet) bis besagter Kreuzung. Ab hier folgen wir nun der Straße, die bergauf Richtung Nordwesten führt. Nun sind wir wieder auf der Jezerko-Radtour, umfahren den See im Westen und kommen nach 10 Kilometer in das Dorf Dolenja vas.

Ein Abstecher nach Norden bringt uns zu den natürlichen Steinbrücken Rakov Škocjan. Der Bach Rak hat hier Aushöhlungen mit seinem unterirdischen Lauf erzeugt, wodurch die natürlichen Brücken gebildet wurden. In Dolenja vas, gibt es eine private Freilichtausstellung mit Kunstgegenständen. Wenn der Künstler zu Hause ist, sind Gäste herzlich willkommen.

Anschließend biegen wir nach rechts ab und fahren Richtung Dolenje Jezero zum Ausgangspunkt zurück.

Autoren Tipp

Eine angenehme Möglichkeit sich verwöhnen zu lassen gibt es im Haus Vrdjan: Unterkunft mit Sauna und Jacuzzi – nur für uns alleine. Hier erholen wir uns von den Strapazen und stellen uns am nächsten Tag neuen Herausforderungen – zu Fuß oder auf dem Rad.

18

Na Dobravi
Kurnik
494
Pungert
Retece
Reteče
Gorenja vas - Reteče
Gosteče
Zgornja Senica
Hrastnica
Kogel
531
Dol
Spodnja Senica
Draga
Gradišče
589
Sora
Rakovnik
18
Vidmovec
681
Hom
718
Brstnik
511
Osolnik
857
Kožuhov vrh
795
Gradišče
773
Sv. Barbara
Studenčice
Vragovec
616
Dolinska gora
749
Grič
660
Martinji hrib
703
Lom
882
Tehovec
Kozomarnica
549
Mihelčičev dom na Govejku
727
Tehovec
686
Žirovnik
Igale
905
Veliki Babnik
905
Kosov hrib
618
Borovljek
630
Glavna
831
Sveti Jakob
807
Pešćenek
791
Kosmati hrib
835
Trnovec
Špiklj
887
Tošč
1021
Jame
Mali Tošč
907
Topol pri Medvodah
Rošč
658
Ilov vrh
721
Kozjekov grič
859
Marevšnik
747
Goljek
809
Osredek pri Dobrovi
Ojstrica
626
Kregovnik
692
Belo
Praprotno
533
Peči
482
Veliki vrh
Ravnek
Log pri Polhovem Gradcu
Gradišče
356
Hrastenice
Hruševo
0
500 m
641
Belica
Tabor
554
Straža
Polhov Gradec

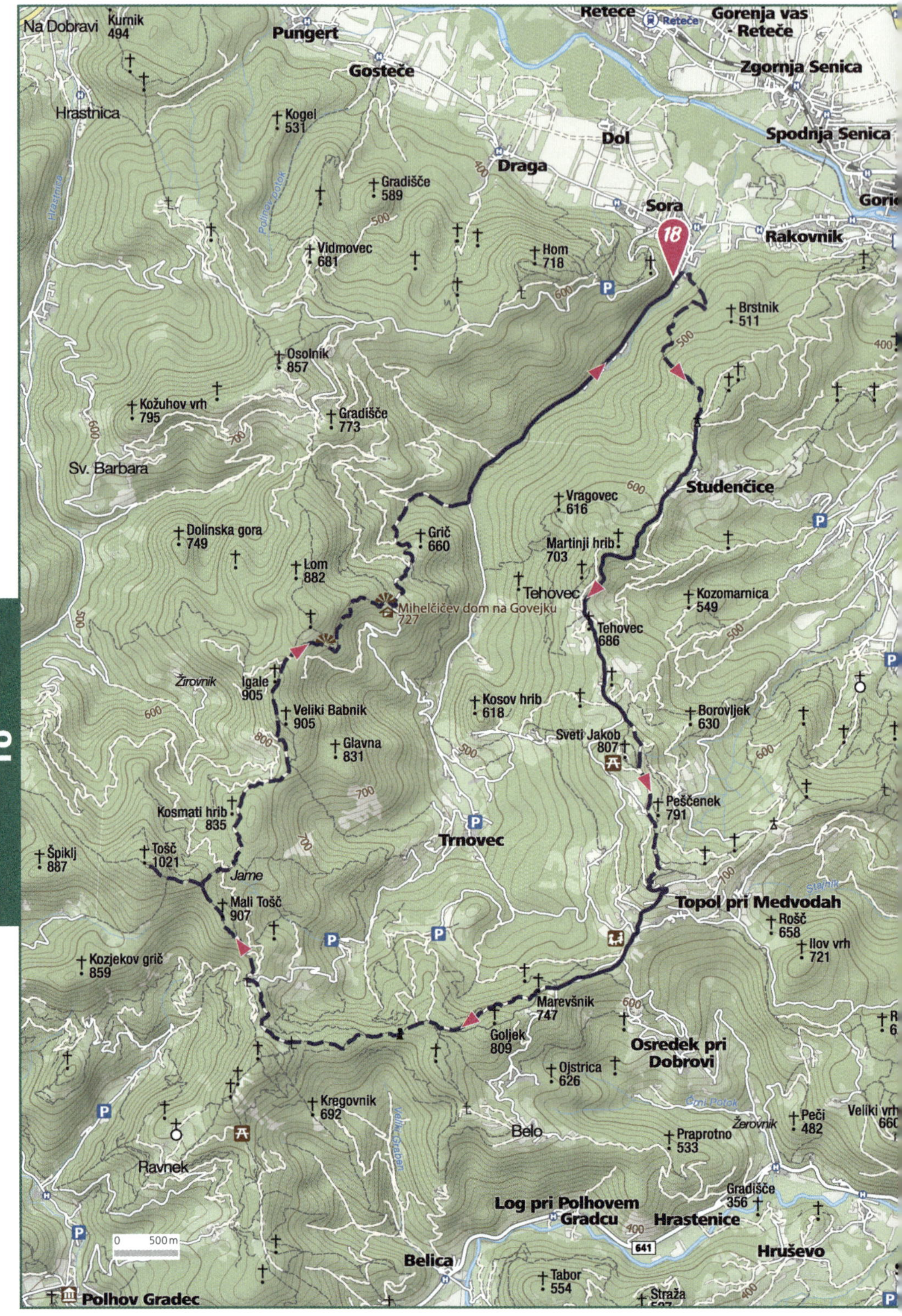

Vom Tošč nach Govejk

Lange Rundwanderung im Nordwesten der Hauptstadt

DAUER	7–9h
LÄNGE	22 km
HÖHENMETER	1200 hm
SCHWIERIGKEIT	SCHWER
MIT ÖFFIS ERREICHBAR	ja

Das erwartet dich ...

Der Ort Sora ist Ausgangspunkt für viele Touren in der Bergkette von Polhov Gradec. Dies ist eine Tour, die markante Stellen mit dem höchsten Gipfel der Bergkette verbindet. Ausgeprägte Gastfreundschaft findest du im Bauerntourismus Gonte und in der Berghütte auf dem Govejk. Ein einsamer Weg führt vom Gipfel Tošč (1029 m) nach Govejk (740 m).

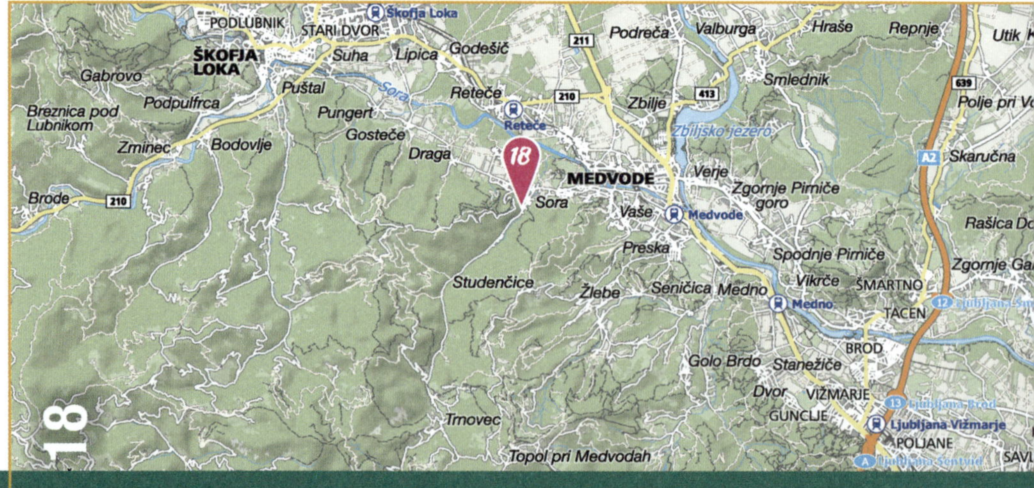

Start & Ziel & Anreise

Wir starten in Topol, gleich nach der Ortstafel Sora bei der Firma Prima Filtri Sora 42a, 1215 Medvode. Die Anreise kann auch mit dem Bus erfolgen, in Sora gibt es mehrere Haltestellen. Bis Medvode kann man auch mit dem Zug anreisen. Vom Bahnhof nimmt man beispielsweise die Buslinie 15 nach Sora OŠ. Mit dem Auto erreicht man Sora über die A2 (Ausfahrt 14 Ljubljana Šentvid), anschließend auf der Straße 211 nach Medvode. Beim Bahnhof biegt man auf eine kleine Straße Richtung Rakovnik und Sora ab.

Tourenbeschreibung

Unser Auto parken wir hinter der Firma Prima Filtri Sora 42a, 1215 Medvode. Je weiter wir fahren, desto weniger werden wir bei der Rückkehr auf Asphalt gehen müssen. Wir queren den Bach und biegen nur kurz nach Norden, danach kommt eine Kehre und wir wandern Richtung Südwesten. Unser erstes Ziel ist die Kirche Sveti Jakob. Unterwegs gibt es Wasser, aber keine Hütte. Diese Kirche bietet eine hervorragende Aussicht. Hier wurde im Jahre 1990 überschwänglich die Volksabstimmung zur Trennung von Jugoslawien gefeiert. Die wichtigsten Politiker eilten nach der Bekanntgabe des Ergebnisses der Volksabstimmung (88 % zu 12 % für einen selbstständigen Staat) zur dieser Kirche hinauf. Von dort führt uns der Weg nach Süden.

Unser nächstes Ziel ist der Ort Katarina, danach gehen wir auf einer Asphaltstraße bergab nach Topol. Dort gibt es Verpflegungsmöglichkeiten. Nun folgen wir der

Straße nach Belo und nach 1 Kilometer gibt es eine Abzweigung nach rechts zur Grmada auf einem abwechslungsreichen Weg. Nach der Wegkreuzung zum Gipfel von Grmada gehen wir weiter Richtung Gonte und Tošč. Dann sind es nur noch 45 Minuten bis zum höchsten Gipfel der Bergkette, dem Tošč (1029 m). Die Aussicht ist allerdings durch Bäume begrenzt, aber es gibt Bänke zum Rasten und ein Gipfelbuch mit Stempel.

Abwärts folgen wir bis zur Abzweigung demselben Weg, dann geht es den Wegweisern folgend zur Hütte in Govejk. Obwohl es gar nicht so weit aussieht, dauert dieser Abschnitt der Wanderung mit dem vielem Auf und Ab mehr als 2 Stunden. Von der Hütte in Govejk haben wir eine gute Aussicht nach Norden und nach Osten. Der Abstieg ins Tal ist wieder Genuss pur. Zuerst wandern wir auf der Straße zu einem abgelegenen und einsamen Bauernhof, danach geht es sehr steil bergab zum Wasserfall. Dann gehen wir entlang des Baches ins Ločnica-Tal. Von dort sind es ca. 1 bis 2 Kilometer zum Auto bzw. zur Firma Prima Filtri.

Die sattgrünen Hügel sind eine wahre Augenweide

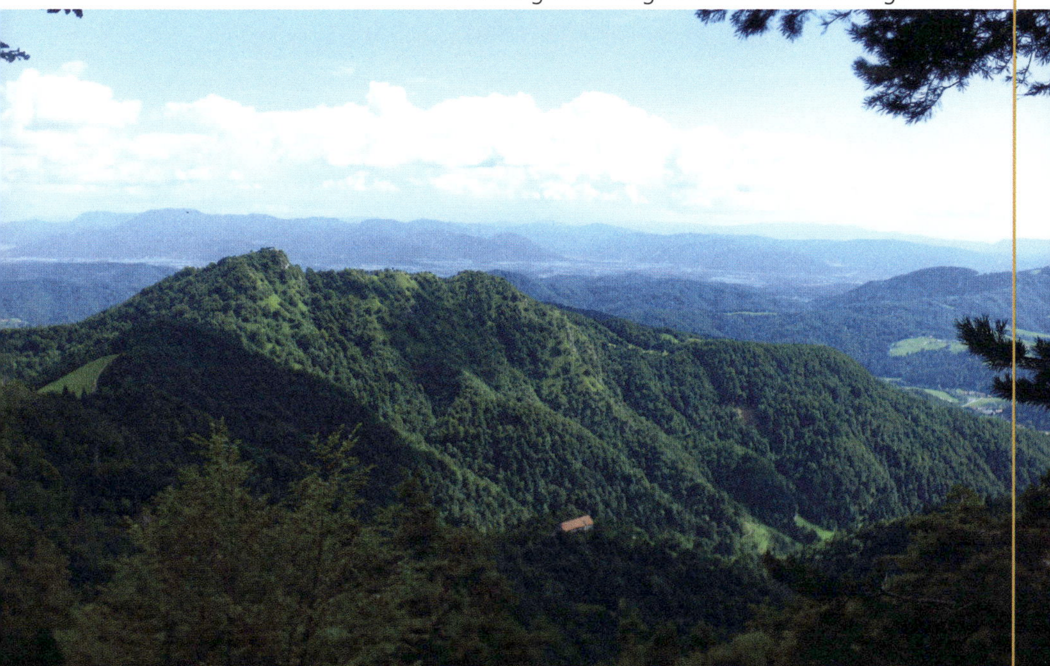

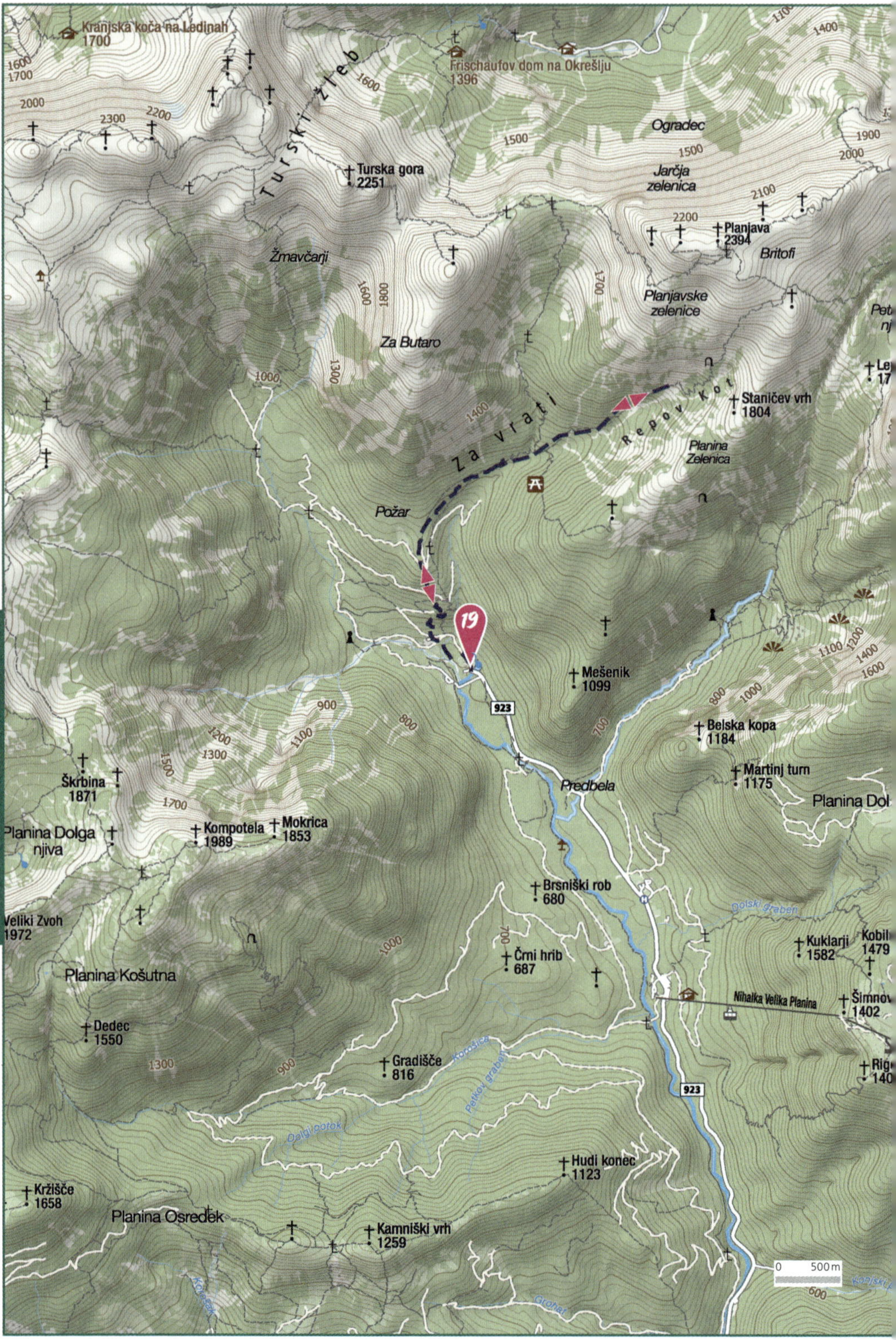

19

Kranjska koča na Ledinah
1700
Frischaufov dom na Okrešlju
1396
Turski žleb
Turska gora
2251
Ogradec
Jarčja
zelenica
Planjava
2394
Britofi
Žmavčarji
Planjavske
zelenice
Za Butaro
Za vrati
Repov kot
Staničev vrh
1804
Planina
Zelenica
Požar
Mešenik
1099
Belska kopa
1184
Martinj turn
1175
Predbela
Planina Dol
Škrbina
1871
Planina Dolga
njiva
Kompotela
1989
Mokrica
1853
Brsniški rob
680
Dolski graben
Veliki Zvoh
1972
Črni hrib
687
Kuklarji
1582
Planina Košutna
Nihalka Velika Planina
Dedec
1550
Gradišče
816
Koroščica
Petkov graben
Dolgi potok
Hudi konec
1123
Križišče
1658
Planina Osredek
Kamniški vrh
1259
Grohat
923
0 500 m

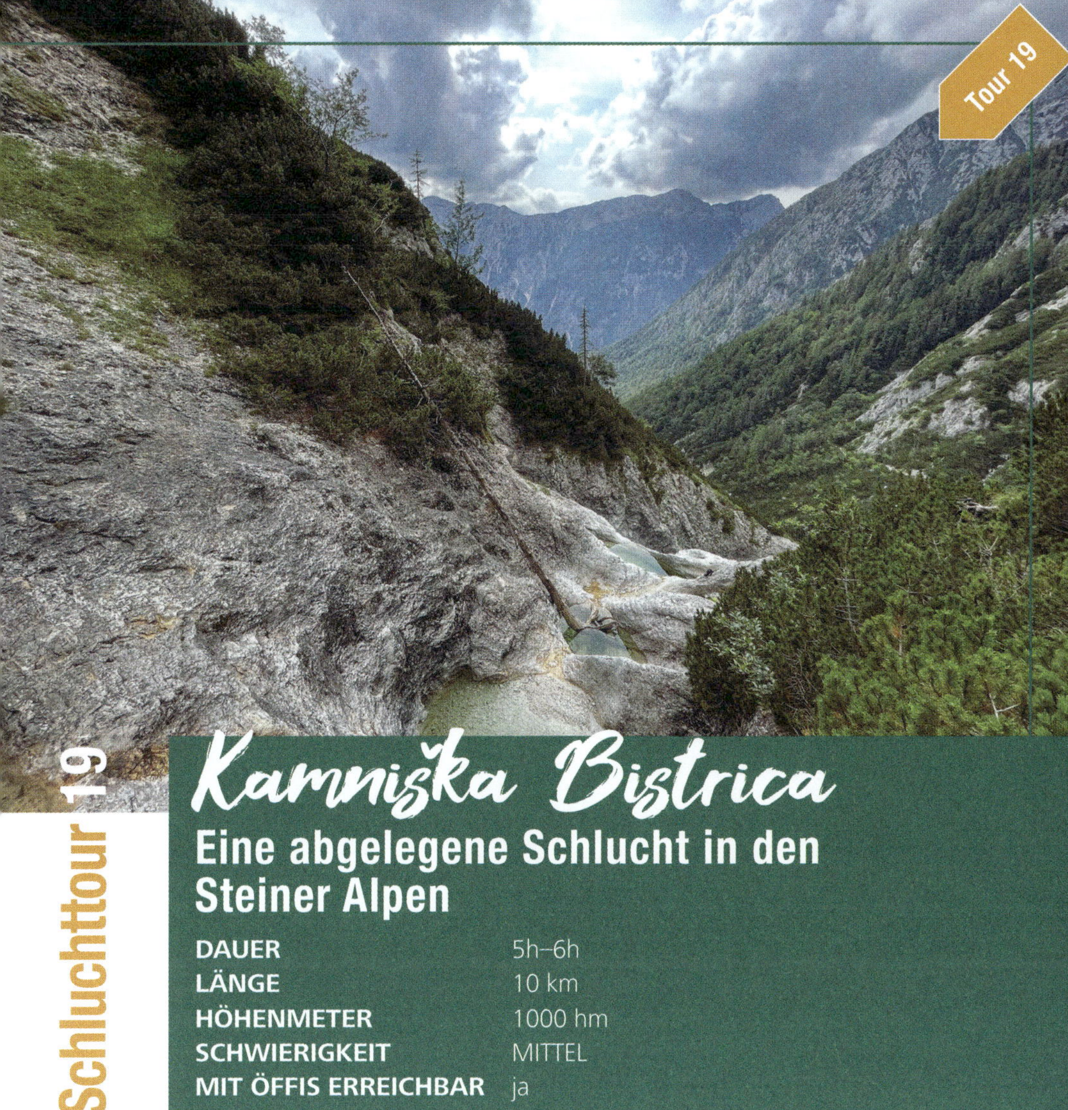

Schluchttour 19

Kamniška Bistrica

Eine abgelegene Schlucht in den Steiner Alpen

DAUER	5h–6h
LÄNGE	10 km
HÖHENMETER	1000 hm
SCHWIERIGKEIT	MITTEL
MIT ÖFFIS ERREICHBAR	ja

Das erwartet dich ...

Die Verkehrsregelung im Tal der Kamniška Bistrica ändert sich oft. Einmal ist die Zufahrt Richtung Kamniško sedlo und Kokrško sedlo gesperrt, dann wieder nicht. Deswegen ist es besser, das Auto bei der Quelle abzustellen (auch Busse fahren von Kamnik bis hierher). Dann folgt ein interessanter Wanderweg Richtung Kamniško Sedlo. Auch die Suche nach der richtigen Abzweigung zum Repov kot steigert unser Adrenalin im Blut. Ist schon die erste Kehre auf 1200 Meter die richtige oder soll man noch mehrere Kehren weiter aufsteigen?

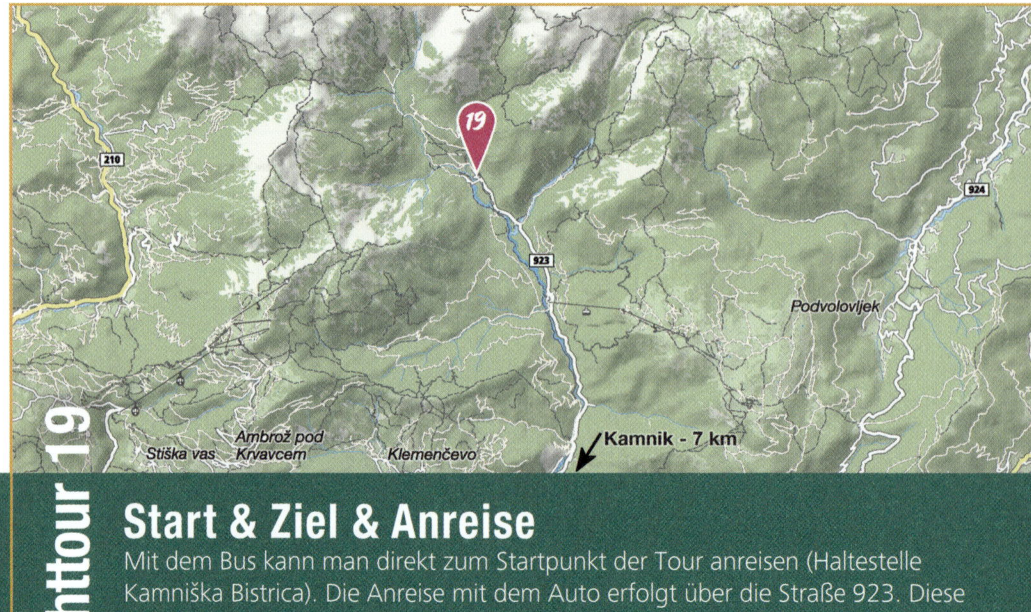

Schluchttour 19

Start & Ziel & Anreise

Mit dem Bus kann man direkt zum Startpunkt der Tour anreisen (Haltestelle Kamniška Bistrica). Die Anreise mit dem Auto erfolgt über die Straße 923. Diese erreicht man aus Kamnik über die 225; in Stahovica biegt man links auf die 923 ein und folgt dieser entlang des Kamniška Bistrica bis zum Startpunkt.

Tourenbeschreibung

Zunächst folgen wir der Straße ins Talende der Kamniška Bistrica und anschließend nehmen wir den Weg Richtung Kamniško Sedlo. Wir steigen in Kehren an einem interessanten Felsen – Rokovnjaške jame – vorbei. Bald kommen wir zur Talstation der Materialseilbahn. Dann wird der Hang angenehmer und wir kommen schnell voran. Nach fast einer Stunde kommen die nächsten Kehren und wir steigen weiter bis zur 5. Kehre. Erst dort ist die richtige Abzweigung zum Repov kot und ab hier ist der Steig nicht mehr markiert. Wir folgen dem Weg noch gut eine Stunde. Auf der Südseite werden wir immer öfter einige Wege zu den Gumpen finden. Der Bach Sedeljšček führt nur sehr wenig Wasser, daher verbleibt das Wasser ziemlich lange in den Gumpen und es erwärmt sich im Sommer so stark, dass man in den Gumpen baden kann. Dies ist die Hauptattraktion unserer Wanderung. So lange die Sonne scheint, haben wir ausgezeichnete Badebedingungen. Der Ausflug zum Repov kot gilt als eine Art Flucht vor dem Massenandrang zum Kamniško Sedlo; eine einzigartige Wildnis.

Erfrischung gefällig? Ein Fußbad im Eiswasser macht müde Füße wieder fit

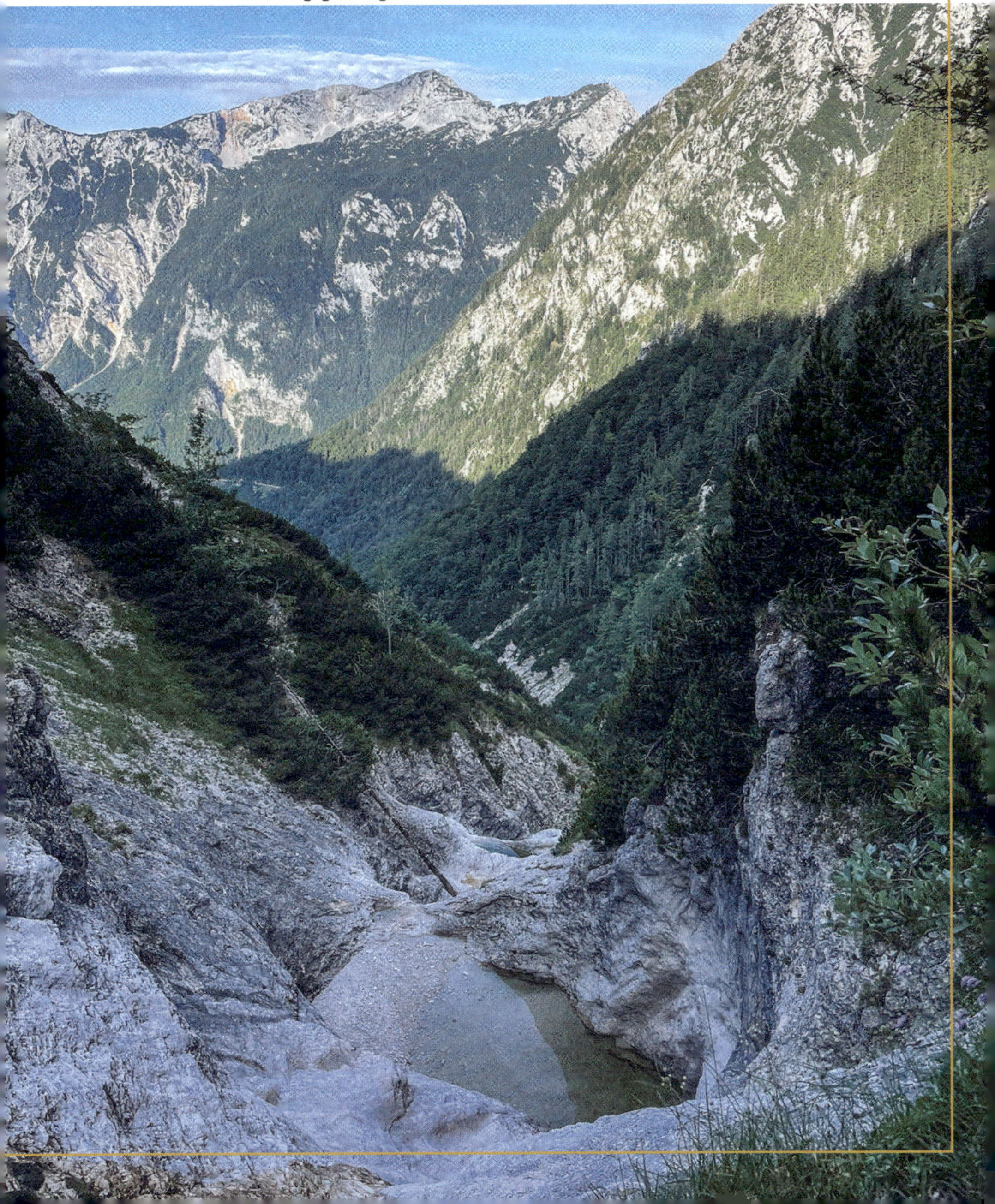

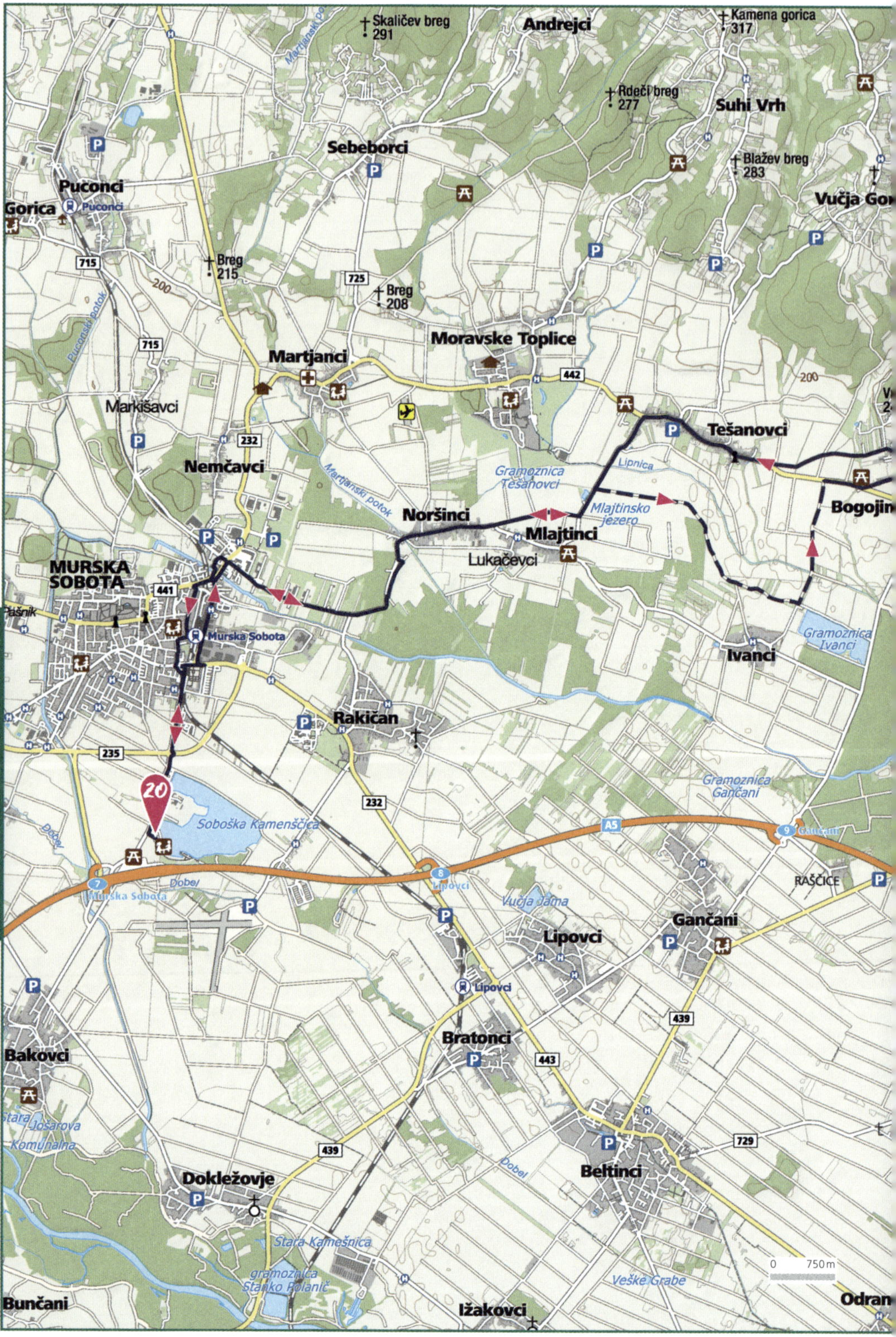

20

Skaličev breg 291
Andrejci
Kamena gorica 317
Martjanski potok
Rdeči breg 277
Suhi Vrh
Sebeborci
Blažev breg 283
Vučja Gor
Puconci
Gorica
Puconci
715
Breg 215
725
Breg 208
200
Puconski potok
715
Moravske Toplice
Martjanci
442
200
Markišavci
232
Tešanovci
Nemčavci
Gramoznica Tešanovci
Lipnica
Martjanski potok
Bogojin
Noršinci
Mlajtinsko jezero
Mlajtinci
Lukačevci
MURSKA SOBOTA
441
Pašnik
Murska Sobota
Gramoznica Ivanci
Ivanci
Rakičan
235
20
232
Gramoznica Gančani
Soboška Kamenščica
A5
9 Gančani
Dobel
RAŠČICE
7 Murska Sobota
Dobel
8 Lipovci
Vučja jama
Lipovci
Gančani
Lipovci
439
Bakovci
Bratonci
443
Stara Jošarova
Komunalna
729
439
Dobel
Beltinci
Dokležovje
Stara Kamešnica
gramoznica Stanko Polanič
0 750 m
Veške Grabe
Bunčani
Ižakovci
Odran

Radtour 20

Radeln um Murska Sobota

Vom Soboško jezero-See nach Bogojina

DAUER	ca. 2h–3h
LÄNGE	30 km
HÖHENMETER	250 hm
SCHWIERIGKEIT	LEICHT
MIT ÖFFIS ERREICHBAR	nein

Das erwartet dich ...

Eine schöne Radfahrt vom See (Soboško jezero) nach Bogojina; hier steht eine berühmte Kirche. Die Landschaft ist sehr gut für das Radfahren geeignet. Das Radwegenetz ist gut ausgebaut. Vom Expano Museum geht es auf einem Radweg nach Murska Sobota und durch die Stadt Richtung Noršinci. Hier haben wir mehrere Möglichkeiten nach Bogojina zu kommen. Die letzten 100 Meter zur Kirche sind sehr steil.

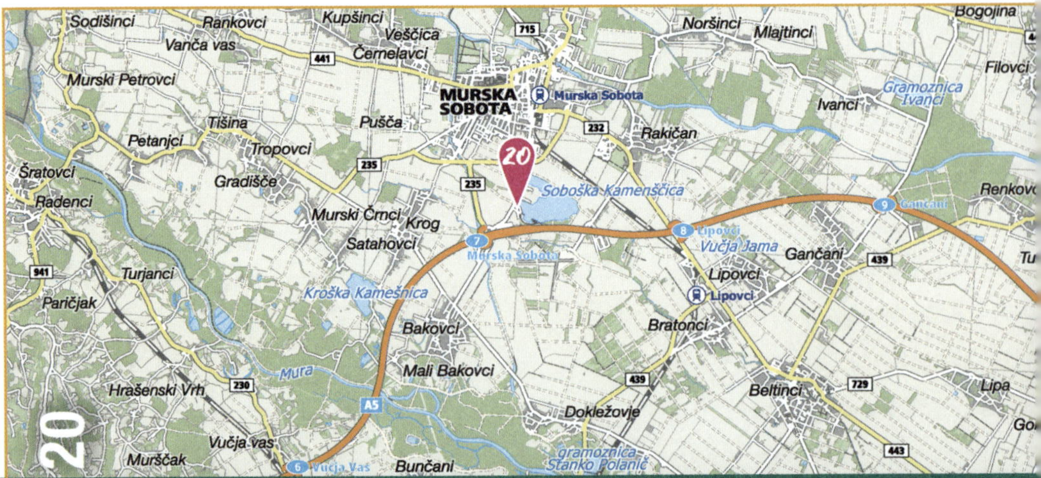

Start & Ziel & Anreise

Wir erreichen den Startpunkt, das Expano Museum, mit dem Auto direkt über die A5, Ausfahrt 7 Murska Sobota. Wir unterqueren die Autobahn und fahren anschließend zum See Soboška Kamenščica – entweder über die Straße Bakovska ulica oder über die 235 (Richtung Murska Sobota). Am Seeufer biegen wir Richtung Expano paviljon ab; hier können wir parken: Expano Museum, Bakovska ulica 41, Murska Sobota.

Tourenbeschreibung

Wir parken auf dem Gelände von Expano. Dort können wir auch bei Bedarf Fahrräder mieten. Die Bakovska cesta bringt uns in 2 Kilometer nach Murska Sobota. Dort queren wir in einer Unterführung die Eisenbahnstrecke. Bei einer OMV-Tankstelle biegen wir rechts nach Noršinci ab. Das nächste Dorf, Mlajtinci, umfahren wir auf dem Radweg Richtung Norden. Von hier können wir entweder nach Tešanovci oder nach Ivanci fahren. Von Ivanci gibt es eine Schotterstraße nach Bogojina. Von Tešanovci gibt es aber auch einen Radweg nach Bogojina. Die Kirche in Bogojina ist architektonisch bemerkenswert – der Entwurf stammt vom Josef Plečnik (1935). Sie steht auf einem Hügel und bietet eine schöne Aussicht nach Süden.

Für den Rückweg nehmen wir eine andere Strecke als bei der Hinfahrt. Verpflegungsmöglichkeiten gibt es in jedem Ort. Eine Gaststätte befindet sich an einem Teich, an dem auch Angler gerne ihr Glück versuchen (Karpfen).

Varianten: Wir können sehr viele Varianten wählen. Alle Radtouren, die entlang der Mur verlaufen, sind leicht; hingegen sind die Touren, die in die Region Goričko führen, als mittelschwer einzustufen. Es gibt viele Hügel zu überwinden und das kostet Zeit und Kraft.

Autoren Tipp

Viele Bauernhöfe bieten ihre heimischen Spezialitäten an: Wein, Kürbiskernöl und Honig. Der Ort Bogojina liegt am Fuß des Hügellandes Goričko. Auf diesen Hügeln liegen viele Weinberge. Falls wir noch Zeit und Kondition haben, können wir unsere Radtour nach Včja Gomila, ca. 6 Kilometer, oder nach Bukovnica, ca. 5 Kilometer, verlängern. Von Bukovnica ist auch der See Bukovniško jezero leicht zu erreichen. Dort gibt es eine Quelle (Sv. Vid) mit Heilwasser.

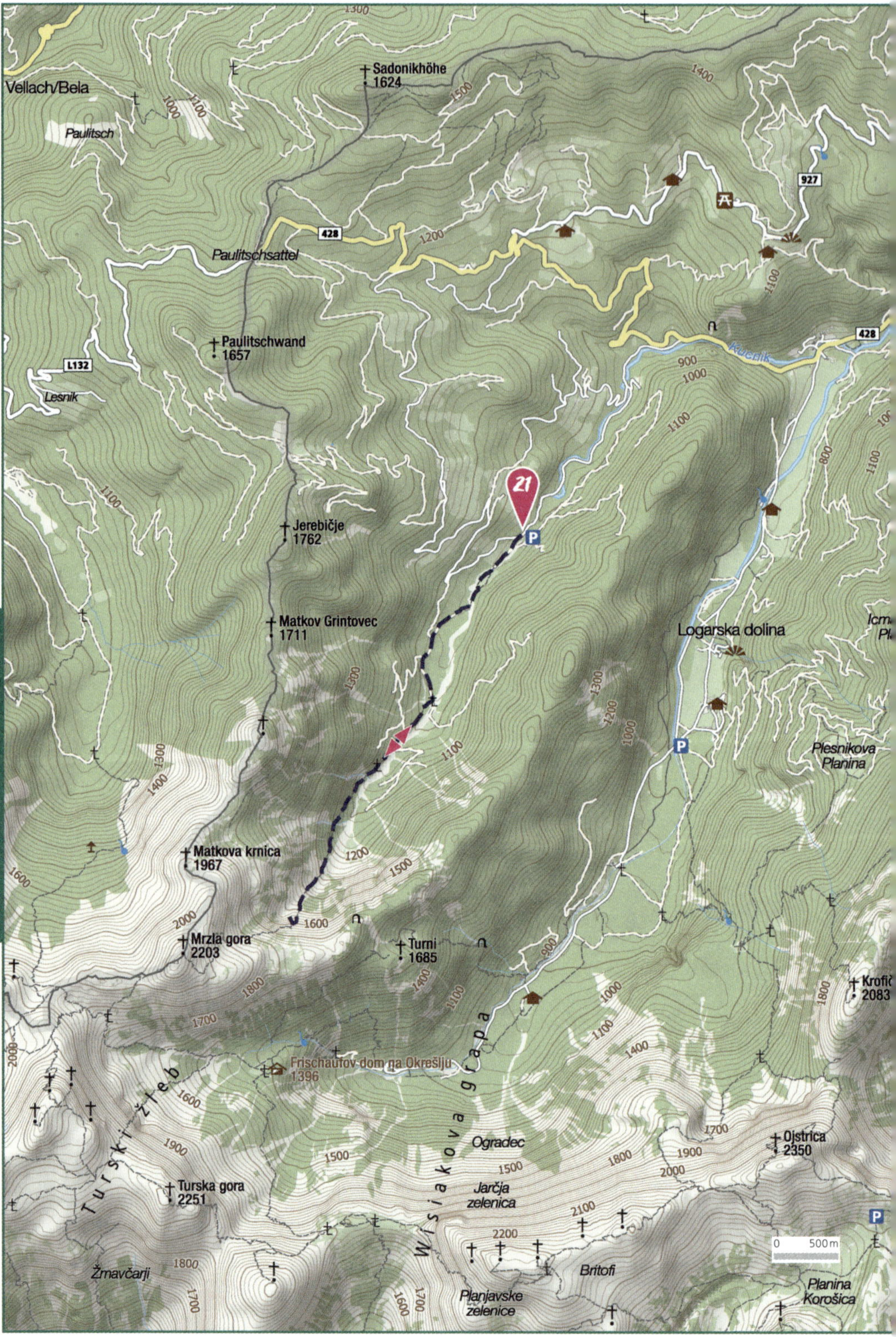

Vellach/Bela
Paulitsch
Sadonikhöhe 1624
428
Paulitschsattel
927
Paulitschwand 1657
L132
Lesnik
Kocnik
21
P
Jerebičje 1762
Matkov Grintovec 1711
Logarska dolina
P
Plesnikova Planina
Matkova krnica 1967
Mrzla gora 2203
Turni 1685
Krofič 2083
Frischaufov dom na Okrešlju 1396
Turski žleb
Wisiakova grapa
Ogradec
Ojstrica 2350
Jarčja zelenica
Turska gora 2251
P
Žmavčarji
Britofi
Planjavske zelenice
Planina Korošica
0 500 m

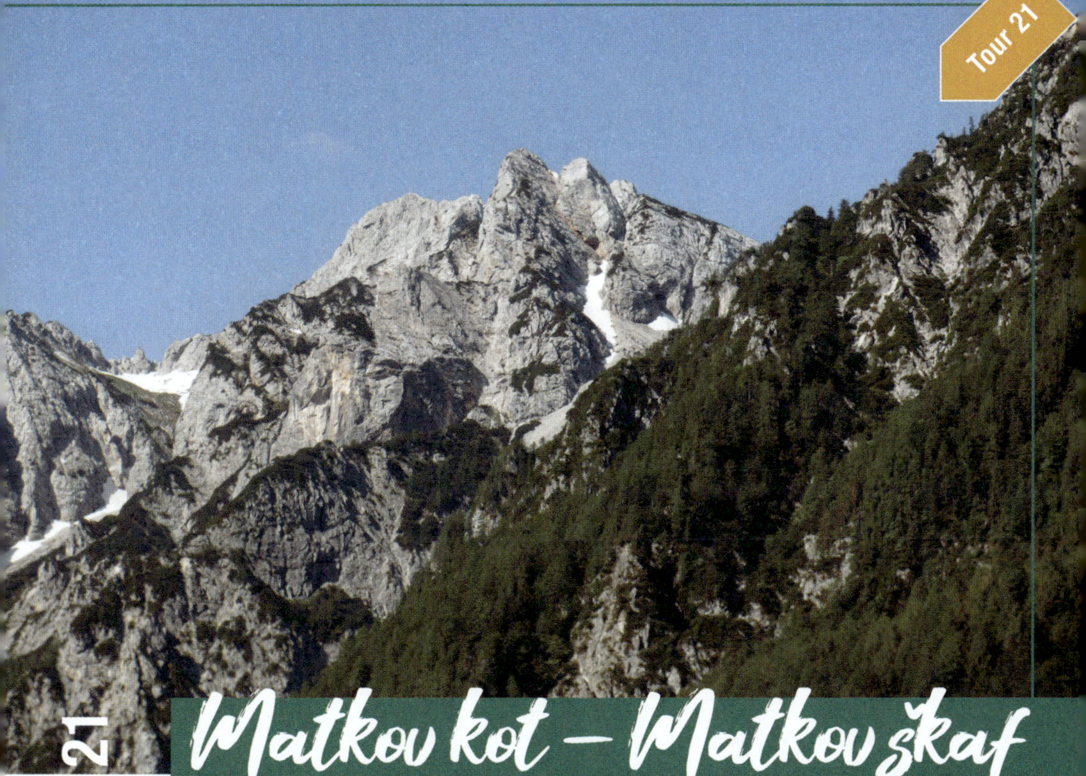

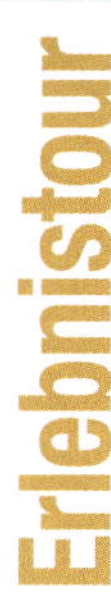

Matkov kot – Matkov škaf

Eine Naturperle der besonderen Art

DAUER	5h
LÄNGE	9,5 km
HÖHENMETER	1200 hm
SCHWIERIGKEIT	SCHWER
MIT ÖFFIS ERREICHBAR	nein

Das erwartet dich ...

Ein schwieriger Aufstieg zu einer Natursehenswürdigkeit, die vor allem in den Monaten Mai, Juni und Juli grandios ist. Das Wandern in diesem einsamen Tal ist ein Erlebnis. Es gibt nur den Bauernhof MATK im Westhang des Tales. Es gibt keine Verpflegungsmöglichkeit, deshalb aber viel Ruhe. Zuerst ist es ein ganz einfacher Weg, der aber dann zunehmend steiler und schwieriger wird. Bis Ende Juli kann noch Schnee liegen. Der Weg verlauf ist so steil, dass wir uns keinen Ausrutscher erlauben dürfen. Steigeisen und Eispickel gehören im Frühsommer unbedingt zur Ausrüstung, um sicher zur dieser Naturperle zu gelangen.

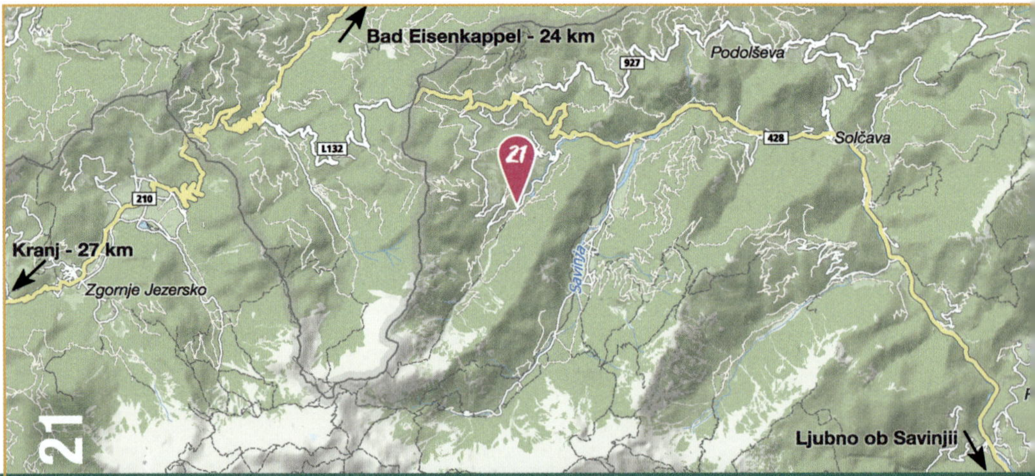

Bad Eisenkappel - 24 km
Podolševa
927
L132
428
Solčava
210
Kranj - 27 km
Zgornje Jezersko
Savinja
Ljubno ob Savinjii

Erlebnistour 21

Start & Ziel & Anreise

Der Matkov kot ist ein Tal, das parallel zur berühmteren Logarska dolina (Logartal) verläuft. Das Tal erreichen wir entweder vom Grenzübergang Pavličevosedlo/Paulitschsattel aus Österreich über die L 132/428 oder von Solčava (Sulzbach) über die Straße 428 im Tal der Savinja (Sanntal). Wir biegen auf eine kleine Straße, welche parallel zum Fluss Kucnik verläuft.

Tourenbeschreibung

Am Ende der Asphaltstraße ist ein kleiner Parkplatz. Von dort führt ein markierter Weg ins Tal. Beim Queren des Bachbettes müssen wir darauf achten, dass wir die Markierungen nicht aus den Augen verlieren. Später wechselt der Weg noch einmal die Bachseite und wenn der Weg ordentlich zu steigen beginnt, befinden wir uns auf der rechten, westlichen Seite des Tales. Nach einer guten Stunde kommen wir aus dem Wald hinaus und vor uns sehen wir den Hang und die Felsen, unter denen sich der Matkov škaf (Schaff von Matk) befindet. Der Weg schlängelt sich zwischen großen Felsbrocken hindurch.

Auf dem letzen Abschnitt kann auch Schnee liegen. Mit Steigeisen und Eispickel können wir direkt aufsteigen. Der Matkov škaf ist gar nicht so leicht zu finden. Erst wenn wir oberhalb des Schaffs (Wanne) sind, können wir die gähnende Leere erkennen. In der Nähe gibt es auch ein „Gipfelbuch“ und einen Stempel. Achtung! Nicht zu weit an den Rand gehen. Ende Juni 2021 war das Schaff (Wanne) noch 13 Meter tief.

Der Matkov škaf bildet sich jeden Frühling. Die Schneelawinen kommen vom oberen Hang und stürzen über den Felsen auf den Boden. Nach schneereichen Winter baut sich eine bis zu 20 Meter hohe Schneemasse auf. Danach kommt das Wasser vom schmelzenden Schnee oder als Regen und in der Rinne entsteht ein Wasserfall, der in die Schneemasse ein Loch, ca. 3 Meter breit, gräbt. Das Schaff/ die Wanne trotzt dann dem Sommer bis etwa August. Im September gibt es vom Matkov škaf nicht mehr viel zu sehen.

Autoren Tipp

In der Nähe gibt es noch ein Tal (Robanov kot) und die Panoramastraße von Solčava (Sulzbach). Diese beiden Sehenswürdigkeiten lohnt es zu besichtigen. So wurde das Tal Robanov kot schon 1950 unter Schutz gestellt und hat seit 1987 den Status als Landschaftspark. Deshalb sind motorisierte Fahrzeuge hier verboten. Auch die Panoramastraße von Solčava bildet einen faszinierenden Naturpfad durch Solčavsko und je nachdem wie viel Zeit man mitbringt, können hier Ein- und Mehrtagesausflüge gemacht werden.

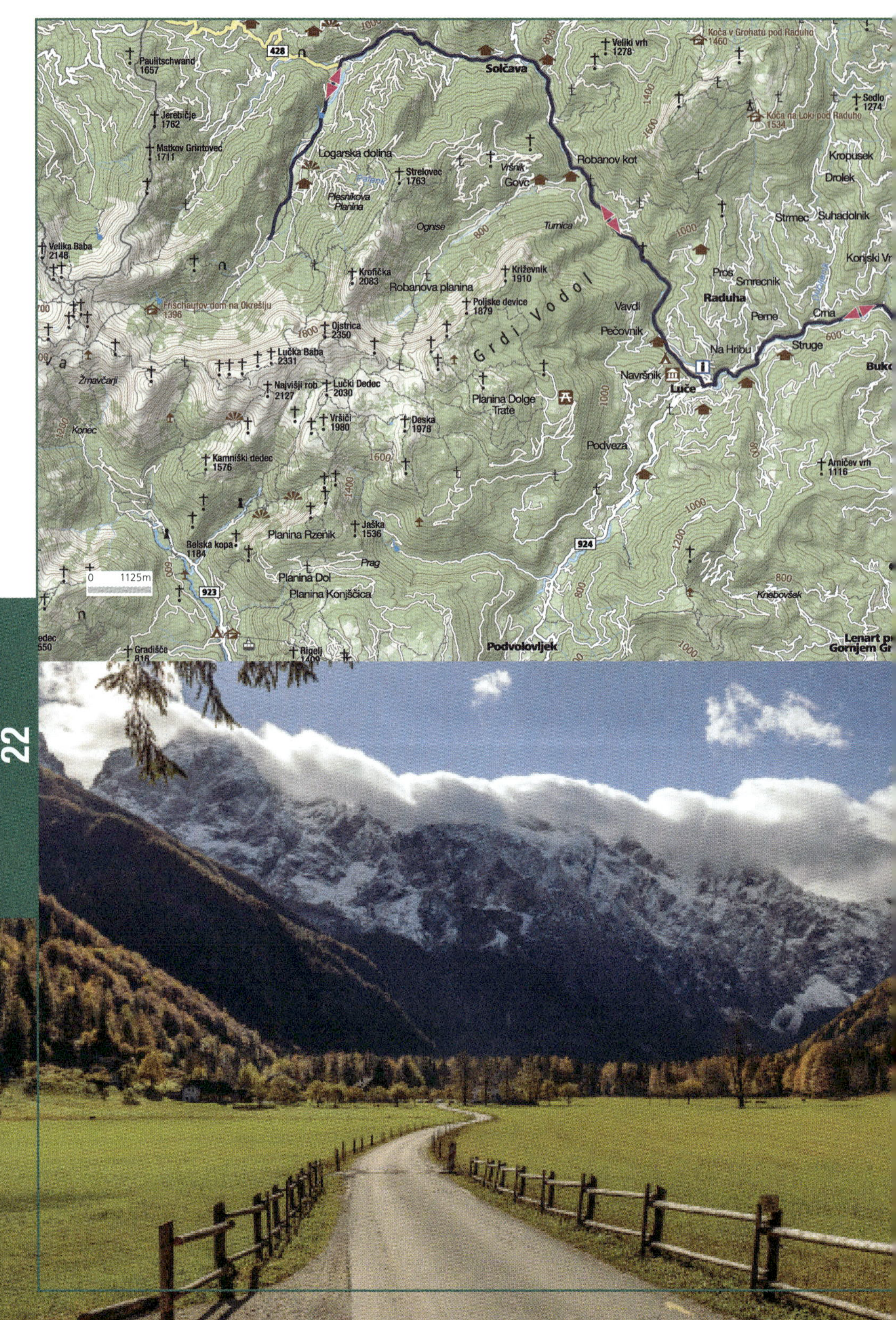

428
Paulitschwand
1657
Jerebičje
1762
Matkov Grintovec
1711
Solčava
Veliki vrh
1278
Koča v Grohatu pod Raduho
1460
Sedlo
1274
Koča na Loki pod Raduho
1534
Logarska dolina
Strelovec
1763
Vršnik
Govc
Robanov kot
Kropusek
Drolek
Plesnikova Planina
Ognise
Tumica
Strmec
Suhadolnik
Velika Baba
2148
Krofička
2083
Robanova planina
Križevnik
1910
Konjski Vr
Pros
Smrecnik
Raduha
Frischaufov dom na Okrešlju
1396
Poljske device
1879
Grdi Vodol
Vavdi
Perne
Crna
Ojstrica
2350
Pečovnik
Na Hribu
Struge
Lučka Baba
2331
Navršnik
Luče
Buk
Žmavčarji
Najvišji rob
2127
Lučki Dedec
2030
Planina Dolge Trate
Konec
Vršiči
1980
Deska
1978
Podveza
Kamniški dedec
1576
Amičev vrh
1116
Planina Rzenik
Jaška
1536
Belska kopa
1184
924
Prag
0 1125m
Planina Dol
923
Planina Konjščica
Knebovšek
Dedec
550
Gradišče
816
Rigelj
1409
Podvolovljek
Lenart pri Gornjem Gr

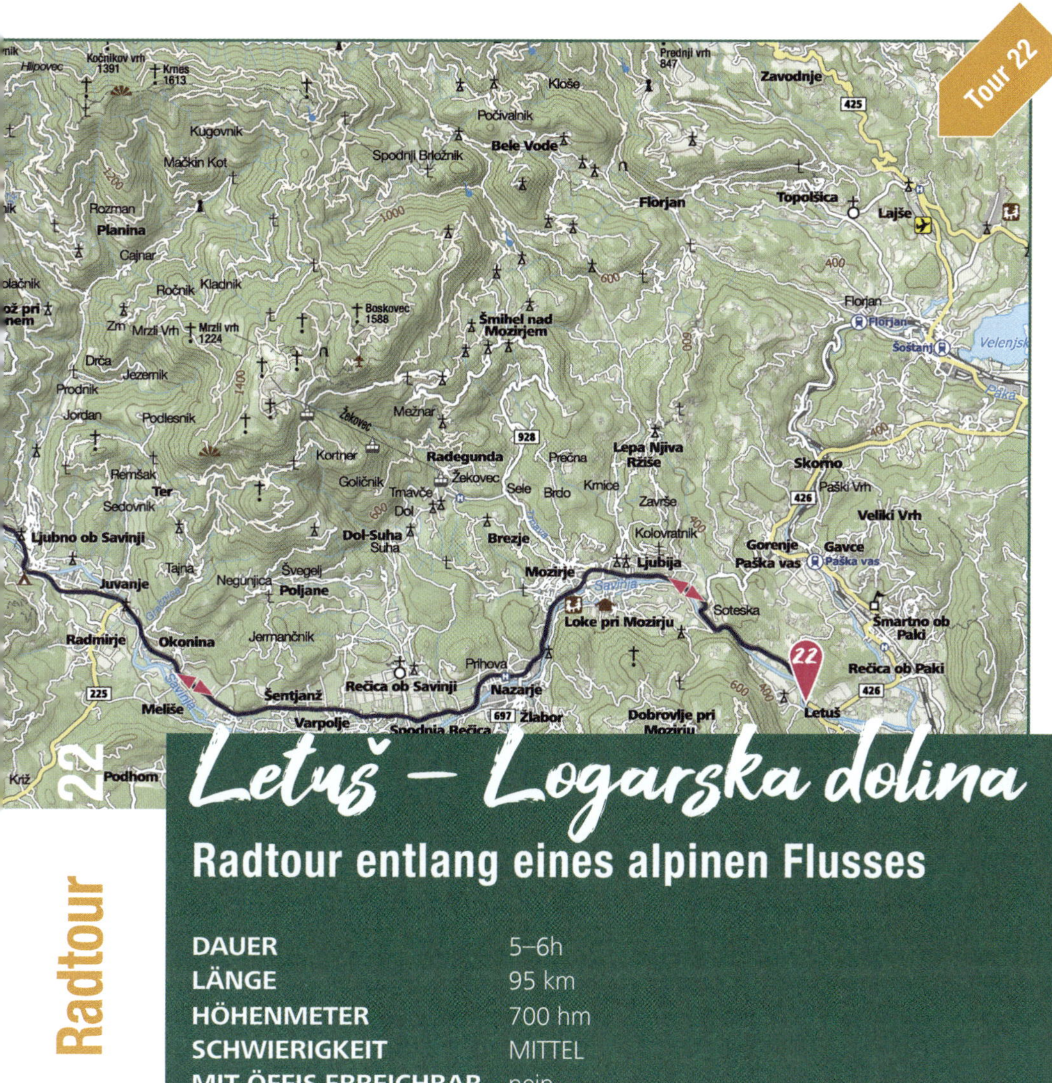

22

Radtour

Letuš – Logarska dolina

Radtour entlang eines alpinen Flusses

DAUER	5–6h
LÄNGE	95 km
HÖHENMETER	700 hm
SCHWIERIGKEIT	MITTEL
MIT ÖFFIS ERREICHBAR	nein

Das erwartet dich ...

Eine mäßig schwierige Radtour von Letuš aus, wo der Fluss Savinja (Sann) die Steiner Alpen verlässt, bis ins Herz dieser kleinen Gebirgsgruppe. Die Rückfahrt ist um einiges leichter, da wir stets flussabwärts fahren. Unterwegs gibt es viele interessante Städte, Orte und Natursehenswürdigkeiten zu besichtigen (Letuš, Mozirje – Garten Mozirski gaj, Skigebiet Golte, Ljubno, Luče, Igla, Solčava).

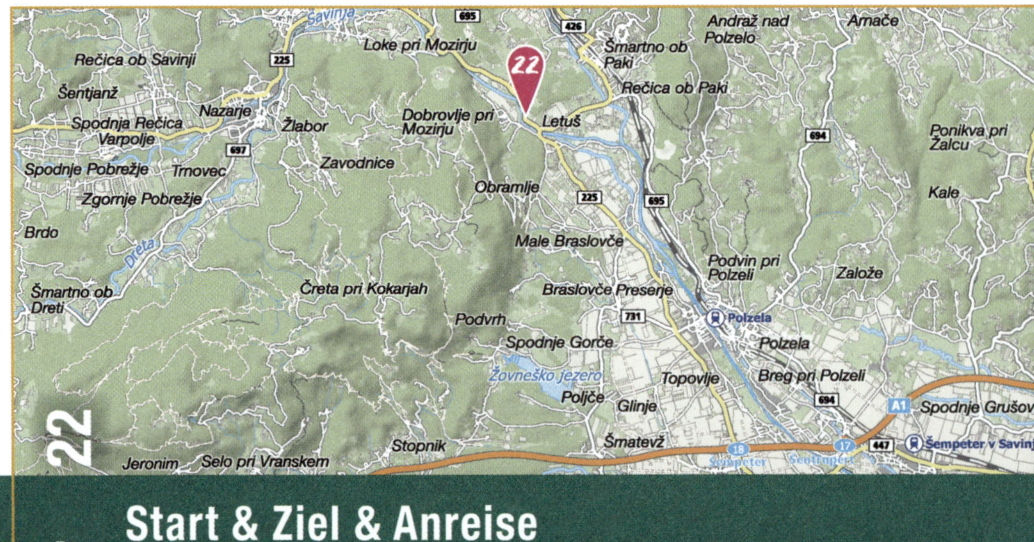

Radtour 22

Start & Ziel & Anreise

Wir starten in Letuš – in der Stadt gibt es gebührenfreie Parkplätze. Mit dem Auto erreicht man Letuš über die A 1, Ausfahrt 18 (Šentrupert). Von hier fährt man auf die 225 Richtung Parižlje und anschließend weiter bis nach Letuš.

Tourenbeschreibung

In Letuš folgen wir dem Wegweiser nach Mozirje. Die Straße verläuft nicht weit vom Fluss entfernt. An einer Flusskurve befindet sich ein Freibad. Vor allem bei der Rückfahrt kann uns diese Erfrischung guttun. Nach einigen Kilometern Fahrstrecke erreichen wir Mozirje. Die Straße weicht dem Ortskern aus, der Botanische Garten liegt aber neben der Straße. Nach weiteren fünf Kilometern erreichen wir Nazarje. Auch hier weicht die Straße dem Ortzentrum aus. Auf dem Stadthügel sticht die große Kirche ins Auge, daneben steht auch ein kleines Klarissenkloster. Von hier sind dann gut 15 Kilometer zu fahren, um nach Ljubno (Laufen) zu gelangen. Links liegt die Altstadt, rechts befinden sich die Schanze und die Fischzucht. Nach Ljubno wird das Tal zusehends enger. Auf den nächsten 13 Kilometer gibt es einige Anstiege und Abfahrten, insgesamt gewinnen wir aber nur 100 Meter an Höhe. Luče queren wir direkt (die Umfahrungsstraße ist wegen eines teuren Tunnels noch nicht realisiert). Nach 5 Kilometer gelangen wir zur Engstelle Igla (Nadel). Vor Jahrhunderten war dieses Stück des Tales unpassierbar. Die Bewohner im oberen Teil des Tales waren mit Kärnten (Eisenkappel) über den Paulitschsattel verbunden. Die Straße führt in den nächsten Kilometern stets bergauf. Zuerst kommt die Abzweigung in ein märchenhaftes Seitental, den Robanov kot. Danach kommt Solčava (Sulzbach). Hinter Solčava werden die Flussufer ganz steil und eng. Der Fluss und die Straße schlängeln sich durch diesen felsigen Abschnitt. Wenn sich die Talseiten wieder öffnen, radeln wir direkt auf die Einfahrt in die Logarska dolina (ins Logartal) zu. Der Blick lädt zum Rasten ein. Die Biker haben natürlich nichts zu bezahlen, sie können an der Mautstelle vorbeifahren. Das Radeln durch die Wiesen ist ganz angenehm und nicht steil. Im Wald geht die Fahrt aber 3 Kilometer bergauf. Kurz vor einer Brücke biegen wir rechts zum Alpenvereinshaus ab. Unser Ziel ist erreicht.

Auf dem Rückweg sollten wir uns rechts halten, so kommen wir zum Hotel Plesnik. Ganz in der Nähe gibt es einen Wasserfall (Palenk). Der Rest des Weges führt auf derselben Strecke zum Ausgangspunkt in Letuš zurück.

Zurückradeln oder doch lieber den Bus nehmen?

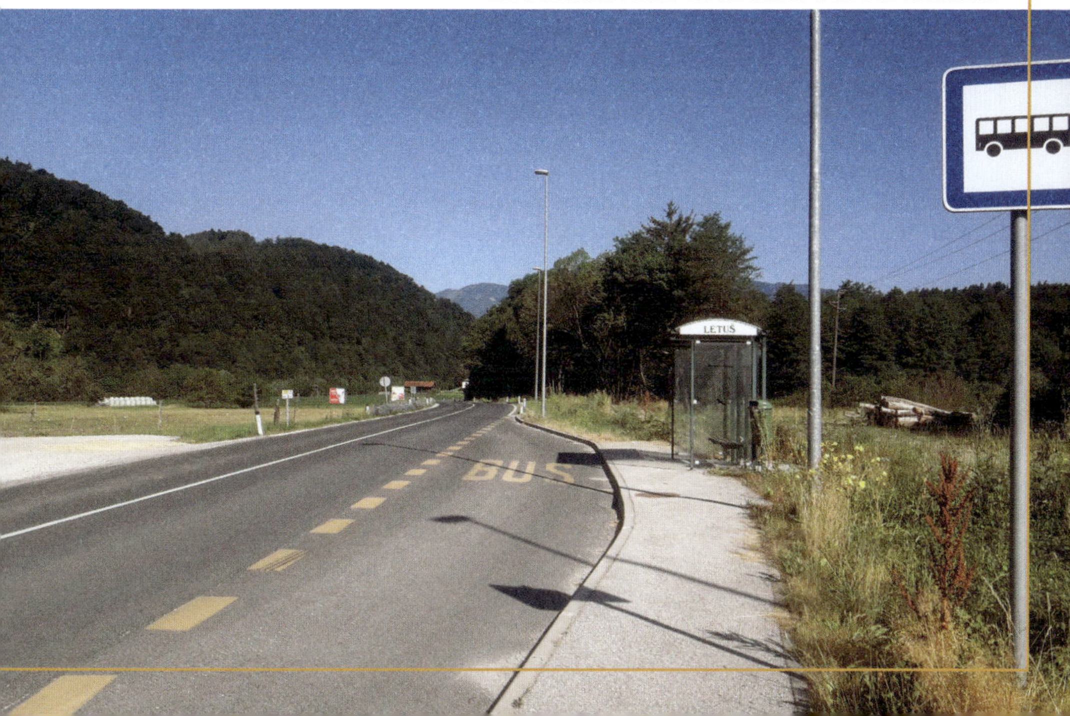

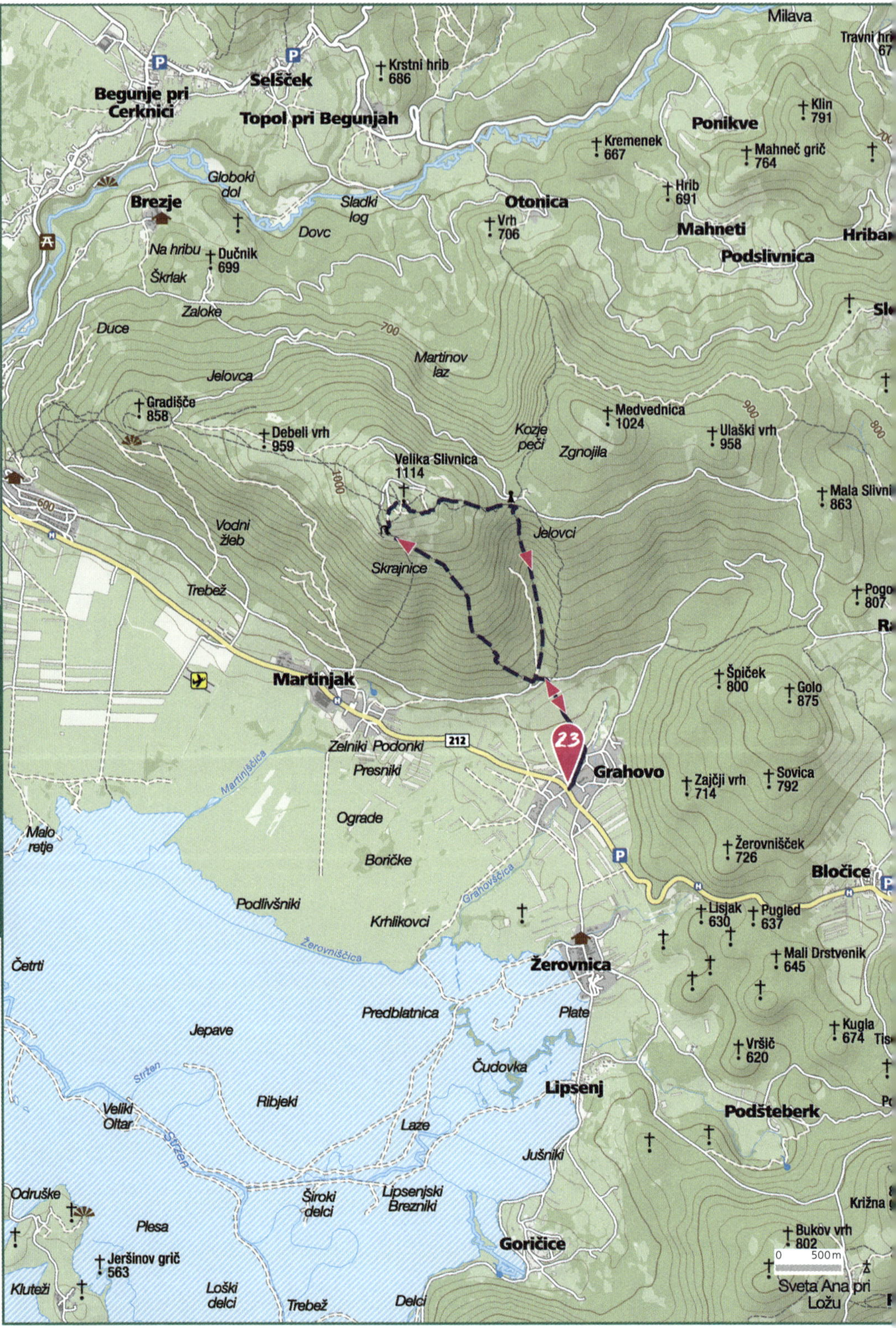

Milava
Travni hr... 67...
Begunje pri Cerknici
Selšček
Krstni hrib 686
Topol pri Begunjah
Klin 791
Ponikve
Kremenek 667
Mahneč grič 764
Globoki dol
Brezje
Sladki log
Otonica
Hrib 691
Vrh 706
Mahneti
Dovc
Na hribu
Dučnik 699
Podslivnica
Škrlak
Zaloke
Duce
700
Martinov laz
Jelovca
Gradišče 858
Medvednica 1024
900
Ulaški vrh 958
800
Debeli vrh 959
Kozje peči
Zgnojila
Velika Slivnica 1114
1000
Mala Slivni... 863
600
Vodni žleb
Jelovci
Skrajnice
Trebež
Pogo... 807
Špiček 800
Golo 875
Martinjak
212
Zelniki
Podonki
Presniki
Martinjščica
23
Grahovo
Zajčji vrh 714
Sovica 792
Ograde
Malo retje
Žerovnišček 726
Boričke
Grahovščica
Bločice
Podlivšniki
Krhlikovci
Lisjak 630
Pugled 637
Žerovniščica
Četrti
Žerovnica
Mali Drstvenik 645
Predblatnica
Plate
Jepave
Kugla 674
Vršič 620
Čudovka
Stržen
Lipsenj
Ribjeki
Veliki Oltar
Laze
Podšteberk
Stržen
Jušniki
Odruške
Široki delci
Lipsenjski Brezniki
Plesa
Bukov vrh 802
Goričice
Jeršinov grič 563
0 500 m
Kluteži
Loški delci
Trebež
Delci
Sveta Ana pri Ložu

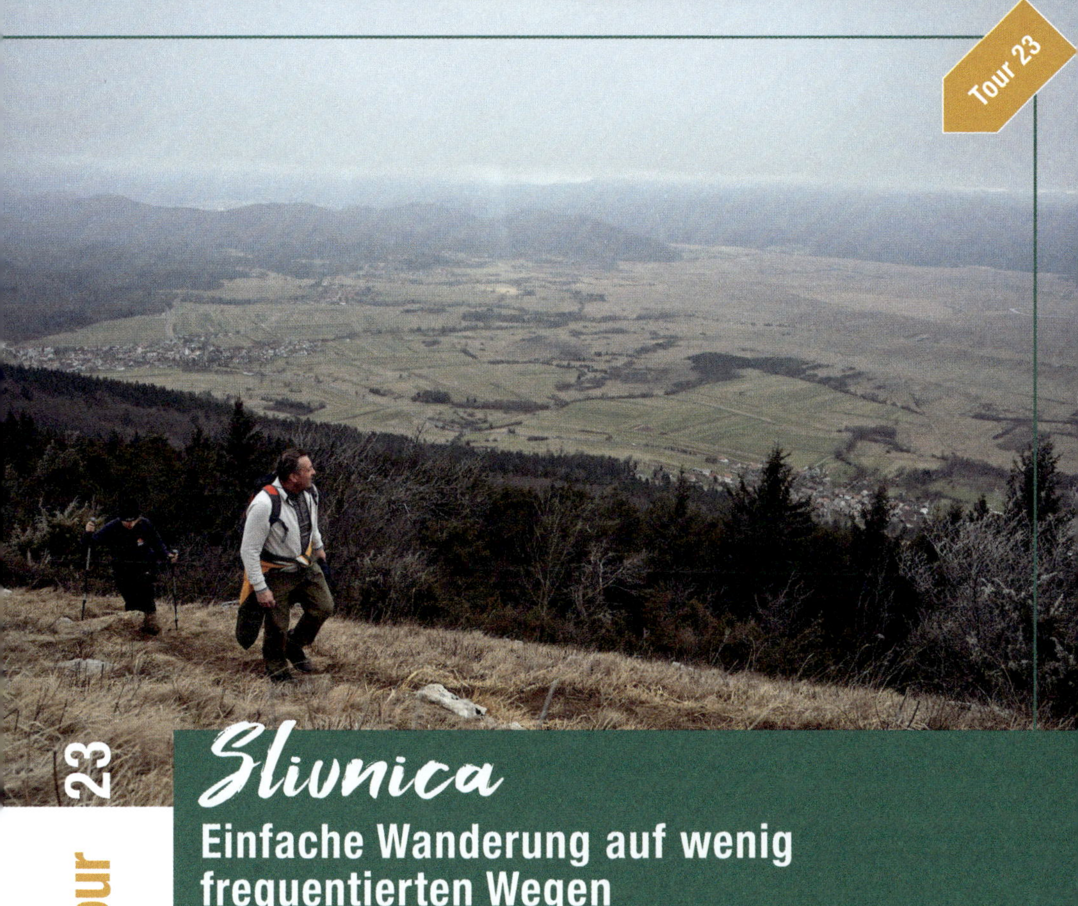

Tour 23

23 Gipfeltour

Slivnica

Einfache Wanderung auf wenig frequentierten Wegen

DAUER	3h
LÄNGE	8 km
HÖHENMETER	550 hm
SCHWIERIGKEIT	LEICHT
MIT ÖFFIS ERREICHBAR	ja

Das erwartet dich ...

Ein leichter Weg auf einen markanten Berg über den Zirknitzer See – beim Aufstieg kann der periodische See bewundert werden. Alternativ kann man auch mit dem Fahrrad oder mit dem Auto zum Gipfel fahren.

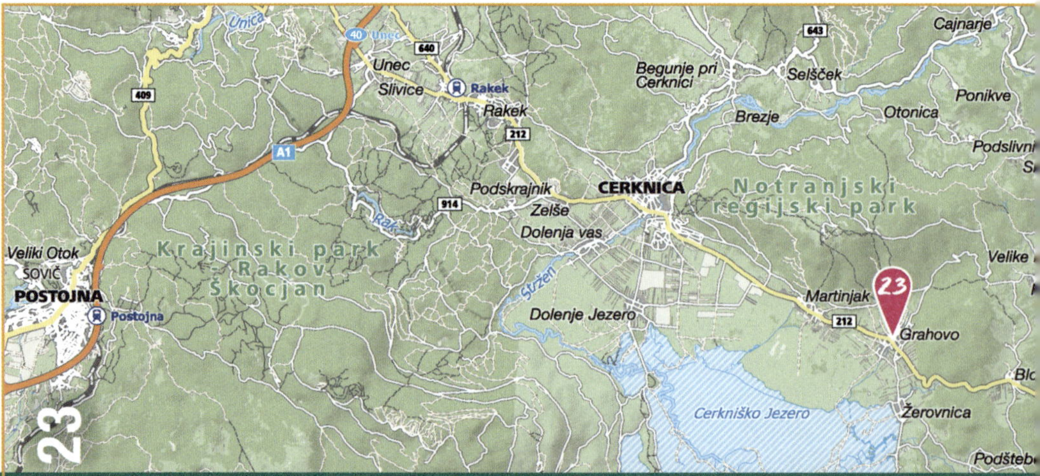

Gipfeltour 23

Start & Ziel & Anreise

Mit dem Auto gelangt man nach Grahovo direkt über die Straße 212, welche von Süden von der kroatischen Grenze verläuft. Von Norden nimmt man am ehesten die A1 und fährt an der Ausfahrt 40 (Unec) ab. Hier nimmt man dann die 212 Richtung Cerknica. Nach dem Ort fährt man noch vorbei am Flugplatz durch Martinjak hindurch, bevor man die Ortschaft Grahovo erreicht, hier startet die Tour. In Grahovo gibt es alternativ eine Bushaltestelle (Grahovo/cerknici); hier hält die Linie PR A18 1020 3 (35908).

Tourenbeschreibung

Im Ort Grahovo biegen wir links bei der Ortskirche ab. Dann gibt es schon rotweiße Markierungen. Der Weg führt uns in ca. 20 Minuten zum Speicherbecken. Danach kann man sich entscheiden, ob man im Uhrzeigersinn oder gegen den Uhrzeigersinn wandern will.

Ich habe mich für den Weg im Uhrzeigersinn entschieden. Nun gehen wir sanft auf dem Westhang der Slivnica ohne extreme Steigungen bergauf. Ab einer gewissen Höhe können wir den periodischen See von Cerknica bewundern. Es hängt von den vergangenen Niederschlägen ab, wie groß der See ist. Etwas Wasser (oder Eis im Winter) kann man in jeder Jahreszeit sehen. Der Weg führt uns etwa 15 Minuten vor dem Gipfel an einer Hütte vorbei. Leider ist die Hütte nur an Wochenenden geöffnet. Da der Gipfel Slivnica bewachsen ist hat man nur den Ausblick zum veralteten Skilift nach Norden.

Der Abstieg erfolgt auf dem Rundweg zur Kirchenruine Sv. Miklavž. Dort gibt es etwas Ungewöhnliches zu sehen: Eine Ruine ohne Umzäunung, weit oben in der Berglandschaft. Wer Interesse an Ruinen hat kann hineinklettern und sie besichtigen (meine Wenigkeit gehört dazu, da ich ein Experte für das Bauwesen bin). Der Weg führt uns danach bergab durch einen Graben bis zum Speicherbecken, von hier gelangen wir bald wieder zum Ausganspunkt Grahovo zurück.

Alles in allem wird durch den bewachsenen Gipfel die beste Aussicht noch beim Aufstieg geboten.

Eisige Stimmung im Seengebiet

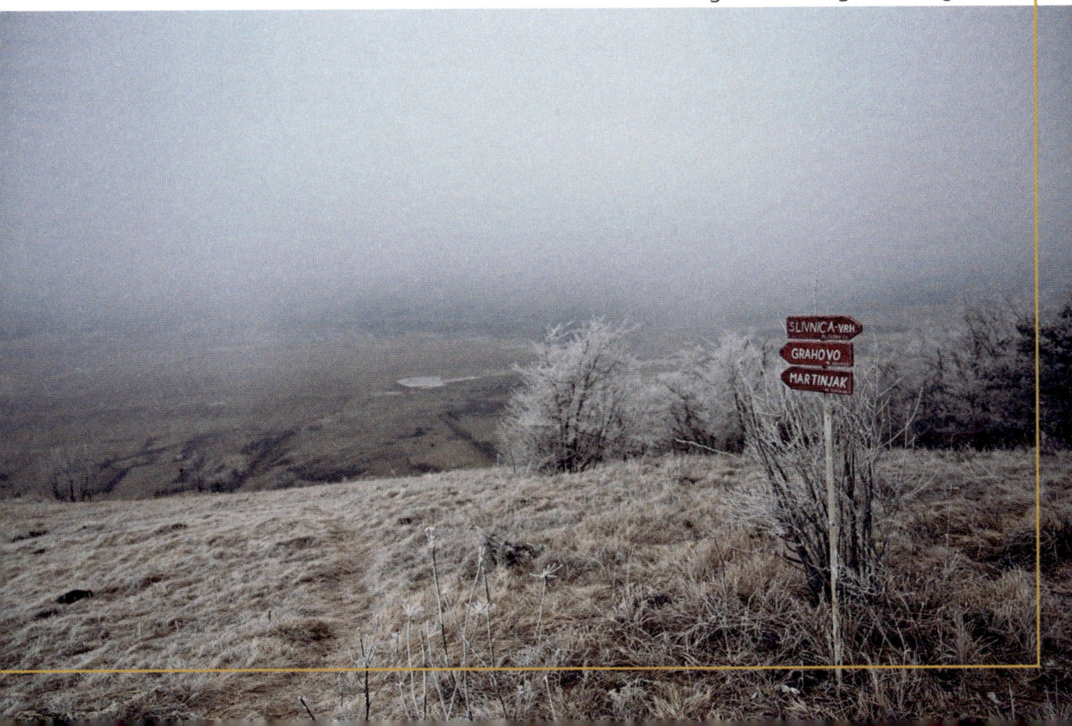

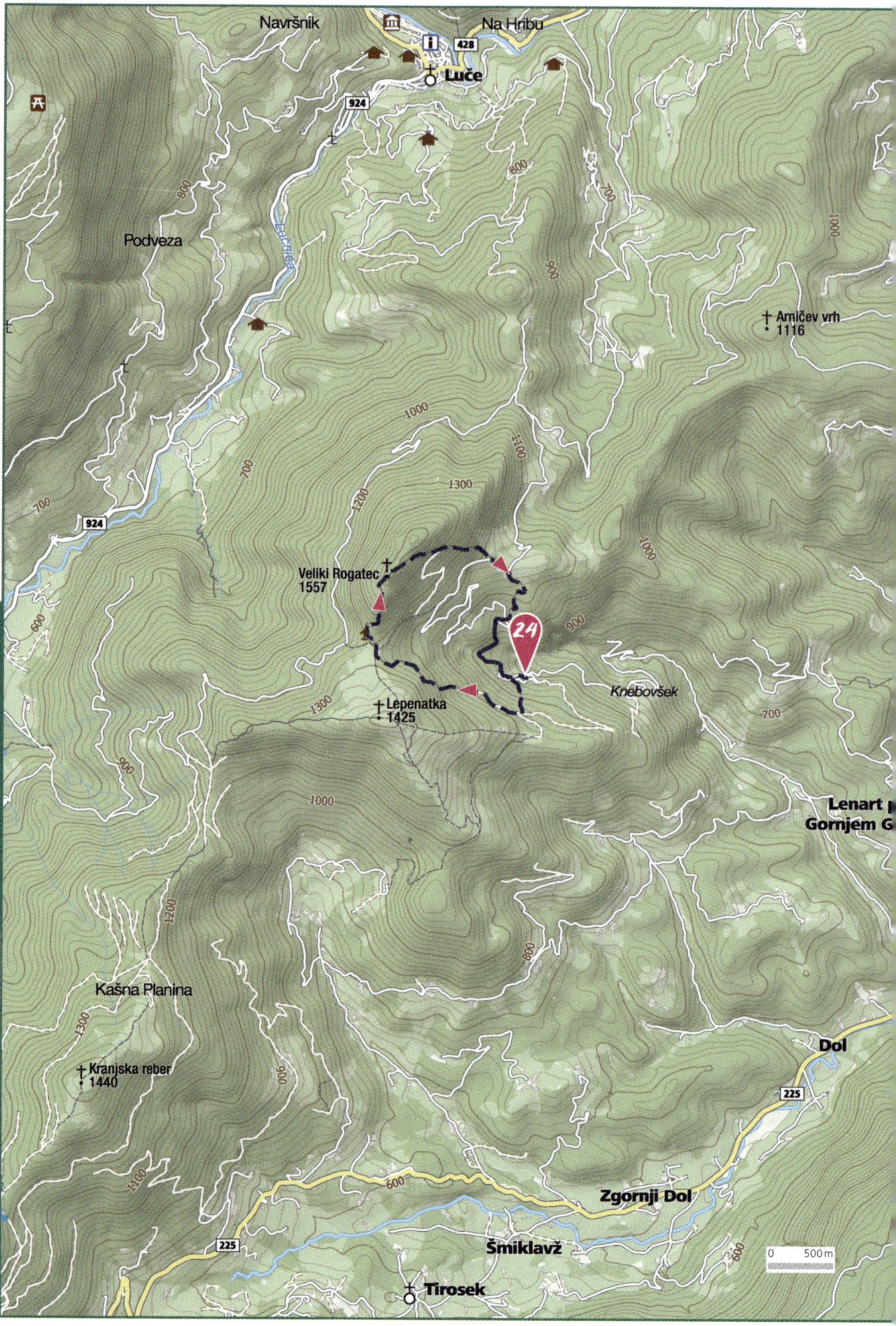

24

Navršnik
Na Hribu
428
Luče
924
Podveza
Lučnica
800
700
900
1000
Arničev vrh
1116
1000
1100
1300
1200
700
924
Veliki Rogatec
1557
24
900
1000
Knebovšek
600
Lepenatka
1425
1300
700
900
1000
Lenart p
Gornjem G
1200
800
Kašna Planina
1300
Kranjska reber
1440
900
Dol
225
1100
600
Zgornji Dol
225
Šmiklavž
600
0 500 m
Tirosek

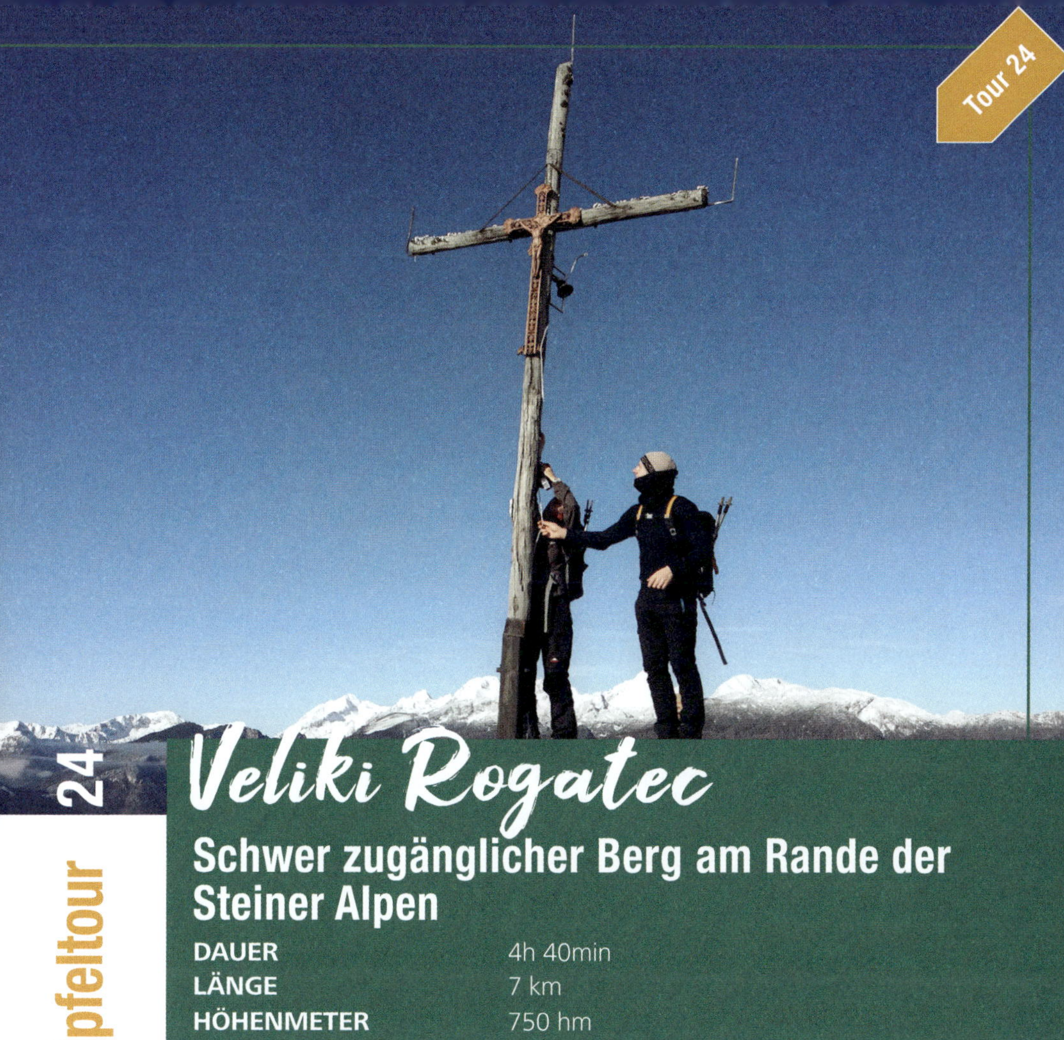

Veliki Rogatec

Schwer zugänglicher Berg am Rande der Steiner Alpen

DAUER	4h 40min
LÄNGE	7 km
HÖHENMETER	750 hm
SCHWIERIGKEIT	SCHWER
MIT ÖFFIS ERREICHBAR	nein

Das erwartet dich ...

Ein schwerer Aufstieg auf den Gipfel Veliki Rogatec mit etwas leichterem Abstieg. Eine ernste Herausforderung, die Gefahren übertreffen diejenigen mancher gesicherten Klettersteige, da es fast keine Sicherungen gibt. Die Aussicht ist jedoch grandios. Die Sicht reicht von den Steiner Alpen über die Karawanken bis hin nach Österreich zur Saualpe und zur Koralpe, nach Kroatien zur Ivanjščica und Sljeme, bis über alle Voralpenketten in Slowenien. Das Meer ist von diesem Gipfel aus leider nicht sichtbar.

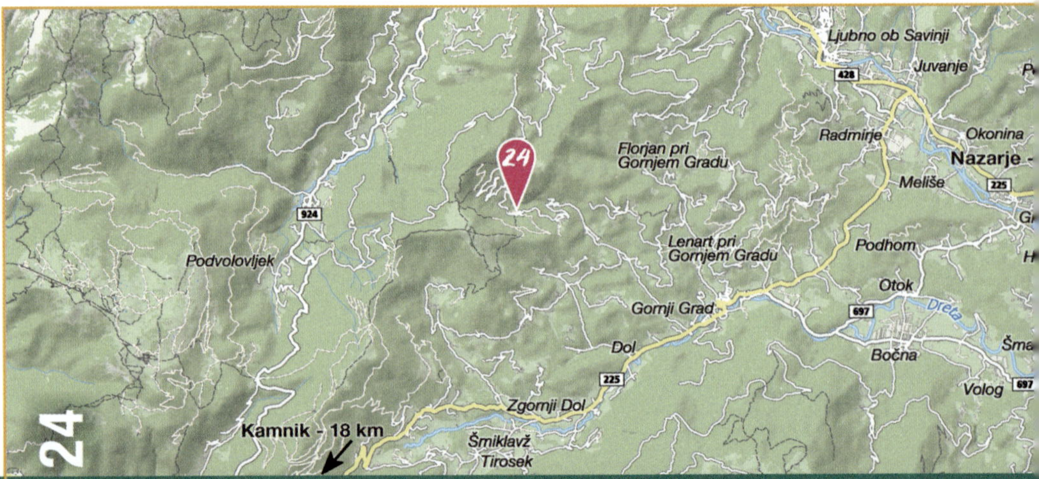

Ljubno ob Savinji
Juvanje
Radmirje
Okonina
Nazarje
Florjan pri Gornjem Gradu
Meliše
Podvolovljek
Lenart pri Gornjem Gradu
Podhom
Otok
Gornji Grad
Dreta
Dol
Bočna
Volog
Zgornji Dol
Kamnik - 18 km
Šmiklavž
Tirosek

Gipfeltour 24

Start & Ziel & Anreise

Startpunkt ist die Kirche sv. Lenart. Wir erreichen Gornji Grad über die Straße 225 – entweder von Kamnik kommend, der Staatsgrenze oder aus Nazarje. Kurz vor bzw. nach der Ortschaft in der Nähe einer Brücke über den Fluss Dreta biegen wir auf eine kleine Straße Richtung Lenart ab und fahren den Berg hinauf. Wir folgen der Straße ca. 6 Kilometer bis zur Kirche Sveti Lenart. Hier gibt es viele Parkmöglichkeiten.

Tourenbeschreibung

Kurz vor der Kirche zeigen die Wegweiser steil bergauf. Wir können aber auch einen Abstecher zur Kirche und zum Wasser machen und dann den Weg in Richtung Sedlo Kal einschlagen. Der Weg ist ungewöhnlich steil und die Steigung nimmt nicht ab, bis wir den Sattel Kal erreichen. Bis hierher brauchen wir 1½ h. Vom Sattel können wir schon bezaubernde Ausblicke in Richtung Westen genießen. Dort stehen in einer Reihe die höchsten Berge der Steiner Alpen. Im Norden sehen wir auch einige Karawanken-Gipfel. Im Süden liegt die Lepenatka (1425 m) – ein leicht erreichbarer Gipfel – in gut 30 Minuten Gehzeit von hier. Im Norden liegt unser Ziel: Der Veliki Rogatec. Dieser Gipfel wird auch „der tote Mönch" genannt. Aus gutem Grund, denn wenn man den Gipfel vom Osten aus betrachtet, kann man den Umriss eines liegenden Mönches mit seiner Kopfbedeckung erkennen. Vom Sattel Kal müssen wir auf das Kinn des toten Mönchs klettern. Nach 15 Minuten beginnen die Schwierigkeiten. Zuerst steigen wir in eine steile Rinne, mit abwechselnd Gras, Wurzeln und Felsen. Der Hang ist extrem rutschig und ein sicherer Griff ist selten. Man muss sich auf seine Erfahrung und seine Muskeln verlassen. Die Spannung steigt, sobald wir auf den kahlen Grat gelangen. Der Blick reicht über halb Slowenien, aber das Furchterregende ist die Tatsache, dass sich unter unseren Füßen ein gähnender Abgrund befindet. Wenn wir endlich den steilen Grat hinter uns haben, kommt schon das nächste Problem – der Grat wird flach, aber immer schmäler. Der Weg ist auch hier anspruchsvoll. Erst wenn uns wieder der Wald umgibt, wird der Aufstieg wieder einfacher. Die letzten 15 Minuten sind ein wahres Lustgefühl, da alle Schwierigkeiten gemeistert sind. Der Blick vom Gipfel ist in alle Richtungen faszinierend. Die Sicht reicht von den Steiner Alpen über die Karawanken bis hin nach Österreich zur Saualpe und zur Koralpe, nach Kroatien zur Ivanjščica und Sljeme, bis über alle Voralpenketten in Slowenien. Herausragend ist wieder der Snežnik. Dieser Berg ist für Slowenien das, was der Polarstern für die Orientierung der Matrosen bedeutet. Von verschiedenen Bergen Sloweniens aus zeigt sich dieser Snežnik wie ein Südstern, denn er zeigt mehr oder weniger genau nach Süden. Hinter ihm befindet sich noch die Učka (Kroatien) und dahinter die Adria mit dem Golf von Kvarner. Das Meer ist von diesem Gipfel aus leider nicht sichtbar.

Für den Abstieg wählen wir den leichteren Weg über die Alm Zgornji Špeh. Diese Alm war einst ständig besiedelt, nun wird das Vieh nur noch in den Sommermonaten auf den Weiden dieser Alm gehütet. In einem steilen Zickzack verlassen wir den Hauptkamm und damit das Gesicht des toten Mönches und steigen auf seiner linken Wange in den Wald hinab. Dann erreichen wir die oberen Weiden der Alm und überqueren die Alm am rechten Rand. Bei der Querung der Zufahrtsstraße befinden sich einige Bänke und eine kleine Kapelle. Dann führt unser Weg steil hinab und verschwindet mit Kehren im Wald. Bei einem Bach stößt der Fahrweg auf eine Schotterstraße und dieser folgen wir nur mäßig fallend nach rechts. In 20 bis 30 Minuten erreichen wir die Kirche Sv. Lenart und damit haben wir auch unsere Rundwanderung abgeschlossen.

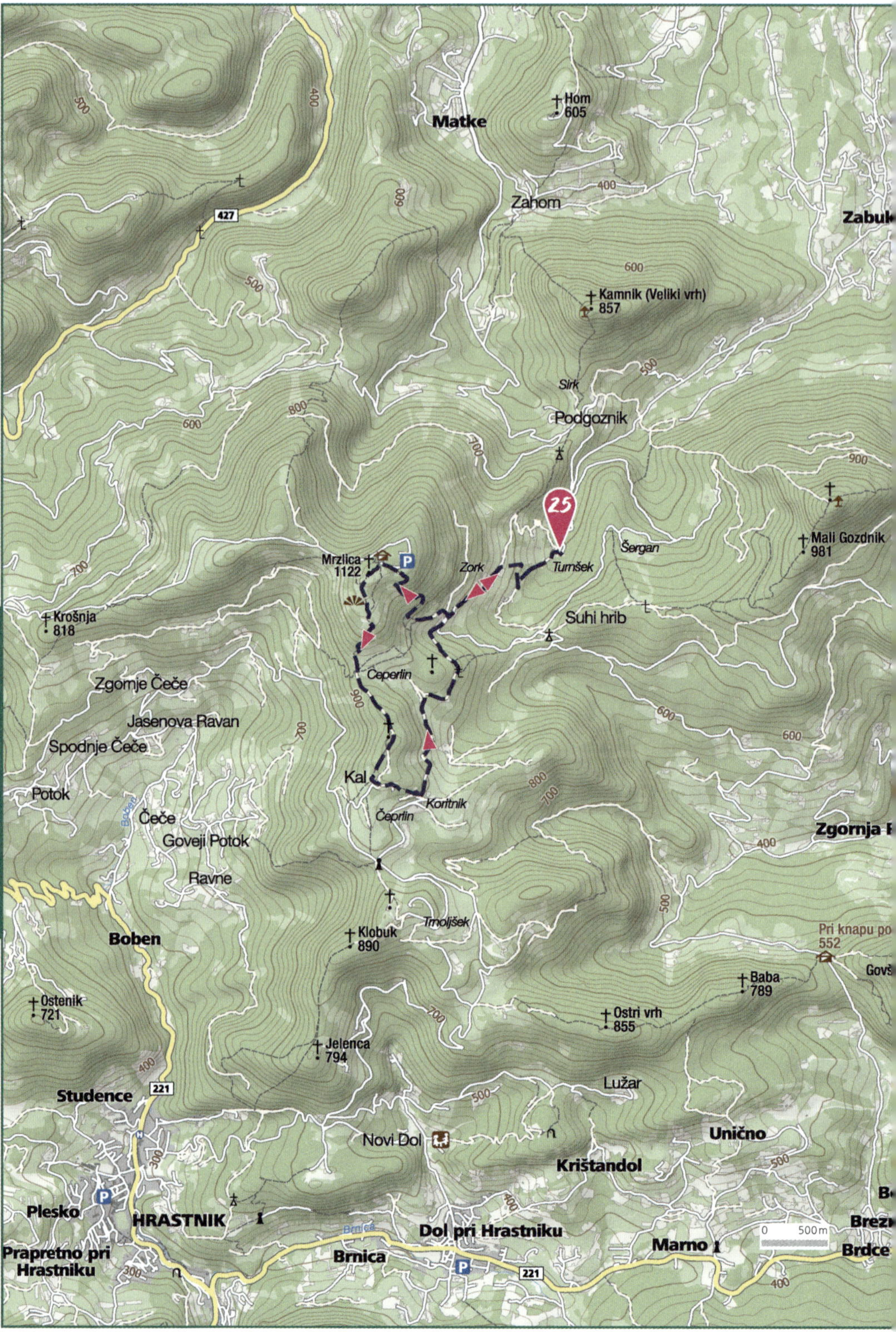

Matke
Hom 605
Zahom
Zabuk
427
Kamnik (Veliki vrh) 857
Sirk
Podgoznik
25
Mali Gozdnik 981
Šergan
Mrzlica 1122
P
Zork
Turnšek
Krošnja 818
Suhi hrib
Ceperlin
Zgornje Čeče
Jasenova Ravan
Spodnje Čeče
Kal
Potok
Koritnik
Čeče
Čeprlin
Goveji Potok
Zgornja
Ravne
Trnoljšek
Boben
Klobuk 890
Pri knapu po 552
Baba 789
Govš
Ostenik 721
Ostri vrh 855
Jelenca 794
Studence
221
Lužar
Novi Dol
Unično
Krištandol
Plesko
HRASTNIK
Brnica
Dol pri Hrastniku
Marno
Brez
Brdce
Prapretno pri Hrastniku
221
0 500 m

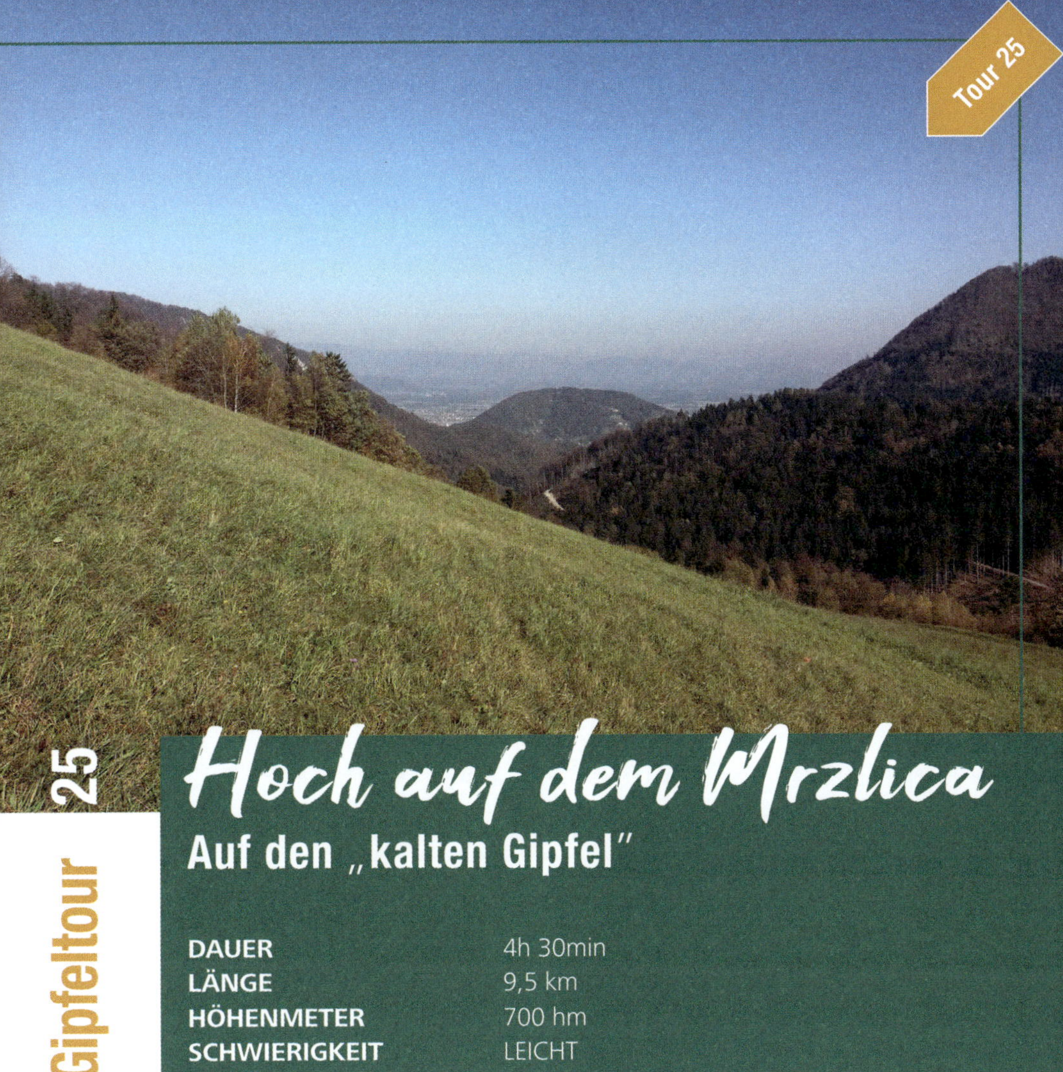

Hoch auf dem Mrzlica

Auf den „kalten Gipfel"

DAUER	4h 30min
LÄNGE	9,5 km
HÖHENMETER	700 hm
SCHWIERIGKEIT	LEICHT
MIT ÖFFIS ERREICHBAR	nein

Das erwartet dich ...

Einfacher, angenehmer Aufstieg auf einen Berg, der in der Nähe des Mittelpunktes von Slowenien liegt. Wegen seiner Höhe kann man in alle Richtungen die Aussicht über die Landesgrenzen genießen. Der Gipfelname lässt sich vom Wort der Kälte herleiten (MRZLO = kalt). Die letzten 30 Minuten sind beim Aufstieg wegen des steilen Geländes anstrengend.

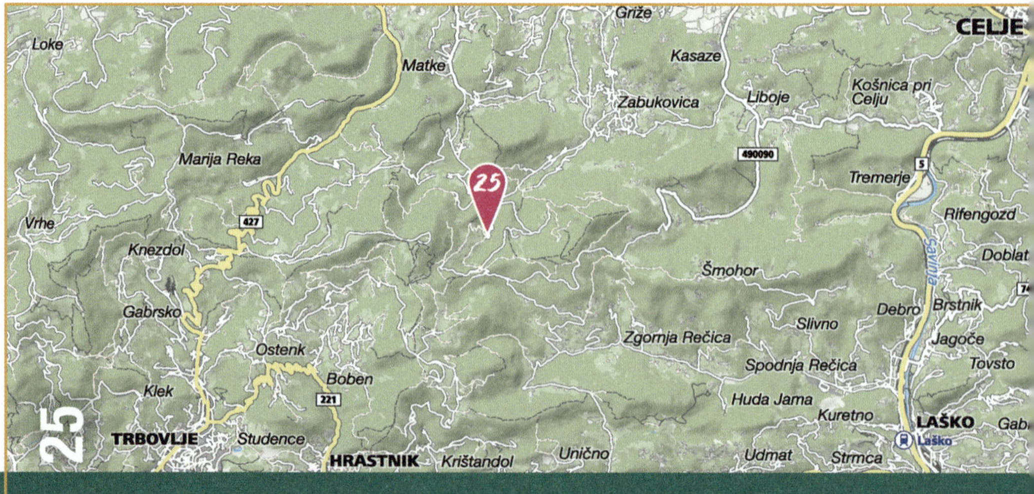

Gipfeltour 25

Start & Ziel & Anreise

Am besten erreicht man den Startpunkt oberhalb von Zabukovica mit dem Auto. Auf der A1 nimmt man die Ausfahrt 16 (Žalec) oder 17 (Šempeter). Von hier aus fährt man jeweils in Richtung Žalec. In Žalec biegt man bei der Kirche Cerkev auf die Uiica Savinjske cete und fährt in Richtung Griže. Hier bleibt man auf der Straße und fährt weiter nach Zabukovica. Erreicht man die Ortschaft, biegt man hier rechts ab nach Mrzlica. Oberhalb des Dorfes folgen wir der roten Beschilderung. Nach 500 Meter Schotterstraße – in einer Kehre – können wir das Fahrzeug parken.

Tourenbeschreibung

Oberhalb des Dorfes folgen wir der roten Beschilderung nach Mrzlica. Nach 500 Meter Schotterstraße – in einer Kehre – können wir das Fahrzeug parken. Von hier aus gibt es Wegweiser und wenige Markierungen auf den Bäumen. Wir wandern an drei Bauernhöfen, die zum Teil schon Bergbauernhöfe sind, vorbei. Den höchstgelegenen Bauernhof erfasste im 19. Jahrhundert eine Schneelawine, an die sich die Anrainer noch heute mit Schrecken erinnern.

In damaligem Winter lag der Schnee sehr hoch. Oberhalb des Bauernhofes befindet sich eine noch ca. 50 Meter steile Weide und darüber ist Wald. Die Lawine löste sich im Wald und die zuerst kleine Schneemasse bekam auf der Weide viel Schwung. Die Schneemassen trafen neben den Ställen auch das Haus. Die Eingangstür und die Fenster zerbarsten und wurden eingedrückt. Die in der Küche stehende Magd wurde von den Schneemassen erfasst, durch die Küche geschleudert und an den heißen Kachelofen gedrückt. Die Magd wurde mit schweren Verbrennungen von anderen Bewohnern des Bauernhofes gerettet.

In einer Höhe von 900 Meter erreichen wir den Wald und es wird anstrengend steil. Die Neigung nimmt bis kurz vor der Berghütte nicht ab (30 Minuten). Wir erreichen zuerst die Zufahrtstraße zur Hütte Mrzlica. Diese ist berühmt für ihre gute Küche; sie liegt in einem Südhang mit einer sonnigen Terrasse.

Um die schöne Aussicht genießen zu können, müssen wir noch auf den Gipfel der Mrzlica steigen, das bedeutet noch etwa 10 Minuten steiler Anstieg. Da sich dieser Berg ziemlich zentral in Slowenien befindet, kann man bei einigermaßen schönem Wetter in alle Richtungen über die Landesgrenzen hinwegschauen. Im Norden nach Österreich, im Osten und Süden nach Kroatien und im Westen bis nach Italien.

Unser nächstes Ziel ist der Bergkamm namens Kal. Wir erreichen ihn in 45 Minuten. Der Weg verläuft an einigen Stellen direkt am Kamm entlang. Von dort haben wir stets schöne Aussicht ins westlich gelegene Tal, in dem die Stadt Trbovlje (Trifail) liegt. Unterhalb vom Kal folgen wir den Wegweisern bis zur Hütte Kal unter dem Bergkamm. Die Hütte ist an Wochenenden geöffnet und bietet auch eine Unterkunft. Von dort müssen wir die Wegweiser nach Šmohor finden und ihnen folgen. In einem großen Bogen bringt uns der schöne Weg zum schon vorher erwähnten Bergbauernhof. Die letzten 45 Minuten gehen wir auf demselben Weg zum Ausgangspunkt Zabukovica zurück.

Ein angenehmer Rundgang mit zwei Einkehrmöglichkeiten unterwegs.

Varianten: Zur Mrzlica-Hütte können wir auch mit dem Auto fahren und gehen dann noch ein paar Minuten zu Fuß zur Hütte.

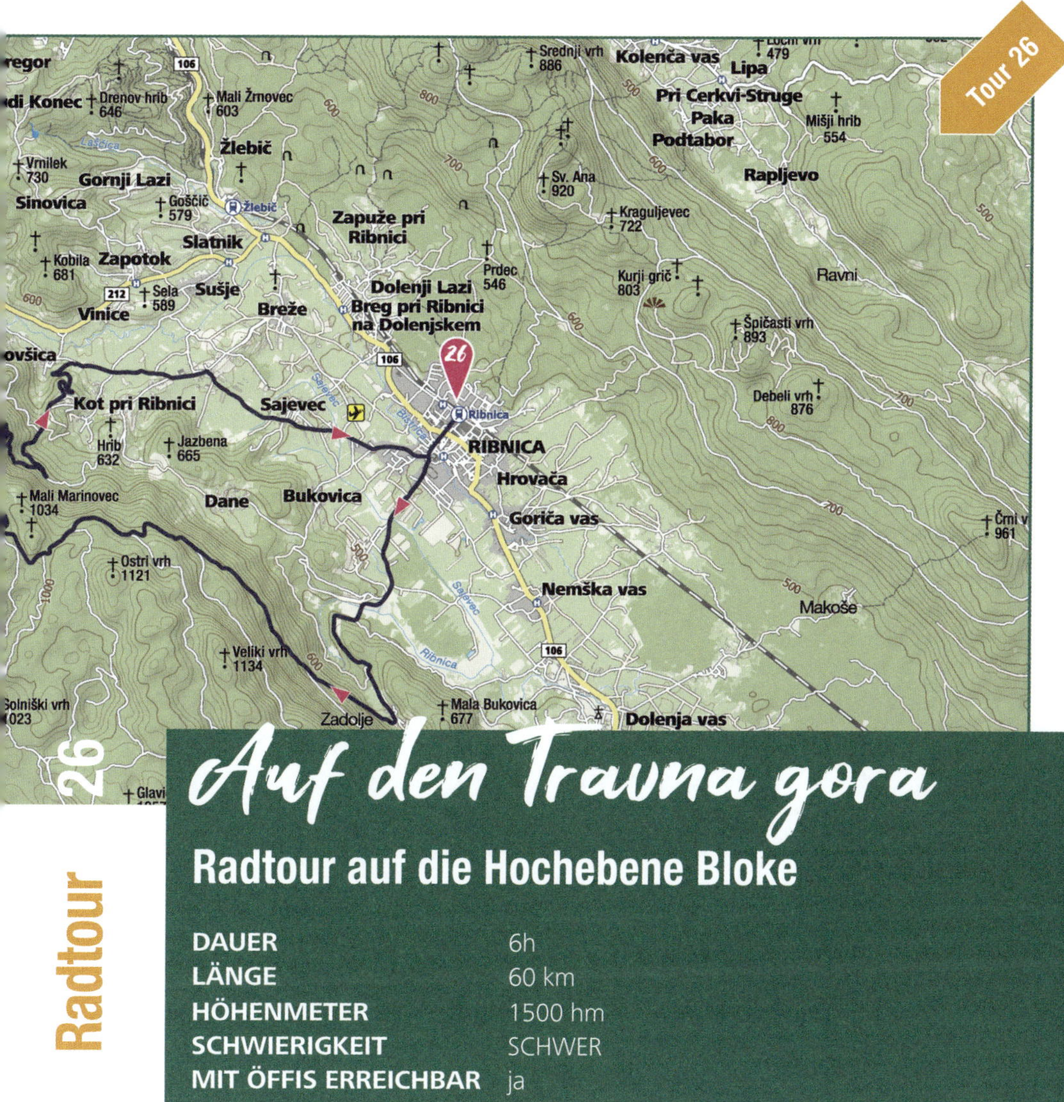

26

Radtour

Auf den Travna gora

Radtour auf die Hochebene Bloke

DAUER	6h
LÄNGE	60 km
HÖHENMETER	1500 hm
SCHWIERIGKEIT	SCHWER
MIT ÖFFIS ERREICHBAR	ja

Das erwartet dich ...

Der Anstieg auf die Travna gora kann bis zum Sattel auf 983 Meter sehr monoton sein, dennoch sollte man die Augen nach etwaigen Begegnungen mit Bären offen halten. Nach dem Scheitel erreichen wir nach wenigen Schotterkilometern das Berghaus Travna gora. Der ausländische Pächter des Berghauses steht für Aufschwung in dieser Region, Radfahrer sind willkommen. Die Tour führt durch unberührte Wildnis und verspricht Ruhe und Gelassenheit.

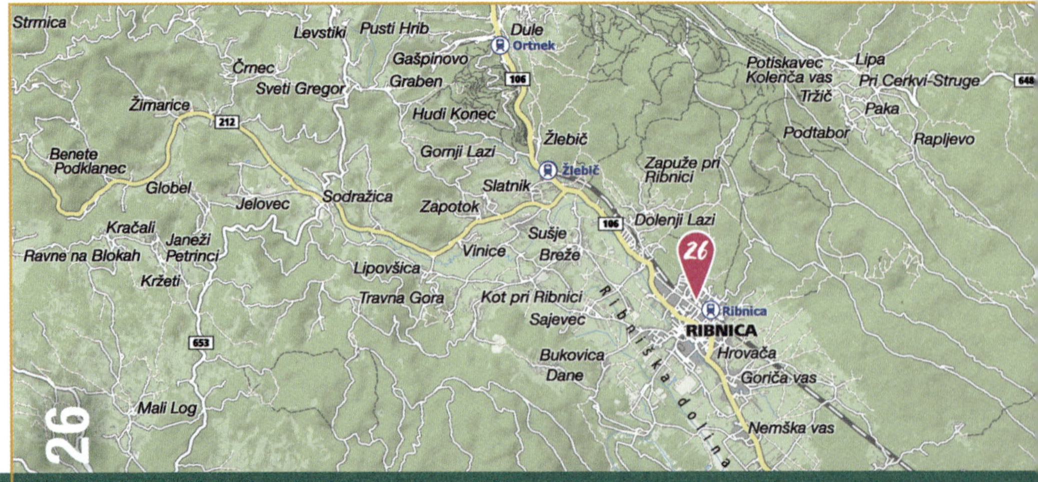

Radtour 26

Start & Ziel & Anreise

Startpunkt ist der Bahnhof Ribnica (Reifnitz). Die Anreise kann mit dem Zug nach Ribnica erfolgen (z. B. von Ljubljana oder Kočevje). Alternativ fährt man mit dem Auto über die Straße 106 nach Ribnica; hier kann man beim neuen Bahnhof parken.

Tourenbeschreibung

Vom Bahnhof Ribnica fahren wir nach Westen durch die Stadt und noch einige Kilometer in der Ebene. Danach geht es bergauf nach Zadolje und danach endet die Zivilisation. Wir haben 7 Kilometer ansteigende Kilometer vor uns. Keine Kehren, keine Aussicht, nur der monotone Hang und die vielen Bäume. Nach dem Scheitel halten wir uns am Wegweiser für Dom na Travni gori rechts. Dieses Berghaus liegt etwa 200 Meter von der Straße entfernt. Es lohnt sich aber dort Halt zu machen.

Danach fahren wir eine angenehme Strecke bergab. Nach der Siedlung Travna gora wird es wieder gebirgig. Nochmals erreichen wir über 900 Meter Höhe. Die letzten Schotterkilometer gehen in einer angenehmen Fahrt bergab. Varianten: Falls wir mit dem Zug aus Ljubljana kommen, können wir auf der Rückfahrt in Nova vas (2 km vom See Bloško jezero) Richtung Cerknica (Zirknitz) abbiegen.

Diese Straße bietet zwar keine Wildnis in Slowenien, jedoch erreichen wir in einer angenehmen Bergabfahrt nach 20 Kilometer den Bahnhof Rakek. Von dort fahren oft Züge nach Ljubljana.

Auf Asphalt geht es nur eine kurze Strecke Richtung Sodražica, dann biegen wir links nach Kračali und Nova vas. Zuerst gibt es viele Anstiege zwischen den einzelnen Orten, nach 7 Kilometer wird die Strecke angenehmer und flacher und die letzten Kilometer bis Nova vas sind eine reine Genussfahrt. Allerdings die letzten 2 Kilometer zum See fordern von uns wieder viel Kraft, besonders wenn wir den direkten Schotterweg wählen.

Der Bloško jezero ist kaum 3 Meter tief und nicht einmal 1 Hektar groß. Im Sommer ist er ein Badesee, vor allem für mutige Schwimmer.

Auf der Rückfahrt sind die angenehmeren Fahrkilometer der Hinfahrt wiederum die mühsameren Abschnitte. Bis zur Siedlung Travna gora folgen wir dem gleichen Weg. Am Ende der Siedlung achten wir auf einen Wegweiser nach Nova Štifta. Die Straße bringt uns über einige Kehren zur Wallfahrtskirche. Später fahren wir wieder auf Asphalt. Wir folgen dem Wegweiser nach Sajevec bzw. Ribnica und so kommen wir auf einer flachen Straße zurück zum Ausgangspunkt beim Bahnhof Ribnica.

Im Sommer kann man im See baden

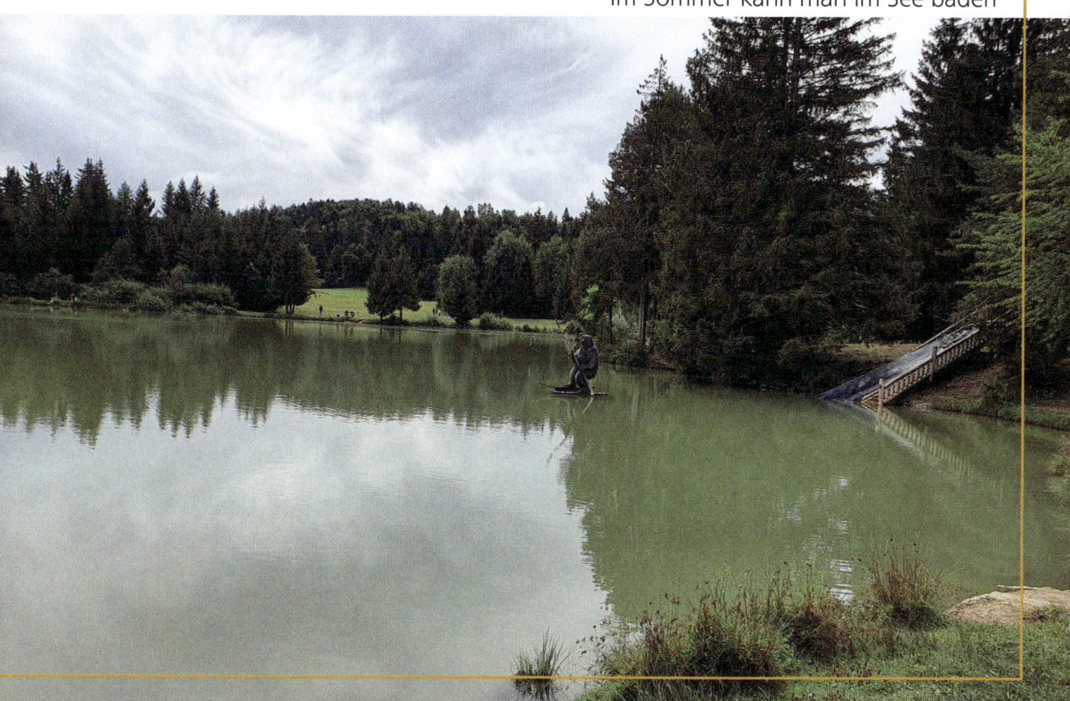

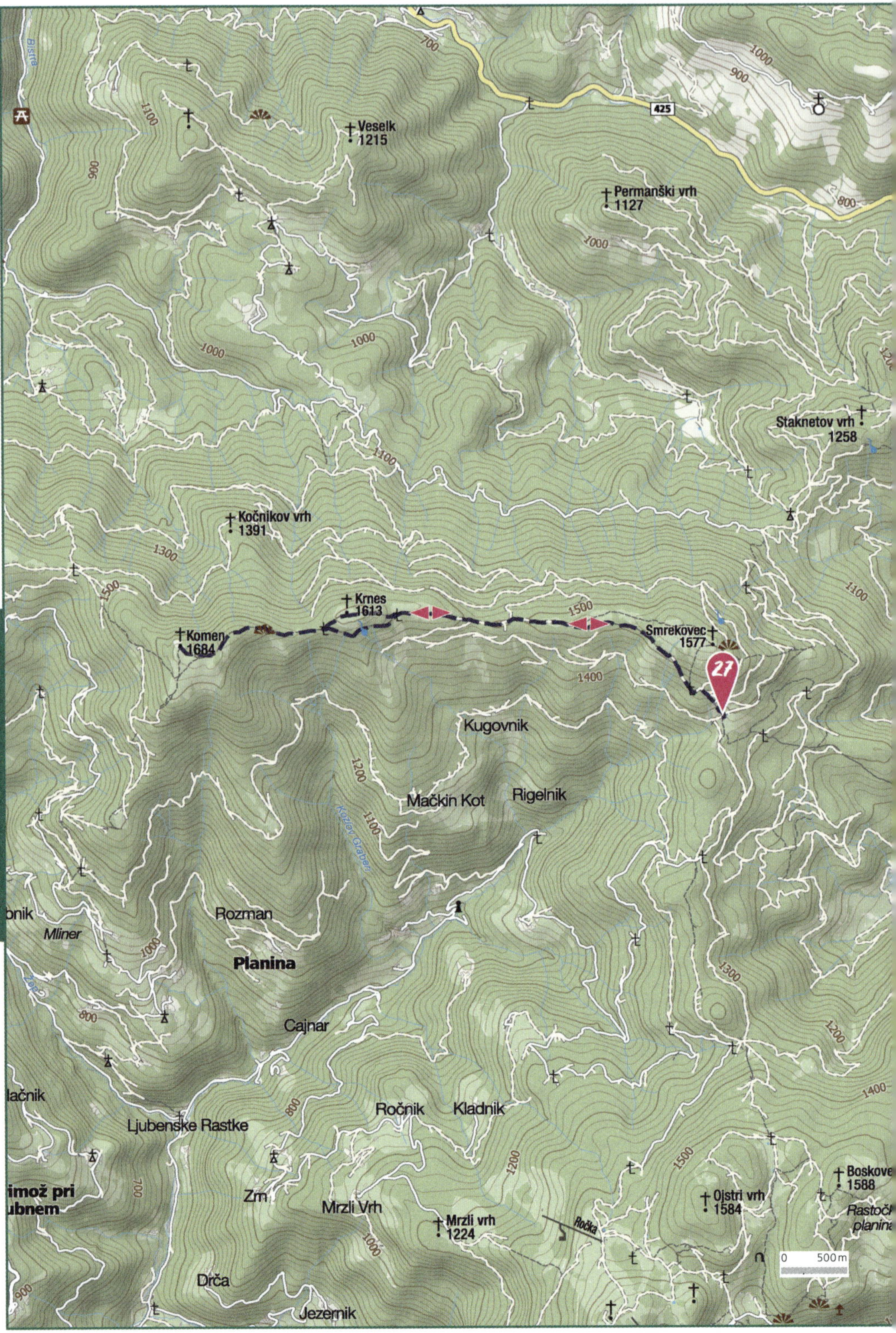

Bistra
Veselk 1215
Permanški vrh 1127
425
Staknetov vrh 1258
Kočnikov vrh 1391
Krnes 1613
Komen 1684
Smrekovec 1577
27
Kugovnik
Mačkin Kot
Rigelnik
Kozjev Graben
Rozman
Mliner
Planina
Cajnar
Ljubenske Rastke
Ročnik
Kladnik
Zrn
Mrzli Vrh
Mrzli vrh 1224
Ročka
Ojstri vrh 1584
Boskove 1588
Rastočk planina
Drča
Jezernik
0 500 m

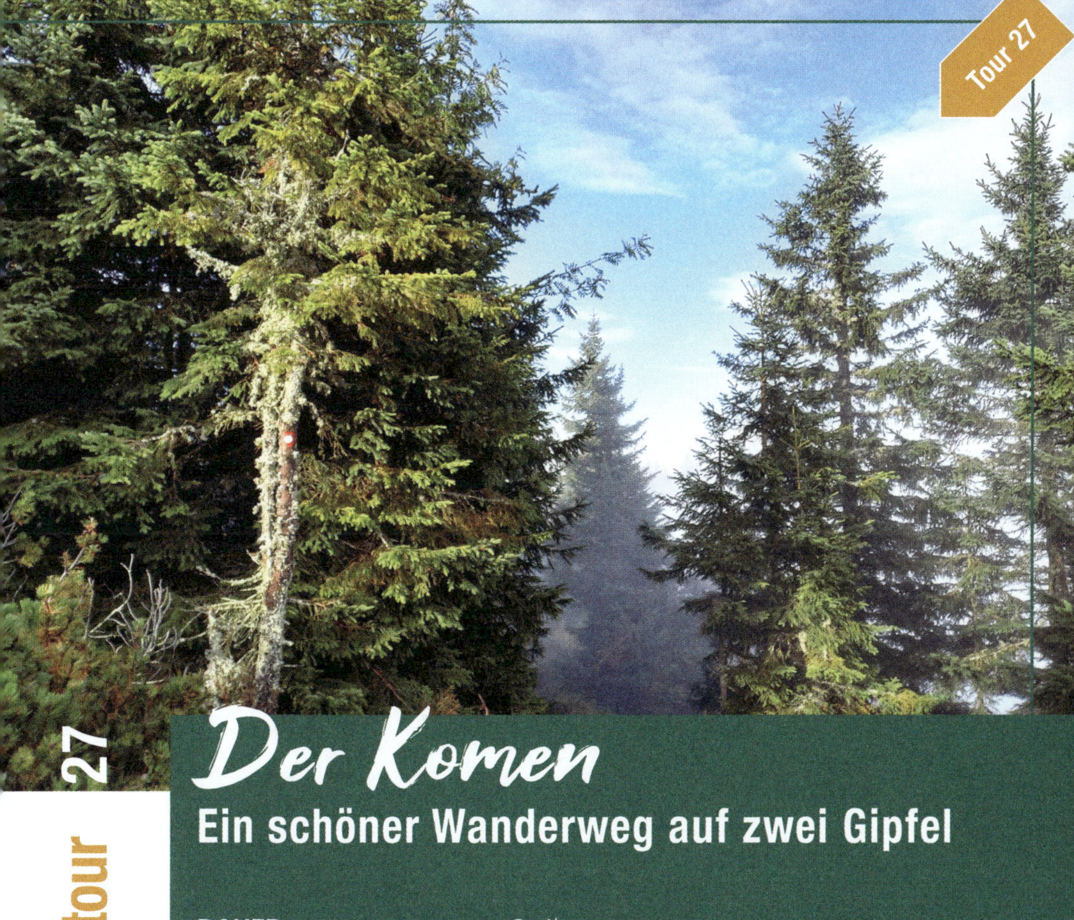

27 Gipfeltour

Der Komen

Ein schöner Wanderweg auf zwei Gipfel

DAUER	3–4h
LÄNGE	10 km
HÖHENMETER	749 hm
SCHWIERIGKEIT	MITTEL
MIT ÖFFIS ERREICHBAR	ja/nein

Das erwartet dich ...

Auf diesem Weg lernen wir einen ziemlich abgelegenen und sehr schönen Bereich der Steiner Alpen kennen. Der erste Teil des Weges auf den Smrekovec ist gut ausgetreten, der weitere Kammweg Richtung Komen ist weniger begangen. Die Bäume lichten sich erst kurz vor unserem Ziel, dem Komen (1684 m).

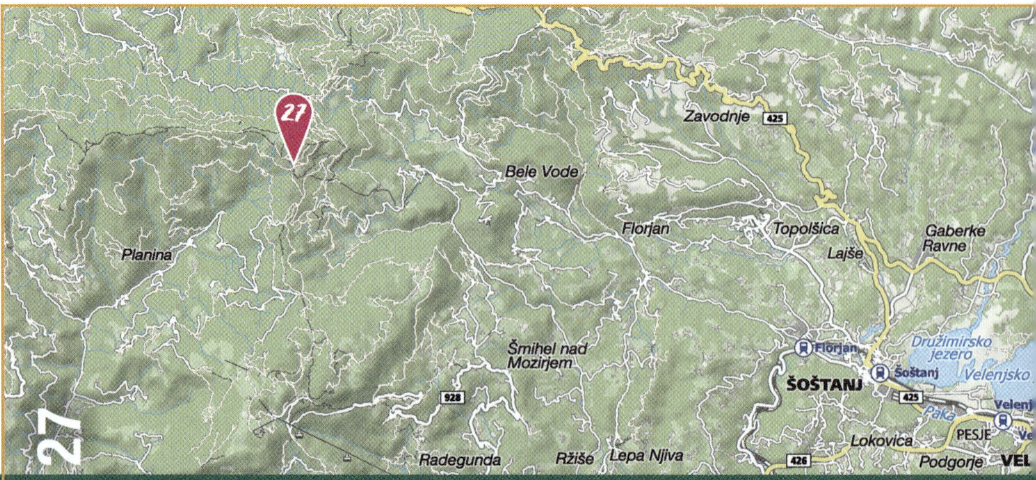

Start & Ziel & Anreise

Startpunkt ist die Hütte Koča na Smrekovcu (1377 m), im Sommer ständig geöffnet, sonst an den Wochenenden. Zur Berghütte gelangen wir zu Fuß entweder von Šoštanj (früher auch Schönstein) oder Ljubno. Šoštanj kann mit dem Zug angefahren werden. Mit dem Auto erreicht man den Ort über die Straßen 426 oder 425.

Tourenbeschreibung

Bei der Hütte gibt es viele Wegweiser. Auch der Komen ist angeschrieben. Zuerst steigen wir in Richtung Smrekovec, kurz vor dem Gipfel weist uns ein Schild nach links. Der breite Weg wird immer flacher. An Wasser wird es auf dieser Tour nicht mangeln, oft queren kleine Bäche den Weg. Nach gut einer halben Stunde gelangen wir zur ersten Alm. Unser Weg folgt weiterhin dem Kamm und meidet manchmal die rippigen Hügel auf der sonnigen, steierischen Seite.

Nach Verlassen der zweiten Alm können wir (rechts bergauf) auf den Krnes steigen oder dem Gipfel auf der Südseite ausweichen; nach 15 Minuten treffen die beiden Wege wieder zusammen und unser nächster Gipfel rückt immer näher. Den Komen sehen wir auf den letzten 15 Gehminuten deutlich vor uns. Trotz der eher bescheidenen Höhe hat dieser Berg in der Umgebung keine hohen Nachbarn, deswegen ist die Aussicht vom Gipfel wunderschön. Der Kammweg führt weiter Richtung Travnik und Raduha, wir kehren aber hier um und gelangen auf demselben Weg wieder zum Ausgangspunkt zurück. Wenn wir noch genug Kräfte in den Beinen haben, können wir noch einen Umweg von 30 Minuten über den Gipfel des Smrekovec machen.

Hütte Koča na Smrekovcu (1377 m)

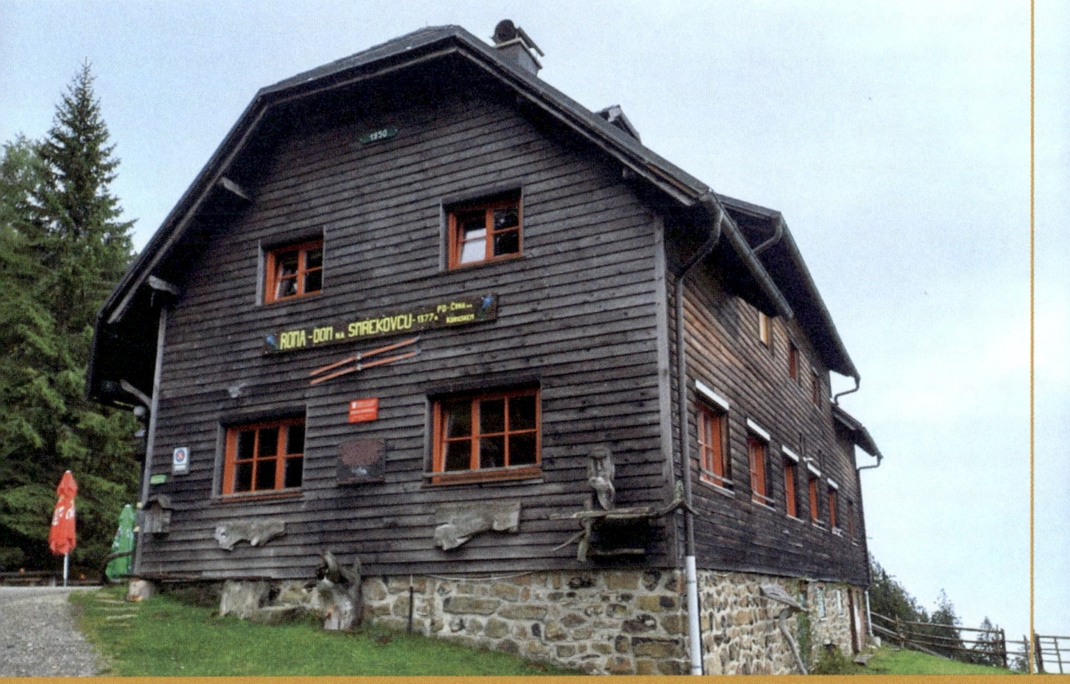

Autoren Tipp

Die Koča na Smrekovcu (Hütte auf dem Smrekovec) ist ein Ausgangspunkt für viele andere Wanderungen. Du kannst einen ganztägigen Ausflug zum Andrejev dom na Slemenu (Richtung Nordosten) und wieder zurück machen. Nach Süden erreicht man in ca. 3 Stunden das Skigebiet von Golte und die Mozirska koča (im Jahr 2021 abgebrannt).

28

Ručovc 721
Špilj 733
Devnik 712
Grampovčnik 596
Praproče
Briše pri Polh
Gradcu
Tičji grič 772
Mali vrh 708
Kucelj
Seč 760
Kresni grič 791
Klešč 811
641
Butajnova
Prevalca 705
Brinovec 666
Stresenk 699
Koreno nad Horjulom
407
641
Kožljek 788
Šentjošt nad Horjulom
Sedlo 670
Samotorica
Sušje 714
Špik 746
Rog 717
Črni vrh 712
Loparija
Polž
Bašev grič 477
Rigelj 420
28
Ljubgojna
Strmi vrh 563
Jeglejek 545
Vrzdenec
Samija
407
Tičnica 389
Celarje
Križavec 596
Praprotnik 524
Hrastje 562
Pišejek 401
Čeren 505
Plesa 444
Koprivnik 551
Presedlek 411
Kajndol
Beniškarevec 540
Žažar
Gradišče nad Žažarjem 547
Podlipa
Babčin vrh 503
Kisovec 502
Križen vrh 377
Goveji grič 403
Žažar 447
407
Rihar
Špičasti grič 397
Lepi grič 374
Šemlaški grič 415
Mala L
Velika Lig
Podlipščica
Rajna peč 656
Trčkov Grič
Trček
Rastovke
Mizni Dol
Tojnica
Perilska voda
Novakov grič
Jamnik
0 500 m
Ulovka 802
Stara Vrhnika
Hruševca 311

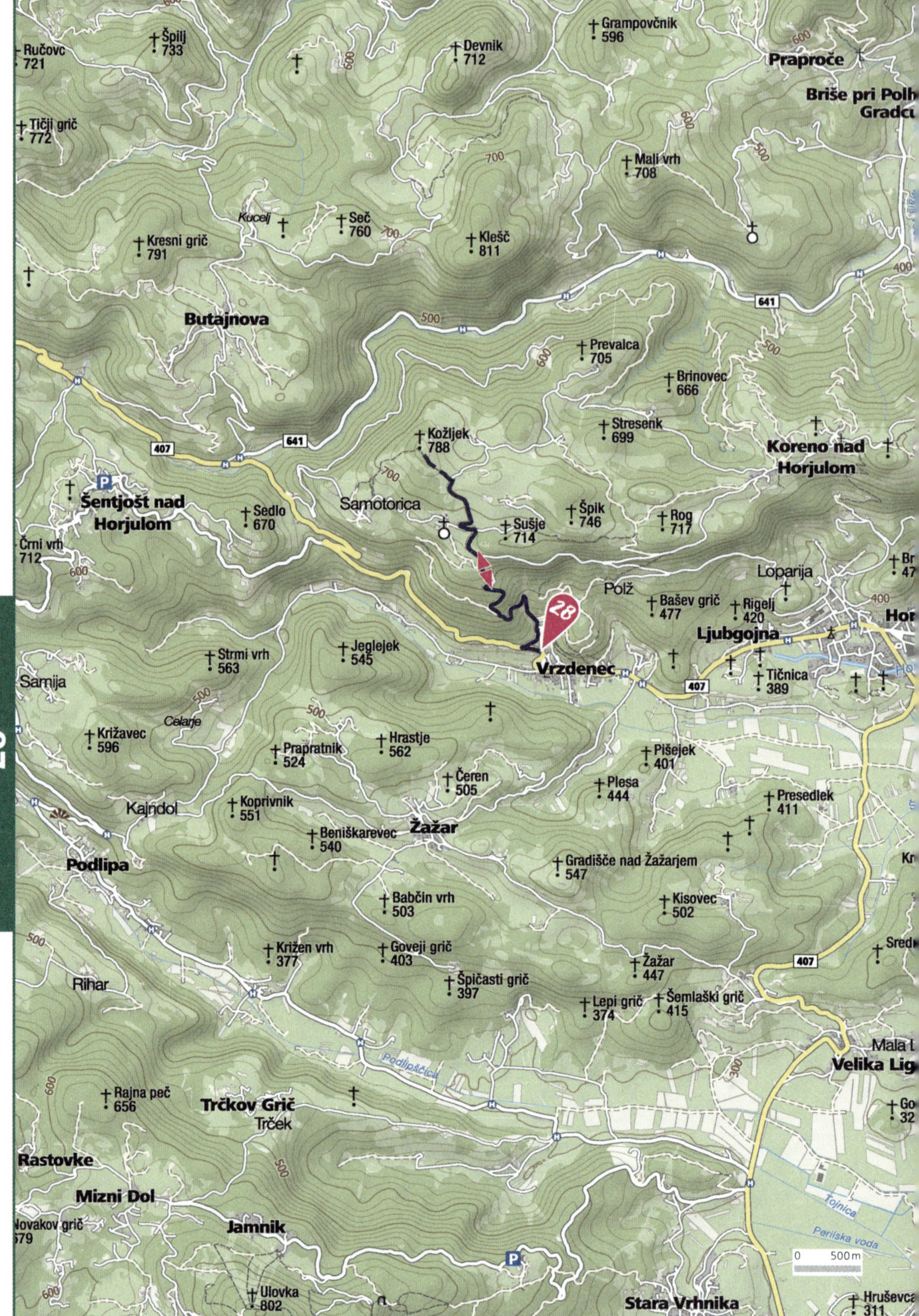

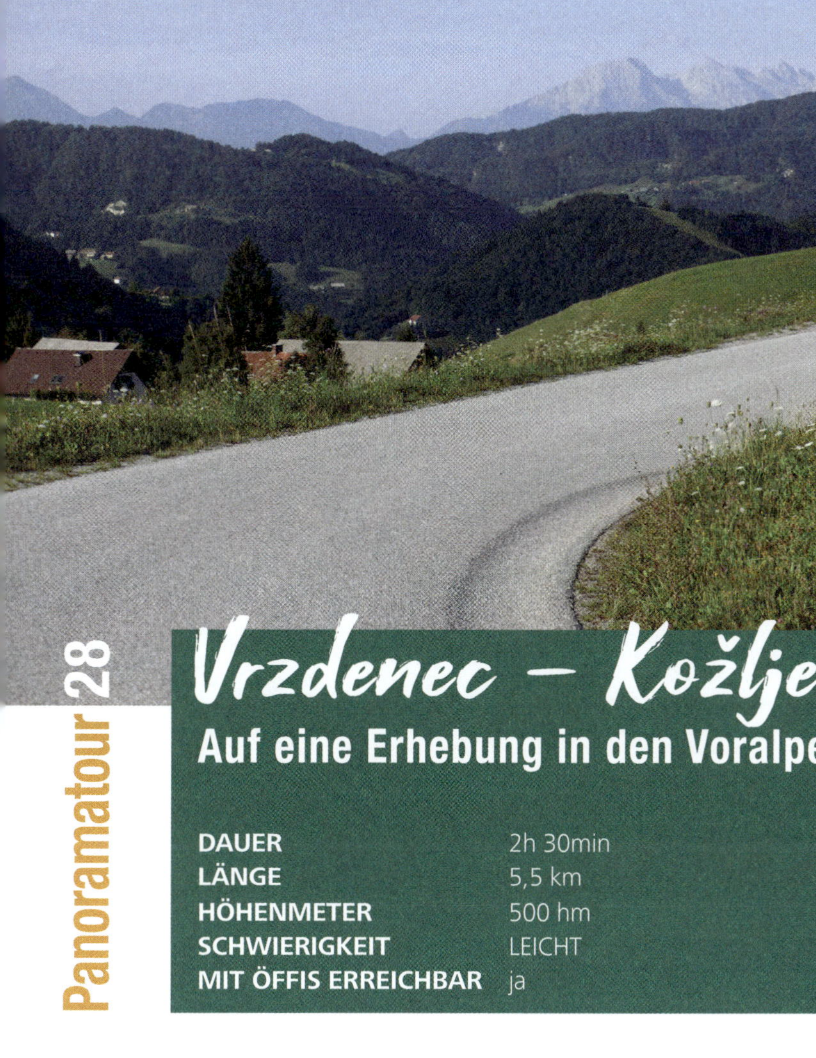

Vrzdenec – Kožljek

Auf eine Erhebung in den Voralpen

DAUER	2h 30min
LÄNGE	5,5 km
HÖHENMETER	500 hm
SCHWIERIGKEIT	LEICHT
MIT ÖFFIS ERREICHBAR	ja

Das erwartet dich ...

Diesen Gipfel kennen nur Einheimische. Wenn ich in der etwa 25 Kilometer entfernten Hauptstadt Ljubljana die zufällig ausgewählten Passanten frage, ob sie wissen was Kožljek ist und wo Kožljek liegt, bekomme ich keine klare Antwort. Ein guter Beweis dafür, dass wir hier eine unberührte Wildnis von Slowenien erleben.

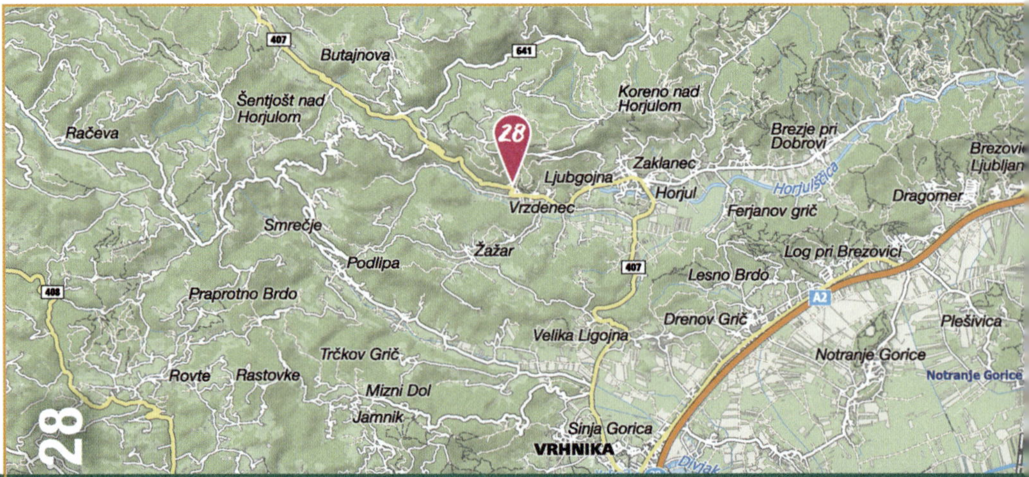

Start & Ziel & Anreise

Der Startpuntk ist die Kirche in Vrzdenec. Mit dem Bus erreicht man den Ort ohne Probleme – drei verschiedene Buslinien halten hier. Von der Bushaltestelle ist es nicht weit zur Kirche (Ausgangspunkt der Tour). Mit dem Auto erreicht man den Startpunkt von Süden über die A 1, Ausfahrt Vrhnika. In Vrhnika biegt man zunächst links ab, anschließend rechts auf die 407 in Richtung Horjul. Kurz nach Horjul erreicht man Vrzdenec. An der Ortsausfahrt gibt es zwei Kehren. Bei der zweiten biegen wir nach rechts ab und parken in der Nähe des Friedhofs.

Tourenbeschreibung

Die Markierungen weisen uns nach Norden in immer dichteren Wald. Nach 30 Minuten erreichen wir eine Asphaltstraße und wandern auf ihr bis zur Ortseinfahrt von Samotorica. Dort biegt unser Weg auf die andere ansteigende Straße ab. Links und rechts sind Wiesen, somit ist die Sicht in alle Richtungen frei. Wenn wir auf einen kleinen Sattel gelangen verlassen wir die Asphaltstraße und biegen nach links ab. Einige Zeit wandert man nun durch den Wald und kurz vor dem Gipfel kommen wir aus dem Wald heraus. Es gibt ein Gipfelbuch und die Aussicht nach Nordosten ist sehr gut.

Zum Ausgangspunkt kehren wir auf demselben Weg zurück – es sei denn, man will die Wanderung noch nach Koreno verlängern. Dort gibt es auch den Bauerntourismus Janša, wo wir mit heimischen Spezialitäten verwöhnt werden.

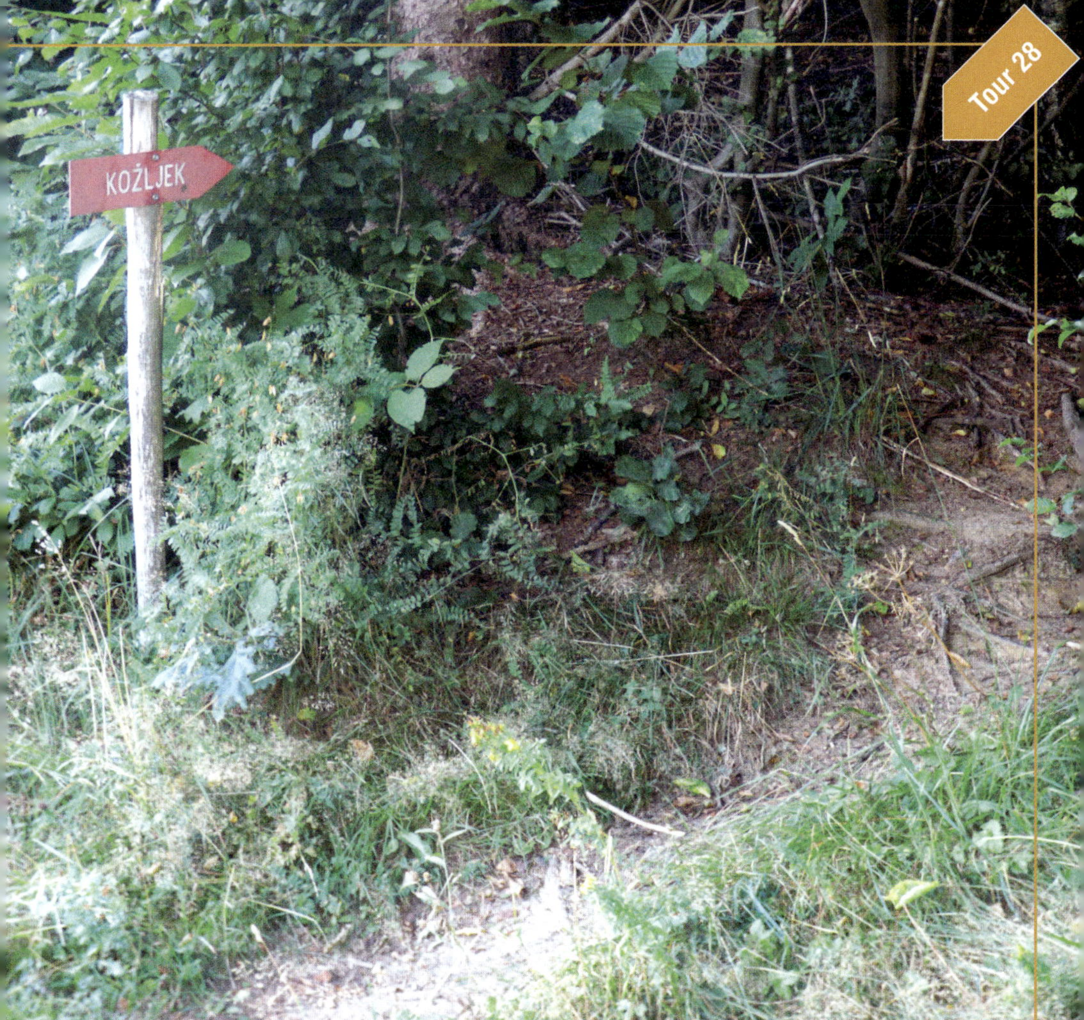

Autoren Tipp

Die beiden hier erwähnten Berge Koreno (747 m) und Kožljek (788 m) liegen auf einem kleinen Kamm. Deswegen lassen sich beide Berge ohne große Anstrengung miteinander kombinieren. Bei klarem Himmel sind auch die Gipfel der Julischen Alpen zu sehen. Im Süden sticht der Snežnik (Krainer Schneeberg) ins Auge.

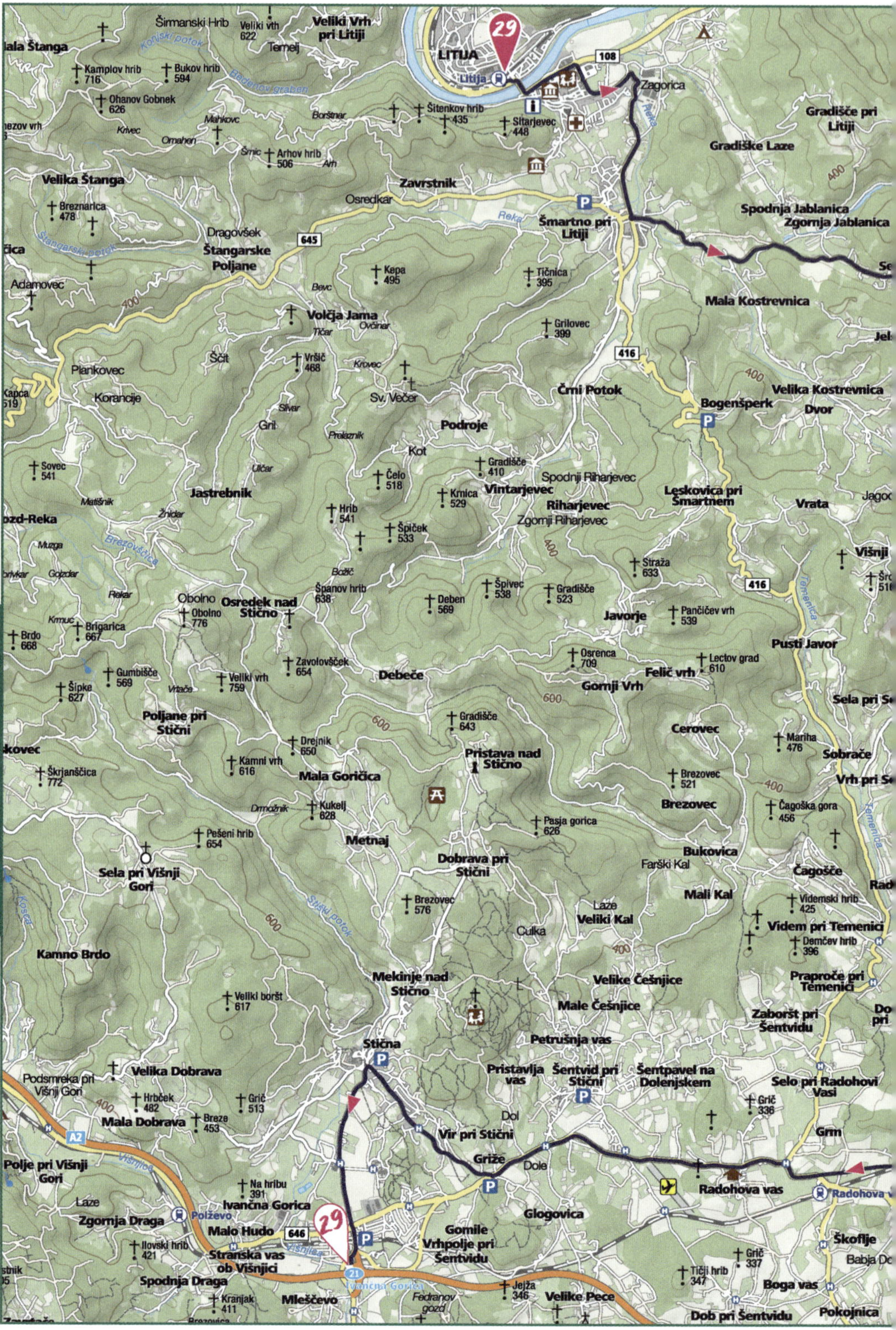

29

Širmanski Hrib
Veliki vrh 622
Veliki Vrh pri Litiji
Temelj
LITIJA
Litija
29
108
Zagorica
Mala Štanga
Kamplov hrib 716
Bukov hrib 594
Konjski potok
Ohanov Gobnek 626
Borštnar
Šitenkov hrib 435
Sitarjevec 448
Gradišče pri Litiji
Mahkovc
Krivec
Omahen
Šmic
Arhov hrib 506
Arh
Gradiške Laze
Velika Štanga
Zavrstnik
Osredkar
Breznarica 478
Šmartno pri Litiji
Reka
Spodnja Jablanica
Zgornja Jablanica
Dragovšek
Štangarske Poljane
645
Štangarski potok
Adamovec
Kepa 495
Tičnica 395
Bevc
Volčja Jama
Tičar
Ovčinar
Mala Kostrevnica
Grilovec 399
400
Šcit
Vršič 468
Krovec
416
Plankovec
Korancije
Sv. Večer
Črni Potok
Bogenšperk
Velika Kostrevnica
Dvor
Kapca 519
Gril
Silvar
Prelaznik
Podroje
Kot
Sovec 541
Ulčar
Čelo 518
Gradišče 410
Spodnji Riharjevec
Vintarjevec
Kmica 529
Riharjevec
Zgornji Riharjevec
Leskovica pri Šmartnem
Vrata
Matišnik
Jastrebnik
Hrib 541
Žnidar
Špiček 533
Brezovščica
Muzga
Straža 633
Višnji
Gozdar
Bozič
Španov hrib 638
Špivec 538
Gradišče 523
Deben 569
416
Temenica
Rekar
Obolno
Obolno 776
Osredek nad Stičnom
Javorje
Pančičev vrh 539
Krmuc
Brigarica 667
Brdo 668
Zavolovšček 654
Osrenca 709
Lectov grad 610
Pusti Javor
Gumbišče 569
Veliki vrh 759
Vrtače
Debeče
Felič vrh
Gornji Vrh
Šipke 627
600
Sela pri Š
Poljane pri Stični
Gradišče 643
Cerovec
Drejnik 650
600
Mariha 476
Sobrače
Škrjanščica 772
Kamni vrh 616
Mala Goričica
Pristava nad Stičnom
Brezovec 521
Vrh pri Š
400
Drmožnik
Kukelj 628
Brezovec
Čagoška gora 456
Pasja gorica 626
Pešeni hrib 654
Metnaj
Sela pri Višnji Gori
Dobrava pri Stični
Farški Kal
Bukovica
Čagošče
Stiški potok
Brezovec 576
Mali Kal
Videmski hrib 425
Laze
Veliki Kal
Kosca
600
Culka
Videm pri Temenici
Demčev hrib 396
Kamno Brdo
400
Mekinje nad Stičnom
Velike Češnjice
Praproče pri Temenici
Veliki boršt 617
Male Češnjice
Zaboršt pri Šentvidu
Petrušnja vas
Stična
Podsmreka pri Višnji Gori
Velika Dobrava
Pristavlja vas
Šentvid pri Stični
Šentpavel na Dolenjskem
Selo pri Radohovi Vasi
Hrbček 482
Grič 513
Grič 336
400
Breze 453
Mala Dobrava
Dol
A2
Vir pri Stični
Grm
Polje pri Višnji Gori
Višnjica
Griže
Dole
Radohova vas
Radohova v
Laze
Na hribu 391
Zgornja Draga
Ivančna Gorica
Glogovica
Poljevo
Malo Hudo
646
29
Gomile
Vrhpolje pri Šentvidu
Škoflje
Ilovski hrib 421
Stranska vas ob Višnjici
Grič 337
Babja D
21
Tičji hrib 347
Spodnja Draga
Ivančna Gorica
Jejža 346
Boga vas
Kranjak 411
Mleščevo
Fedranov gozd
Velike Pece
Dob pri Šentvidu
Pokojnica

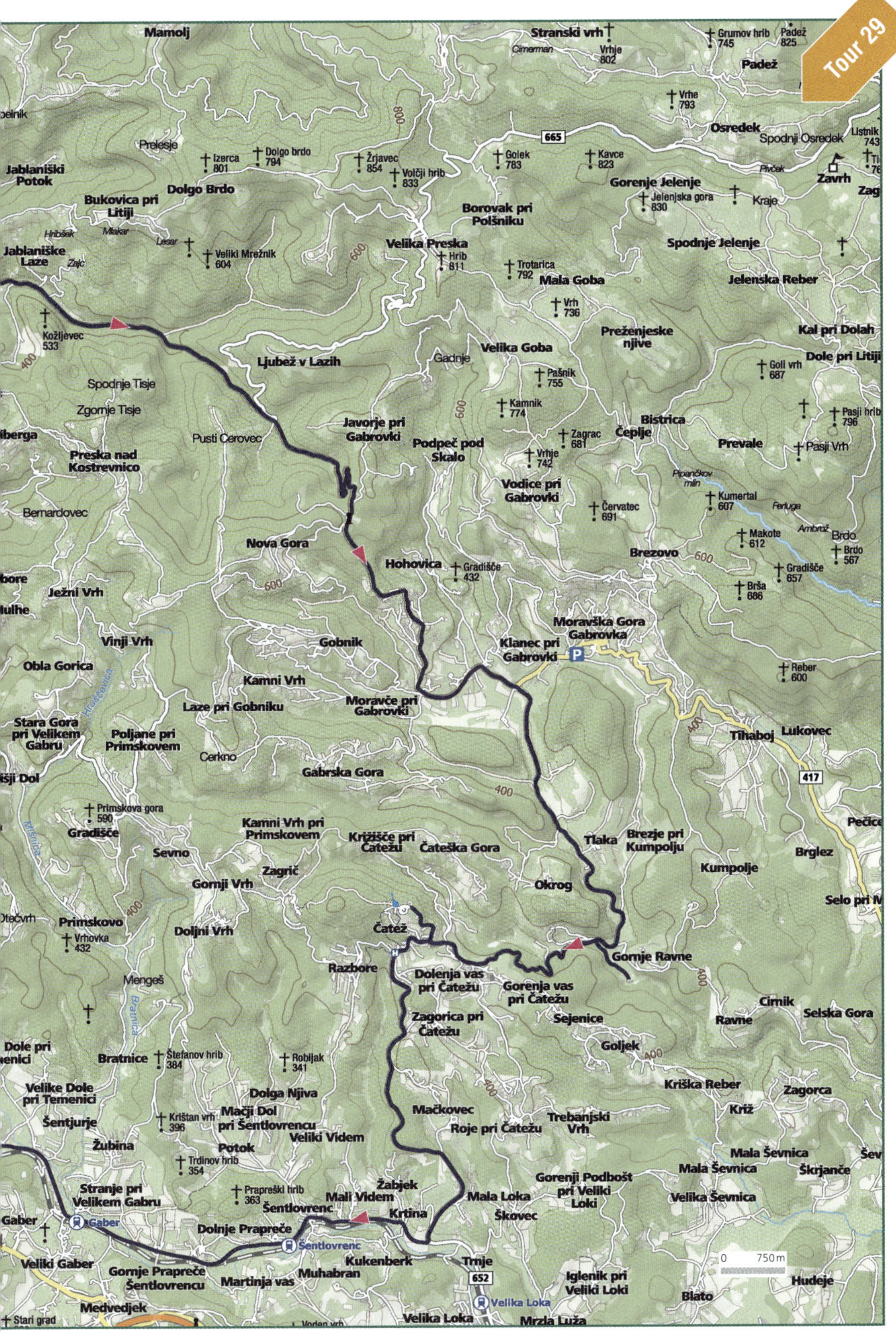
Tour 29
Mamolj
Stranski vrh
Vrhje 802
Grumov hrib 745
Padež 825
Padež
Osredek
Spodnji Osredek
Zavrh
Gorenje Jelenje
Jelenjska gora 830
Kraje
Spodnje Jelenje
Jelenska Reber
Jablaniški Potok
Bukovica pri Litiji
Dolgo Brdo
Izerca 801
Dolgo brdo 794
Žrjavec 854
Volčji hrib 833
Golek 783
Kavce 823
Borovak pri Polšniku
Velika Preska
Hrib 811
Trotarica 792
Mala Goba
Vrh 736
Jablaniške Laze
Veliki Mrežnik 604
Kožljevec 533
Ljubež v Lazih
Velika Goba
Preženjeske njive
Kal pri Dolah
Dole pri Litiji
Spodnje Tisje
Zgornje Tisje
Pusti Cerovec
Javorje pri Gabrovki
Podpeč pod Skalo
Pašnik 755
Kamnik 774
Zagrac 681
Vrhje 742
Čeplje
Bistrica
Goli vrh 687
Pasji hrib 796
Prevale
Pasji Vrh
Preska nad Kostrevnico
Bernardovec
Vodice pri Gabrovki
Červatec 691
Kumertal 607
Makote 612
Brdo 567
Gradišče 657
Brša 686
Nova Gora
Hohovica
Gradišče 432
Brezovo
Ježni Vrh
Vinji Vrh
Gobnik
Moravška Gora
Gabrovka
Klanec pri Gabrovki
Reber 600
Obla Gorica
Kamni Vrh
Laze pri Gobniku
Moravče pri Gabrovki
Stara Gora pri Velikem Gabru
Poljane pri Primskovem
Cerkno
Tihaboj
Lukovec
417
Gabrska Gora
Primskova gora 590
Gradišče
Sevno
Kamni Vrh pri Primskovem
Križišče pri Čatežu
Čateška Gora
Tlaka
Brezje pri Kumpolju
Kumpolje
Brglez
Zagrič
Gornji Vrh
Okrog
Primskovo
Vrhovka 432
Doljni Vrh
Čatež
Razbore
Gornje Ravne
Dolenja vas pri Čatežu
Gorenja vas pri Čatežu
Zagorica pri Čatežu
Sejenice
Cirnik
Ravne
Selska Gora
Mengeš
Goljek
Dole pri Temenici
Bratnice
Štefanov hrib 384
Robljak 341
Kriška Reber
Zagorca
Velike Dole pri Temenici
Dolga Njiva
Kriz
Šentjurje
Krištan vrh 396
Mačji Dol pri Šentlovrencu
Mačkovec
Roje pri Čatežu
Trebanjski Vrh
Veliki Videm
Žubina
Potok
Mala Ševnica
Mala Ševnica
Škrjanče
Trdinov hrib 354
Stranje pri Velikem Gabru
Prapreški hrib 363
Šentlovrenc
Žabjek
Mali Videm
Krtina
Mala Loka
Gorenji Podboršt pri Veliki Loki
Velika Ševnica
Gaber
Gaber
Dolnje Prapreče
Šentlovrenc
Škovec
Veliki Gaber
Gornje Prapreče
Šentlovrencu
Martinja vas
Muhabran
Kukenberk
Trnje
652
Iglenik pri Veliki Loki
Hudeje
Blato
Medvedjek
Velika Loka
Stari grad
Velika Loka
Mrzla Luža
0 750 m

29

Radtour

29 Litija – Ivančna Gorica

Von der Sava zum Zisterzienserkloster

DAUER	5–6h
LÄNGE	50 km
HÖHENMETER	1200 hm
SCHWIERIGKEIT	SCHWER
MIT ÖFFIS ERREICHBAR	ja

Das erwartet dich ...

Eine schwere Radtour mit zwei ausgeprägten Anstiegen: Hohovica (603 m) und Zaplaz (553 m). Auf dieser Radtour erleben wir eine unbekannte Gegend in Zentralslowenien. Der slowenische Schriftsteller Fran Levstik schrieb im 18 Jh. eine Novelle: „Od Litije do Čateža" (Von Litia nach Čatez). Diese Radtour deckt sich in ihrer ersten Hälfte mit der Wanderung aus dieser Novelle. Čatež liegt schon am Rande des Weingebiets in Unterkrain-Dolenjska. Nur 2 Kilometer bergauf liegt die neue Wallfahrtskirche Zaplaz.

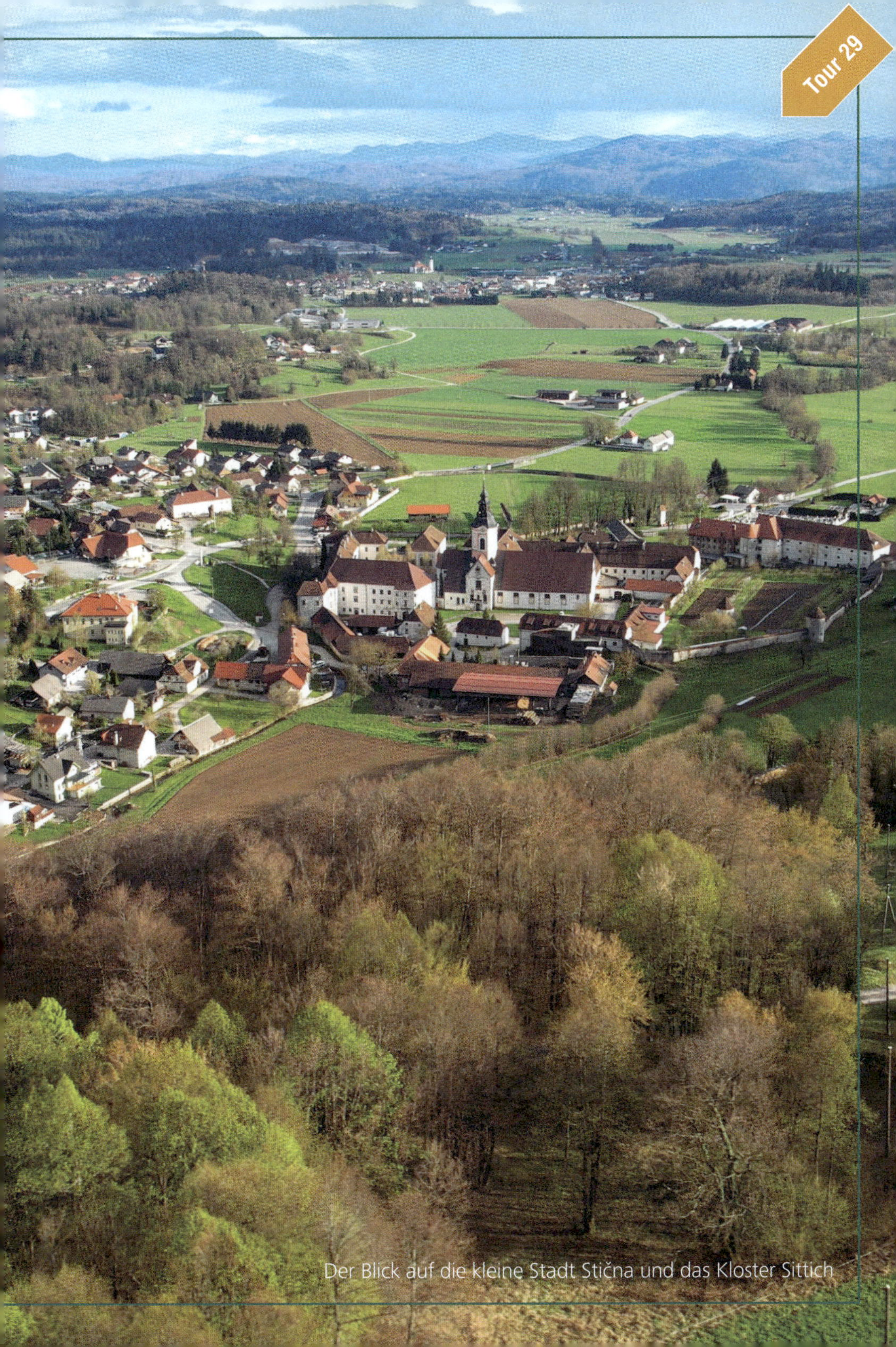

Der Blick auf die kleine Stadt Stična und das Kloster Sittich

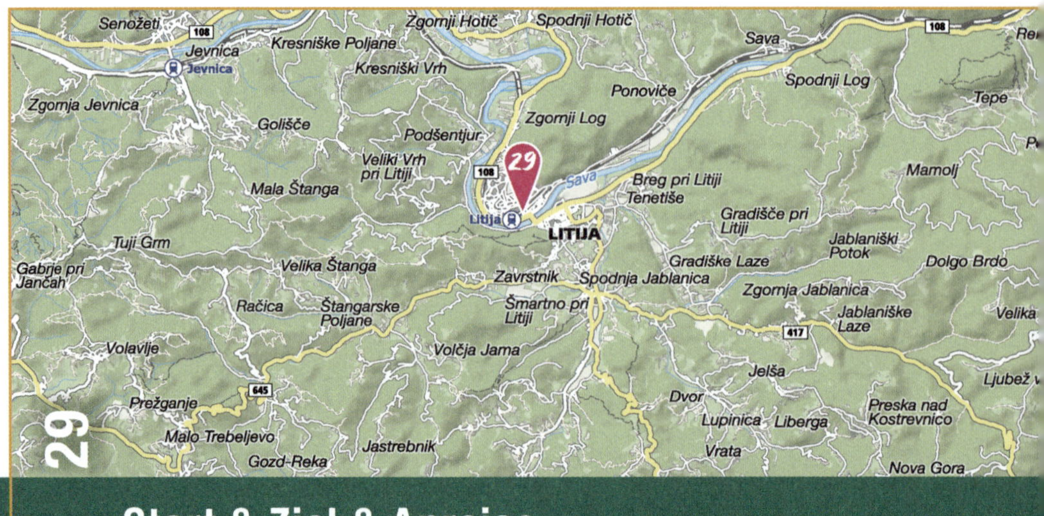

Radtour 29

Start & Ziel & Anreise

Die Anreise kann mit dem Zug erfolgen. Die Tour startet unmittelbar am Bahnhof Litija. Mit dem Auto erreicht man Litija über die Straße 108. Die Zufahrt erfolgt über die A1 – Ausfahrt 25 (Ljubljana Sentjakob). Von hier fährt man nach Osten bis nach Litija an der Sava entlang.

Tourenbeschreibung

Nach dem Bahnhof fahren wir auf die Hauptstraße und biegen links ab. Wir achten auf die Wegweiser nach Šmartno (4 km). Es lohnt sich, den Abstecher durch den Ort zu machen, da dort eine große neugotische Kirche mit zwei Türmen aus dem Jahr 1901 steht. Dann folgen wir der Straße Richtung Gabrovka und Mirna. Nach 11 Kilometer erreichen wir den höchsten Punkt unserer Tour (603 m). Auf den nächsten Kilometern genießen wir die Abfahrt. Hinter dem Ort Moravče achten wir auf die Abzweigung nach rechts. In der Nähe befindet sich eine verlassene Tankstelle. Wir folgen auf den nächsten 4 Kilometer dem kleinen Bach Mirna. Kurz bevor unsere Straße wieder zu steigen beginnt, steht bei einer Brücke ein Wegweiser zum Bauerntourismus Obolnar. Diese Abzweigung ist für müde Radler ein absolutes Muss. Nach ca. 1 Kilometer Fahrt erreichen wir das Gelände: Trinken Essen, Schwimmen und Volleyball spielen ist möglich. Hier könnte man ohne weiteres ein paar Tage verweilen.

Erfrischt starten wir zur nächsten Herausforderung: Zuerst 2 Kilometer Anstieg nach Čatež, und dann kommt das Zuckerl – die 16 % steile Straße zur Wallfahrtskirche Zaplaz. Von dieser Erhebung können wir die schöne Aussicht in alle Richtungen genießen.

Dann folgt die Abfahrt ins Temenica-Tal. Beim Stoppschild (nach ca. 5,5 km) biegen wir nach rechts ab (Šentlovrenc). Dann folgen wir dem Bach Temenica und der Eisenbahn ca. 11 Kilometer. Sollten wir schon genug vom Radeln haben, können wir schon hier die Rückreise mit dem Zug antreten.

Ansonsten folgen wir dem Wegweiser rechts nach Stična (Sittich). Es geht am Zisterzienserkloster vorbei. Und dann sind es nur noch 2 Kilometer nach Ivančna gorica; hier endet am Bahnhof unsere Radtour. Die Zugfahrt zurück nach Ljubljana dauert etwas weniger als 1 Stunde.

Nicht weit von Litija liegt die Burg Bogenšperk

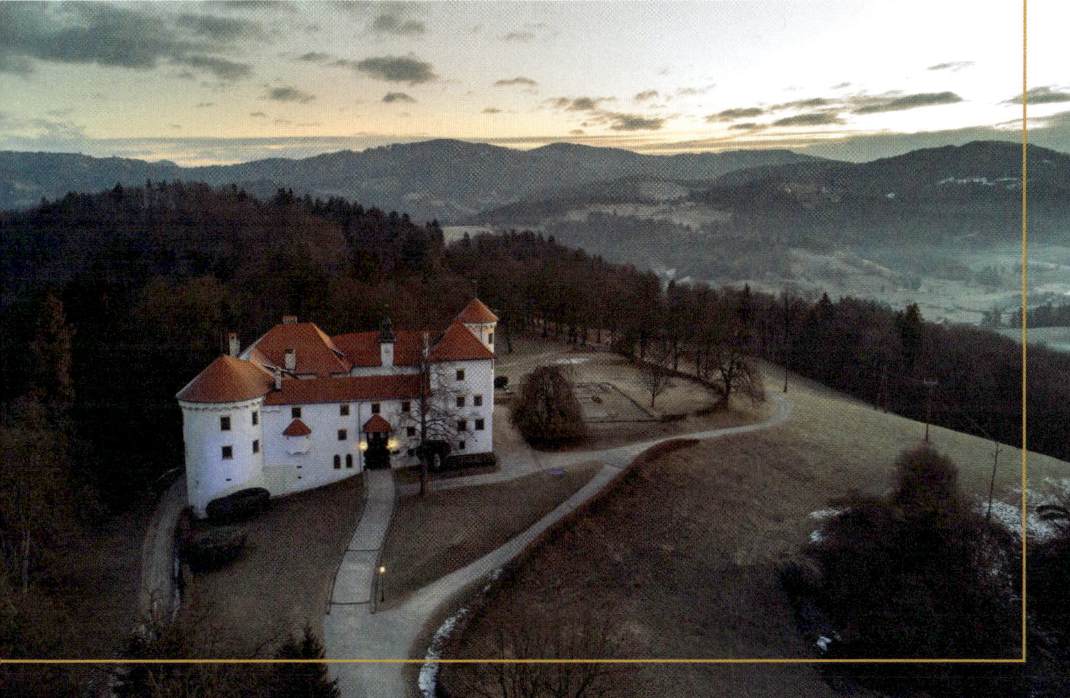

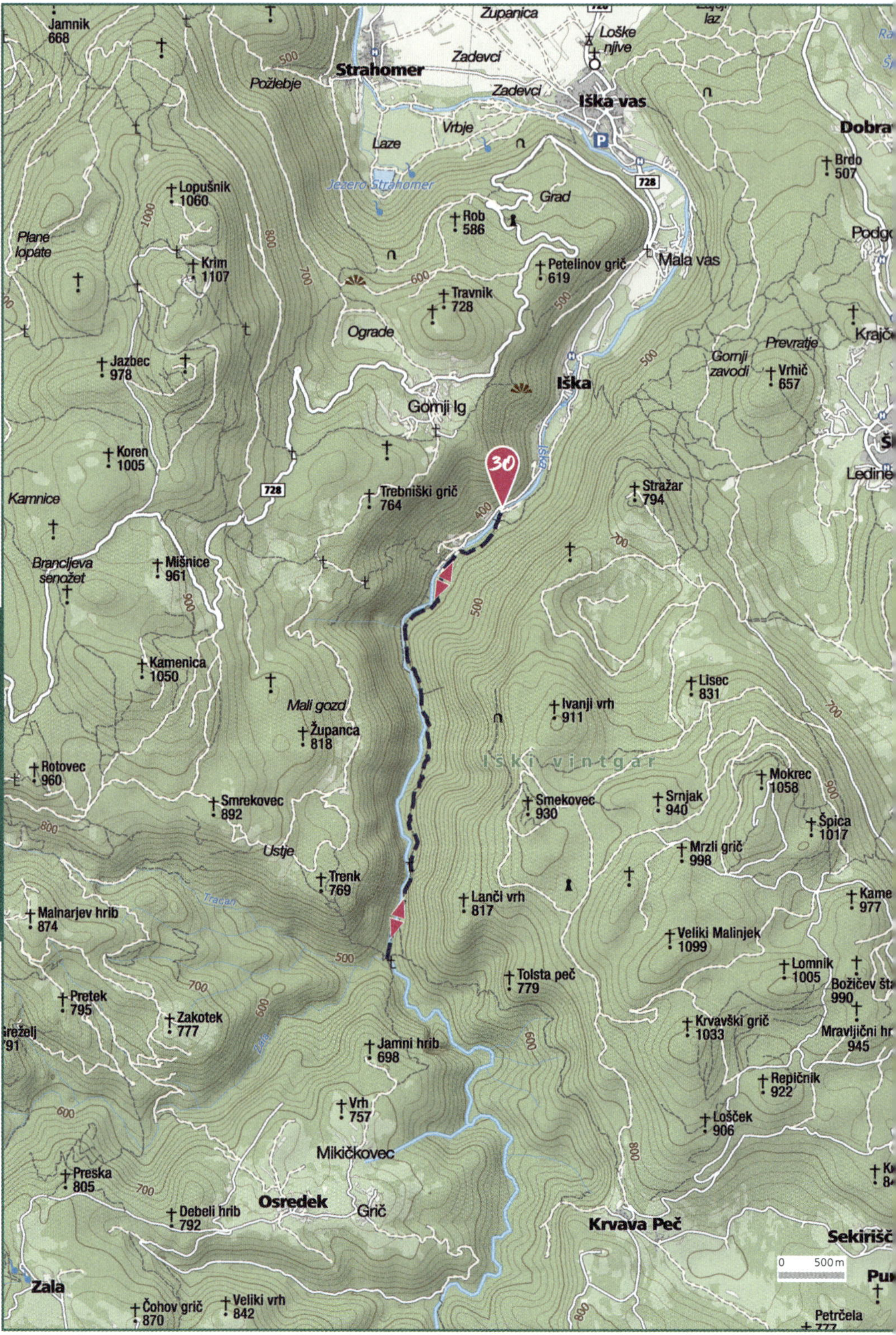

Jamnik 668
Županica
Loške njive
Zadevci
Strahomer
Požlebje
Zadevci
Iška vas
Dobra
Vrbje
Laze
728
Brdo 507
Jezero Strahomer
Grad
Lopušnik 1060
Rob 586
Plane lopate
Krim 1107
Petelinov grič 619
Mala vas
Podg
Travnik 728
Ograde
Prevratje
Krajč
Gornji zavodi
Vrhič 657
Jazbec 978
Iška
Gornji Ig
Koren 1005
30
Lediné
728
Trebniški grič 764
Stražar 794
Kamnice
Brancljeva senožet
Mišnice 961
Kamenica 1050
Lisec 831
Mali gozd
Ivanji vrh 911
Županca 818
Iški vintgar
Rotovec 960
Mokrec 1058
Smrekovec 892
Smekovec 930
Srnjak 940
Špica 1017
Ustje
Mrzli grič 998
Trenk 769
Lanči vrh 817
Kame 977
Malnarjev hrib 874
Tračan
Veliki Malinjek 1099
Lomnik 1005
Tolsta peč 779
Božičev št 990
Pretek 795
Zakotek 777
Krvavški grič 1033
Mravljični hr 945
Grežej 791
Jamni hrib 698
Repičnik 922
Vrh 757
Loščšek 906
Mikičkovec
Preska 805
Osredek
Grič
Debeli hrib 792
Krvava Peč
Sekirišč
0 500 m
Zala
Čohov grič 870
Veliki vrh 842
Petrčela 777

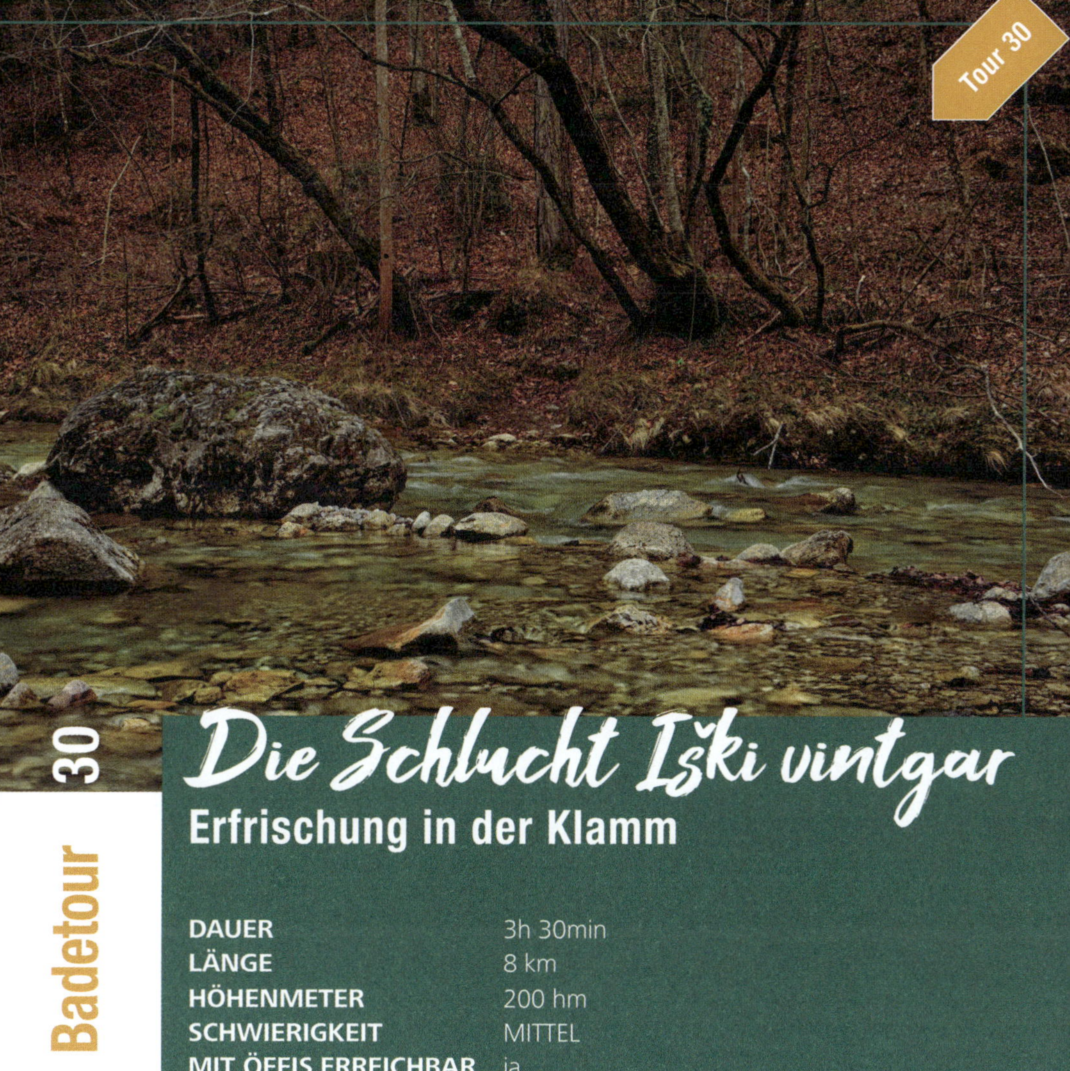

30 Badetour

Die Schlucht Iški vintgar

Erfrischung in der Klamm

DAUER	3h 30min
LÄNGE	8 km
HÖHENMETER	200 hm
SCHWIERIGKEIT	MITTEL
MIT ÖFFIS ERREICHBAR	ja

Das erwartet dich ...

Ein schattiger Wanderausflug entlang des Baches in die Klamm. Sehr erholsam und erfrischend in den heißen Sommermonaten, in denen wir auch in den Gumpen baden können. Auf dem Weg befinden sich zwei eindrucksvolle Sehenswürdigkeiten.

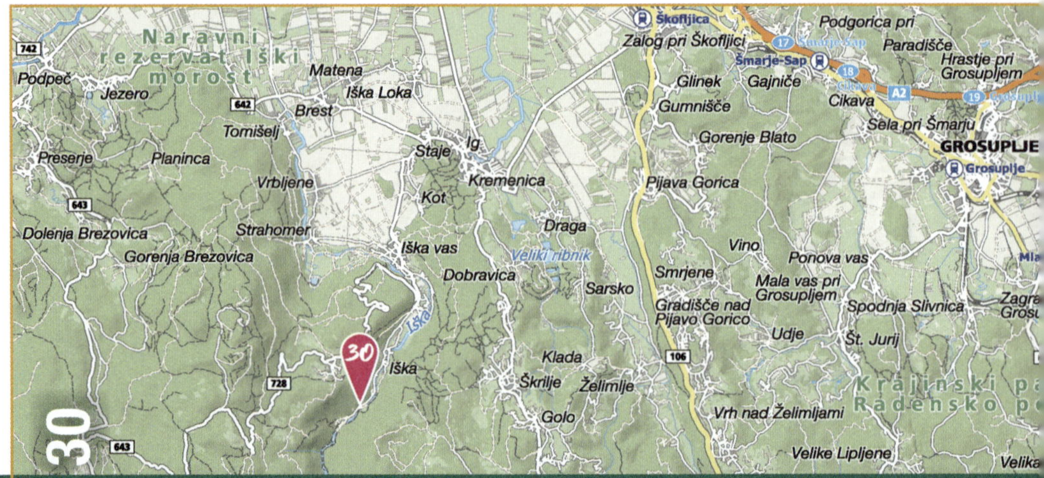

Start & Ziel & Anreise

Die Anreise kann mit dem Bus erfolgen – in Iška gibt es eine Bushaltestelle. Von hier aus läuft man nicht mehr weit flussaufwärts zum eigentlichen Startpunkt der Tour am Parkplatz Koča v Iškem Vintagrju. Mit dem Auto erreicht man die Klamm über Ig, einer Ortschaft südlich von Ljubljana und weiter über die Straßen 642 oder 728. Man folgt anschließend der 728 bis nach Iška vas, anschließend durch den Ort hindurch und den Fluss Iška überqueren. In einer scharfen Rechtskurve biegen wir rechts ab Richtung Iška und fahren durch den Ort hindurch bis zum Parkplatz.

Tourenbeschreibung

Vor der Hütte „Dom v Iškem Vintgarju" müssen wir wegen der zerstörten Fußgängerbrücke einige Meter entlang der Straße zurückgehen. Dann nehmen wir die neue Betonbrücke und wandern entlang des rechten Ufers bachaufwärts. Die Klamm ist äußerst schattig, deswegen ist diese Tour für die heißen Sommermonate besonders geeignet. Der Bach erwärmt sich im Sommer auf eine erträgliche Badetemperatur.

Zuerst verläuft der Weg flach am Bach entlang. Später weicht der Weg immer öfter hoch in den Hang aus, damit er die begehbaren Passagen erreicht. Es gibt zwei Sehenswürdigkeiten am Weg oder in seiner Nähe. Zuerst finden wir den Wegweiser für den hohlen Stein (Votli kamen). Das ist eigentlich ein Tunnel, durch den ein Teil des Bachwassers fließt.

Unser Ziel wird am Zusammenfluss von Iška und Zala-Vrbica erreicht. Dort kann man rasten und baden. In der Nähe befindet sich die zweite Sehenswürdigkeit: Ein Steinturm – eine einzigartige Felsenformation inmitten der Klamm.

Bei der Rückkehr auf demselben Weg können wir die Klamm von der anderen Perspektive aus bewundern. Im Sommer kann man auch „auf dem Wasserweg" zurückkehren, wenn man, mit guten Sandalen, durch das erfrischende Bachbett wandert. Auf diese abenteuerliche Weise erreicht man den Ausgangsort Dom v Iškem Vintgarju in etwas mehr als 1½ Stunden. Varianten: Von Vrbica aus kann man auf drei markierten Wegen weiterwandern. Nach fast 2 Stunden geht es südöstlich bergauf zum Dorf Krvava peč (805 m), direkt nach Süden geht es zum Dorf Osredek (751 m) in 1¼ Stunden und nach Westen erreichen wir in 1½ Stunden den Kurort Rakitna (789 m). Alle drei Orte sind miteinander durch direkte Wanderwege verbunden – man kann also Rundtouren machen, die einen ganzen Tag in Anspruch nehmen.

Glasklares Wasser in der Klamm

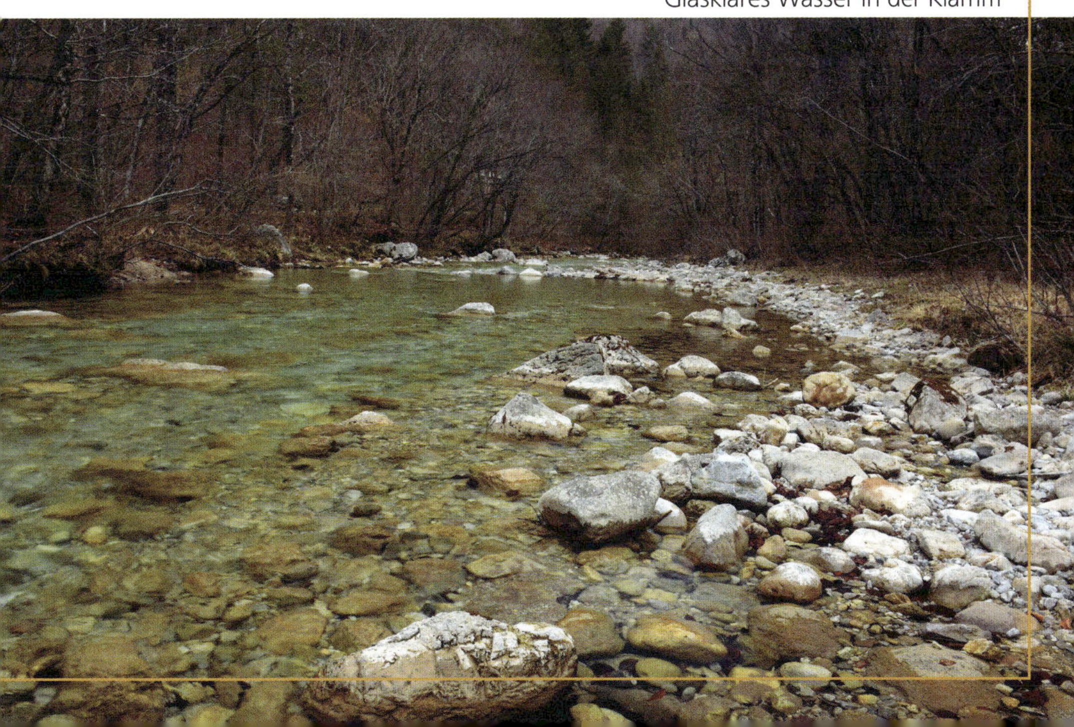

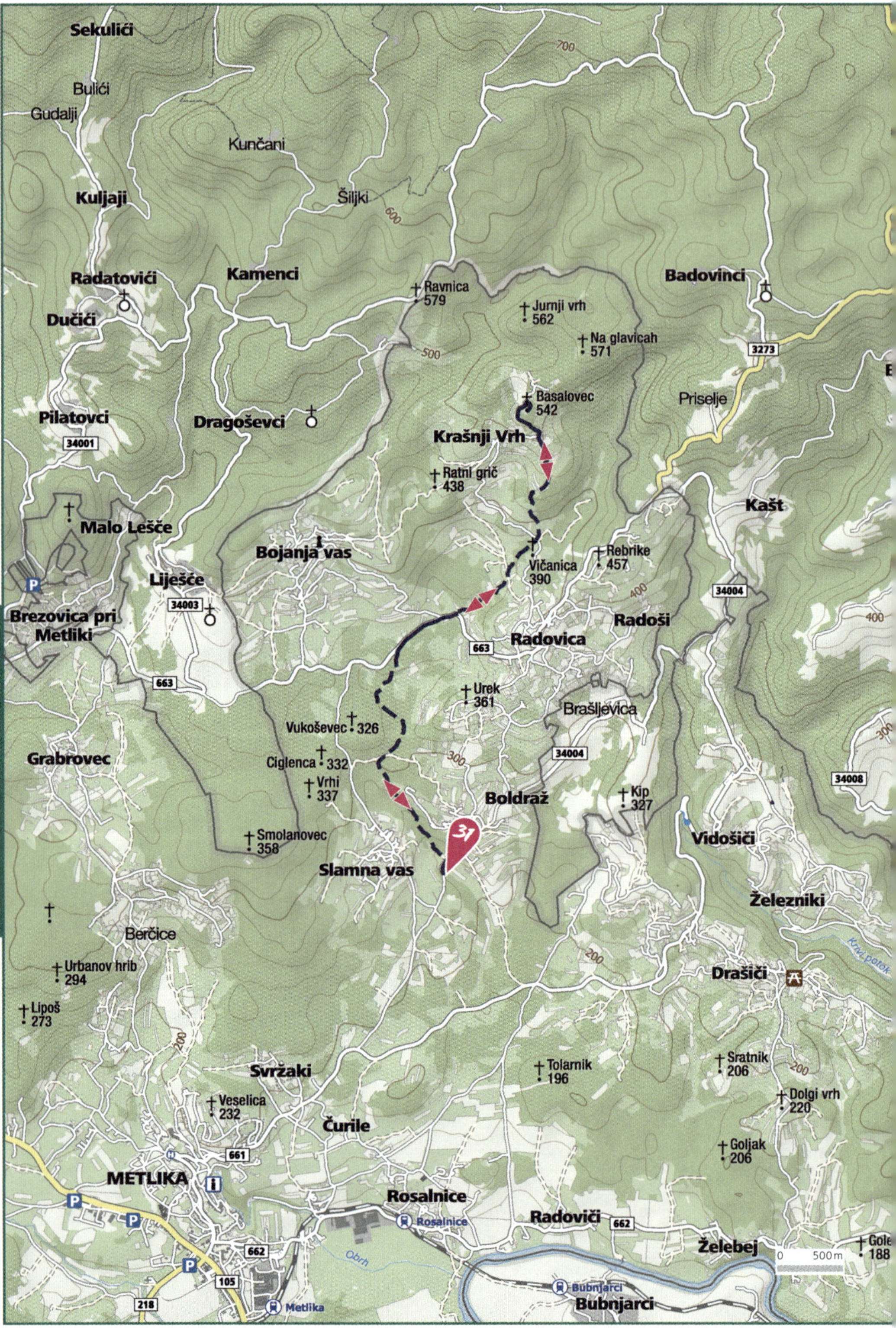

Sekulići
Bulići
Gudalji
Kunčani
700
Kuljaji
Šiljki
600
Radatovići
Kamenci
Badovinci
Ravnica 579
Dučići
Jurnji vrh 562
Na glavicah 571
500
3273
Basalovec 542
Priselje
Pilatovci
Dragoševci
34001
Krašnji Vrh
Ratni grič 438
Kašt
Malo Lešče
Bojanja vas
Rebrike 457
Vičanica 390
P
Liješće
34003
34004
Brezovica pri Metliki
Radoši
400
Radovica
663
663
Urek 361
Brašljevica
Vukoševec 326
Ciglenca 332
300
34004
34008
Grabrovec
Vrhi 337
Boldraž
Kip 327
31
Smolanovec 358
Vidošiči
Slamna vas
Železniki
Berčice
Urbanov hrib 294
200
Krvi potok
Dražiči
Lipoš 273
200
Svržaki
Tolarnik 196
Sratnik 206
200
Veselica 232
Dolgi vrh 220
Čurile
Goljak 206
661
METLIKA
P
P
Rosalnice
Rosalnice
Radoviči
662
662
Obrh
Želebej
Gole 188
0 500 m
P
105
218
Metlika
Bubnjarci
Bubnjarci

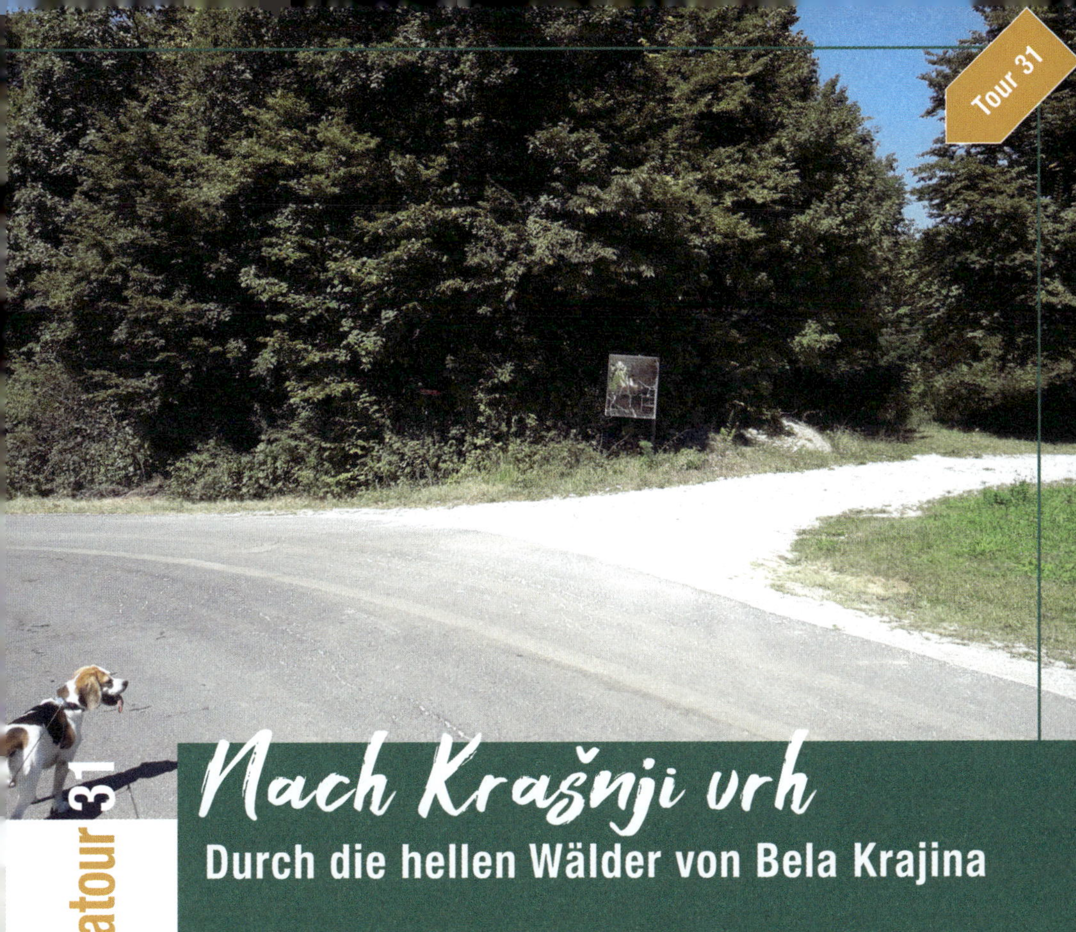

Nach Krašnji vrh

Durch die hellen Wälder von Bela Krajina

DAUER	2h 45min
LÄNGE	9 km
HÖHENMETER	400 hm
SCHWIERIGKEIT	LEICHT
MIT ÖFFIS ERREICHBAR	nein

Das erwartet dich ...

Eine kurze, einfache Wanderung auf wenig bekannten Wegen zu einem Gipfel mit Aussichtsturm am Südhang des Gorjanci-Gebirges in der Bela Krajina. Die Hütte ist nur an Sonntagen geöffnet. Der Weg führt durch die unberührte Wildnis von Slowenien.

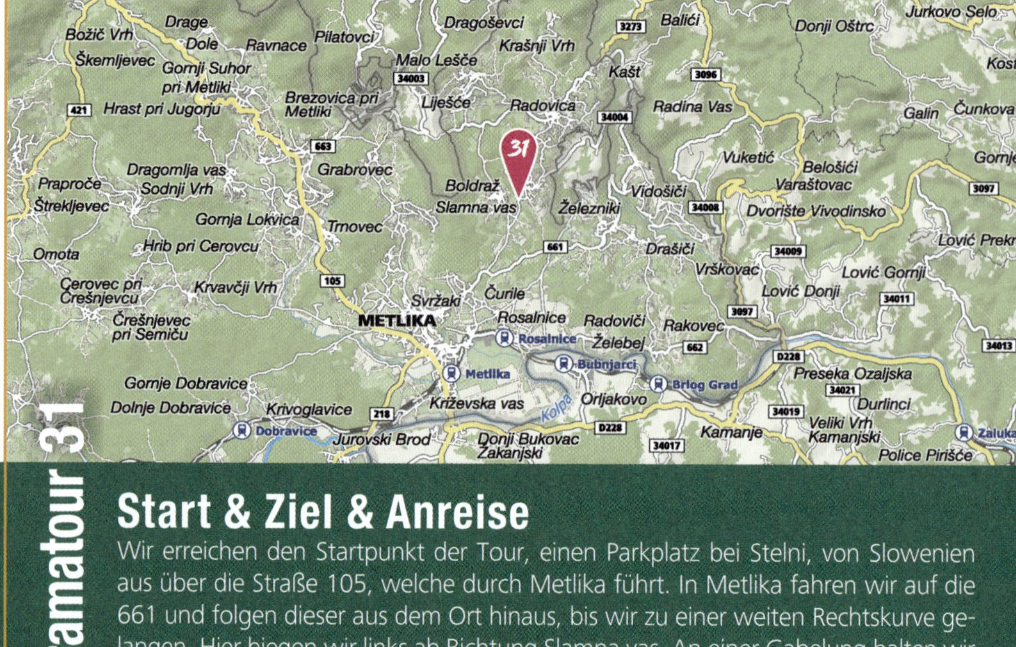

Panoramatour 31

Start & Ziel & Anreise

Wir erreichen den Startpunkt der Tour, einen Parkplatz bei Stelni, von Slowenien aus über die Straße 105, welche durch Metlika führt. In Metlika fahren wir auf die 661 und folgen dieser aus dem Ort hinaus, bis wir zu einer weiten Rechtskurve gelangen. Hier biegen wir links ab Richtung Slamna vas. An einer Gabelung halten wir uns rechts und fahren weiter Richtung Boldraž. Kurz vor dem Ort könnnen wir in einer Rechtskurve parken. Von Norden kommend erreicht man Boldraž über Radovica; hierher gelangt man über die 3273 aus Kroatien nach Slowenien.

Tourenbeschreibung

Die Informationstafeln geben uns Auskunft über die vielen Birken, die den Wald in dieser Gegend bilden. Dann finden wir auf der anderen Seite der Straße den Wanderweg nach Krašnji vrh. Nach 30 Minuten erreichen wir eine kleine Karsthöhle und eine Wasserquelle. Die Farbe des Wassers deutet darauf, dass nur die Vierbeiner dieses Wasser trinken sollten. Dann wandern wir weiter zum Krašnji vrh. Wir erreichen eine Straße und wandern auf dieser ca. 500 Meter Richtung Norden. Der Weg umgeht das Dorf Radovica auf der westlichen Seite. Bis hier war der Weg oft schmal und unübersichtlich. Auch Dornensträucher und Brennnesseln können uns zu schaffen machen. Lange Hosen sind sehr empfehlenswert. Ab Radovica bzw. der Richtungstafel für Krašnji vrh, an der wir die Straße verlassen, wird der Weg deutlich besser. Er deckt sich mit einem Lehrpfad, an dem viele verschiedene Bäume mit Tafeln versehen sind (leider nur auf Slowenisch). Nach ca. 30 Minuten überqueren wir die Straße von Radovica nach Krašnji vrh. Auf der anderen Seite steigen wir langsam, aber stetig immer höher zum Dorf Krašnji vrh. Dieses Dorf lebt noch in einem früheren Jahrhundert. Das Wasser wird aus den Dachrinnen im Brunnen und Speicher gesammelt. Die Straße ist holprig und eng. Die Hunde bellen aus jedem zweiten Haus zu den Wanderern. Es gibt unzählige Katzen im Dorf. Aber es ist ein Stück Zeitgeschichte. Die Markierungen bringen uns zur Kirche, das ist das höchstgelegen Gebäude im Dorf. Dort gibt es einen kleinen Parkplatz. Von dort sind es nicht einmal 10 Minuten bis zum Gipfel Krašnji vrh. Von dem 17 Meter hohen Aussichtsturm können wir sehr gut in Richtung Süden die Landschaft bewundern. Der Blick reicht bei schönem Wetter bis zum Velebit-Gebirge in Kroatien. In Richtung Südwesten ragt ein besonders geformter Berg aus dem Gorski Kotar-Massiv in Kroatien auf. Von diesem Berg sollten im Mittelalter die Hexen auf den Besen geflogen sein; seit dem die Kroaten die Autobahn von Rijeka na Karlovac (1999) gebaut haben, wurden die Hexenflüge eingestellt.

Die Hütte ist nur an jedem Sonntag und Anfang Mai geöffnet. Zu anderen Zeiten sollte man sich beim lokalen Alpenverein PD Metlika erkundigen. info@pdmetlika.net

Wir kehren auf dem gleichen Weg zurück zum Parkplatz am Stelniki. Varianten: Diese Tour können wir auch zu einer großräumigen Rundtour machen. Wenn wir in Metlika beginnen, dann dauert die Wanderung nach Krašnji vrh mehr als 3 Stunden. Auch auf dem anderen Weg dauert es ca. 3 Stunden. Mehr dazu im Internet unter www.belakrajina.si.

Autoren Tipp

Unsere Wanderung verläuft am Anfang zwischen den Birken hindurch, anschließend queren wir Weinberge und schließlich kommen wir auf die Wiesen und in die Wälder am Südhang des Gorjanci-Gebirges. Krašnji vrh ist das höchstgelegen Dorf im Weingebiet von Metlika – Pure Wildnis. Gute Verpflegung findet man in Radovica (etwa 1 km abseits unserer Route) beim Bauerntourismus Bajuk.

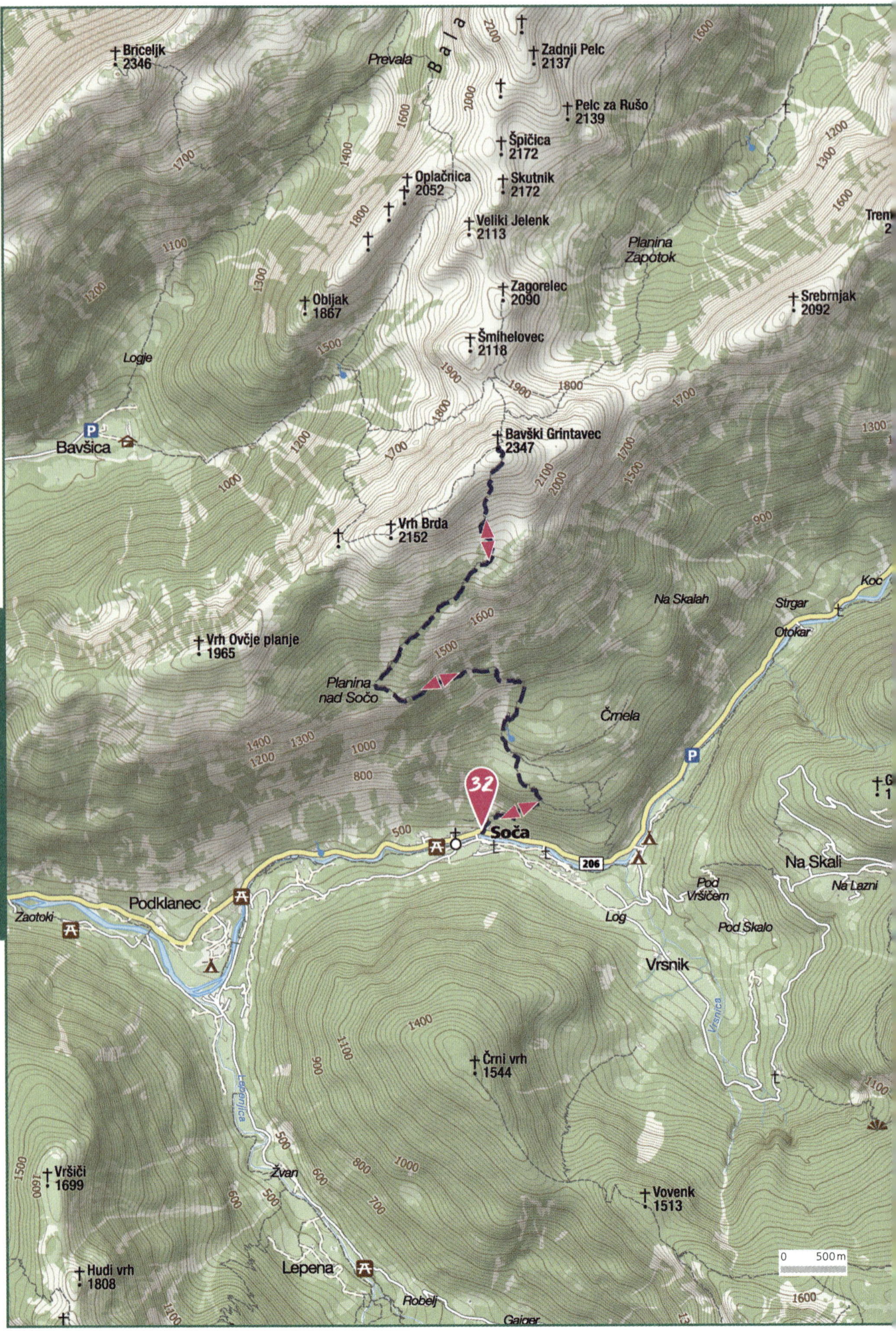

32

Bričeljk 2346
Prevala
Bala
Zadnji Pelc 2137
Pelc za Rušo 2139
Špičica 2172
Oplačnica 2052
Skutnik 2172
Veliki Jelenk 2113
Planina Zapotok
Obljak 1867
Zagorelec 2090
Srebrnjak 2092
Šmihelovec 2118
Logje
Bavšica
Bavški Grintavec 2347
Vrh Brda 2152
Na Skalah
Strgar
Otokar
Koc
Vrh Ovčje planje 1965
Planina nad Sočo
Črnela
32
Soča
206
Podklanec
Zaotoki
Na Skali
Na Lazni
Pod Vršičem
Log
Pod Skalo
Vrsnik
Vrsnica
Lepenica
Črni vrh 1544
Žvan
Vršiči 1699
Vovenk 1513
Hudi vrh 1808
Lepena
Robelj
Gaiger
0 500 m

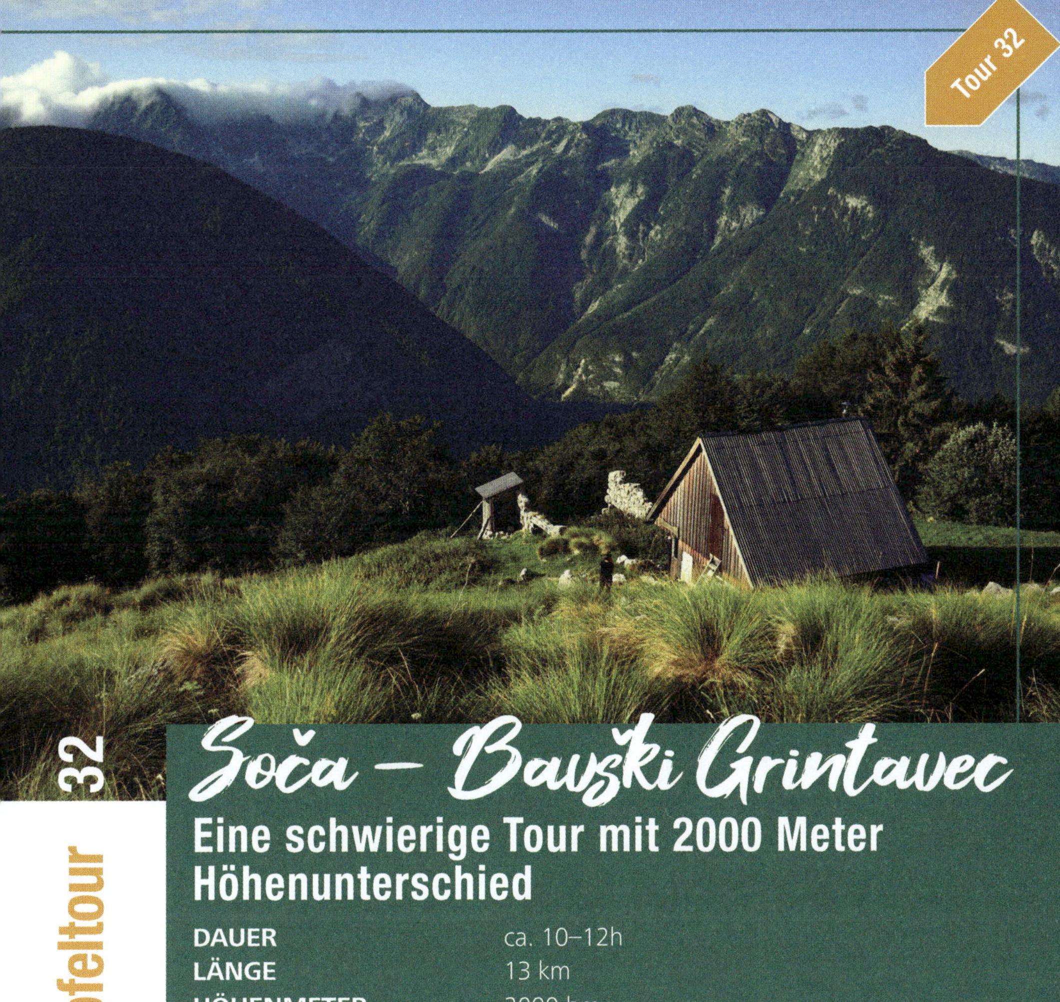

Soča – Bavški Grintavec

Eine schwierige Tour mit 2000 Meter Höhenunterschied

DAUER	ca. 10–12h
LÄNGE	13 km
HÖHENMETER	2000 hm
SCHWIERIGKEIT	SCHWER
MIT ÖFFIS ERREICHBAR	ja

Das erwartet dich ...

Ein schwerer Aufstieg von Soča (Fluss und Dorf) auf einem wenig begangenen Weg auf den 2344 Meter hohen, felsigen Gipfel. Auf diesem Weg wirst du nur wenige Wanderer treffen. Hier und da begibt sich mal jemand zur Alm Soča auf 1400 Meter, um dort Ruhe, schöne Aussicht und Sonne zu genießen. Nur sehr wenige Bergsteiger entscheiden sich dafür, den Berg über diese heiße Südseite zu erklimmen. Das Gipfelbuch wird dir das bestätigen.

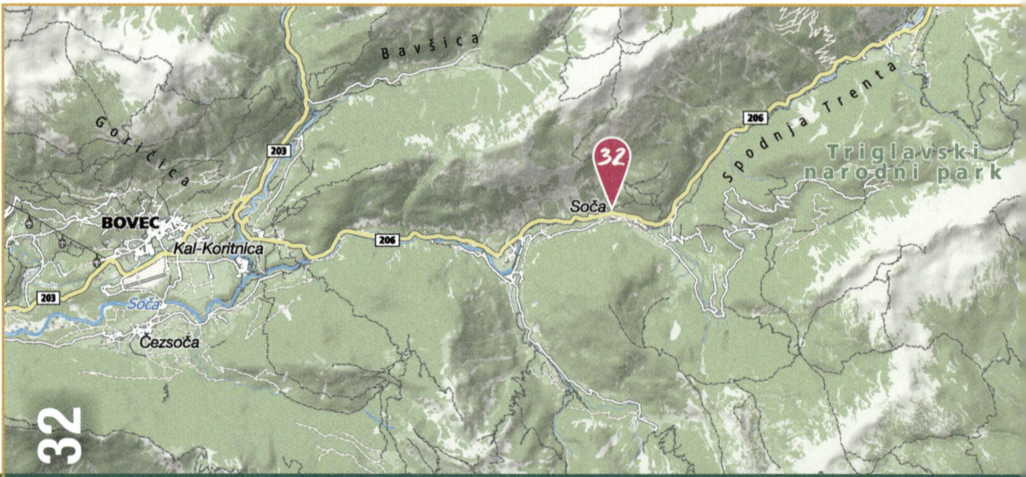

Gipfeltour 32

Start & Ziel & Anreise

Startpunkt ist in 5232 Soča bei einem kleinen Parkplatz am Wegweiser zum Bavški Grintavec. Die Anreise kann mit dem Bus aus Kranjska Gora und Bovec erfolgen. In Soča gibt es nahe des Startpunktes eine Bushaltestelle. Alternativ erfolgt die Anreise mit dem Auto über die 206 von Bovec kommend bzw. von Kranjska Gora. Im Bereich des Dorfes Soča gibt es nur wenige Parkmöglichkeiten! Ein kleiner Parkplatz befindet sich am Wegweiser zum Bavški Grintavec.

Tourenbeschreibung

Ab dem Wegweiser „Bavški Grintavec 5 h" helfen uns gelbe Tafeln, das verlassene Dorf Lemovje zu erreichen. Der Weg dorthin ist sehr steil. Nach einer guten Stunde triffst du auf dieses Relikt der Vergangenheit. Zwischen den Ruinen halte dich links; die gelbe Tafel weist die Besucher des verlassenen Dorfes nach rechts zum einzigen sanierten Haus.

Die Wegrichtung dreht nun nach Nordwesten. Es wechseln flache und steile Passagen. Mal bist du im dichten Buchenwald, mal bekommst du die Sonne im Nacken deutlich zu spüren. Mehr als 1 ½ Stunden wirst du dich plagen, bis du die sonnigen Wiesen der Alm Soča erreichst. Die Umgebung lädt dich zum Rasten ein. Herrliche Sicht nach Osten und Süden. Hier hat man ungefähr die Hälfte des Aufstieges geschafft. Danach ist die Orientierung nur noch sehr schwer. Es gibt keine Bäume mehr. Das Gras ist sehr hoch und die wenigen Markierungen auf den Felsen sind nicht leicht zu sehen. Auch der Weg ist sehr unübersichtlich. Das hohe Gras behindert die Sicht auf den Pfad und es besteht große Gefahr, sich bei Unaufmerksamkeit zu verletzen. Nach einer halben Stunde hast du die Alm hinter dir. Der Weg führt nun wieder durch den Wald. Die großen Lawinen vom April 2021 haben dem Wald übel zugesetzt. Daher ist der Weg wegen der umgestürzten Bäume nur sehr schwer zu finden; nach einiger Anstrengung erreichst du jedoch den Bereich mit den erhaltenen Nadelbäumen. Danach wird es steiler und wegen der niedrigen Latschen auch immer aussichtsreicher. Auf circa 1800 Meter Höhe hört die Baumvegetation nun vollständig auf und nur noch wenige Gräser begleiten dich auf dem Weg zu den Felsen. Mag sein, dass dich der Blick auf den felsigen Grat vor dir nicht in eine optimistische Stimmung versetzt; der Weg wird jedoch sehr gut durch eine Rinne geführt. Es gibt genug Seile zur Absicherung, du brauchst nur den Helm aufzusetzen und so schaffst du ohne technische Probleme die letzten Passagen.

Einmal oben am Grat angelangt ist es nicht mehr weit nach Norden zum eigentlichen Gipfel. Im Vergleich zu anderen Gipfeln der Julischen Alpen ist der Bavški Grintavec mit seinen 2344 Meter eher bescheiden, aber wegen des sehr niedrigen Ausgangspunktes (490 m) und der Umstände, dass es unterwegs weder Verpflegung noch Wasser gibt (die dürftige Quelle oberhalb Lemovje halte ich nicht für Trinkwasser, sondern nur zum Waschen geeignet), gehört dieser Berg zu den am schwersten erreichbaren und deswegen am wenigsten begangenen Bergen in Slowenien. Der Ausblick braucht keinen Vergleich zu scheuen, alle höchsten Gipfel der Julischen Alpen sind in greifbarerer Nähe zu sehen. Im Westen der Montasch und der Wischberg, im Norden der Jalovec und der Mangart, im Osten der Triglav und der Krn und im Süden die immer niedrigeren Erhebungen und schließlich die Adria. Mit einem Fernglas kann man auch die Schiffe in der Werft von Molfancone oder im Hafen von Triest erkennen.

Falls unser Auto in Soča steht, müssen wir auf demselben Weg zurückkehren. Falls nicht, dann empfehle ich dir den Abstieg zum Kanjasattel (anstrengendes Klettern abwärts), zur Alm Zapotok und schließlich zur Straße in Zadnja Trenta (962 m). Es gibt auf diesem Abstieg keine Verpflegung, dafür aber auf der Alm Zapotok (1350 m) eine Quelle.

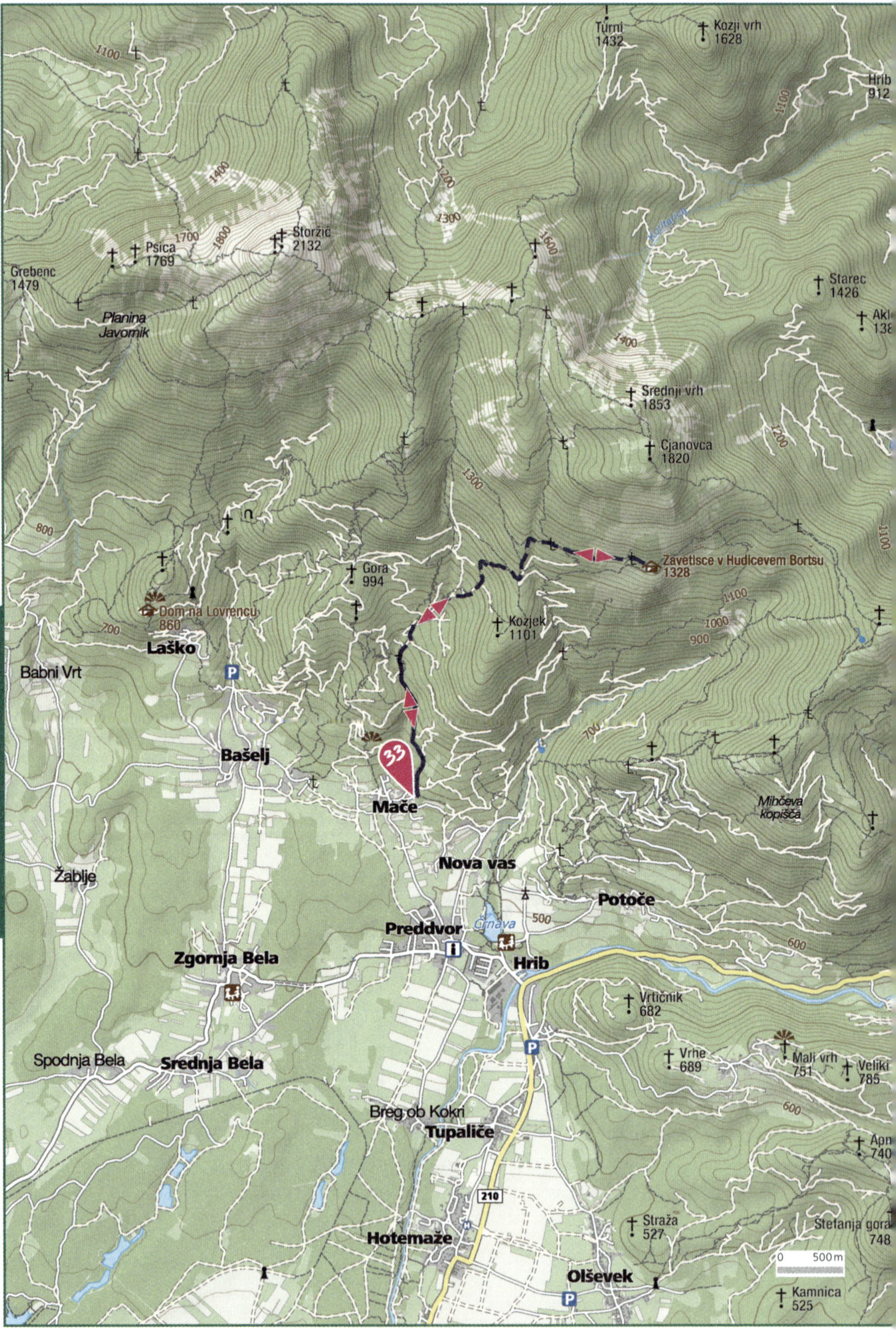

33

Turni 1432
Kozji vrh 1628
Hrib 912
Storžič 2132
Psica 1769
Grebenc 1479
Planina Javornik
Starec 1426
Srednji vrh 1853
Cjanovca 1820
Gora 994
Zavetišče v Hudičevem Borštu 1328
Dom na Lovrencu 860
Kozjek 1101
Laško
Babni Vrt
Bašelj
Mače
Mihčeva kopišča
Žablje
Nova vas
Potoče
Preddvor
Črnava
Hrib
Zgornja Bela
Vrtičnik 682
Vrhe 689
Mali vrh 751
Spodnja Bela
Srednja Bela
Breg ob Kokri
Tupaliče
Hotemaže
Straža 527
Štefanja gora 748
Olševek
Kamnica 525
0 500 m

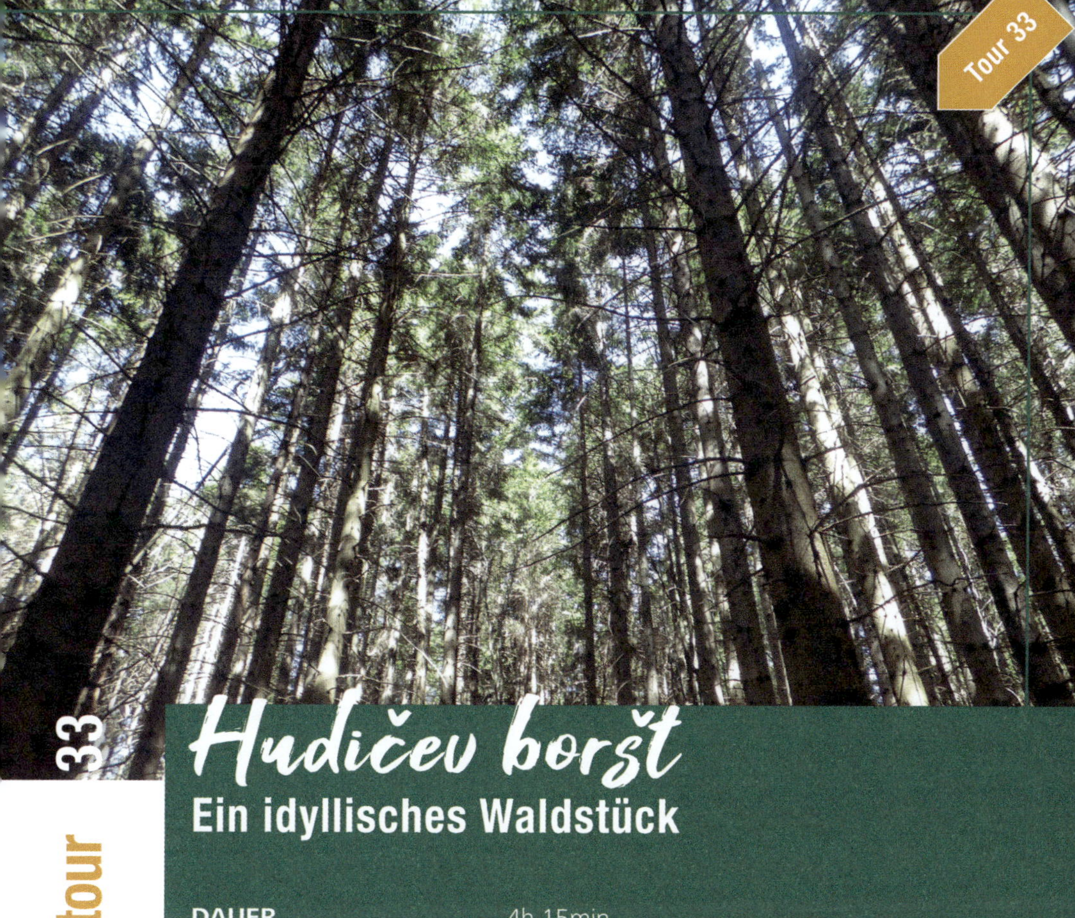

33 Waldtour

Hudičev boršt

Ein idyllisches Waldstück

DAUER	4h 15min
LÄNGE	7,5 km
HÖHENMETER	750 hm
SCHWIERIGKEIT	LEICHT
MIT ÖFFIS ERREICHBAR	nein

Das erwartet dich ...

Ein angenehmer Aufstieg zu einem Waldstück, das schon von Weitem die Blicke auf sich zieht. Seitdem dort auch eine Hütte steht, wird dieser Ort sehr oft besucht. Der Weg ist sehr aussichtsreich und bietet einige schöne Blicke in das umliegende Gebirge sowie auf die Dörfer im Flachland.

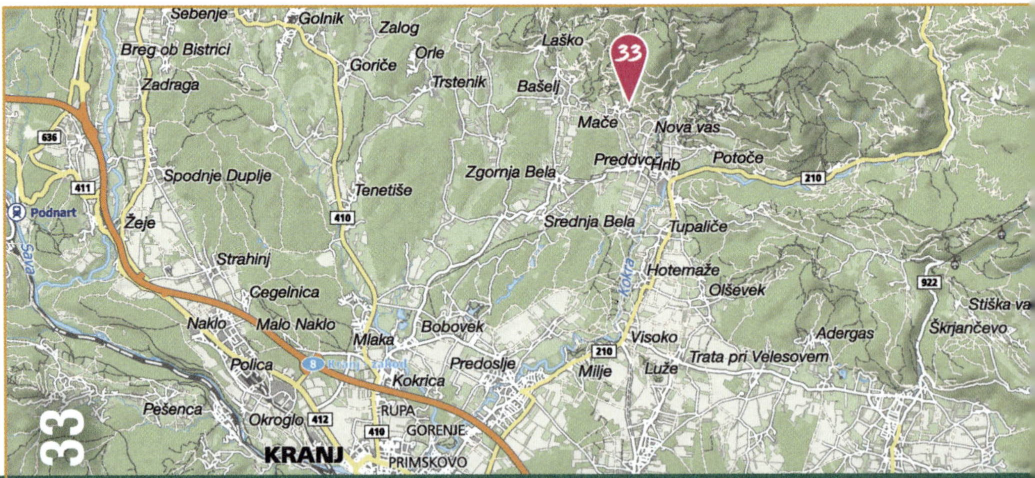

Start & Ziel & Anreise

Wir starten am Parkplatz oberhalb von Mače. Ausgehend von der Autobahn A2, welche wir an der Ausfahrt 9 (Kranj – vzhod) oder 8 (Kranj - zahod) verlassen, fahren wir Richtung Mače. Dort kommt man über verschiedene Nebenstraßen zur Straße 210, welche durch Britof führt. Wir folgen der 210 bis nach Preddvor; hier biegen wir links auf die Straße Preddvor ab und überqueren den Fluss Kokra. In einer Linkskurve gegenüber des Restaurants Gorski Privez biegen wir rechts ab und halten uns anschließend links. Diese Straße führt bis nach Mače.

Tourenbeschreibung

Das Auto parken wir gleich oberhalb des Ortes Mače; die meisten Wegweiser zeigen zum Storžič und zur Kališče-Hütte. Vom lang gezogenen Parkplatz wandern wir die Straße entlang bis zur Kreuzung (30 Min.). Der Weg zum Hudičev Boršt biegt rechts ab, zur Kališče-Hütte geht es nach links. In den nächsten Minuten müssen wir auf die Wegweiser achten, da wegen Forstarbeiten der eigentliche Weg vorübergehend verloren gegangen ist; dieser Weg steigt in Richtung Nordosten (Beschilderung VRH) an. Nach 1 Stunde erreichen wir eine Stelle mit einer schönen Aussicht, von der wir den Blick nach Süden ins Tal genießen können. Man sieht die Dörfer im Flachland wie aus einem Flugzeug, die Landebahn des Flughafens Brnik liegt ebenfalls vor uns. Der Blick schweift weiter zum 1796 Meter hohen Snežnik (einem markanten Berg, der bei schönem Wetter von den meisten Bergen in Slowenien aus zu sehen ist). Bei klarem Wetter können wir auch den Grenzkamm zwischen Slowenien und Kroatien namens Gorjanci sehen. Der aussichtsreiche Weg führt uns mit wenigen Aufstiegen weiter nach Osten und wir erreichen nach gut einer halben Stunde eine Hütte im Teufelswald. Die Hütte ist im Sommer durchgehend, sonst an den Wochenenden geöffnet.

Um zum Fahrzeug zu gelangen, müssen wir denselben Weg zurück nach Mače nehmen.

Hier noch die Legende vom Teufelswald:
Im frühen Mittelalter stritten zwei Bauern um ein Stück Wald. Da sie sich nicht einigen konnten, hat ein Bauer den Wald mit folgenden Worten verflucht: „Der Teufel soll's nehmen". Der Teufel hat das gehört und er entschloss sich, den Wald mitzunehmen. In der folgenden Nacht kam er zu diesem Waldstück im Tal und er trug es auf dem Rücken bergauf, um über den Berg nach Norden zu gelangen. Das Waldstück war aber ziemlich schwer und der Teufel hatte Mühe, auf dem steilen Hang rasch vorwärtszukommen. Als er auf halbem Weg war, fing der Tag an zu dämmern. Der Messdiener beim heiligen Jacobus fing an, das Morgengrauen zu läuten. In diesem Moment erlosch die Kraft des Teufels und er musste ohne den Wald fliehen. Das Waldstück steht noch heute dort, wo der Teufel seine Kraft verlor.

Der Snežnik aus der Vogelperspektive

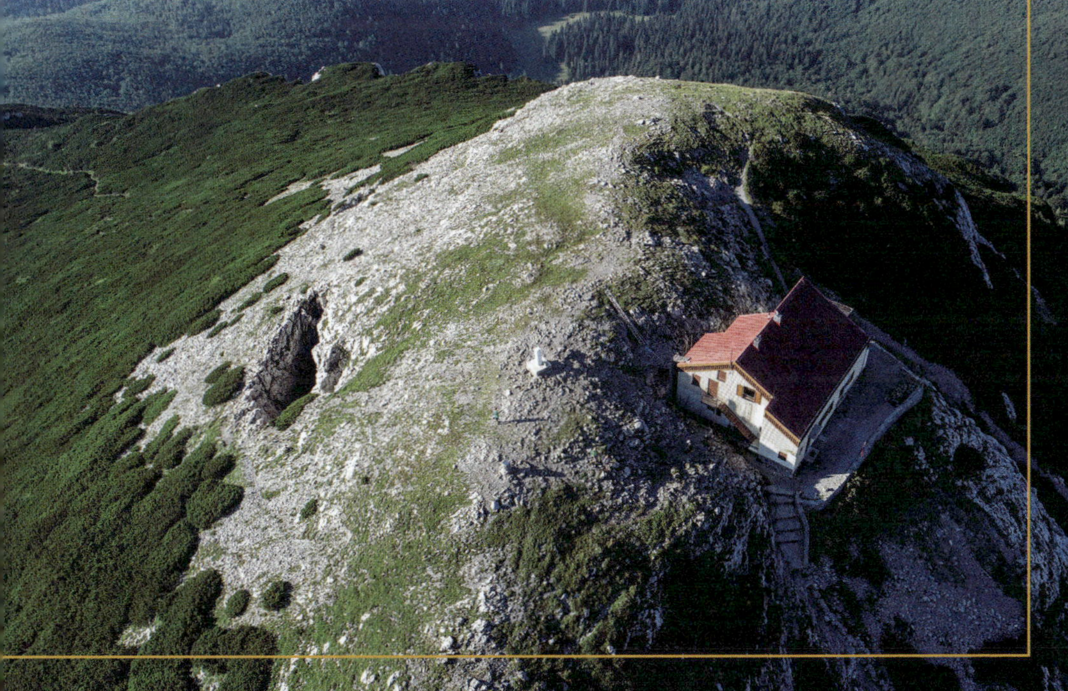

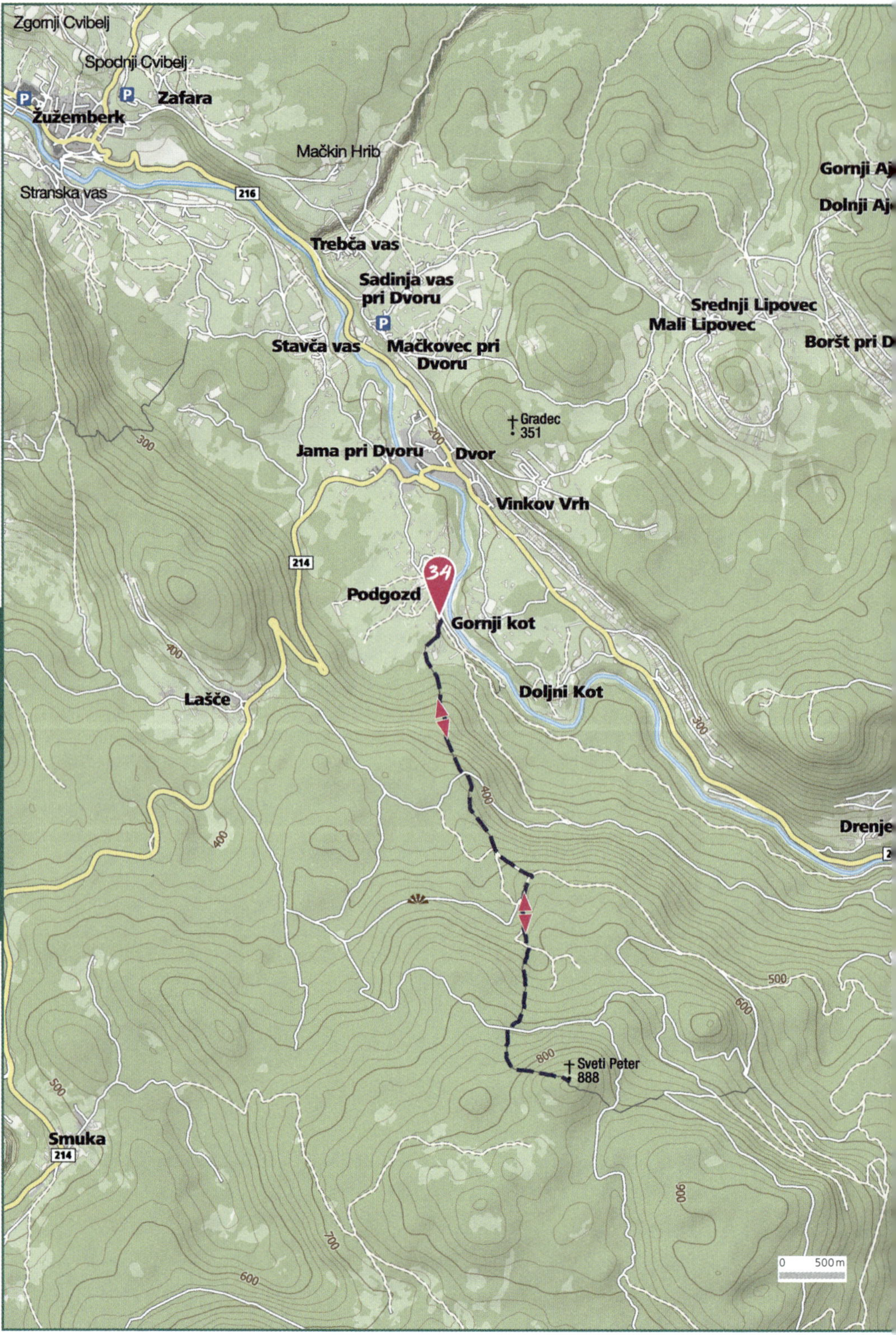

34

Zgornji Cvibelj
Spodnji Cvibelj
Žužemberk
Zafara
Mačkin Hrib
Stranska vas
216
Gornji Aj
Dolnji Aj
Trebča vas
Sadinja vas pri Dvoru
Srednji Lipovec
Mali Lipovec
Boršt pri D
Stavča vas
Mačkovec pri Dvoru
Gradec 351
300
200
Jama pri Dvoru
Dvor
Vinkov Vrh
214
34
Podgozd
Gornji kot
400
Lašče
Doljni Kot
300
400
400
Drenje
500
600
800
Sveti Peter 888
500
Smuka
214
900
700
600
0 500 m

Tour 34

34 Gipfeltour

Sv. Peter pri Dvoru

Einsamer Gipfel hoch über Krka

DAUER	3h 15min
LÄNGE	9 km
HÖHENMETER	700 hm
SCHWIERIGKEIT	LEICHT
MIT ÖFFIS ERREICHBAR	nein

Das erwartet dich ...

Eine Wanderung auf einen einsamen Berg, zu dem nur die Einheimischen den Einstieg auf dem markierten Weg kennen. Der Gipfel bietet eine sehr gute Fernsicht; nebenbei erreicht man auch eine sehr interessante Hütte. Jeder, der hierher aufgestiegen ist, wird mit einer großen Befriedigung in seinem Herzen wieder absteigen.

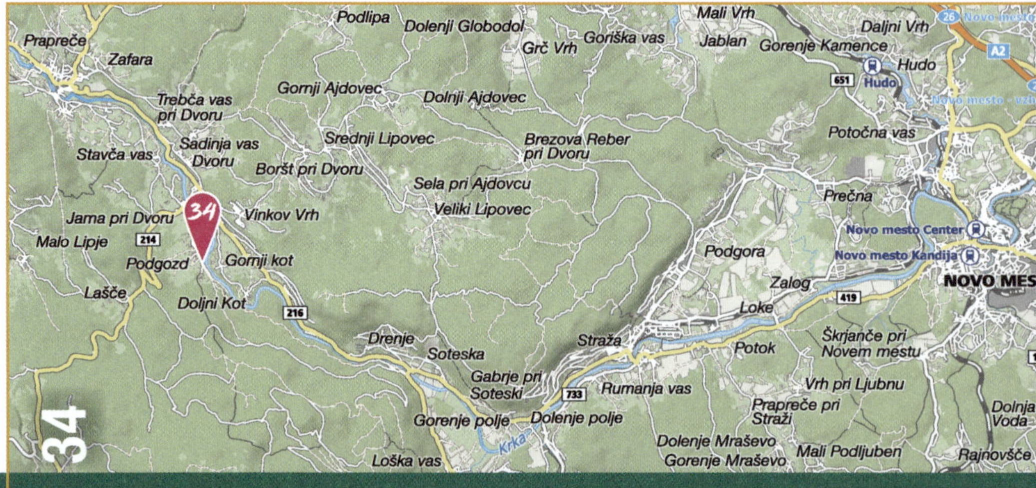

Gipfeltour 34

Start & Ziel & Anreise

Die Tour startet in Podgozd. Von Novo Mesto (Anschluss über A2) nehmen wir die Straße 419 an dem Fluss Krka entlang in Rchtung Straža. Kurz darauf nach dieser Ortschaft trifft die Straße auf die 216, welche die forlaufende Nummerierung angibt. In Dvor biegen wir Richtung Kočevje ab. Zuerst kommt die Krka-Brücke, dann die Kehre und nach 500 Meter schon der Abzweig links nach Podgozd. Beim genauen Betrachten finden wir schon im Ort die ersten Markierungen. Das Auto parken wir gleich auf der Wiese außerhalb des Ortes Podgozd.

Tourenbeschreibung

Die Markierungen führen uns über die Wiese in den Wald. Dort erreichen wir die erste Kreuzwegstation. Bis zum Gipfel reihen sich noch die restlichen dreizehn, so kann man gut abschätzen, wie weit es noch bis zum Gipfel ist. Der Weg ist mäßig steil und alle Kreuzungen sind gut mit den Tafeln ausgeschildert. So vergeht die erste Stunde. Oft kreuzen wir die Forststraßen, manchmal gehen wir ein Stück auf einer dieser Forststraßen und biegen dann wieder von ihr ab. Oft lichtet sich der Wald und wir können den Gegenhang des Flusses Krka bewundern, wo wir schon die westlichsten Weinberge des Gebietes Dolenjska erkennen können. Nach mehr als einer Stunde wird der Weg flacher und wir können sorglos weiterwandern, bis wir auf einen hohen Drahtzaun stoßen. Es handelt sich um ein umzäuntes Jagdrevier für die gehobene Klasse. In diesem Jagdrevier hat Jugoslawiens Präsident Tito vor Jahrzehnten gejagt. Der Weg verläuft immer steiler bergauf entlang des Zauns.

Die nächsten 20 Minuten sind die anstrengendsten. Sobald wir aus dem Wald herauskommen, stehen vor uns der Aussichtsturm und rechts eine ganz kleine Hütte, die an Wochenenden geöffnet ist. Die Hütte ist bekannt für ihre Spirituosen, manchmal steht sogar eine Schnapsflasche schon vor dem Eingang. Desinfektion gratis...

Vom Gipfel gibt es eine gute Aussicht nach Norden und teils nach Westen. Man kann die Steiner Alpen und die Karawanken erkennen. Tief unter uns sprudelt der Fluss Krka. Die Gegend lädt zum Rasten ein. Wir können auf den Turm hinaufsteigen, auf den Bänken sitzen und die Fernsicht genießen oder aber in die Hütte gehen und die lokalen Köstlichkeiten genießen.

Der Abstieg verläuft deutlich schneller. Es gibt keine technisch schwierigen Passagen, somit schaffen wir in gut einer Stunde den Weg zum Parkplatz am Ortsrand von Podgozd. Wir können unsere müden Füße im Fluss Krka erfrischen. Bis zum Ufer sind es nur noch 2 Kilometer. Eigentlich ist das ein Badefluss.

Varianten: Diesen Berg können wir auch von Lašče aus erreichen.

Nicht weit entfernt liegt die schöne Stadt Žužemberk

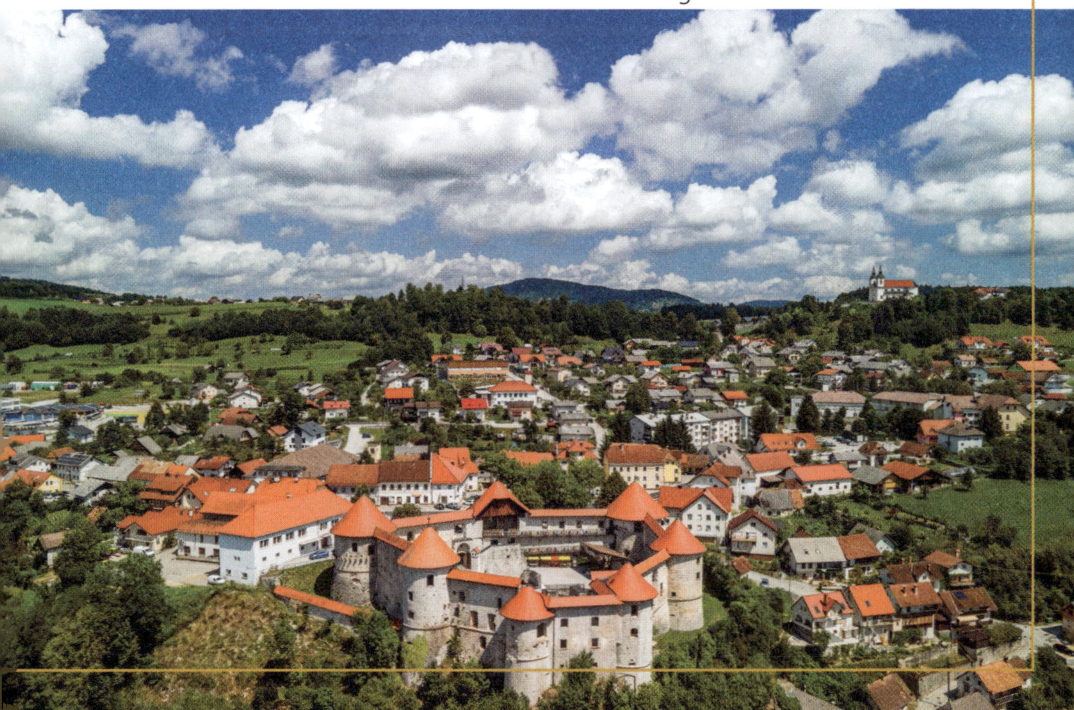

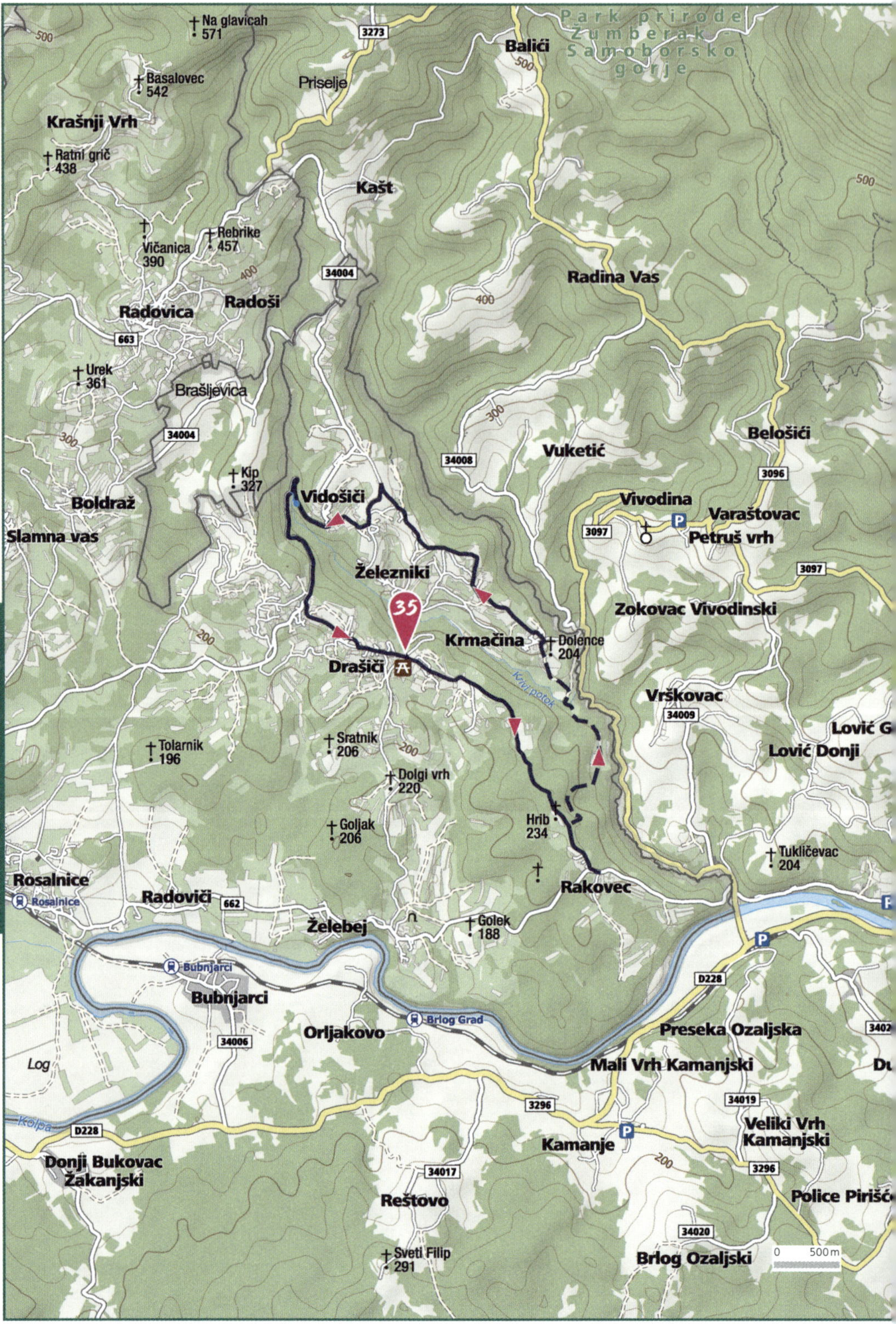

Na glavicah 571
500
3273
Balići
Park prirode Žumberak Samoborsko gorje
Basalovec 542
Priselje
Krašnji Vrh
Ratni grič 438
Kašt
500
Vičanica 390
Rebrike 457
400
34004
Radina Vas
400
Radovica
Radoši
663
Urek 361
Brašljevica
300
34004
300
Belošići
Vuketić
34008
3096
Kip 327
Vidošići
Boldraž
Vivodina
Varaštovac
3097
Petruš vrh
Slamna vas
Železniki
3097
35
Zokovac Vivodinski
Krmačina
Dolence 204
200
Drašići
Krivi potok
Vrškovac
34009
Lović G
Lović Donji
Tolarnik 196
Sratnik 206
200
Dolgi vrh 220
Goljak 206
Hrib 234
Tukličevac 204
Rosalnice
Rakovec
Rosalnice
Radovići
662
Želebej
Golek 188
Bubnjarci
Bubnjarci
D228
Brlog Grad
Orljakovo
Preseka Ozaljska
3402
34006
Log
Mali Vrh Kamanjski
Du
3296
34019
Kolpa
D228
Veliki Vrh Kamanjski
Kamanje
200
Donji Bukovac Žakanjski
34017
3296
Reštovo
Police Pirišć
34020
Sveti Filip 291
Brlog Ozaljski
0 500 m

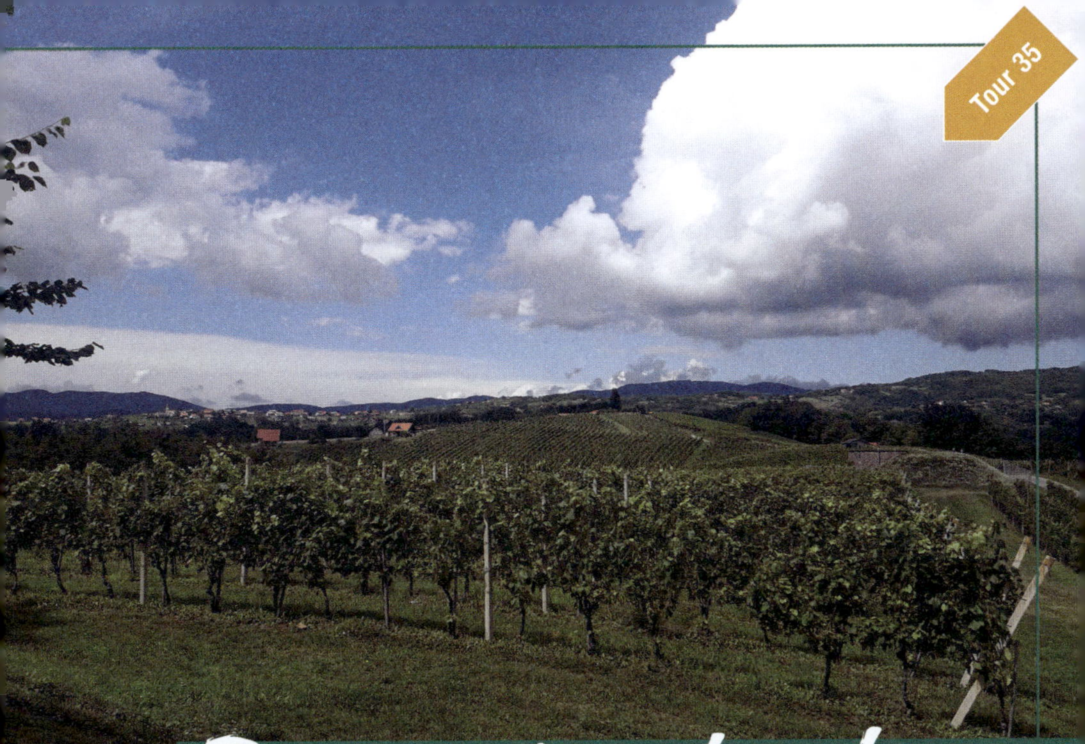

Drašiči pot soseske zidanice

Sonniger Spaziergang durch die Weinberge von Bela Krajina

DAUER	3h 15min
LÄNGE	11 km
HÖHENMETER	350 hm
SCHWIERIGKEIT	LEICHT
MIT ÖFFIS ERREICHBAR	nein

Das erwartet dich ...

Eine Rundtour mit einigen Anstiegen und Abstiegen. Es mangelt unterwegs an Wasserstellen. Diese Wanderung ist nicht markiert. Sie verläuft auf ganz wenig frequentierten Straßen und Fahrwegen im idyllischen Weinbaugebiet der Bela Krajina. Jedes Jahr zum Feiertag des heiligen Martin (11. November) wird auf diesem Weg eine Festwanderung organisiert. Die Orientierung ist aber nicht schwer; auf die wichtigen Kreuzungen weisen wir dich in der Tourenbeschreibung hin.

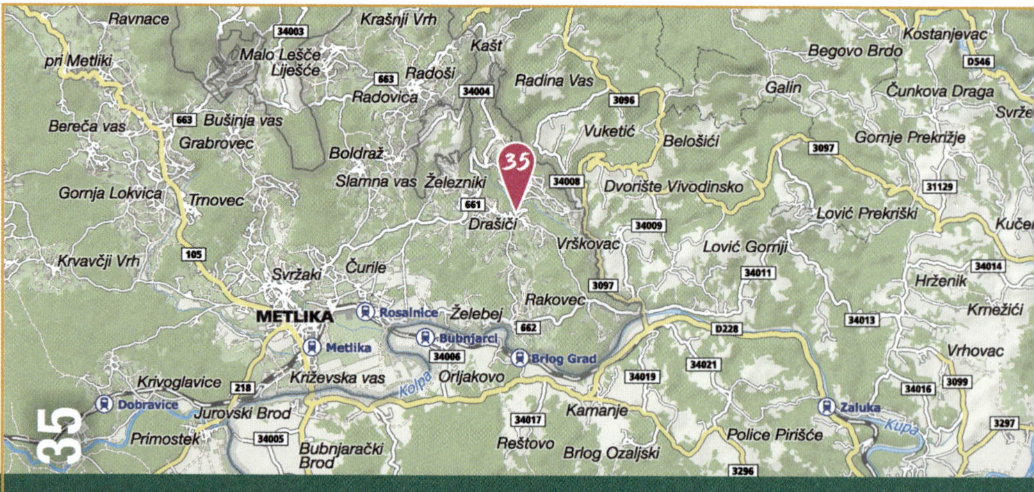

Start & Ziel & Anreise

Wir starten die Tour bei der Kirche in Drašiči. Am einfachsten erreichen wir unseren Startpunkt von Süden über die Straße 105. In Metlika biegen wir auf die 661 ab und fahren durch die Ortschaft. Wir folgen der Straße weiter bis zu einer Abzweigung nach Drašiči. Hier können wir am Parkplatz bei der Kirche bzw. beim Winzerhaus „Soseska zidanica" parken. Alternativ erreicht man Drašiči von Norden von der kroatischen Grenze aus (Straße 3273 in Kroatien). An der Staatsgrenze biegt man hier direkt nach links ab auf die 34004.

Tourenbeschreibung

Von der Kirche nehmen wir die einzige Straße, die Richtung Südosten etwas bergauf verläuft. So verlassen wir den Ort Drašiči und wandern an den letzten Weinbergen vorbei in den Wald. Nach 4 Kilometern erreichen wir die Ortschaft Rakovec. Beim Stoppschild müssen wir scharf nach links und nach unten auf einen Schotterweg abbiegen. Diesem Weg folgen wir etwa 2 Kilometer durch den Wald, bis wir eine kleine Brücke überqueren. Nach der Brücke wählen wir den steileren Weg, der uns in die Ortschaft Krmačina führt. Beim Stoppschild müssen wir kurz nach rechts und dann bei der großen Flasche des Winzers Prus wieder links bergauf gehen. Eine Weinverkostung ist sehr zu empfehlen. Danach steigen wir zwischen den Weinbergen auf einer Schotterstraße bergauf und erreichen bei einem unauffälligen Sattel ein kleines Haus (derzeit ohne Fassade). Hier ist die Straße wieder asphaltiert. Bei diesem Haus müssen wir rechts bergauf abbiegen und so erreichen wir bei einem Stoppschild ein Holzkreuz auf der rechten Seite.

Auch an dieser Kreuzung nehmen wir den rechten, aufsteigenden Weg. Nun erreichen wir die ersten Winzerhäuser von Plešči vrh. Hier ist die Lage ideal für den Weinbau. Die großen und die kleinen Winzerhäuser reihen sich auf den nächsten 2 Kilometer links und rechts. Vor uns sehen wir die Kirche Sv. Ana, die einsam auf einem Hügel unter den Weinbergen steht. Sie ist unser nächstes Ziel. Um direkt zu dieser Kirche zu gelangen biegen wir vor einem Holzkreuz rechts steil bergauf. Kurz danach wird die Asphaltstraße zur Schotterstraße und dieser folgen wir bis zu einem Wasserspeicher. Dort biegen wir nach links und erreichen eine Kirche. Von hier gibt es eine schöne Aussicht über die Weinberge und Wälder der Bela Krajina. Im Tal fließt der Fluss Kolpa, dahinter stehen die Berge der Velika Kapela und des Gorski Kotar (Kroatien). Bei guter Sicht fällt ein spitzer Gipfel besonders auf. Der Berg heißt Klek und von diesem Gipfel sieht man schon die Adria mit den Inseln Krk, Cres und Rab.

Variante: Wir können noch einen Abstecher von der Kirche nach Norden machen. Zurück zum Wasserspeicher, links zur Asphaltstraße und dann noch 1,5 Kilometer geradeaus. An dem großen Winzer Mavretič geht es vorbei bis zur Grenzschranke zu Kroatien. Dort ist kein Grenzübergang, es steht aber eine Kapelle, die ein schon verstorbener Heiler aufbauen ließ. Hier kann man an der Wunschglocke ziehen. Angeblich werden die Wünsche wegen positiver Strahlungen in der Umgebung, erfüllt.

Von der Kirche Sv. Ana nehmen wir die einzige Asphaltstraße ins Tal. Wir folgen der Straße – einmal müssen wir rechts abbiegen – in die Ortschaft Vidošiči. Dort steht beim Stoppschild ein Haus unter Denkmalschutz. Die Fassade zeigt noch Schusslöcher aus dem Zweiten Weltkrieg.

Wir nehmen den linken Weg, der sich bergab zu einer Quelle schlängelt. Gleich nach der Brücke können wir zum Bach und auch zur Quelle mit einer Marienkapelle absteigen. Hier kann man sein Trinkwasser auffüllen. Danach steigt der Weg wieder zur Ortschaft Drašiči an. Nach 1 Kilometer, kurz vor dem Sattel, biegen wir in einen Seitenweg steil bergauf. Dieser wird wieder zum Schotterweg und so erreichen wir nach 1 Kilometer die ersten Weinberge und Häuser von Drašiči. Kurz vor dem Stoppschild erreichen wir einen bekannten Winzer namens Dolc. Auch hier ist eine Besichtigung der Weinberge und eine Weinverkostung sehr zur empfehlen. Von dort erreichen wir in fünf Minuten, bergab auf der Hauptstraße, unseren Ausgangspunkt „Soseska zidanica".

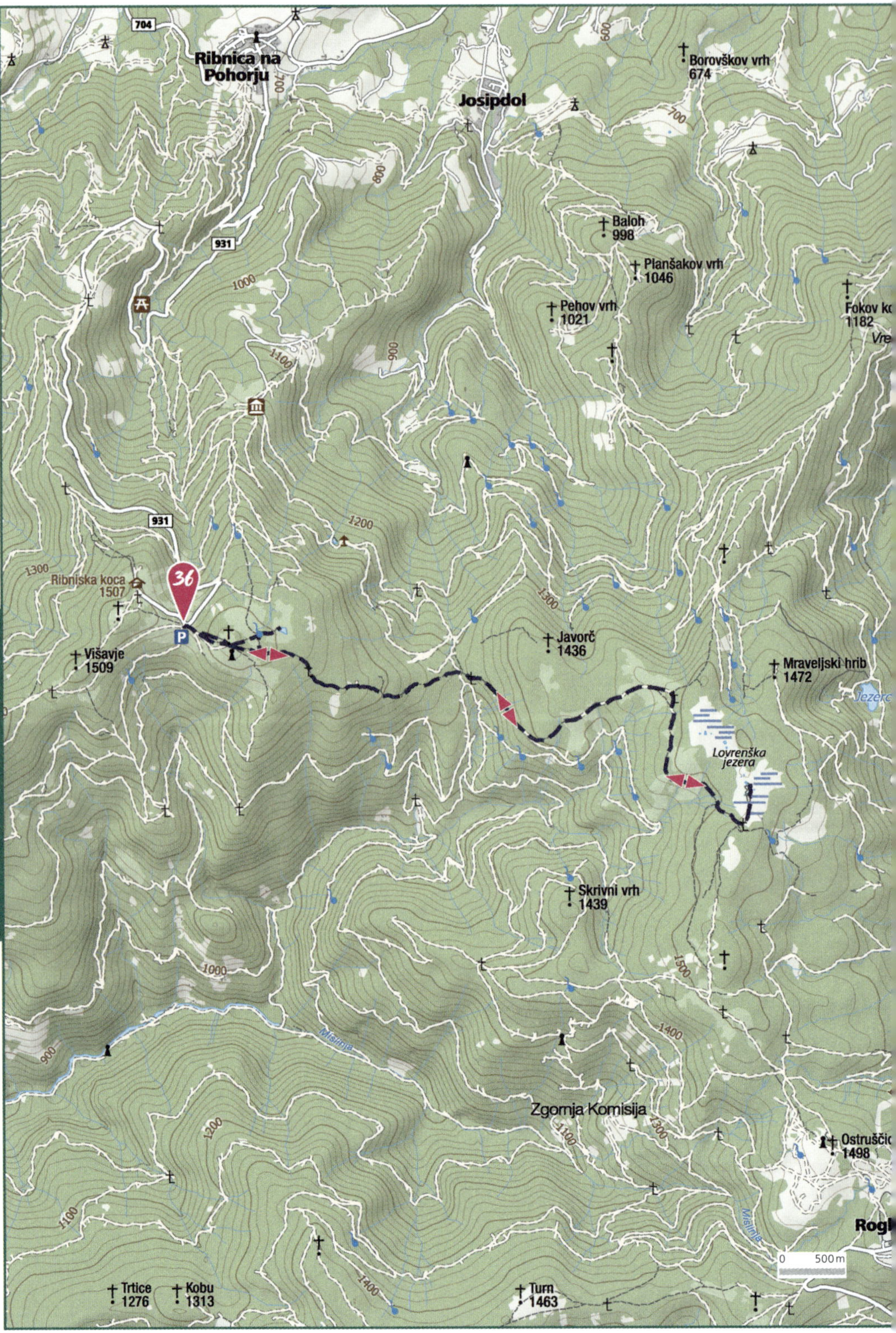

36

704

Ribnica na Pohorju

Josipdol

Borovškov vrh 674

931

Baloh 998

Planšakov vrh 1046

Pehov vrh 1021

Fokov ko 1182

1000

1100

900

800

700

600

1200

1300

Ribniška koca 1507

Višavje 1509

Javorč 1436

Mravljeski hrib 1472

Lovrenška jezera

Skrivni vrh 1439

1500

1400

Mislinja

Zgornja Komisija

Ostruščic 1498

Rogl

0 500 m

Trtice 1276

Kobu 1313

Turn 1463

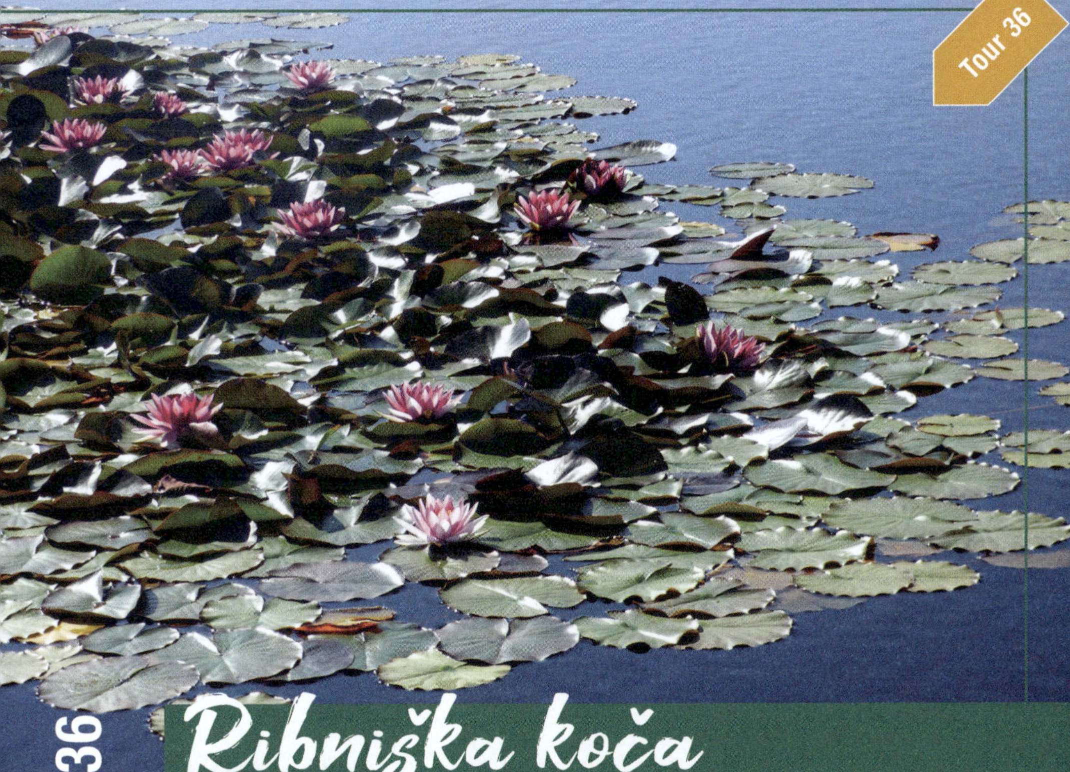

Ribniška koča

Am Kamm des Pohorje in einer traumhaften Seenlandschaft

DAUER	6h
LÄNGE	14 km
HÖHENMETER	900 hm
SCHWIERIGKEIT	MITTEL
MIT ÖFFIS ERREICHBAR	nein

Das erwartet dich ...

Dieser Abschnitt des slowenischen Wanderweges (mit 1 bezeichnet) ist wenig begangen. Der Grund liegt darin, dass zwischen den beiden Hütten Koča na Pesku und Ribniška koča mehr als 10 Kilometer alpiner Wege liegen. Zu den Lovrenška jezera kommen 90 % der Wanderer von der Rogla (1 ¼ Std.). Wir gehören zu der Minderheit, die aus Westen zu den Seen wandern wird. Hier herrscht Ruhe und unberührte Natur.

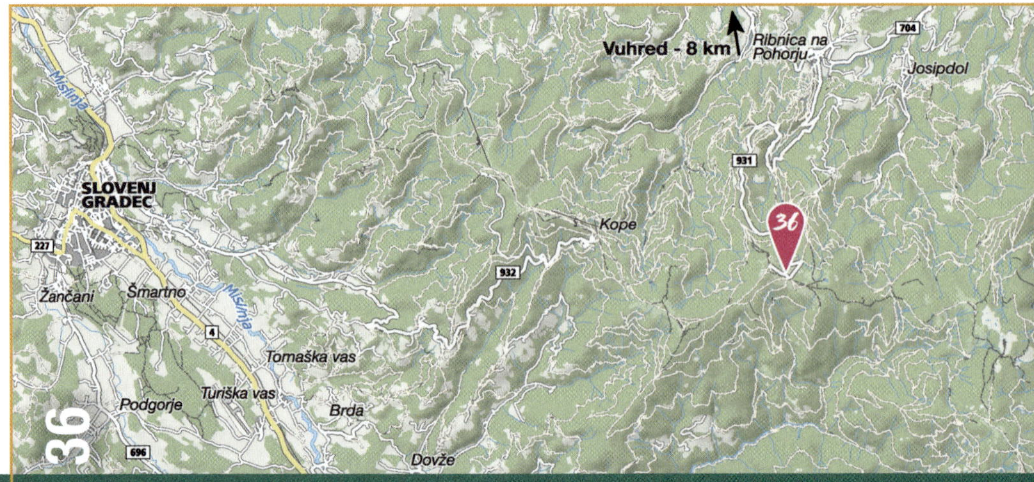

36 Seetour

Start & Ziel & Anreise

Ausgangspunkt ist der Parkplatz unweit der Ribniška koča. Wir erreichen Ribniška koča über die Straße 931 von Norden kommend aus Ribnica na Pohorju. Hierher gelangt man über die 704, entweder aus Vuhred oder Podvelka. Die Straße 1 kann aus Maribor oder Dravograd genommen werden, um einen dieser beiden Orte zu erreichen.

Tourenbeschreibung

Aus dem Ort Ribnica na Pohorju (Reifnig) führt eine Schotterstraße hinauf zur Ribniška koča. Kurz vor der Hütte ist ein geeigneter Parkplatz für viele Autos. In der Nähe finden wir die Wegweiser und dann starten wir in Richtung Rogla. Zuerst bringt uns ein 20-minütiger Anstieg zu einem wenig ansehnlichen Partisanendenkmal. Danach folgen wir der Abzweigung zum Ribniško jezero. Diese kleine Perle der Natur sollten wir einfach nicht auslassen. In angenehmem Abstieg erreichen wir in 10 Minuten diesen See.

Vom See müssen wir zuerst wieder ein bisschen aufsteigen und dann auf einen Wegweiser achten, der uns den Weg Richtung Rogla etwas abkürzt (links). Der breite Weg, auf dem im Winter auch Motorschlitten fahren, bringt uns bergab zum Sattel Šiklarica (1299 m). Dort beginnt der Gegenhang und wir steigen langsam zu den Seen hinauf. Hier treffen wir auf eine sichere Wasserquelle. Sobald wir aus dem Wald kommen können wir in leichter Steigung auch den weiten Ausblick genießen. Von Norden kommt der Weg aus Lovrenc na Pohorju (St. Lorenzen am Bachern). Nach diesem Ort wurden auch die Seen benannt. Nun verläuft der Weg am südlichen Hang an den Seen vorbei und anschließend erreichen wir die Seen von Osten. Zum Schluss stoßen wir auf den Weg von der Rogla und ab hier merkt man beim Ansturm vieler Wanderer, dass es mit der Wildnis Sloweniens vorbei ist. Die Stege bringen uns sicher an allen Seen vorbei. Im Osten steht auch ein Aussichtsturm. Mit dem Fernglas können wir bei klarem Himmel auch den Großglockner, den höchsten Berg Österreichs, erkennen.

Auf demselben Weg kehren wir zum Auto zurück.

Ein Steg führt durch die dichten Latschen

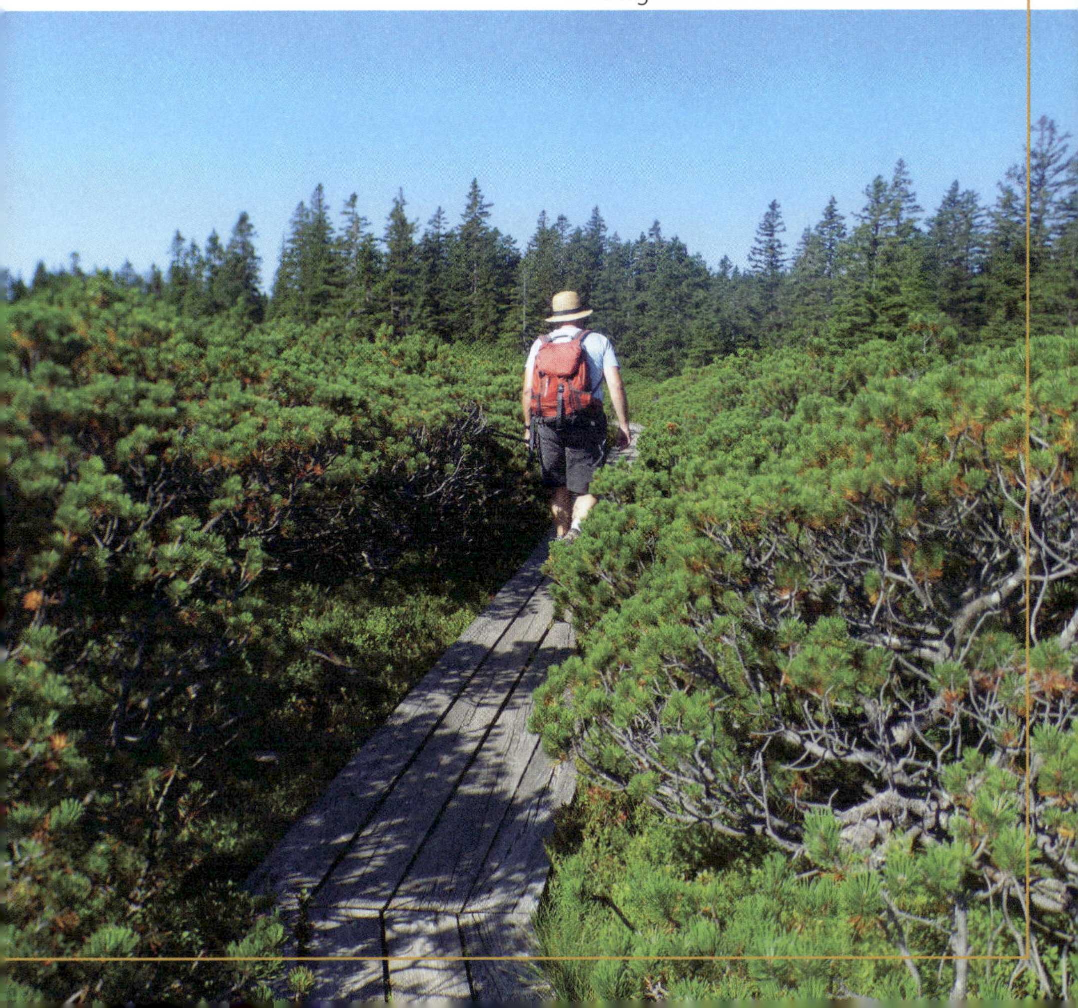

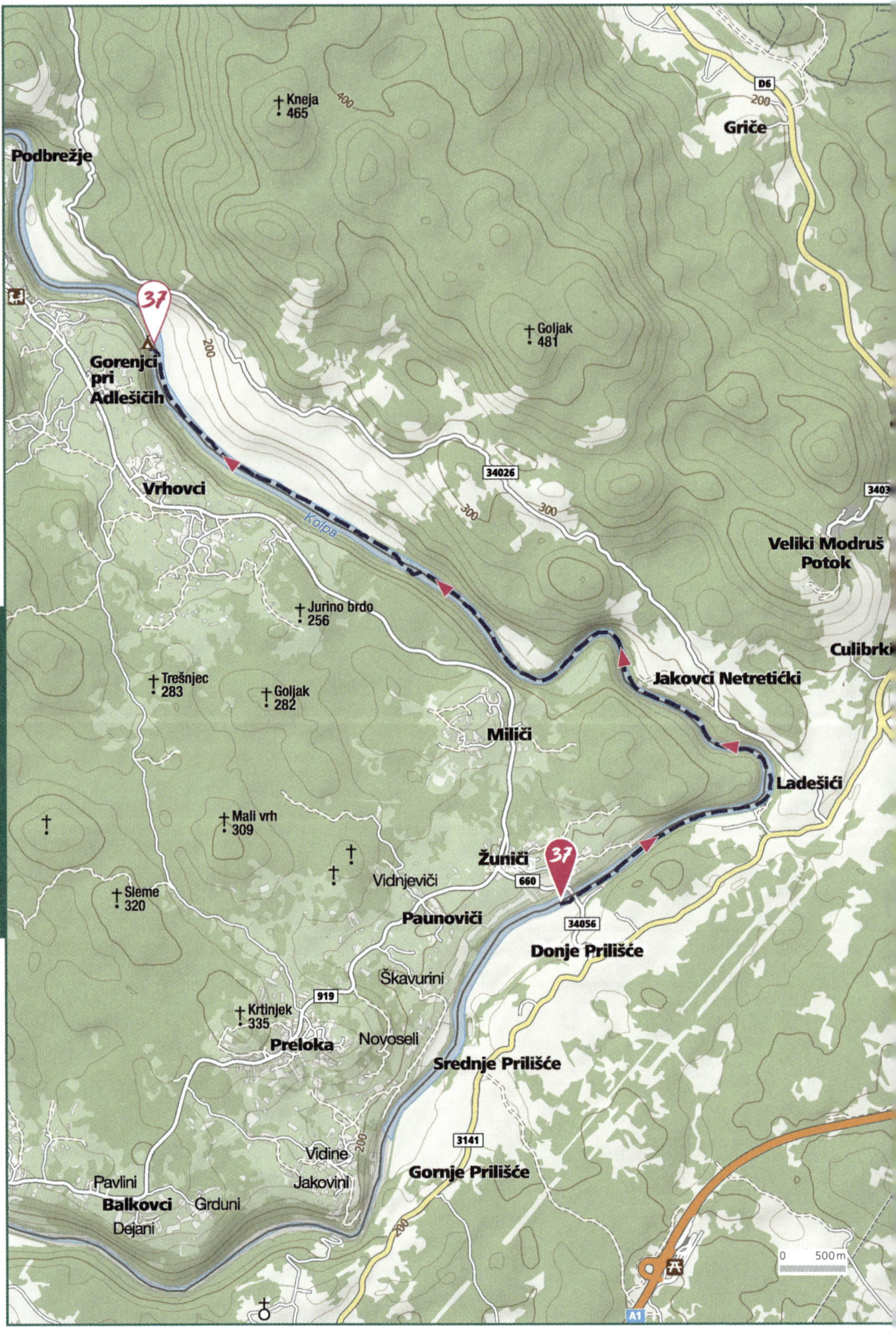

37

Kneja 465
400
D6
200
Griče
Podbrežje
37
Goljak 481
200
Gorenjci pri Adlešičih
34026
Vrhovci
300
300
3403
Kolpa
Veliki Modruš Potok
Jurino brdo 256
Culibrki
Trešnjec 283
Goljak 282
Jakovci Netretićki
Milići
Ladešići
Mali vrh 309
Žunići
37
660
Vidnjevići
Sleme 320
Paunovići
34056
Donje Prilišće
Škavurini
919
Krtinjek 335
Preloka
Novoseli
Srednje Prilišće
200
3141
Vidine
Pavlini
Jakovini
Gornje Prilišće
Balkovci
Grduni
Dejani
200
0 500 m
A1

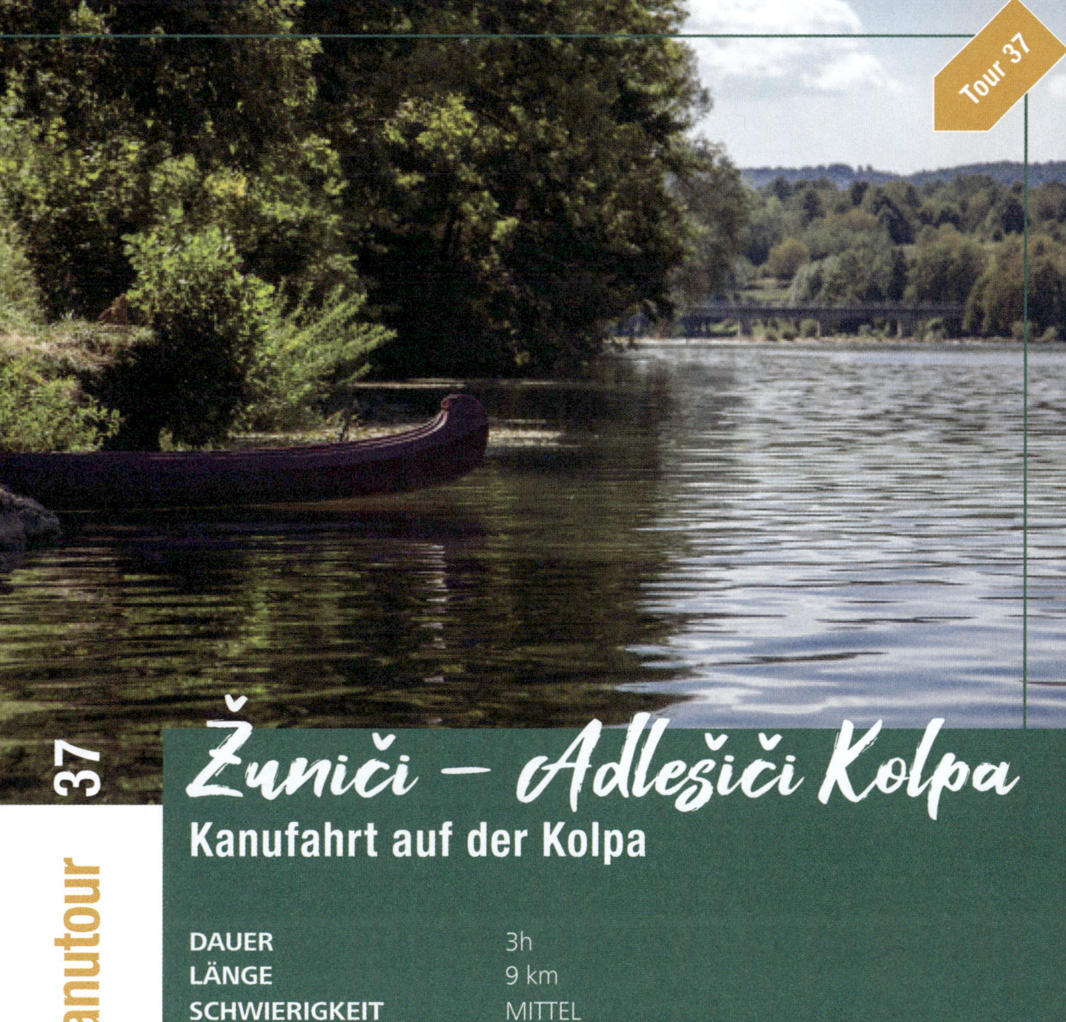

Žuniči – Adlešiči Kolpa

Kanufahrt auf der Kolpa

DAUER	3h
LÄNGE	9 km
SCHWIERIGKEIT	MITTEL
MIT ÖFFIS ERREICHBAR	nein

Das erwartet dich ...

Mittelschwere Kanufahrt entlang des wärmsten Badeflusses in Slowenien. Die Kolpa ist ein Fluss an der Grenze von Slowenien zu Kroatien – klares Wasser, viele Fische – keine Grenzprobleme zu Kroatien – man kann auch auf der kroatischen Seite eine kurze Badepause machen, die Währung dort ist aktuell noch Kuna. (1 Euro entspricht circa 7,5 Kuna).

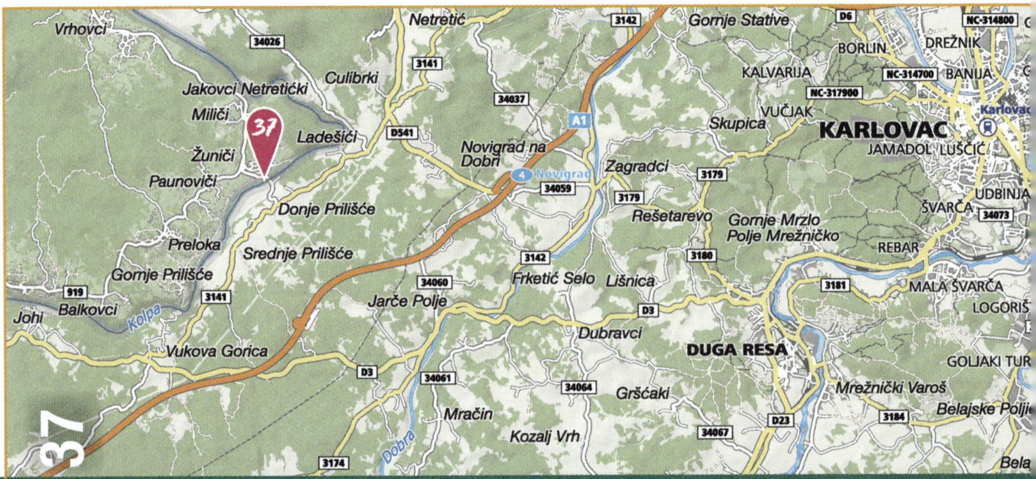

Start & Ziel & Anreise

Wir starten bei der Brücke bei Žuniči, diese erreichen wir von kroatischer Seite aus über die Autobahn A 1 (Ausfahrt Novigrad 4), anschließend ein Stück auf der D 541 Richtung Metlika. Wir biegen an einer großen Kreuzung auf die 3141 nach links ab und fahren bis Donje Prilišće; hier passieren wir auf der 34056 die Grenze. Direkt bei Überquerung des Flusses Kolpa ist der Startpunkt. Von SLowenien aus erreichen wir Žuniči über die 660; im Ort biegen wir Richtung Grenze ab (Startpunkt am Fluss Kolpa).

Tourenbeschreibung

Der Startpunkt am Fluss Kolpa in Žuniči befindet sich in der Nähe einer Brücke am Grenzübergang nach Kroatien; kurz vor der Grenze biegst du rechts ab zum Ufer. Der Start für diesen Wassersport ist locker, du paddelst unter der Stahlbrücke hindurch und der Fluss ist recht dynamisch. Zunächst ist die rechte (kroatische Seite) Seite sehr angenehm und sanft, aber nach einigen Kilometern ändert sich das. Du passierst nun einige Flussschnellen. Bei niedrigem Wasserstand musst du das Boot schleppen, bei hohem Wasserstand bekommst du Adrenalin, weil es in den Schlüsselstellen recht schnell werden kann. Meist sind die Stromschnellen auf der rechten Seite (kroatischen Seite) am einfachsten zu meistern.

Es gibt auch einige Stellen, an denen man das Boot verstauen und dann ein Erfrischungsbad nehmen kann. Die Wassertemperatur beträgt im Sommer von +23 bis +27° Celsius.

Achte nach neun Kilometern darauf, dass du nicht aus Versehen auf der linken Seite den Anlegeplatz (also das Ziel) verfehlst.

Varianten: Dies ist eine der besten Strecken für das Kanufahren auf dem Fluss Kolpa. Vom Ziel in Adlešičia abwärts Richtung Metlika/Möttling bzw. Karlovac (Karlstadt) in Kroatien ist der Fluss um einiges ruhiger als in dem hier beschriebenen Teil, aber auch ohne landschaftliche Besonderheiten. Flussaufwärts sind vor allem Rafting-Fahrten beliebt. Auch Radfahrer sind im oberen Teil des Flusses sehr oft gesehene Gäste. Bei ausreichendem Wasserstand kann man diesen Fluss mit einem Boot die gesamte Strecke der Grenze (SLO/KRO) entlangpaddeln, das sind ca. 50 Kilometer von Osilnica bis Metlika.

Die Legende um Peter Klepec:
Die Überlieferung aus dem Mittelalter besagt, dass der Hirte Peter Klepec nicht immer mit einer übermenschlichen Kraft ausgestattet war. Zunächst war er nur ein schwacher Hirtenjunge, der der Gewalt seiner stärkeren Artgenossen ausgesetzt war. Als er einmal eine schlafende Bergfee mit einem grünen Zweig vor der Sonne schützte, gab ihm die Fee zum Dank übernatürliche Kräfte, mit denen er seine Peiniger zur Vernunft brachte. Er gab die Schafzucht auf und rodete das Land um seine Hütte, um sich und seine Mutter mit Lebensunterhalt zu versorgen.

Nach seiner Heirat baute er sich bei Gerovo ein Haus in Mali Lug auf der kroatischen Seite des Flusses Kolpa. Der Dachbalken wurde angeblich aus einem Baum gefertigt, den er auf einem nahe gelegenen Hügel selbst entwurzelt und auf dem eigenen Rücken ins Tal getragen hat. Als die Türken erneut in das Kolpa-Tal kamen und mit ihren Pferden die Kirche in Osilnica überfielen, kam Peter der örtlichen Gemeinde zu Hilfe. Auf dem Weg dorthin fällte er in der Nähe von Fažonci eine Fichte und benutzte sie als einen starken Besen, um die Türken aus dem Tal zu vertreiben.

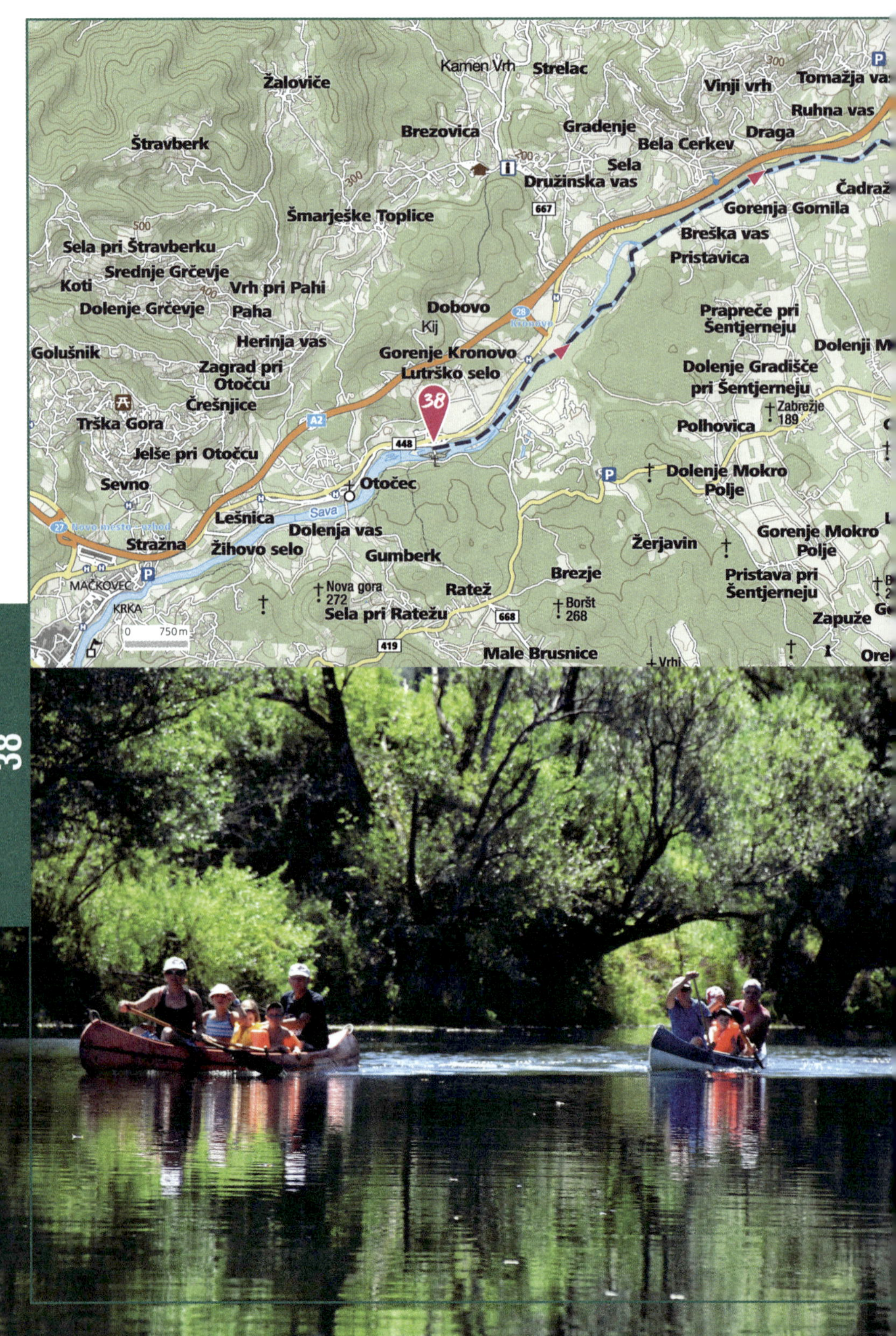

Kamen Vrh
Strelac
Žaloviče
Vinji vrh
Tomažja vas
300
Ruhna vas
Brezovica
Gradenje
Draga
Štravberk
Bela Cerkev
300
Sela
Družinska vas
Čadraž
667
Gorenja Gomila
Šmarješke Toplice
500
Breška vas
Sela pri Štravberku
Pristavica
Srednje Grčevje
Koti
Vrh pri Pahi
400
Dobovo
Dolenje Grčevje
Paha
Prapreče pri Šentjerneju
28
Kronovo
Kij
Herinja vas
Golušnik
Gorenje Kronovo
Zagrad pri Otočcu
Lutrško selo
Dolenje Gradišče pri Šentjerneju
38
Črešnjice
Zabrezje 189
Trška Gora
A2
Polhovica
448
Jelše pri Otočcu
Dolenje Mokro Polje
Sevno
Otočec
Sava
Lešnica
27
Novo mesto - vzhod
Dolenja vas
Gorenje Mokro Polje
Stražna
Žihovo selo
Žerjavin
Gumberk
Pristava pri Šentjerneju
Brezje
MAČKOVEC
Nova gora 272
Ratež
KRKA
Boršt 268
Sela pri Ratežu
Zapuže
668
0 750 m
419
Male Brusnice
Vrhi
Orel
38

Tour 38

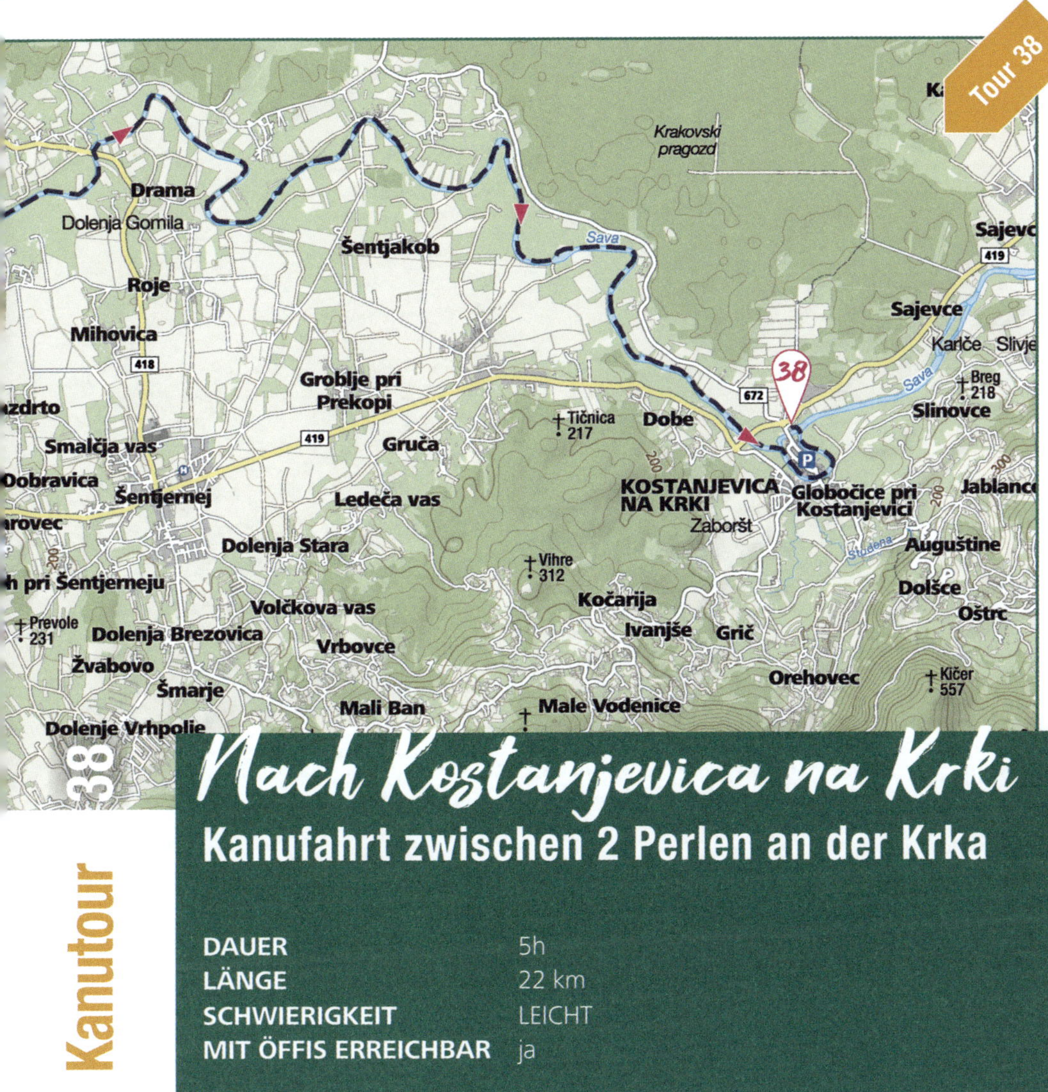

38 Kanutour

Nach Kostanjevica na Krki

Kanufahrt zwischen 2 Perlen an der Krka

DAUER	5h
LÄNGE	22 km
SCHWIERIGKEIT	LEICHT
MIT ÖFFIS ERREICHBAR	ja

Das erwartet dich ...

Eine leichte jedoch ziemlich lange Kanufahrt ohne Schnellen und Schwellen. Die Krka ist ein etwas über 100 Kilometer langer Fluss und sie ist ein Badefluss von der Quelle bis zur Mündung. Auf unserer Tour ändert der Fluss oft seine Richtung. Damit haben wir gute Sicht auf alle Uferseiten. Im Süden erheben sich die Gorjanci, im Norden die Hügel entlang des Flusses Sava (Save).

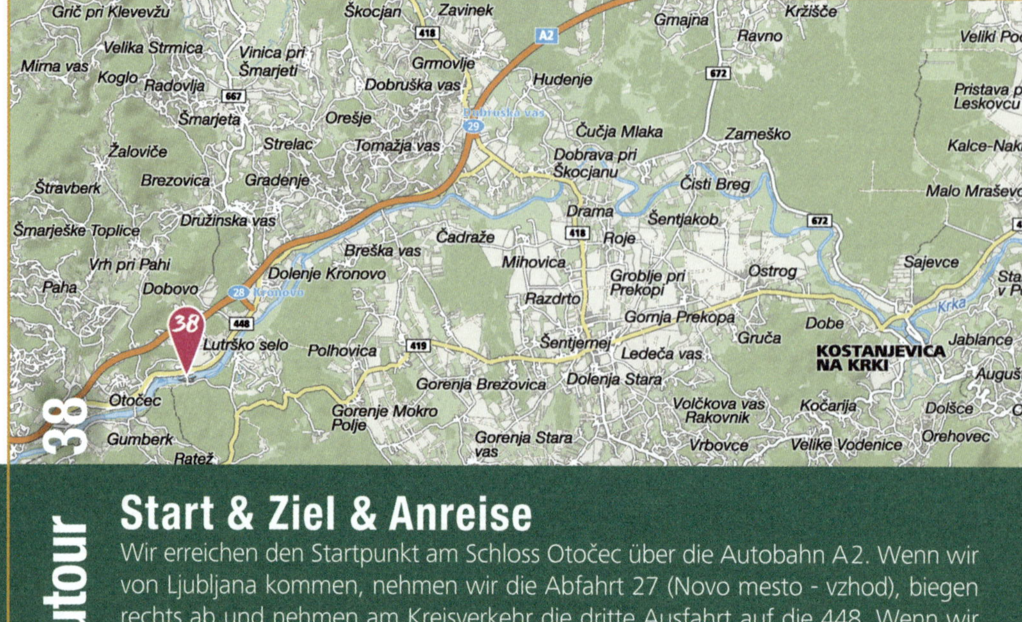

Kanutour 38

Start & Ziel & Anreise

Wir erreichen den Startpunkt am Schloss Otočec über die Autobahn A2. Wenn wir von Ljubljana kommen, nehmen wir die Abfahrt 27 (Novo mesto - vzhod), biegen rechts ab und nehmen am Kreisverkehr die dritte Ausfahrt auf die 448. Wenn wir aus kroatischer Richtung anreisen, können wir die Ausfahrt 28 (Kronovo) nehmen und im Kreisverkehr die erste Ausfahrt nehmen (448). In beiden Fällen folgen wir der 448 bis zur Tankstelle Petrol Otočec; hier können wir am Flussufer parken. Die Anreise kann zudem mit dem Bus (Haltestelle Otočec grad) erfolgen.

Tourenbeschreibung

Die Tour ist sehr lang und es ist daher ratsam, im Sommer für Sonnen- und Insektenschutz vorzusorgen.

Das Schloss Otočec ist eine Besichtigung wert. Es liegt auf einer Insel und ist ein beliebter Ort für Hochzeiten. Auf dem rechten Ufer parken wir und steigen in das Boot ein. Unter der Holzbrücke paddeln wir flussabwärts. Nach einigen Kilometern kommen sich der Fluss und die Autobahn sehr nahe, so können wir Autos, vor allem aber LKWs sehen und hören. Wenn der Lärm der Autobahn nachgelassen hat, paddeln wir unter einer Brücke bei Dobrava hindurch. Dann beginnen die Kehren. In diesem Abschnitt überflutet die Krka oft das angrenzende Gelände. Daher gibt es links und rechts nur Wiesen und Vieh. Viele Kilometer sind ohne Brücken. Sobald wir die nächste Brücke erkennen, sind wir schon auf dem letzten Kilometer unserer Kanu-Tour.

Auch Kostanjevica na Krki ist ein Ort, der auf einer Insel liegt. Am linken Ufer des Flusses kommen wir direkt zum Strand, am rechten umfahren wir den Ort und kommen etwas später zum Badestrand, an dem unsere Tour endet. Nach Kostanjevica na Krki wird der Fluss deutlich unruhiger, es folgen Dämme für Mühlen und Schnellen, die Tour wird zu einer mittelschweren Kanufahrt. 8 Kilometer nach Kostanjevica na Krki erreichen wir das Dorf Bušeča vas. Hier entspringt Thermalwasser mit +27 °C.

Auf der Kanutour erwarten uns keine Hindernisse

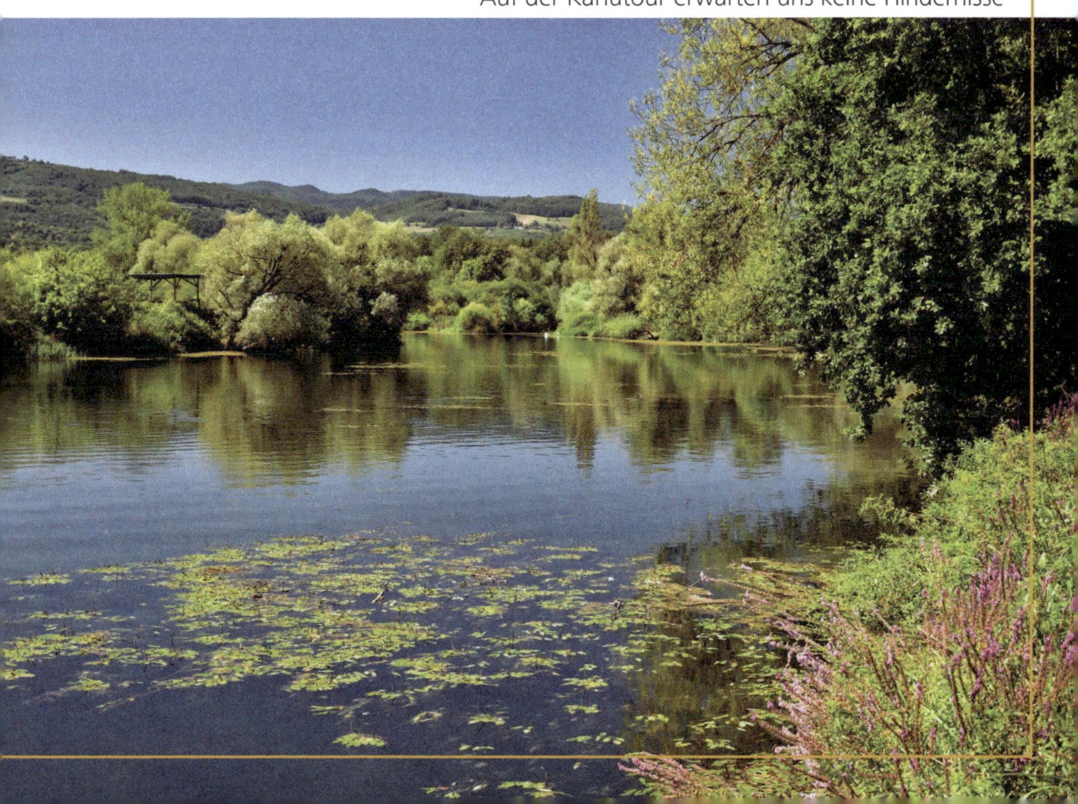

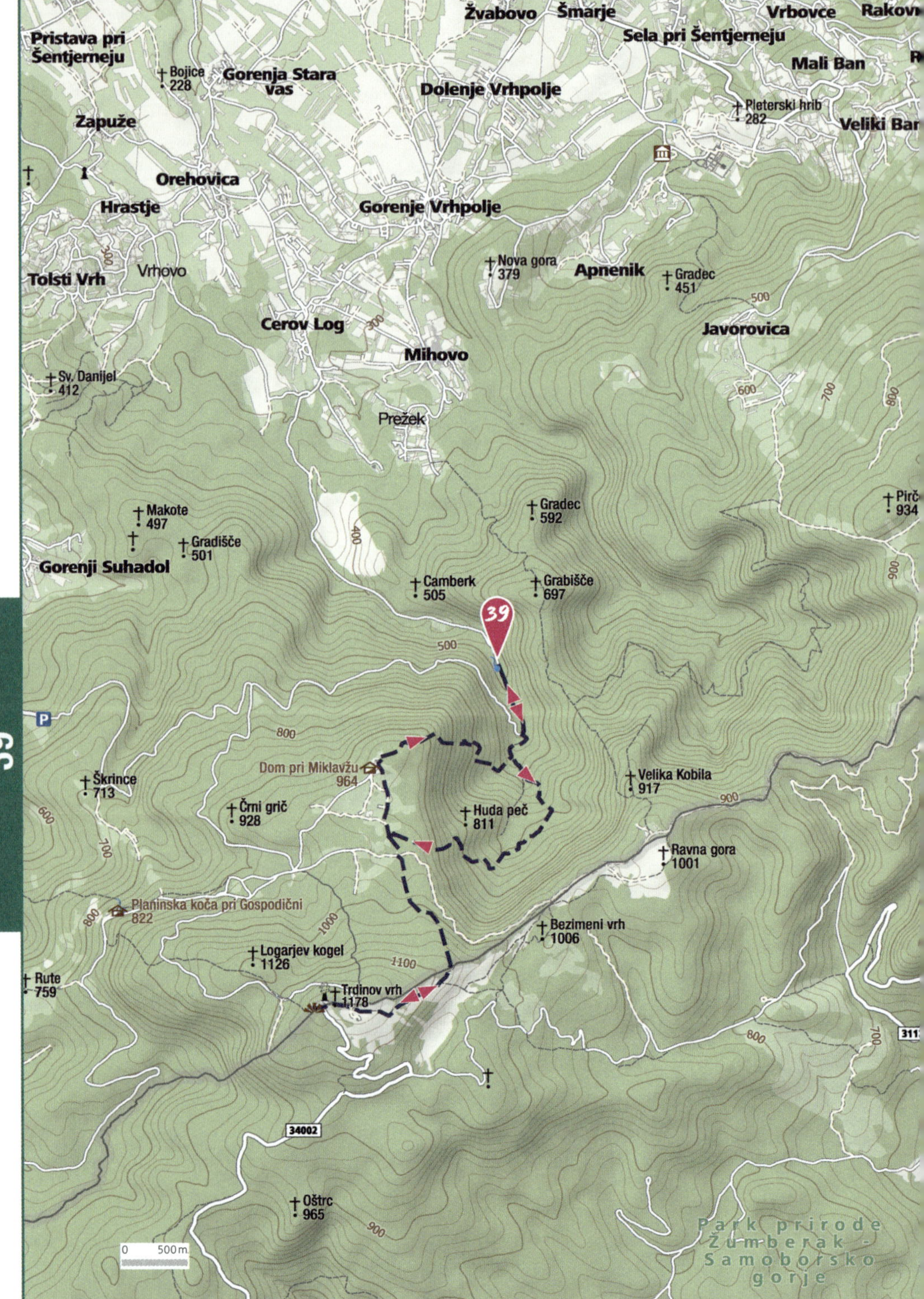
Žvabovo
Šmarje
Vrbovce
Rakov
Pristava pri Šentjerneju
Sela pri Šentjerneju
Mali Ban
Bojice 228
Gorenja Stara vas
Dolenje Vrhpolje
Pleterski hrib 282
Zapuže
Veliki Ban
Orehovica
Hrastje
Gorenje Vrhpolje
300
Vrhovo
Tolsti Vrh
Nova gora 379
Apnenik
Gradec 451
500
Cerov Log
300
Javorovica
Mihovo
Sv. Danijel 412
600
700
800
Prežek
Makote 497
Gradec 592
Pirč 934
400
Gradišče 501
Gorenji Suhadol
Camberk 505
Grabišče 697
900
39
500
P
800
Dom pri Miklavžu 964
Velika Kobila 917
Škrince 713
900
Huda peč 811
Črni grič 928
600
Ravna gora 1001
700
Planinska koča pri Gospodični 822
800
1000
Bezimeni vrh 1006
Logarjev kogel 1126
1100
Rute 759
Trdinov vrh 1178
800
700
311
34002
Oštrc 965
900
0 500 m
Park prirode Žumberak - Samoborsko gorje

Der Sender Trdinov vrh

Auf einsamen Wegen auf die höchste Erhebung der Gorjanci

DAUER	4–5h
LÄNGE	11 km
HÖHENMETER	1200 hm
SCHWIERIGKEIT	MITTEL
MIT ÖFFIS ERREICHBAR	nein

Das erwartet dich ...

Die bescheidenen Parkmöglichkeiten zeigen, dass es sich hier um eine sehr selten gegangene Tour handelt. Sie bietet aber einen abwechslungsreichen Aufstieg auf den Trdinov vrh. Die periodische Quelle, die Berghütte bei der Kirche Sv. Miklavž und ein Weg durch einen Urwald bieten uns eine Vielfalt, die es sonst in diesem Gebiet kaum gibt – eine Wanderung durch unberührte Wildnis bis zum Gipfel. Auf dem Rückweg bewegen wir uns völlig abseits jeder Zivilisation; im unteren Teil des Abstiegs fließt ein kleiner Bach.

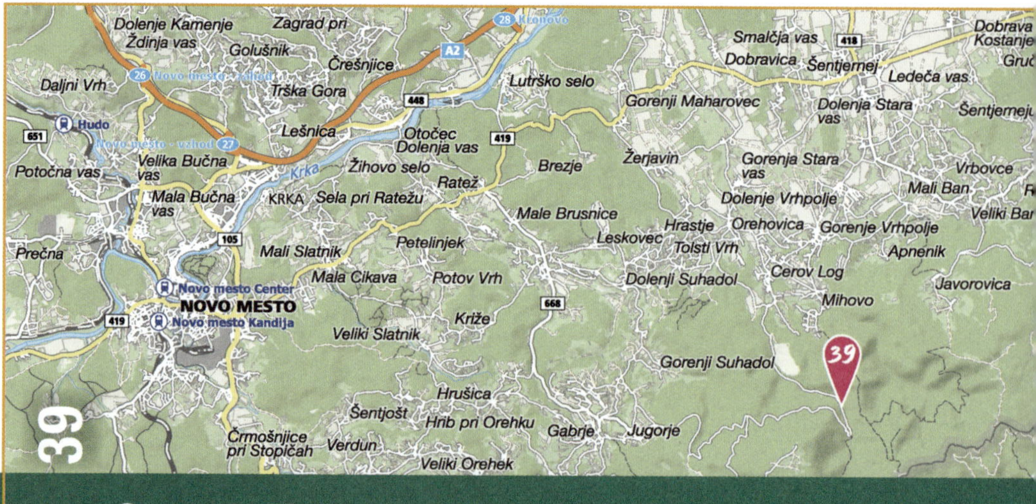

Gipfeltour 39

Start & Ziel & Anreise

Wir starten in Cerov log bzw. Minutnik. Wir erreichen den Startpunkt am besten über die A2, Ausfahrt 28 (Kronoco). Wir fahren auf der 448 nach rechts und überqueren den Fluss Krka beim Schloss Otočec. Wir folgen der Straße weiter bis zur Straße 419, biegen hier nach links und fahren bis kurz vor Dolenje Mokro Polje. Hier biegen wir rechts ab und folgen der Landstraße Richtung Cerov Log. Eventuell. fahren wir noch weiter, am Steinbruch vorbei, zur Quelle Minutnik. Auf dem Weg können wir nach Parkmöglichkeiten suchen.

Tourenbeschreibung

Vom Dorf Cerov log führt die markierte und asphaltierte Straße zuerst in Richtung Steinbruch. Vor dem Steinbruch biegt eine Schotterstraße nach rechts ab. Wir folgen dieser Straße noch für ca. 2 Kilometer. Bei der Informationstafel für die periodische Quelle Minutnik parken wir. Die Straße endet nach wenigen Metern und dann kommen wir bald zu einer Wegkreuzung. Für den Aufstieg nehmen wir den rechten Weg. Gleich wird es steil. Im Zickzack gewinnen wir schnell an Höhe. Auf diese Art und Weise vergeht die erste Stunde. Sobald der Hang flacher wird, erblicken wir bald durch die Bäume die Kirche. Unterhalb der Kirche steht die Berghütte, die von Westen (Podgorje) über eine Schotterstraße erreicht werden kann. Im Sommer ist sie ständig geöffnet, ansonsten nur an Wochenenden.

Hier achten wir darauf, dass wir den richtigen Weg finden. Es gibt Wiesen, Straßen und nur wenige Markierungen. Unser Weg verläuft direkt nach Süden. Wenn wir dann auf dem Pfad in den Wald gelangen, werden wir bald mehrere Markierungen an den Bäumen sehen. Wir gehen an der Abzweigung nach Cerov log (unser Abstieg) vorbei und achten auf die Wegweiser zum Trdinov vrh. Es gibt einige heikle Stellen, an welchen wir uns leicht verlaufen können. Wir gelangen in einen Urwald, in dem der Weg die vor einiger Zeit umgestürzten Bäume umgeht. Die riesigen Stämme liegen auf dem Boden und wir brauchen einige Kraft und Geschicklichkeit, um alle zu überqueren. Im letzten Abschnitt gehen wir wieder auf Wiesen. Die letzten 300 Meter wandern wir auf der Zufahrtsstraße. Oben gibt es zwei Ruinen von Kirchen. Eine ist von der kroatischen, die andere ist von der slowenischen Kirche. Auf dem engen Gipfel gibt es auch eine Orientierungstafel.

Bei klarem Himmel reicht unser Blick von der südlichen Grenze Sloweniens nach Norden zu den Alpen und auch nach Österreich. Weit und breit haben wir rundum freie Sicht in alle Richtungen. Somit sehen wir die kroatischen Bergketten Mala und Velika Kapela und auch Gorski Kotar; in Richtung Westen reicht der Blick bis zum Snežnik (Krainer Schneeberg). Nördlich davon liegen schon die Julischen Alpen, die Karawanken und die Steiner Alpen. Genau im Norden liegt das Pohorje (Bachern). Im Osten erkennt man einzelne Erhebungen in Ostslowenien und in Kroatien. Der Berg Sljeme in Kroatien ist zum Greifen nah. Dahinter liegt Zagreb, die Hauptstadt Kroatiens.

Den Abstieg beginnen wir auf demselben Weg. Nach dem Urwald kommen wir in die Ebene. Dort müssen wir auf die Wegweiser „Cerov log" und „Partizanska bolnica" achten. Auf diesem Weg queren wir den Hang der Gorjanci nach Nordosten. Der Weg ist bis zu der Stelle, an der im Zweiten Weltkrieg ein verstecktes Partisanenkrankenhaus lag, nicht allzu steil. Heute findet man dort nur noch ein Denkmal. Unser Weg führt weiter bei leichtem Gefälle Richtung Tal. Wir erreichen einen kleinen Bach. Entlang des Baches steigen wir nun steil bergab. Nach 20 Minuten erreichen wir wieder die Stelle, wo wir den Aufstieg begonnen haben. Noch einige wenige Minuten und schon sind wir bei der periodischen Quelle.

Varianten: Ein noch abgelegener Weg auf den Gipfel führt vom Dorf Javorovica zum Grenzkamm und dann auf der slowenischen Seite zum Gipfel. Er ist noch um 2 Stunden länger, aber dafür noch einsamer. Die meisten Wanderer steigen auf den nahe gelegen Pirčev vrh (950 m). Auf den weit entfernten Trdinov vrh wandern nur selten Bergsteiger. Technisch ist der Weg nicht schwer. Du kannst dich aber schnell verlaufen und auf die kroatische Seite gelangen. Auf diesem einsamen Bergwegen trifft man eher auf Wildschweine oder Braunbären als dass man einem Menschen begegnet..

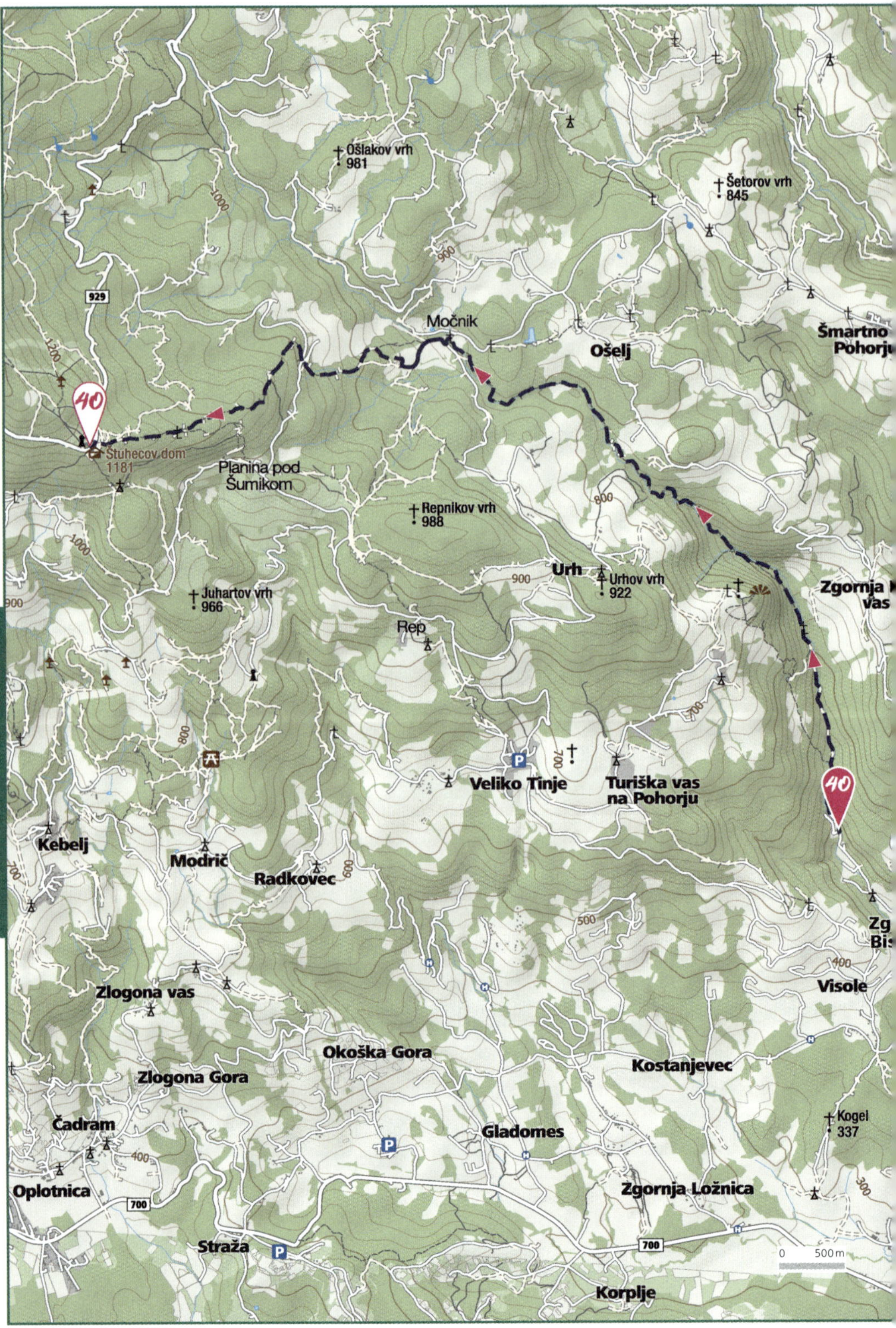

40

Ošlakov vrh
981

Šetorov vrh
845

1000

900

929

Močnik

Šmartno
Pohorju

Ošelj

1200

40

Stuhecov dom
1181

Planina pod
Šumikom

Repnikov vrh
988

800

1000

Urh

Urhov vrh
922

900

Zgornja
vas

900

Juhartov vrh
966

Rep

700

800

700

Veliko Tinje

Turiška vas
na Pohorju

40

Kebelj

Modrič

Radkovec

600

700

500

Zg
Bi

400

Visole

Zlogona vas

Okoška Gora

Kostanjevec

Zlogona Gora

Kogel
337

Čadram

Gladomes

400

Oplotnica

700

Zgornja Ložnica

300

Straža

700

0 500 m

Korplje

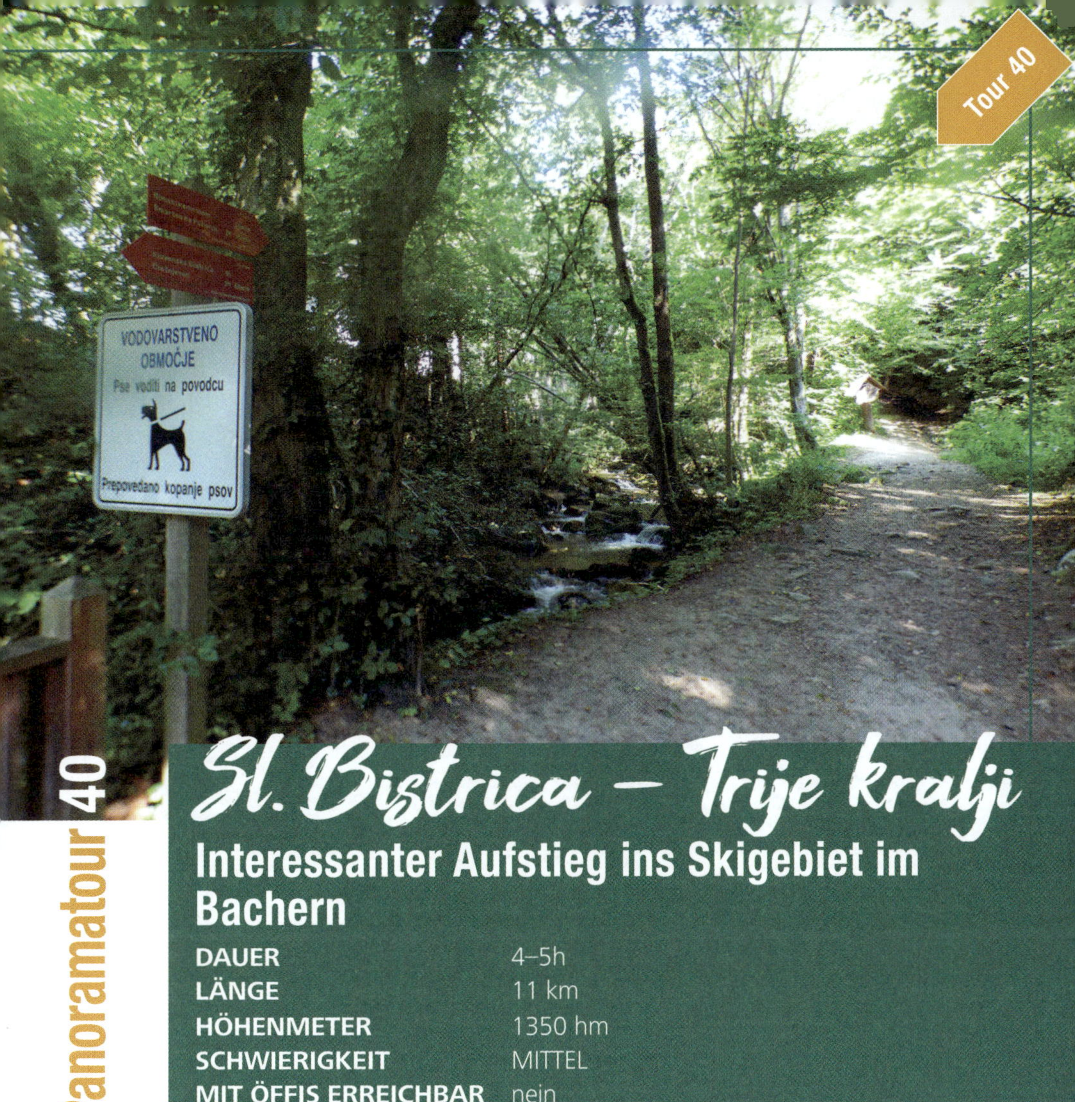

Panoramatour 40

Sl. Bistrica – Trije kralji

Interessanter Aufstieg ins Skigebiet im Bachern

DAUER	4–5h
LÄNGE	11 km
HÖHENMETER	1350 hm
SCHWIERIGKEIT	MITTEL
MIT ÖFFIS ERREICHBAR	nein

Das erwartet dich ...

Ein mittelschwerer Aufstieg von Zg. Bistrica durch die Schlucht Bistriški Vintgar zum Berghotel auf dem Gipfel Sv. Trije Kralji (Heilige Drei Könige). Die Schlucht Bistriški Vintgar macht diese Tour noch interessanter. Sie ist relativ lang, deswegen sollten wir einen Transport für den Rückweg einplanen oder im Hotel Jakac übernachten. Dort gibt es in der Nähe noch andere Sehenswürdigkeiten, wie zum Beispiel den Črno jezero (Schwarzer See).

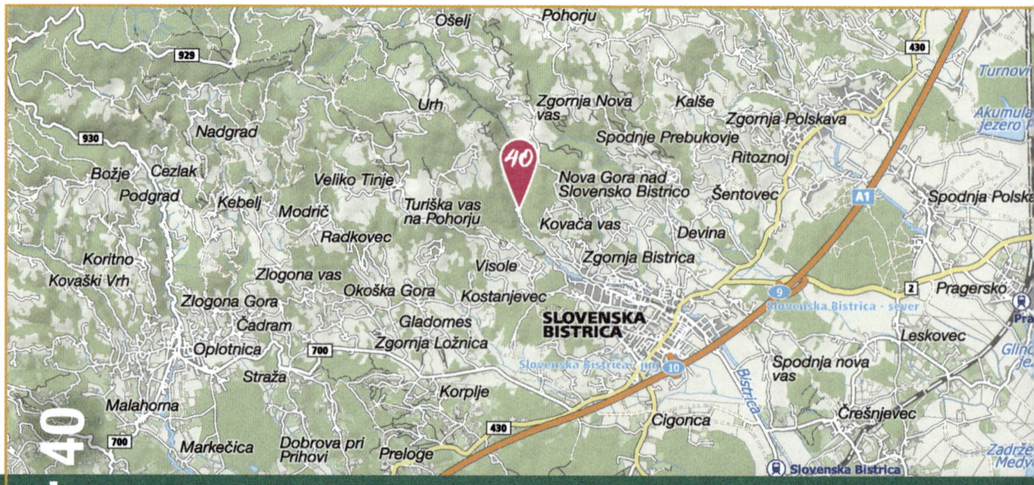

Start & Ziel & Anreise

Startpunkt ist der Parkplatz in Zg. Bistrica. Für die Anreise zur Klamm nehmen wir die Ausfahrt 9 (Slovenska Bistrica - sever) oder 10 (Slovenska Bistrica - jug) der Autobahn A 1. Wir fahren in den Ort hinein und biegen auf die Straße Partizanska ulica ab. Am Ende der Straße erreichen wir zwei Kreisverkehre, den ersten nehmen wir an der ersten Ausfahrt (geradeaus), den zweiten an der zweiten Ausfahrt und fahren Richtung Zgornja Bistrica. Nach der Ortschaft halten wir uns links am Bistrica (Bach) und fahren bis zum Ende der Straße; hier beginnt die Klamm.

Tourenbeschreibung

Vom Parkplatz in Zg. Bistrica – beim Eingang in Bistriški Vintgar – gehen wir entlang des Baches. Zuerst erreichen wir den Römischen Steinbruch. Bis hierher wird der Weg sehr oft begangen. In der Nähe finden wir auch den Wasserfall Šum. Danach wird der Weg einsamer und steiler und wir orientieren uns am Bachverlauf. An schwierigen Stellen gibt es Stege und Geländer, die uns helfen, sicher über alle Hindernisse zu kommen. Nach ca. 2 Stunden kommen wir zu einer leider durch Blitzschlag umgestürzten Riesentanne. Sie war die größte Tanne im Bachern. Die Gegend ist ein wahres Paradies für Pilzsammler. Im Winter ist die Klamm wegen Eis und Schnee oft unpassierbar.

Nach 15 Minuten erreichen wir eine Wiese und sind wieder in der Zivilisation. Nun müssen wir auf alle Wegweiser Richtung Sv. Trije Kralji achten. Wir wechseln von einer zur anderen Straße, gehen an einem Berghof vorbei und schauen, dass wir im Wald auf dem richtigen Weg bleiben. Es gibt viele Fahrwege, Holzriesen und spärliche Markierungen. Mit einigem Orientierungssinn oder mit eingeschaltetem GPX-Gerät finden wir das Berghotel Jakac. In der Nähe liegt die Kirche „Heilige Drei Könige", nach der der ganze Skiort seinen Namen erhielt. Eine schöne Aussicht und ein gutes Essen sind die Belohnung für unsere mehrstündige und abwechslungsreiche Wanderung.

Blick über den Schwarzer See

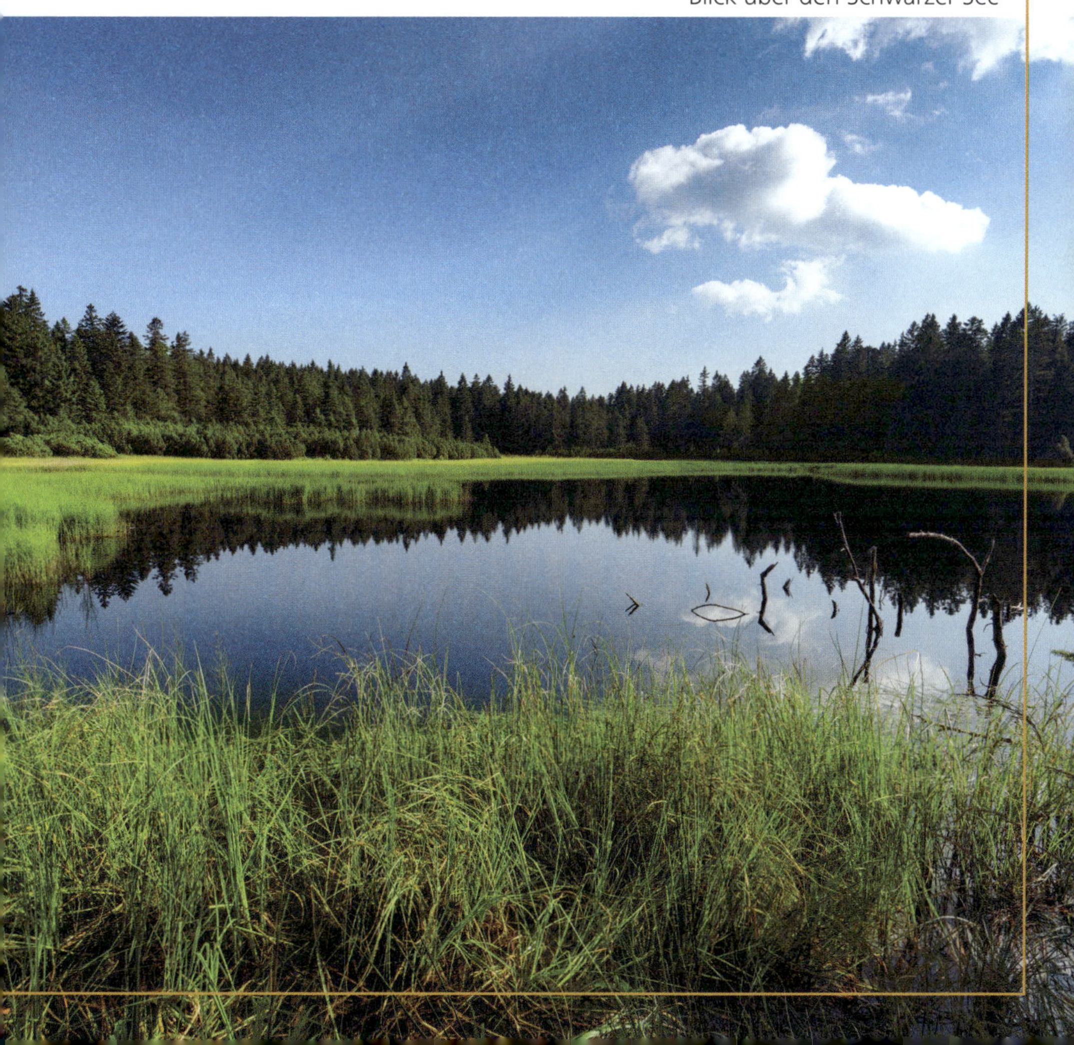

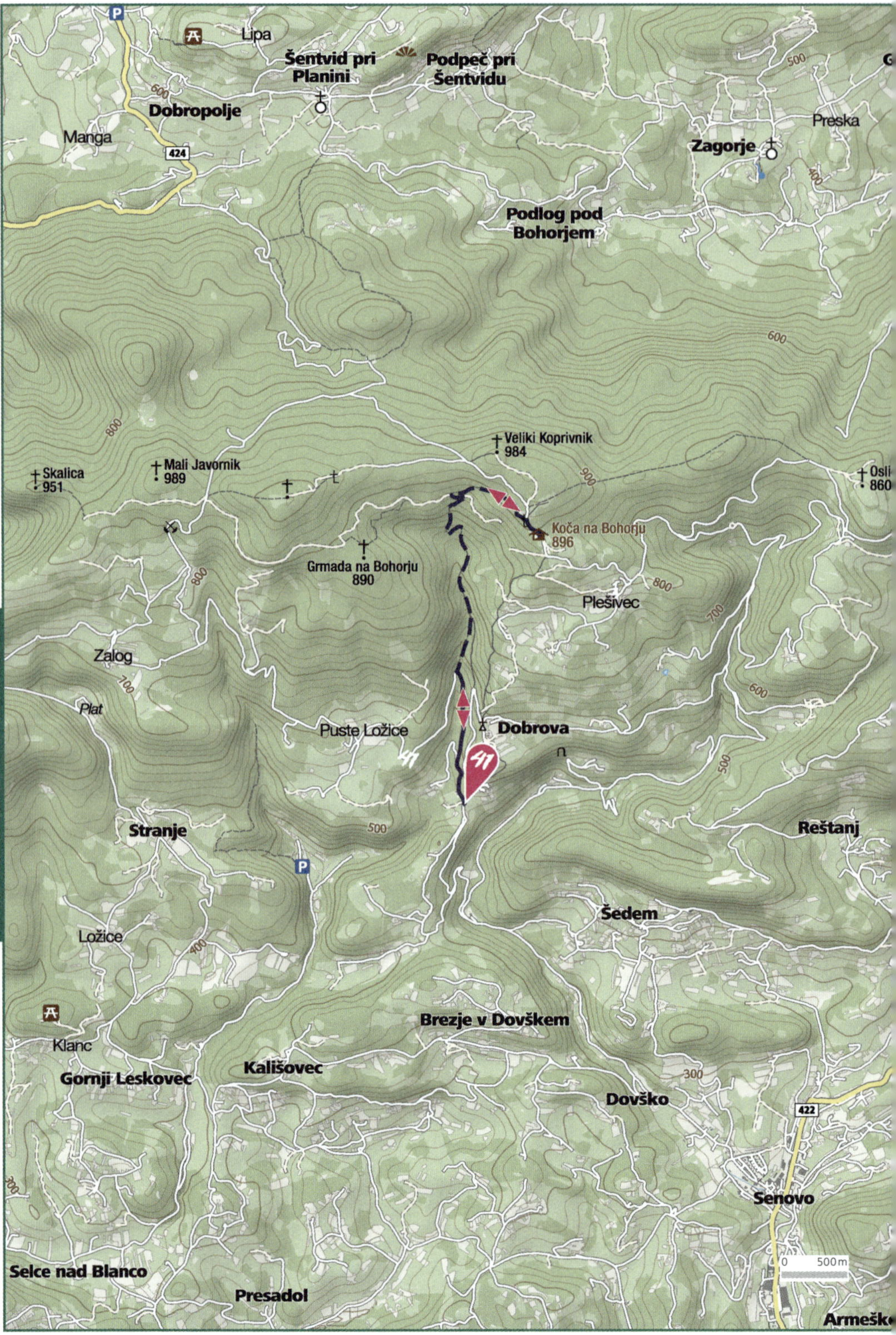

Lipa
Šentvid pri Planini
Podpeč pri Šentvidu
500
Dobropolje
600
Manga
424
Preska
Zagorje
400
Podlog pod Bohorjem
600
800
Veliki Koprivnik
984
Skalica
951
Mali Javornik
989
900
Osli
860
Koča na Bohorju
896
Grmada na Bohorju
890
800
800
Plešivec
700
Zalog
700
Plat
600
Puste Ložice
Dobrova
41
500
Stranje
500
Reštanj
Šedem
Ložice
400
Brezje v Dovškem
Klanc
Kališovec
Gornji Leskovec
300
Dovško
422
300
Senovo
0 500 m
Selce nad Blanco
Presadol
Armeško
41

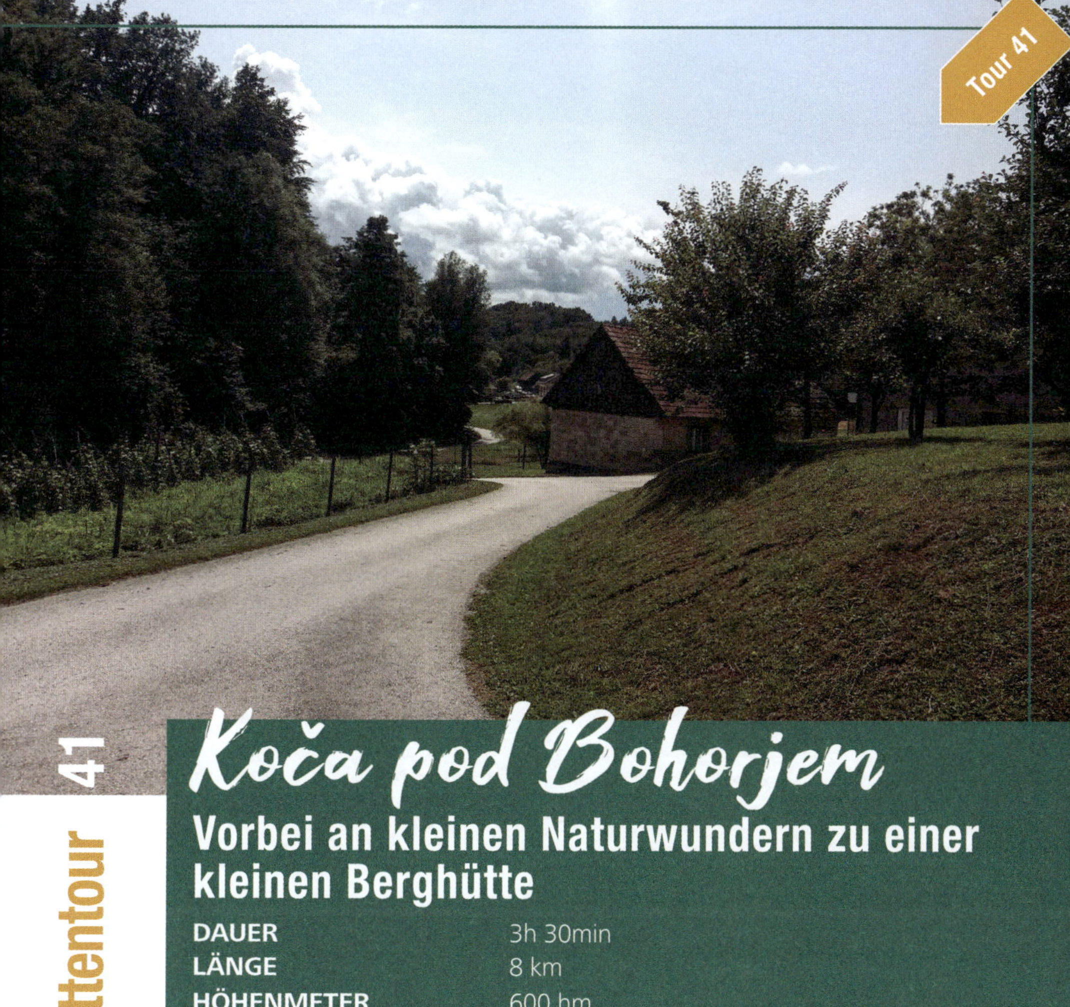

Koča pod Bohorjem

Vorbei an kleinen Naturwundern zu einer kleinen Berghütte

DAUER	3h 30min
LÄNGE	8 km
HÖHENMETER	600 hm
SCHWIERIGKEIT	MITTEL
MIT ÖFFIS ERREICHBAR	nein

Das erwartet dich ...

Zuerst folgen wir einem Bachlauf in einer Klamm; nach dem Wasserfall steigen wir aus der Klamm heraus und wandern einige 100 Meter auf der Forststraße, danach geht es sehr steil bergauf zur Hütte. Von einer Kehre unweit der Hütte führt ein nicht markierter Weg zum natürlichen Fenster. Am Fenster vorbei steigen wir immer noch bergauf zur nächsten Sehenswürdigkeit – dem Peters Felsen. Dieser Fels liegt einige Meter links, nachdem wir den markierten Weg, der direkt von der Hütte zum Felsen führt, erreicht haben. Wie schon der Name verspricht, genießen wir dort himmlische Ausblicke. Zur Hütte sind es nur noch 10 Minuten Abstieg.

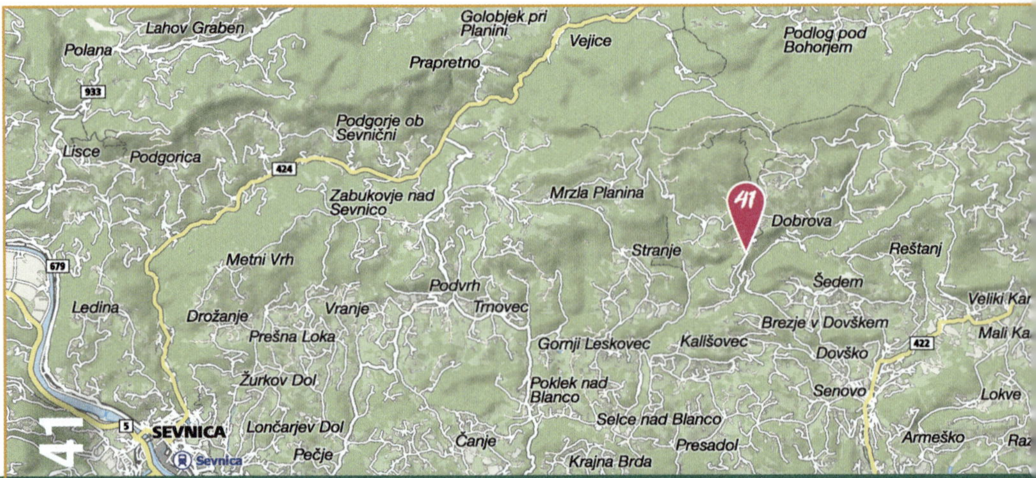

Hüttentour 41

Start & Ziel & Anreise

Startpunkt ist das Dorf Jablance. Von Krško aus kommend geht es zuerst nach Senovo. Wir folgen der Straße Richtung Bohorund Dovško und nach ca. 5 Kilometer biegen wir links nach Jablance ab. Noch zwei Kehren auf ca. 1,5 Kilometer und schon kommen wir zur Informationstafel.

Tourenbeschreibung

Im Dorf Dobrova parken wir an der Informationstafel. Wir nehmen die leicht abfallende Straße in ein kleines Tal. Wenn wir den Bach erreichen, sehen wir den großen Holzwegweiser zum Wasserfall Ubijavnik. Wir folgen dem plätschernden Bach für etwas mehr als eine halbe Stunde und dann stehen wir vor dem nicht einmal 10 Meter hohen Wasserfall. Die Umgebung lässt gar nicht darauf schließen, dass wir uns in einem Hügelland befinden. Hier gibt es teils sogar sehr steile Abgründe.

Für den Weiterweg kehren wir einige Meter zurück, halten uns nun rechts und kommen zu einer steilen Stiege. Ohne diese wäre dieser Hang nur mit Kletterausrüstung bezwingbar. Oben angekommen erreichen wir eine Forststraße. Dieser folgen wir etwa 15 Minuten. Dann stoßen wir auf einen Wegweiser, der uns bergauf zum Bohor weist. Der steile Weg schlängelt sich zwischen Graten und kleinen Tälern. Oft müssen wir die Hände zu Hilfe nehmen, danach sind die Wanderstöcke wieder sehr hilfreich. Auf knapp 800 Meter Höhe müssen wir bei einem schlecht sichtbaren Hinweis auf das Felsenfenster (Okno) achten. Bei diesem Schild folgen wir dem nicht markierten Weg zum Fenster. Das Fenster sieht ziemlich eigenartig aus und man kann sich darunter auch eine gehende Henne vorstellen. An dieser Henne vorbei gehen wir bergauf, bis wir den markierten Weg zum Peters Felsen erreichen. Auf diesem Weg müssen wir noch einige Schritte nach links machen. Dieser Felsen ist ein ausgezeichneter Aussichtpunkt. Von dort schweift der Blick nach Süden und Westen, bei dem man überwiegend auf bewaldete, sanfte und hügelige Landschaften blickt.

Zur Hütte brauchen wir nur noch ca. 10 Minuten. Die ausgezeichnete Gastronomie auf dieser Hütte ist weitum bekannt.

Für die Rückkehr können wir denselben Weg wählen. Es gibt aber auch einen markierten Weg, der von der Hütte auf den weichen Hängen des Bohor über Bukovšica nach Jablance führt. Ein leichterer aber auch eintöniger Weg, der aber schließlich auch nach Jablance zum Parkplatz führt.

Autoren Tipp

An den Bächen mit den Wasserfällen gibt es mindestens zwei Fischzuchtbetriebe, bei denen wir Süßwasserfische kaufen können. Die Bauernhöfe Pužun und Pajk in der Ortschaft Gornji Leskovec züchten Forellen. Das beweist, dass das Wasser trotz niedriger Höhenlage klar und sauber ist.

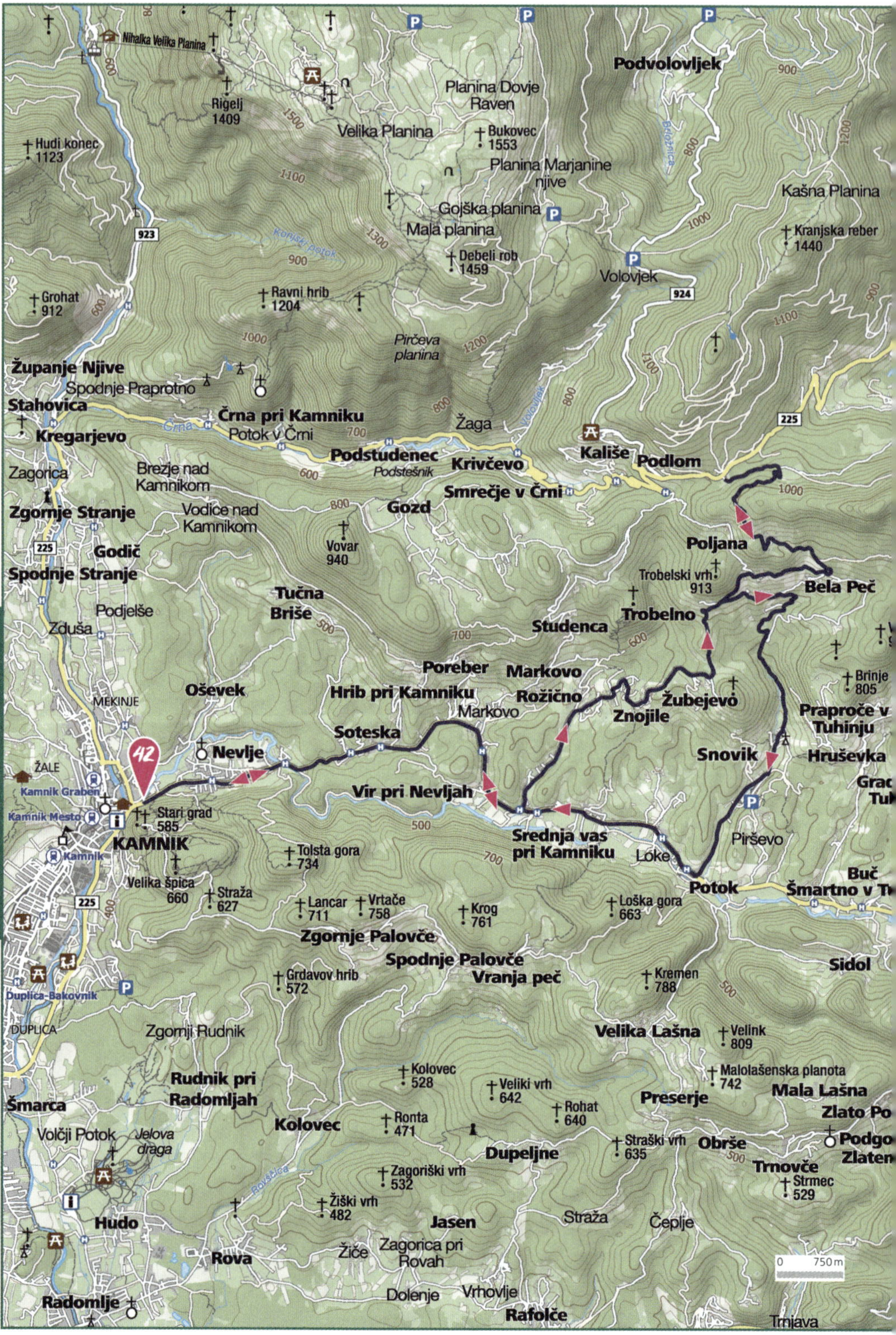

42

Nihalka Velika Planina
Rigelj
1409
Velika Planina
Planina Dovje Raven
Podvolovljek
Hudi konec
1123
Bukovec
1553
Planina Marjanine njive
Kašna Planina
Gojška planina
Mala planina
Kranjska reber
1440
923
Konjski potok
Debeli rob
1459
Volovjek
924
Grohat
912
Ravni hrib
1204
Pirčeva planina
Županje Njive
Spodnje Praprotno
Stahovica
Črna pri Kamniku
Žaga
225
Kregarjevo
Potok v Črni
Kališe
Podlom
Zagorica
Brezje nad Kamnikom
Podstudenec
Podstešnik
Krivčevo
Smrečje v Črni
Zgornje Stranje
Vodice nad Kamnikom
Gozd
225
Godič
Vovar
940
Poljana
Spodnje Stranje
Trobelski vrh
913
Bela Peč
Tučna
Podjelše
Briše
Trobelno
Zduša
Studenca
Poreber
Markovo
Bršlje
805
MEKINJE
Oševek
Hrib pri Kamniku
Rožično
Žubejevo
Markovo
Znojile
Praproče v Tuhinju
Soteska
Nevlje
Snovik
Hruševka
ŽALE
Kamnik Graben
Vir pri Nevljah
Kamnik Mesto
Stari grad
585
KAMNIK
Srednja vas pri Kamniku
Pirševo
Kamnik
Tolsta gora
734
Loke
Velika špica
660
Straža
627
Potok
Buč
Šmartno v T
225
Lancar
711
Vrtače
758
Krog
761
Loška gora
663
Zgornje Palovče
Spodnje Palovče
Grdavov hrib
572
Vranja peč
Kremen
788
Sidol
Duplica-Bakovnik
DUPLICA
Zgornji Rudnik
Velika Lašna
Velink
809
Rudnik pri Radomljah
Kolovec
528
Malolašenska planota
742
Šmarca
Veliki vrh
642
Mala Lašna
Preserje
Rohat
640
Zlato Po
Volčji Potok
Jelova draga
Kolovec
Ronta
471
Podgo
Zlaten
Dupeljne
Straški vrh
635
Obrše
Trnovče
Zagoriški vrh
532
Strmec
529
Žiški vrh
482
Hudo
Jasen
Straža
Čeplje
Rova
Žiče
Zagorica pri Rovah
0 750 m
Radomlje
Dolenje
Vrhovlje
Rafolče
Trnjava

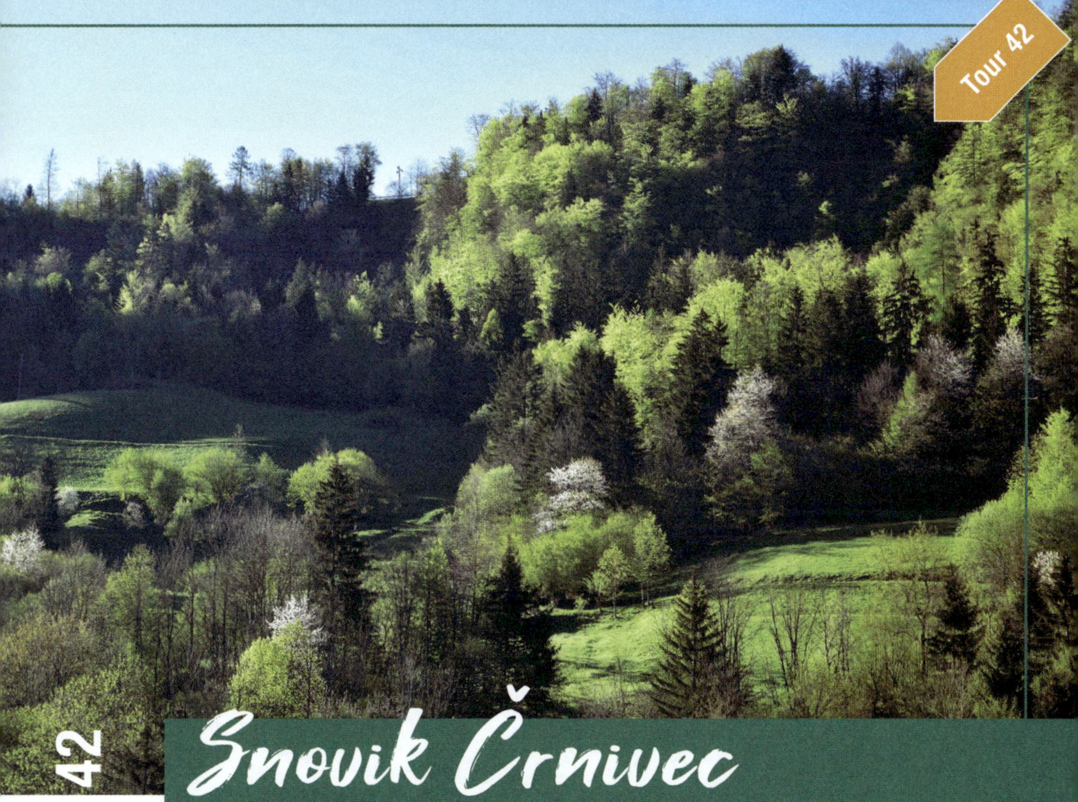

42 Radtour

Snovik Črnivec

Über den Sattel Črnivec zum Kurort Snovik

DAUER	4–5h
LÄNGE	40 km
HÖHENMETER	1000 hm
SCHWIERIGKEIT	MITTEL
MIT ÖFFIS ERREICHBAR	ja

Das erwartet dich ...

Eine Radtour, die über Nebenstraßen und Schotterwege führt. Somit erleben wir eine Wildnis, die auf Hauptstraßen verborgen bleibt. In diesem „beinahe Alpenland" kannst du einiges erleben. Von der Thermalquelle bis zum Tourenskifahren auf der Velika planina oder auf der Menina planina. Alle Orte liegen hier eng beieinander.

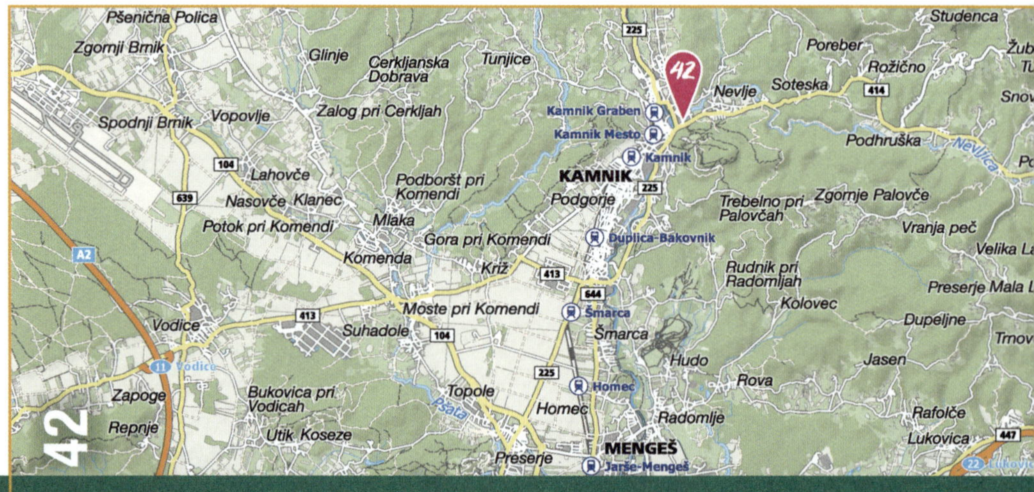

Radtour 42

Start & Ziel & Anreise

Wir starten in Kamnik (Stein) beim Städtischen Bad. Mit öffentlichen Verkehrsmitteln erreichen wir den Startpunkt über die Bushaltestelle Vrhpolje pri kamniku in der gleichnamigen Ortschaft oder von Kamnik aus, beispielsweise an der Haltestelle Avtobusna Postaja Kamnik. Kamnik erreicht man zudem mit dem Zug. Mit dem Auto parken wir am besten beim Städtischen Bad an der Straße 414; wir erreichen die Stadtauch von Domžale (Ausfahrt Autobahn A 1) oder über Mengeš.

Tourenbeschreibung

Entweder von Kamnik oder von Snovik fahren wir auf der Bundesstraße bis zur Ortschaft Podhruška. Dort biegen wir nach Norden Richtung Sela ab (3 km). Sela liegt an einem Hang und die Steigung der Straße beträgt deutlich über 10 %. So steil wird es später allerdings nicht mehr, jedoch dauert es noch einige Zeit, bis wir nach der Siedlung Poljana die Schotterstraße erreichen. Wir fahren über einen Pass im Wald und danach fahren wir noch fast 2 Kilometer bergab, bis wir die Gaststätte 902 erreichen. Im Norden beginnen schon die Steiner Alpen.

Nach der Erfrischung radeln wir die bereits gefahrenen fast 2 Kilometer bergauf. Dann wird es für uns angenehm. Es geht bergab und die meiste Zeit auf Asphalt. Achtung! Im Ort Trobelno müssen wir ganz stark bremsen und scharf nach links abbiegen. Ein Wegweiser zeigt in Richtung Snovik. Die Schotterstraße ist sehr

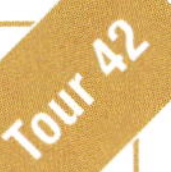

schlecht zu fahren. Da wir bergab radeln, brauchen wir wieder mehr Kräfte in den Händen. Schon vor dem Kurort fahren wir wieder auf Asphalt.

Vom Kurort Snovik bis nach Kamnik (Stein) sind es noch 10 Kilometer. Es geht geradeaus und bergab, dafür ist es aber keine Wildnis mehr.

In diesem Dreieck Kamnik – Črnivec – Snovik findet man noch andere Möglichkeiten, um zu radeln. Für das Rennrad sind die Ziele Kamniška Bistrica (601 m), Črnivec (902 m), Kranjski Rak (1029 m) und der Pass Kozjak (652 m) geeignet. Für Mountainbiker kommen auch alle Schotterstraßen und Fahrwege in Frage.

Kapstadt oder Snovik?

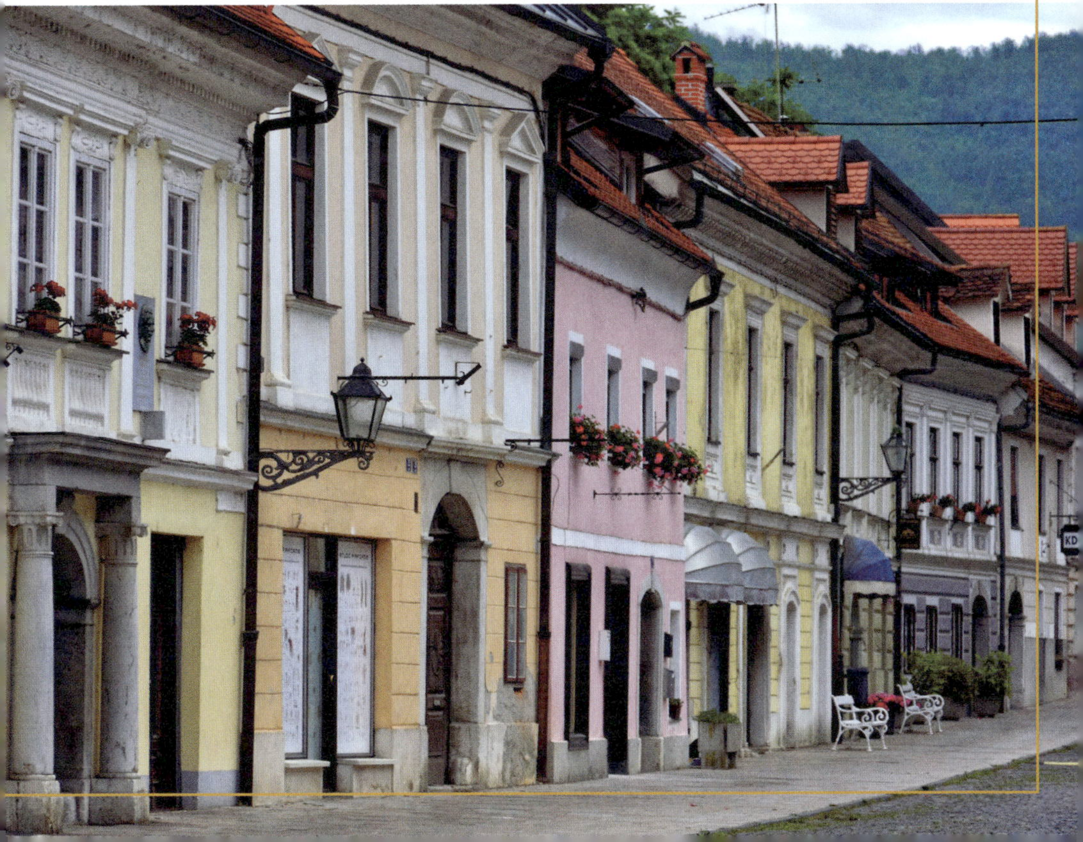

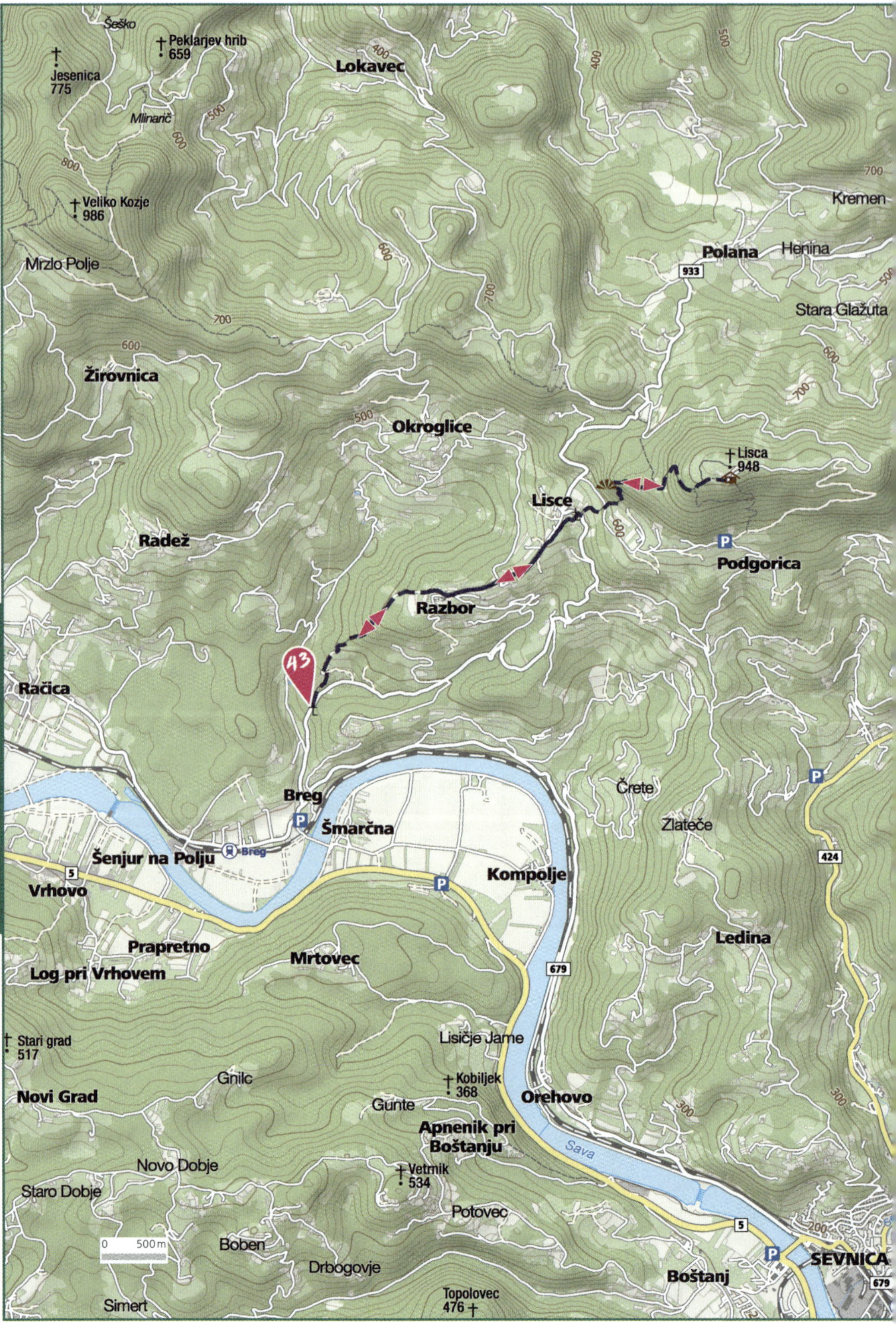

Šeško
Peklarjev hrib 659
Jesenica 775
Lokavec
Mlinarič
Veliko Kozje 986
Mrzlo Polje
Kremen
Polana
Henina
933
Stara Glažuta
Žirovnica
Okroglice
Lisca 948
Lisce
Radež
Podgorica
Razbor
43
Račica
Breg
Čerte
Zlateče
Šmarčna
Šenjur na Polju
Breg
5
Vrhovo
Kompolje
424
Prapretno
Mrtovec
Ledina
Log pri Vrhovem
679
Stari grad 517
Lisičje Jame
Gnilc
Kobiljek 368
Novi Grad
Orehovo
Gunte
Apnenik pri Boštanju
Sava
Novo Dobje
Vetrnik 534
Staro Dobje
Potovec
0 500 m
Boben
5
Drbogovje
SEVNICA
Boštanj
679
Topolovec 476
Simert

Tour 43

43 Gipfeltour

Auf den Gipfel Lisca

Ein markanter Berg zwischen Save und Savinja

DAUER	3h 45min
LÄNGE	10 km
HÖHENMETER	70 hm
SCHWIERIGKEIT	LEICHT
MIT ÖFFIS ERREICHBAR	ja

Das erwartet dich ...

Ein einfacher und abwechslungsreicher Aufstieg auf einen markanten und bekannten Berg in Slowenien. Oben stehen zwei Hütten, eine Wetterstation und zur Erinnerung an schneereiche Winter auch stillgelegte Liftanlagen. Wir überwinden in gut 2 Stunden einen großen Höhenunterschied. Die Hütte ist für ihre gute Gastronomie bekannt.

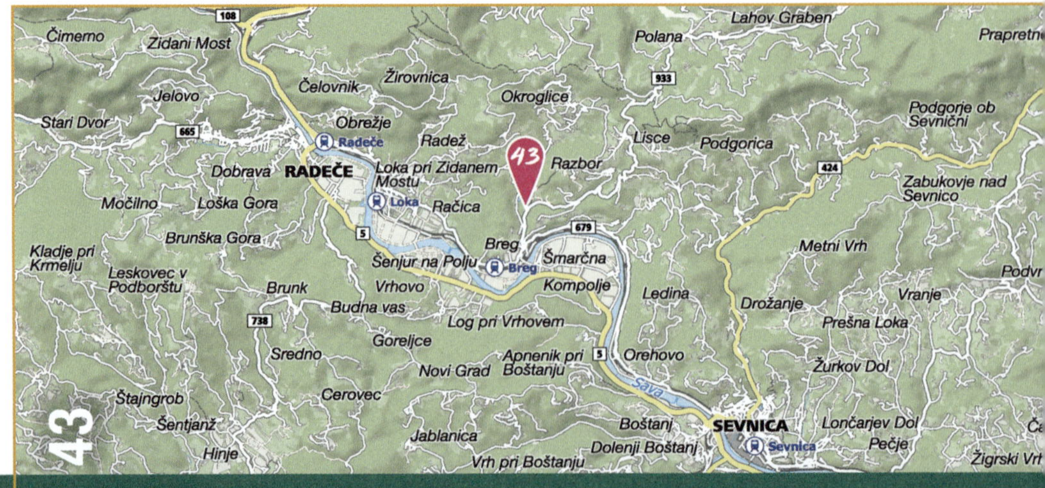

Gipfeltour 43

Start & Ziel & Anreise

Der Startpunkt befindet sich bei der Informationstafel kurz nach Breg Richtung Lisca. Mit dem Auto erreichen wir Breg über die Straße 5, entweder von Radeče kommend oder aus Richtung Sevnica. Die Straße führt am Fluss Sava entlang. Bei Šmarčna biegen wir ab, an der Kirche anschließend links und überqueren den Fluss. In Breg biegen wir rechts ab und halten uns gleich danach links. In einer weiten Rechtskurve könen wir parken.

Tourenbeschreibung

Im Ort Breg gibt es einen Wegweiser zur „Lisca". Wir folgen der Straße ca. 1 Kilometer und dann sehen wir auf der rechten Seite einen Parkplatz mit einer Informationstafel über den Jurka-Weg auf den Berg Lisca. Zuerst queren wir die Straße und folgen dem Fahrweg anfangs im Wald, dann über die Weide und nach dem Bauernhof wieder in den Wald hinein. Nach 1 Stunde erreichen wir das Dorf Razbor (485 m) und unser Weg verläuft ca. 800 Meter entlang der geteerten Straße. Wir müssen auf einen Fahrweg nach rechts achten. Die Beschilderung ist schwer zu erkennen.

Danach folgen wir dem Fahrweg zum Bauernhof. Dort biegen wir links aufwärts ab, queren eine Straße und steigen zur nächsten Straße hinauf. Auch diese queren wir und steigen im Wald steil bergauf. An einem Steinbruch vorbei geht es nach wie vor steil bergauf, bis wir die Kirche Sv. Jošt erreichen. Diese ist ca. 2

Stunden vom Parkplatz entfernt. Nun folgt eine angenehme Wanderung hinauf zum Scheitel der Lisca; 10 Minuten vor dem Gipfel kommen wir aus dem Wald und können links den Gipfel und vor uns die Hütte sehen. Vom Gipfel sieht man schön einen Teil des Flusses Sava (Save) und bei gutem Wetter viele Berge und Gipfel ringsum.

Für den Rückweg nehmen wir den gleichen Weg nach Breg.

Varianten: Wir können bis zum Gipfel auf Asphalt fahren. Dann können wir eine Streckenwanderung zur Bohor-Hütte (7 Stunden) machen.

Vom Lisca aus können wir den Sonnenuntergang genießen

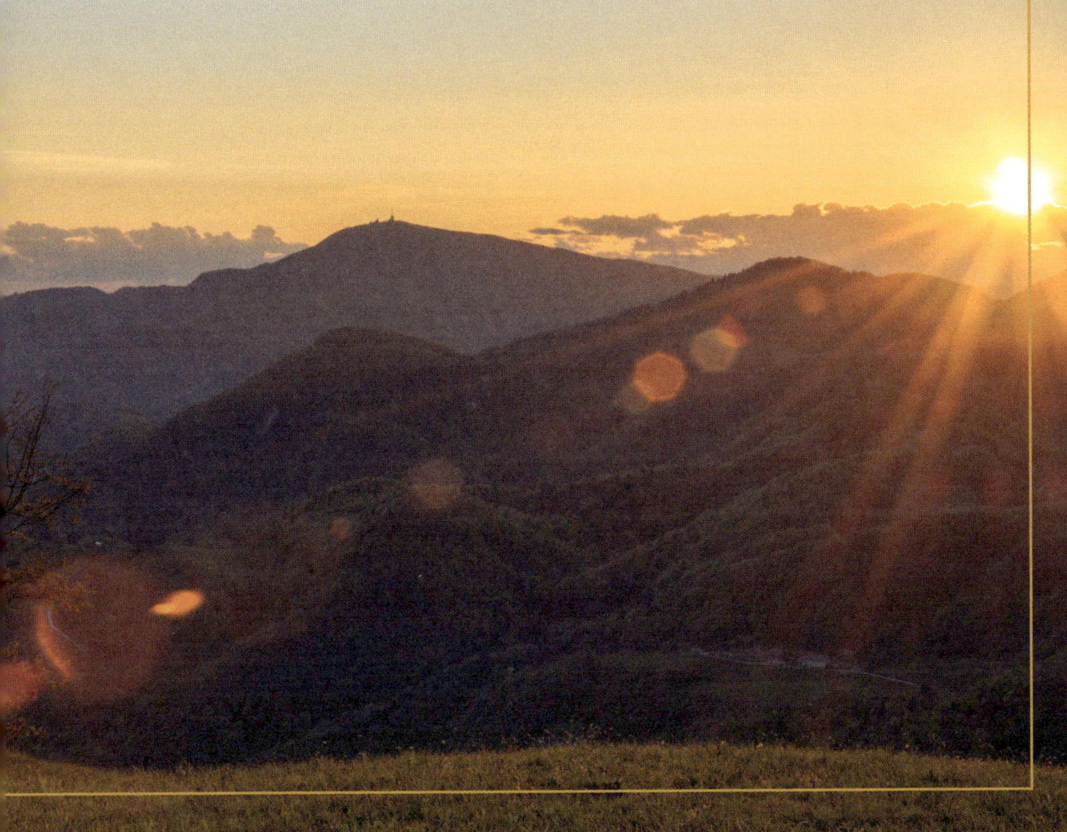

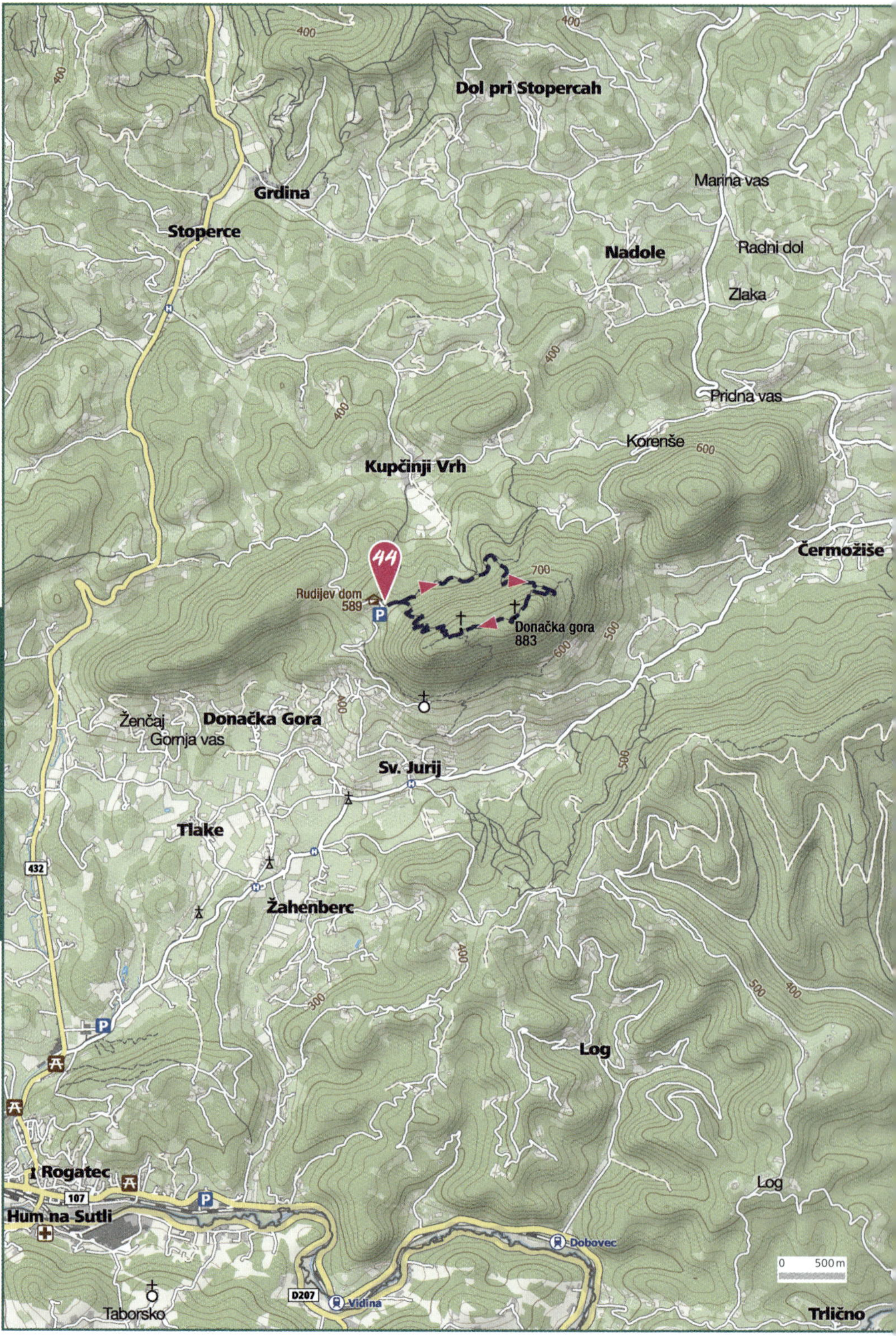

44

Dol pri Stopercah

Grdina

Stoperce

Marina vas

Nadole

Radni dol

Zlaka

Pridna vas

Korenše

Kupčinji Vrh

Čermožiše

Rudijev dom
589

Donačka gora
883

Ženčaj

Donačka Gora

Gornja vas

Sv. Jurij

Tlake

Žahenberc

432

Log

Log

Rogatec

107

Hum na Sutli

Dobovec

D207

Vidina

Taborsko

Trlično

0 500 m

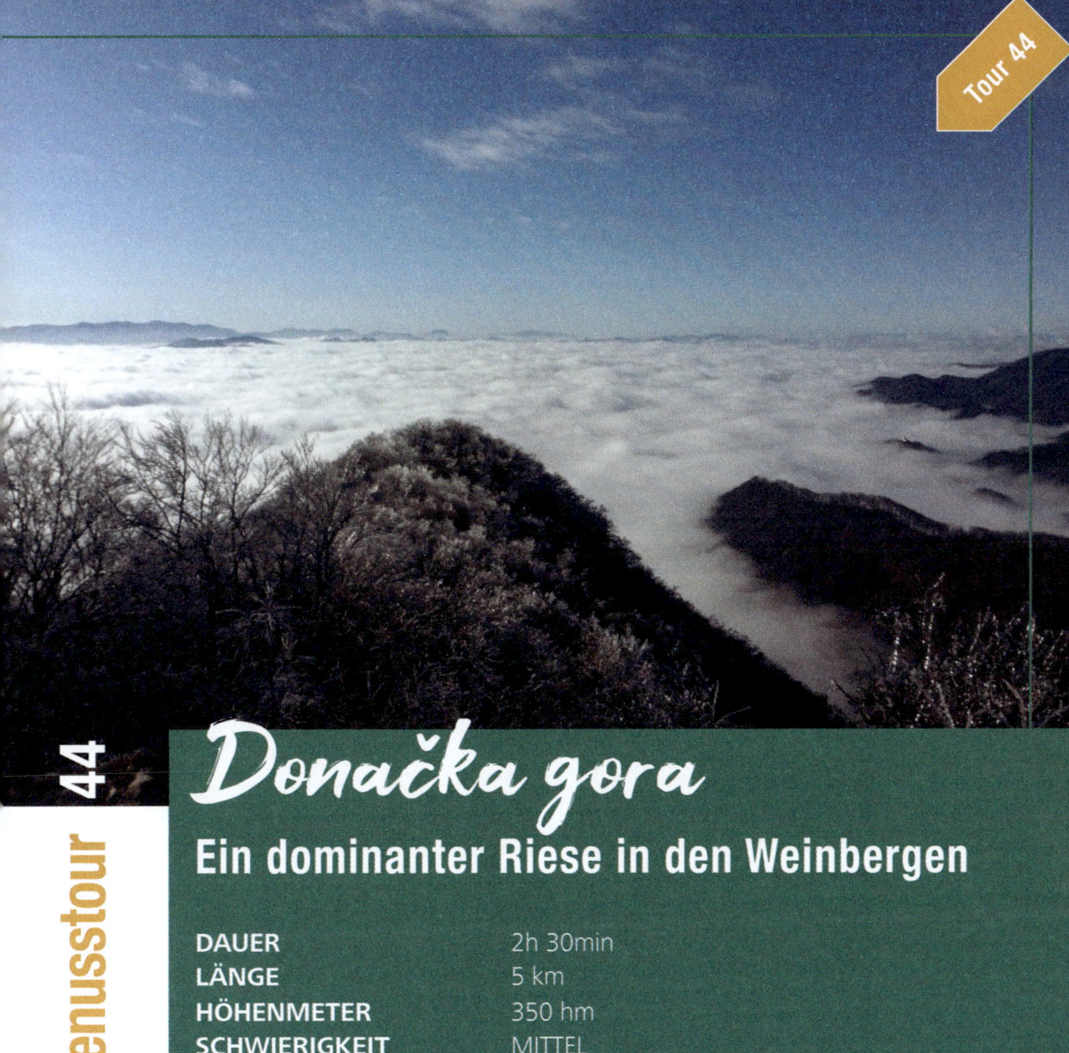

Tour 44

Genusstour 44

Donačka gora

Ein dominanter Riese in den Weinbergen

DAUER	2h 30min
LÄNGE	5 km
HÖHENMETER	350 hm
SCHWIERIGKEIT	MITTEL
MIT ÖFFIS ERREICHBAR	nein

Das erwartet dich ...

Eine spektakuläre Rundtour auf einen markanten Gipfel zwischen Weinbergen. Trotz bescheidener Höhe gibt es einige schwierige Passagen mit Seilen und Eisenstiften. Schon vor Jahrhunderten besuchten Gäste die klassischen Thermalbäder von Rogaška Slatina, die auch heute noch zahlreiche Touristen anlocken. Die Aussicht vom Gipfel ist sehr lohnenswert.

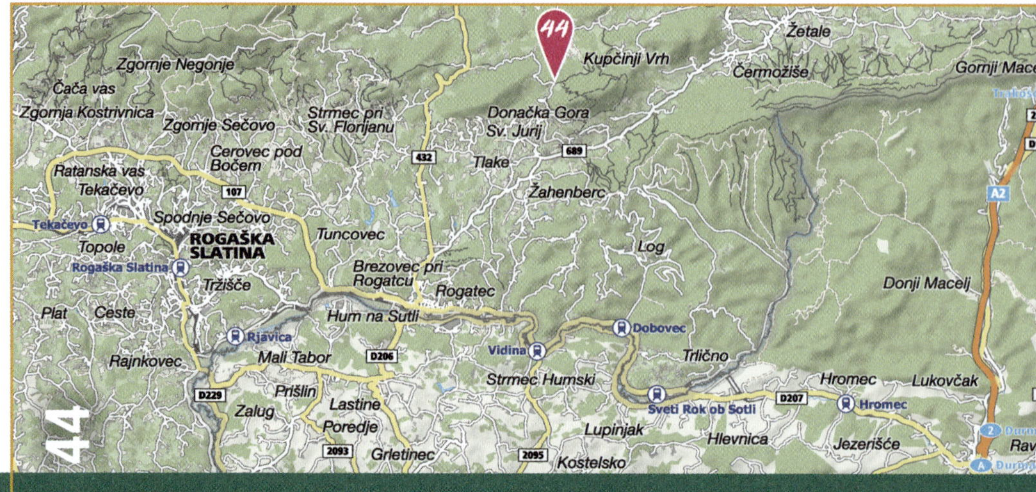

Genusstour 44

Start & Ziel & Anreise

Die Tour startet auf 589 Meter Höhe am Rudijev dom (Hütte). Hier kann man mit dem Auto parken. Von Rogatec aus nehmen wir die 432 nach Norden und biegen kurz nach Ortsende auf die 689 (Ptujska cesta) ab. Wir folgen der Straße bis SV. Jurij. Hier biegen wir links ab und fahren auf einer kleinen Straße den Berg hinauf. Sobald wir ein paar Häuser erreichen, biegen wir rechts auf eine Straße zum Rudijev dom ab.

Tourenbeschreibung

Vom Thermalort Rogaška Slatina fahren wir Richtung Rogatec (Rohitsch) und dann biegen wir nach links ab in Richtung Majšperk, Ptujska gora. Danach folgen wir an allen Kreuzungen der Beschilderung Donačka gora oder Rudijev dom. Eine asphaltierte Straße bringt uns zur Hütte Rudijev dom. Sie hat im Sommer täglich und in den anderen Jahreszeiten an den Wochenenden geöffnet.

Von der Hütte aus halten wir uns auf dem linken Weg in Richtung Donačka Gora. Die Wegweiser sind mit Rufzeichen versehen. Mit gutem Grund, denn wenn wir nach fast einer Stunde auf die ersten Felsen treffen, darf kein Schwindelgefühl mehr aufkommen. Die nächsten 15 Minuten sind entscheidend. Diese Eisenstifte und Seile sind die einzigen Sicherungen in dem Weingebiet der Štajerska, wie der slowenische Teil der Steiermark genannt wird. Ein Klettergurt kann uns sehr gut helfen, da die schwierige Passage durchwegs mit einem Seil gesichert ist. Der steile Abschnitt endet auf dem Gipfelkamm. Der östliche Gipfel liegt im Wald einige Schritte vom markierten Pfad entfernt. Auf dem Kamm führt uns der markierte Weg Richtung Westen. Manchmal steigen wir einige Meter ab und dann wieder hinauf. Der felsige Kammweg fordert unseren Gleichgewichtssinn heraus. Nun erblicken wir die Steinpyramide. Der Gipfel ist baumlos, so können wir den Blick in alle Richtungen genießen. Nach Norden kann man bei klarem Himmel sogar den Plattensee (Balaton) erkennen. Nach Westen und Nordwesten sind die Gebirgsketten des Pohorje (Bachern), die Karawanken und die Steiner Alpen (Kamniške Alpe) zu sehen. Auf einer Bank können wir auch unsere müden Beine ausstrecken.

Der Abstieg führt direkt zur Hütte Rudijev dom. Einige Zeit verläuft er direkt auf dem Kamm, dann aber verlieren wir in großen Kehren an Höhe und erreichen in weniger als einer Stunde die Hütte Rudijev dom. Eine großartige Runde liegt hinter uns. Wenn wir zurück auf den Gipfel blicken, können wir die Steinpyramide erkennen. Man kann gar nicht ahnen, dass dieser Berg, der nicht einmal 900 Meter Höhe erreicht, so viele gefährliche Stellen in sich und um sich birgt.

Auf dem östlichen Gipfel herrscht noch eisige Stimmung

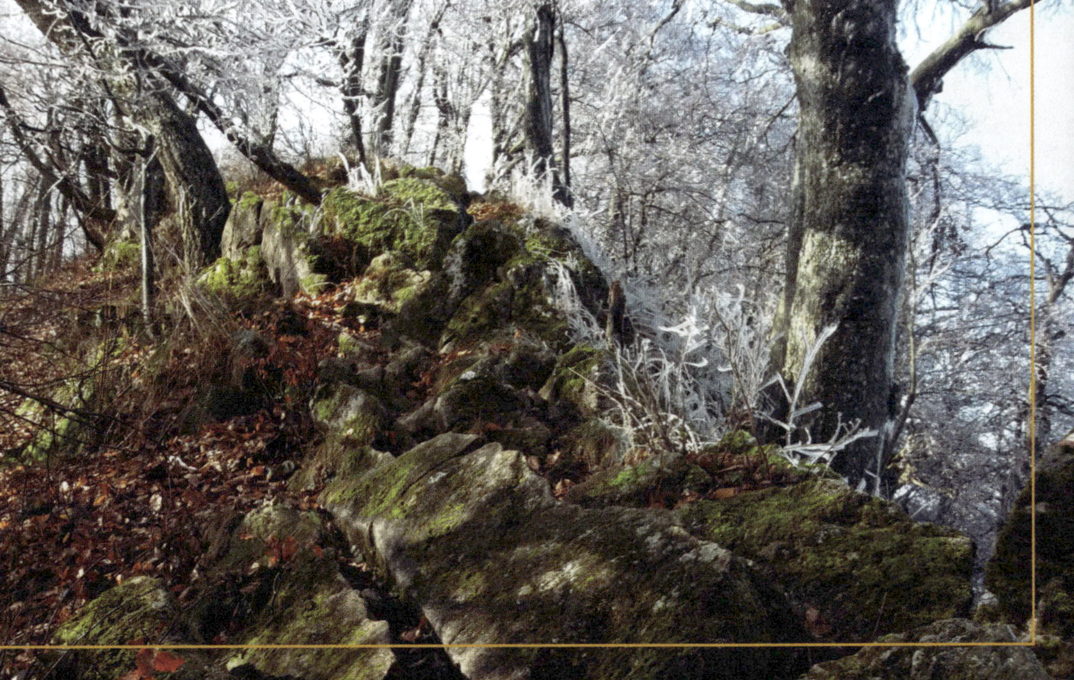

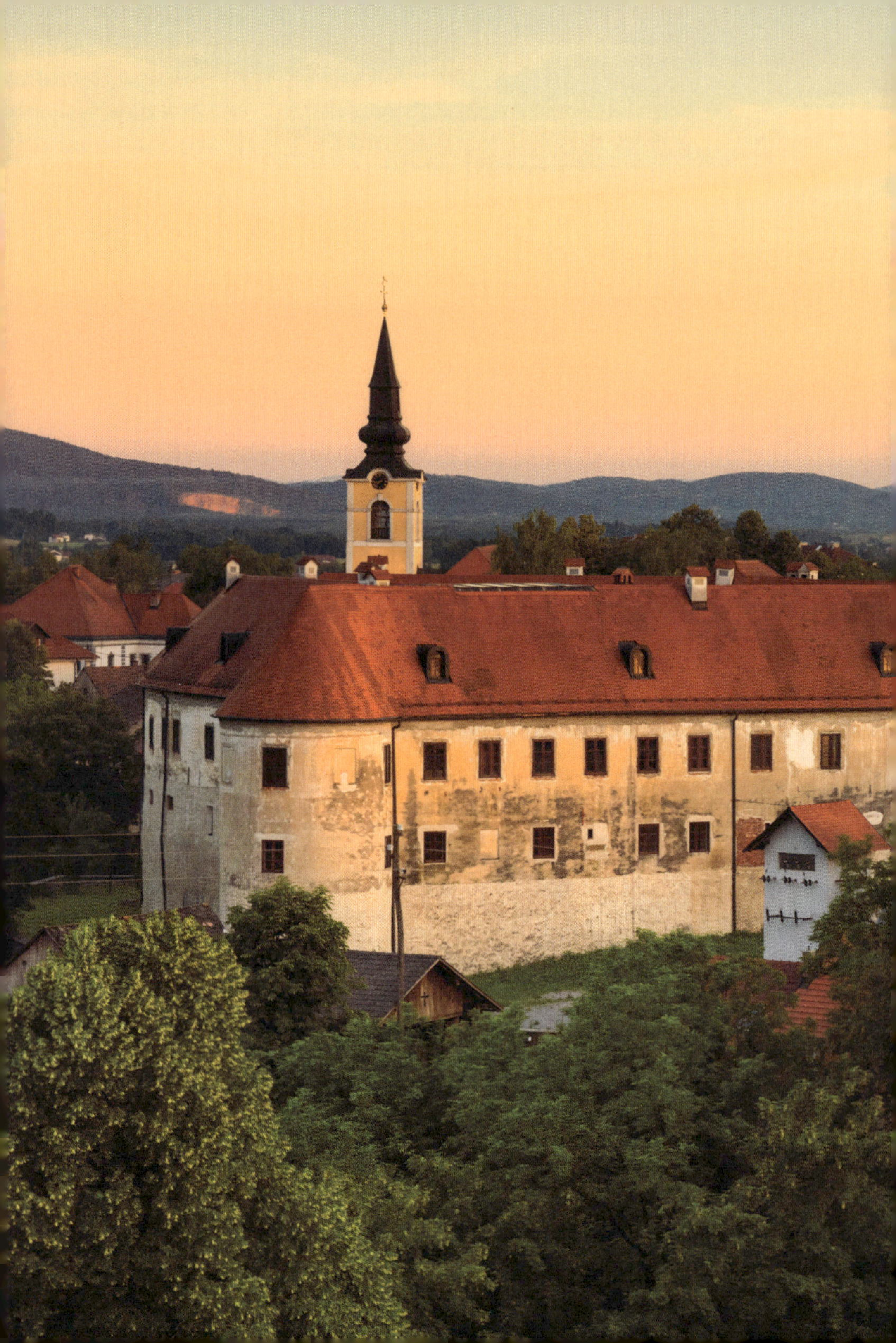

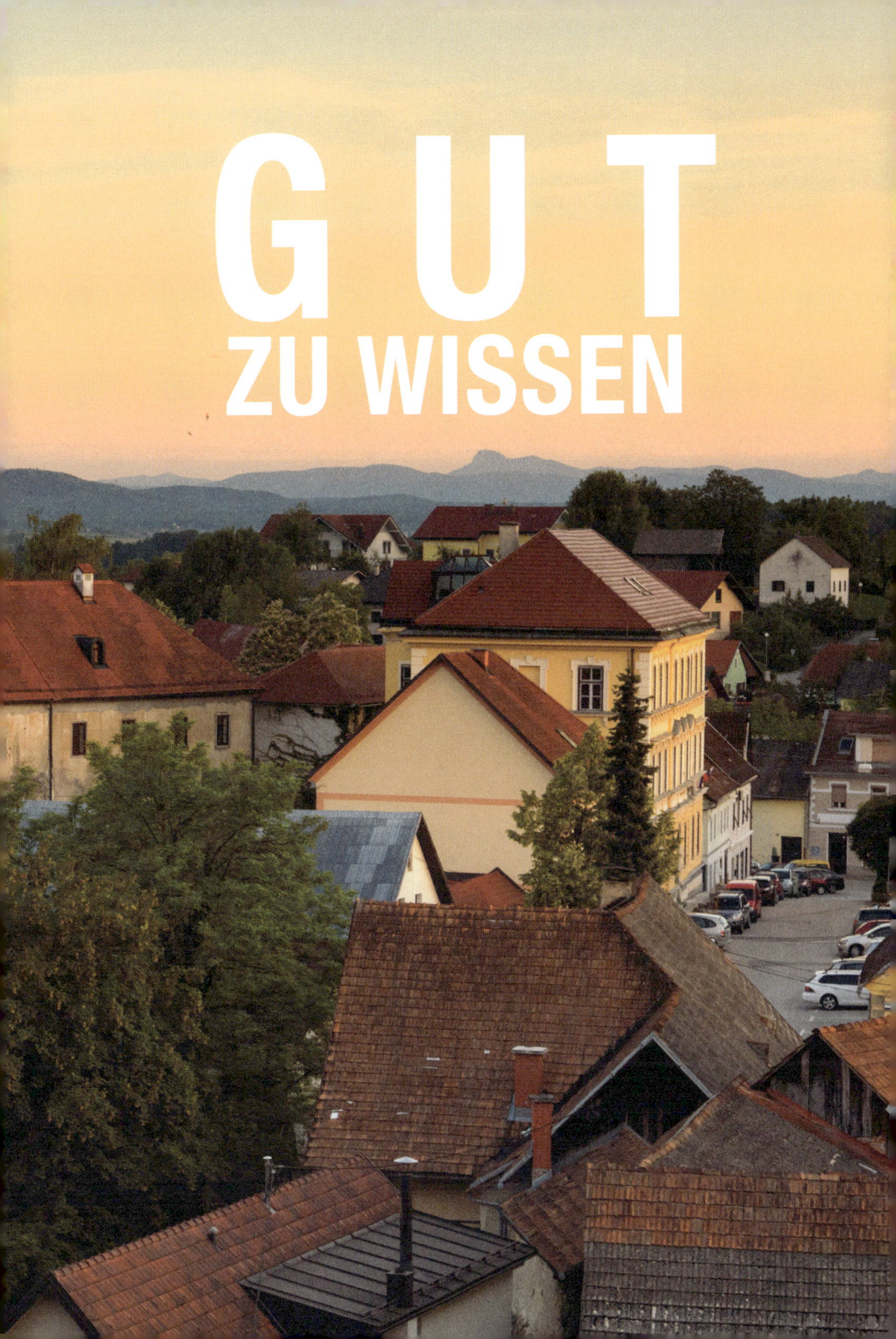
GUT
ZU WISSEN

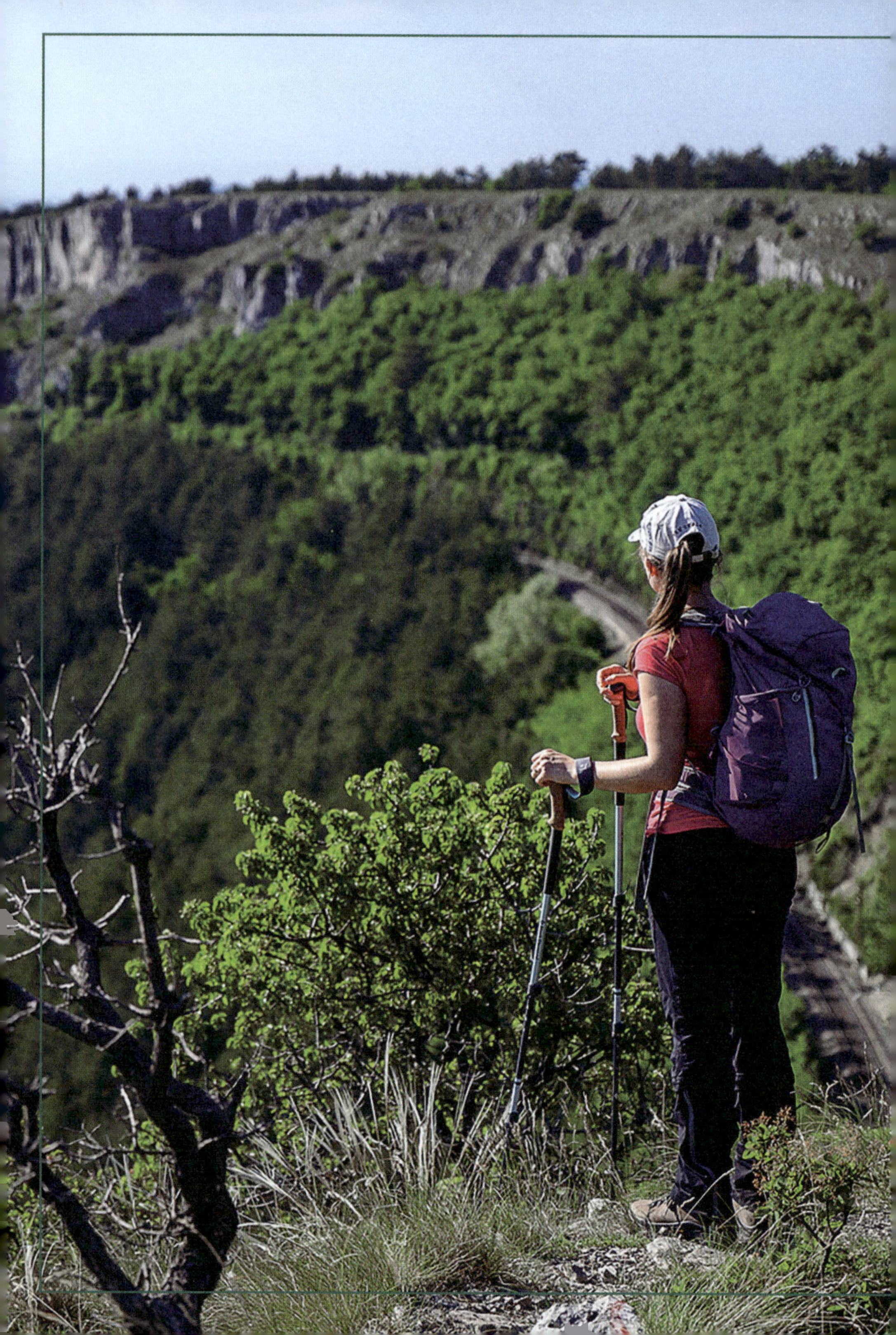

Unsere Wander-Hacks

Es geht auch einfacher

HACKS

SAISONSTART

1000 Höhenmeter und 20 Kilometer sind etwas viel für die erste Tour, fange mit einigen gemütlichen Wanderungen an und steigere dich langsam. Je nach Fitnesslevel können das über 500 Höhenmeter am Anfang sein oder auch 200. Hör auf deinen Körper und überfordere dich nicht gleich am Anfang. Gleiches gilt natürlich beim Rad- und Kanufahren.

AUSRÜSTUNG

Beim allen Sportarten im freien ist der Sonnenschutz immens wichtig und schützt dich vor Sonnenstich und Sonnenbrand. Beim Wandern erspart dir das richtige Schuhwerk sehr viel körperliches Leid – angefangen von Blasen und Druckstellen bis hin zu gefährlichen Stürzen durch Umknicken. Beim Radfahren solltest du neben dem richtigen Fahrrad auf jeden Fall auch einen Helm und passende Bekleidung tragen. Denke außerdem an eine Fahrradpumpe sowie einen Ersatzschlauch, damit du nicht irgendwo liegen bleibst. Auch bei Kanutouren ist die Ausrüstung das A und O und Schwimmweste sowie Dry Bag sollten auf jeden Fall im Gepäck sein.

AUFWÄRMEN

Aufwärmen ist bei jeder Sportart wichtig. Beim Wandern solltest du dich locker warmlaufen und Beine sowie Rücken etwas dehnen. Radfahren beansprucht vor allem die Gesäß- und die Oberschenkelmuskulatur, deswegen sind Kniebeugen, Seilspringen und abwechselnde Ausfallschritte geeignete Übungen. Beim Paddeln ist neben Muskelkraft auch Koordination gefragt. Mit Übungen wie Arme kreisen, Kniebeugen und Mountain Climbers machst du auf jeden Fall nichts verkehrt!

Endlich was Neues ausprobieren

Lust was Neues auszuprobieren?

WENN JA HABEN WIR EIN PAAR VORSCHLÄGE FÜR DICH.

- **CANYONING IN BLED:** Unternimm ein 3-stündiges Canyoning-Abenteuer im Fratarica-Canyon und stürze dich in kristallklare Wasserbecken. Adrenalinkick garantiert!

- **VÖLLIG SCHWERELOS:** Wie fühlt es sich an schwerelos durch das All zu schweben? Dieses Gefühl kannst du im Aerodium Logatec erleben. Ein außergewöhnliches Erlebnis.

- **HÖHLENFORSCHEN:** „Königin der Unterwelt", so nennt sich die Höhle von Postojna. Die Höhle ist ein Teil des Park Postojnska Jama und kann gegen eine Eintrittsgebühr besichtigt werden.

- **WO SICH DIE EINHEIMISCHEN TREFFEN:** Der zentrale Marktplatz „Zentralmarkt" von Ljubljana ist nicht nur ein Einkaufsort, sondern traditionell auch ein Treffpunkt der Stadtbewohner. Lass dich von dem bunten Treiben mitreißen und probiere regionale Köstlichkeiten.

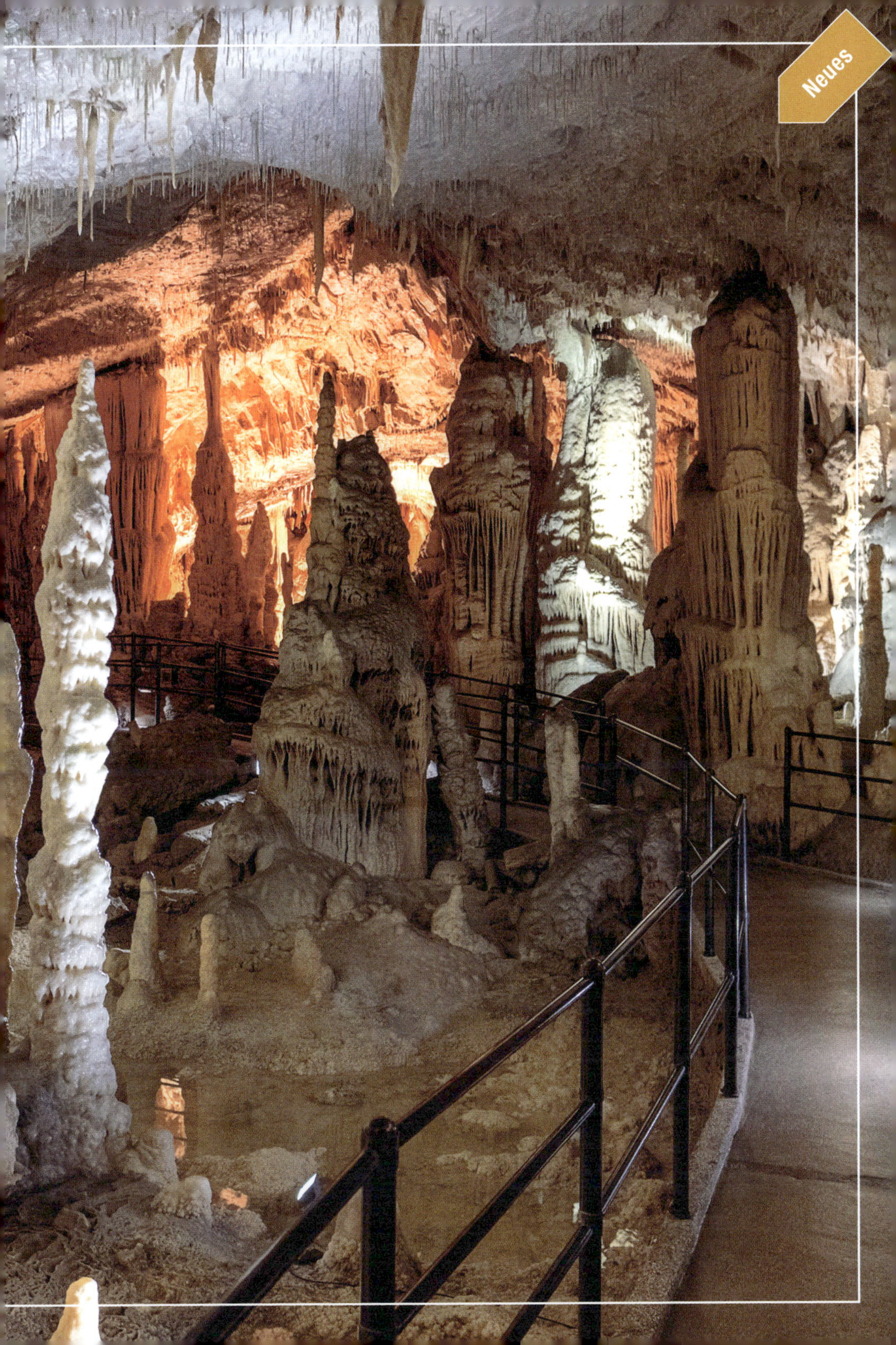
Neues

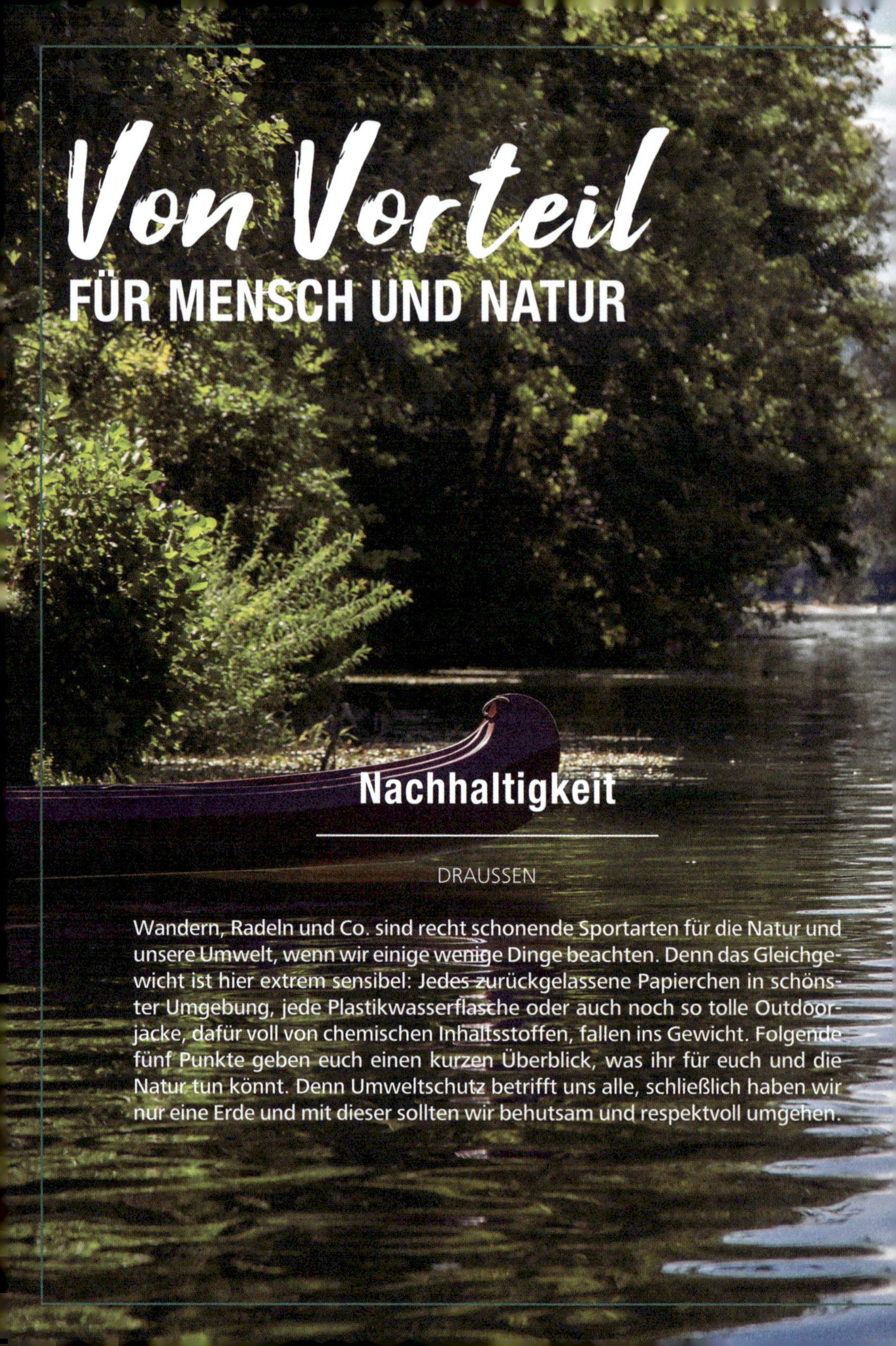

Von Vorteil
FÜR MENSCH UND NATUR

Nachhaltigkeit

DRAUSSEN

Wandern, Radeln und Co. sind recht schonende Sportarten für die Natur und unsere Umwelt, wenn wir einige wenige Dinge beachten. Denn das Gleichgewicht ist hier extrem sensibel: Jedes zurückgelassene Papierchen in schönster Umgebung, jede Plastikwasserflasche oder auch noch so tolle Outdoorjacke, dafür voll von chemischen Inhaltsstoffen, fallen ins Gewicht. Folgende fünf Punkte geben euch einen kurzen Überblick, was ihr für euch und die Natur tun könnt. Denn Umweltschutz betrifft uns alle, schließlich haben wir nur eine Erde und mit dieser sollten wir behutsam und respektvoll umgehen.

Und das kannst du machen ...

Green-Guide

01 Nachhaltigkeit beginnt schon bei der Anreise: Je mehr Menschen mit dem Auto fahren, desto mehr CO_2-Ausstoß und desto mehr umweltschädlichen Gummiabrieb der Reifen gibt es. Doch viele Ausgangspunkte sind auch gut mit den öffentlichen Verkehrsmitteln zu erreichen. Also einfach mal das Auto stehen lassen. Oder Fahrgemeinschaften bilden.

02 Keine Einwegflaschen: Gerade das Trinken ist auf Wanderungen wichtig. Doch sollte man aus Rücksicht zur Natur und sich selbst zuliebe auf Einwegflaschen aus Plastik verzichten und lieber seine eigene Trinkflasche mitnehmen.

03 Kein Verpackungsmüll: Die Verpflegung für den Hunger zwischendurch ist mindestens genauso wichtig wie das Trinken. Brotdosen bieten sich zum Transport von Proviant an oder einfach alles in ein Bienenwachstuch einwickeln.

04 Ausrüstung leihen: Gerade beim Ausprobieren einer Sportart muss nicht gleich alles neu gekauft werden, was dann vielleicht im Keller landet. Manche Ausrüstungsgegenstände können auch erst einmal ausgeliehen werden. Auch ist es nicht notwendig, jedes Jahr ein neues Outfit zu kaufen. Achtet ihr schon beim ersten Kauf auf Qualität, macht sich das bemerkbar, denn qualitativ hochwertigere Produkte begleiten uns oft jahrelang.

05 Ruhezonen respektieren: Im Winter werden Fütterungsstellen und Ruhezonen für alle Wildtiere eingerichtet. Respektiere diese Flächen und vermeide übermäßigen Lärm in der freien Natur. Bei Begegnung mit Tieren weichen sie unaufgeregt aus und halten Distanz zu ihnen.

Karl-Kapferer-Straße 5, A-6020 Innsbruck

1. Auflage 2022 (22.01)
Verlagsnummer 3510
ISBN 978-3-99121-371-0

Konzept und Bildnachweis

Konzept & Gestaltung: © KOMPASS-Karten GmbH

Text: KOMPASS-Karten AutorInnen (s. Klappe)

Grafische & Kartografische Herstellung:
© KOMPASS-Karten GmbH

Kartengrundlage: © KOMPASS-Karten GmbH unter Verwendung von OpenStreetMap Contributers (www.openstreetmap.org)

Titelbild: Die Soča durchfließt einen Wald;
© marcin jucha - stock.adobe.com

Cover Rückseite: Die Soča vor den Bergen im Nationalpark Triglav; © René Walter - stock.adobe.com

Weiterer Bildnachweis:
S.2/3; S.18; S.62/63: © Andrew Mayovskyy - stock.adobe.com
S.4/5: © Janossy Gergely - stock.adobe.com
S.8/9; S.10/11; S:109; S.133; S.135; S.137; S.139; S.151; S:171; S:173; S.178; S.181; S.183: Boris Korenčan, Karolina Korenčan
S.15: © Natalia Deriabina - stock.adobe.com
S.16: © Halfpoint - stock.adobe.com
S.21: © erikzunect - stock.adobe.com
S.22: © ON-Photography - stock.adobe.com
S.24/25: © Alexander Scholz - stock.adobe.com
S.27: © JRP Studio - stock.adobe.com
S.30; S.33; S.65; S.89; S.93; S.105: Karolina Korenčan
S.35: Boris Korenčan, Irena Škulj
S.39; S.41; S.51; S.53; S.59; S.69; S.80; S.85; S.97; S.99; S:115; S.191; S.203; S.205: Boris Korenčan
S.43; S.45; S.117; S.119; S.121; S.208: Rok Hočevar
S.47: © StockR Studio - stock.adobe.com
S.49: © Xaver - stock.adobe.com
S.55; S.159; S.163; S:167: Karolina Korenčan
S.71: Jurij Struna
S.73; S.75: Boris Korenčan, Metod Boštic
S.77; S:79: Boris Korenčan, Brane Božič
S.101; S.103: Katarina Hočevar, Boris Korenčan
S.112; S.214/215: © dannywilde - stock.adobe.com
S.125: Igor Umek
S.128; S.142: © Rado - stock.adobe.com
S.131: Aleš Grad, Boris Korenčan
S.143: © helivideo - stock.adobe.com
S.145: © Anze - stock.adobe.com
S.147; S.149: Katarina Hočevar, Rok Hočevar
S.155: Boris Korenčan, Jurij Struna
S.161: © Stepo - stock.adobe.com
S.165: © marcin jucha - stock.adobe.com

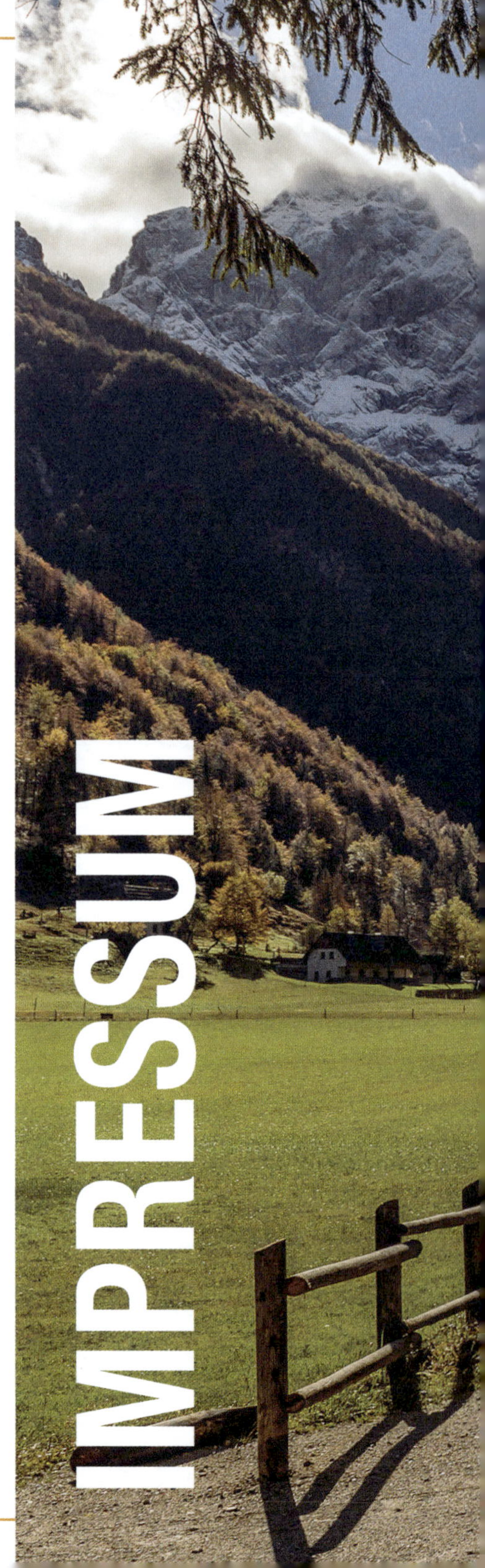

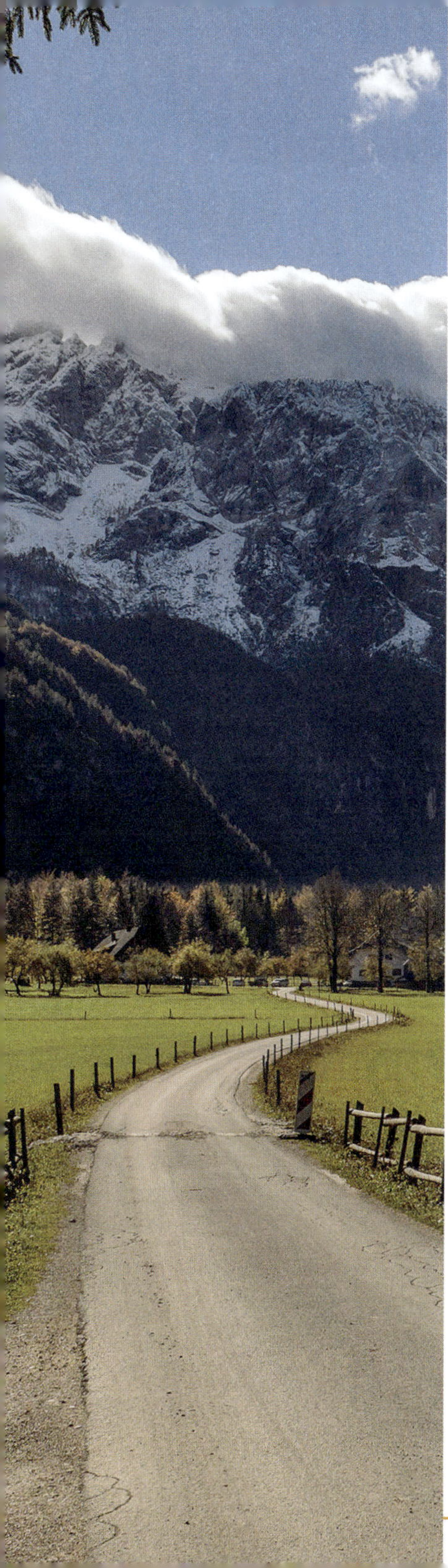

S.175; S.212: © leomalsam - stock.adobe.com
S.187: Boris Korenčan, Vili Mauko
S.189: © asafaric - stock.adobe.com
S.195; S.197: Boris Korenčan, Jure Dirnbek
S.199; S.201: © Teya KP - stock.adobe.com
S.206/207: © kasto - stock.adobe.com
S.211: © Matthew - stock.adobe.com

Alle Angaben und Routenbeschreibungen wurden nach bestem Wissen gemäß unserer derzeitigen Informationslage gemacht. Die Wander-, Rad- und Kanutouren wurden sehr sorgfältig ausgewählt und beschrieben, Schwierigkeiten werden im Text kurz angegeben. Es können jedoch Änderungen an Wegen und im aktuellen Naturzustand eintreten. Wanderer und alle Kartenbenützer müssen darauf achten, dass aufgrund ständiger Veränderungen die Wegzustände bezüglich Begehbarkeit sich nicht mit den Angaben in der Karte decken müssen. Bei der großen Fülle des bearbeiteten Materials sind daher vereinzelte Fehler und Unstimmigkeiten nicht vermeidbar. Die Verwendung dieses Führers erfolgt ausschließlich auf eigenes Risiko und auf eigene Gefahr, somit eigenverantwortlich. Eine Haftung für etwaige Unfälle oder Schäden jeder Art wird daher nicht übernommen. Für Berichtigungen und Verbesserungsvorschläge ist die Redaktion stets dankbar. Korrekturhinweise bitte an folgende Anschrift:

KOMPASS KARTEN GMBH
Karl-Kapferer-Straße 5, A-6020 Innsbruck
www.kompass.de/service/kontakt

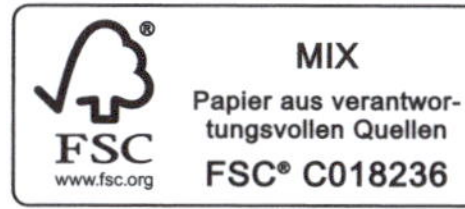

Deine Orientierung

Hallo!
Ich bin deine Anleitung wie du zu den GPX-Tracks aus deinem neuen Buch kommst. Damit kannst du dir die Route in Wanderapps und Navigationsgeräte laden. Scann den QR-Code oder gehe auf folgende Website:

www.kompass.de/gpx

Für Navigationsgeräte und Apps haben wir auf unserer Webseite alle Touren im GPX-Format zum Download bereitgestellt:
Hier findet man alle weiteren Information. Einfach das richtige Produkt auf der Seite auswählen, die Daten herunterladen und auf das Zielgerät oder in die gewünschte App importieren.

Was ist ein GPX-Track? GPX ist ein Datenformat für Geodaten. Das Wort GPS steht für Global Positioning System (Globales Positionsbestimmungssystem). Mit einem GPX-Track bekommt man die rote Linie, also den Wanderpfad, als geografische Koordinaten.

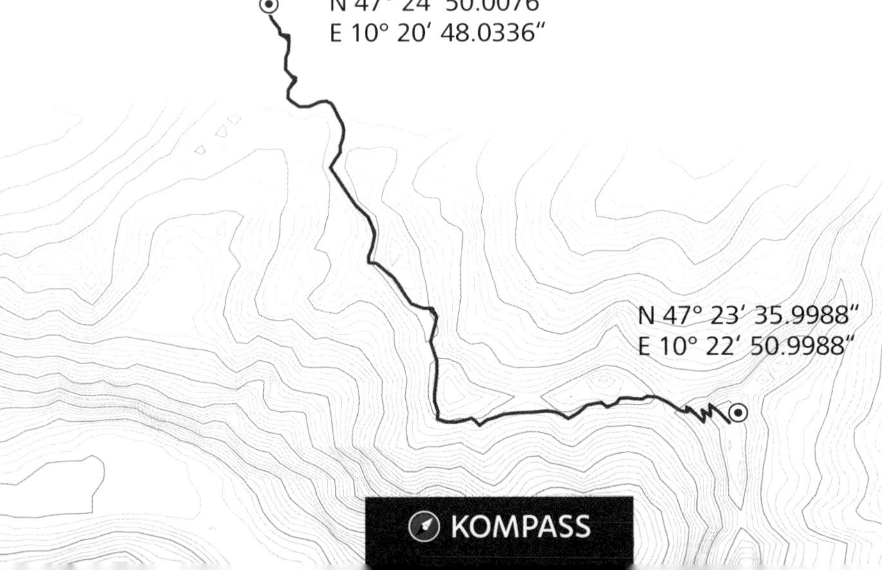